4.「空白之地」：沿著一座巨大沙丘緩緩行進

3.「空白之地」：一座大沙丘的迎風面所形成的峰浪

2. 作者攝於第二次穿越「空白之地」途中

1. 卡必納

5. 在狄拜，可見濱河的珊瑚色房屋屋頂上建有方形的風塔

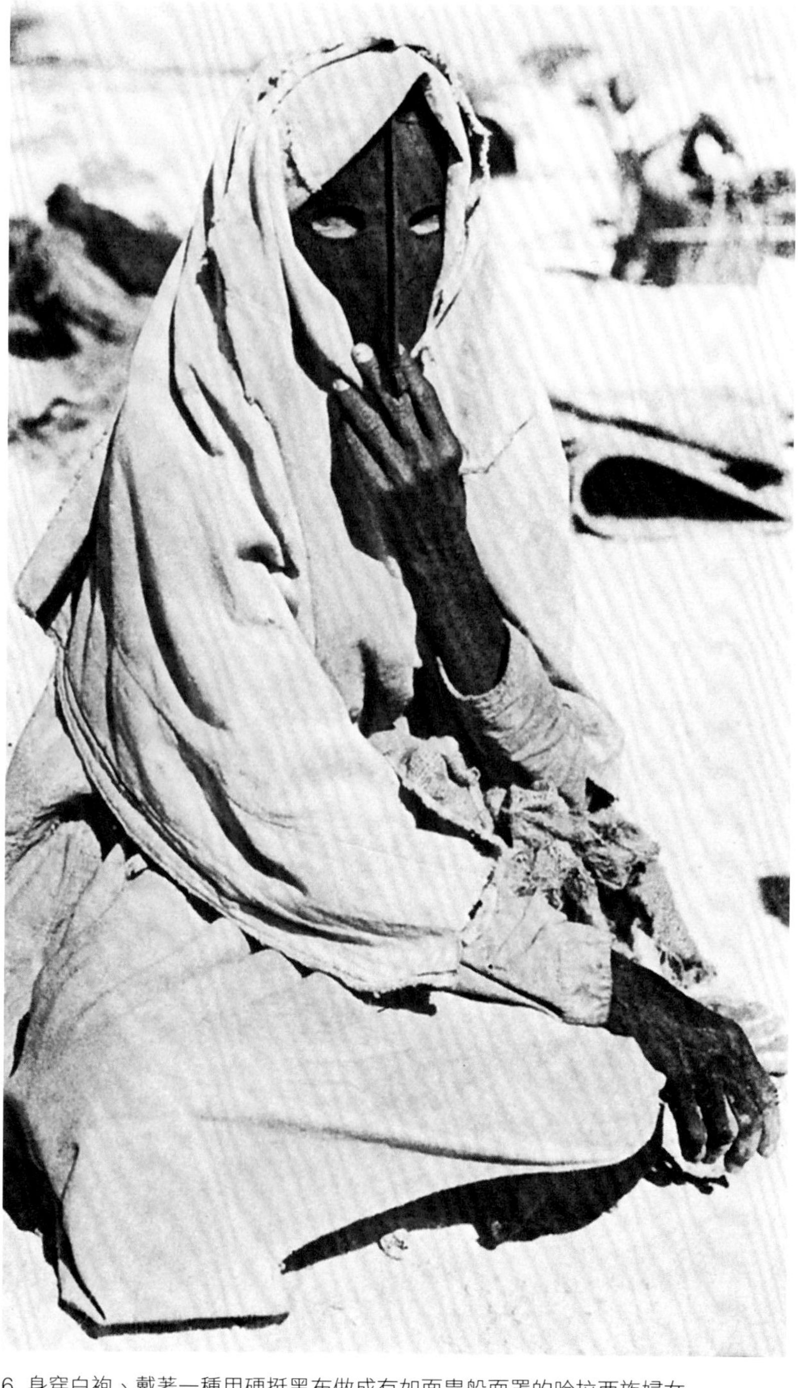

6. 身穿白袍、戴著一種用硬挺黑布做成有如面冑般面罩的哈拉西族婦女

7. 正在遷移的薩爾族家庭

8. 賈拜沙

9. 來自馬哈拉區的「護航人」蘇來姆

10. 一名薩爾族男子。薩爾族人口眾多，素有「沙漠之狼」的稱呼

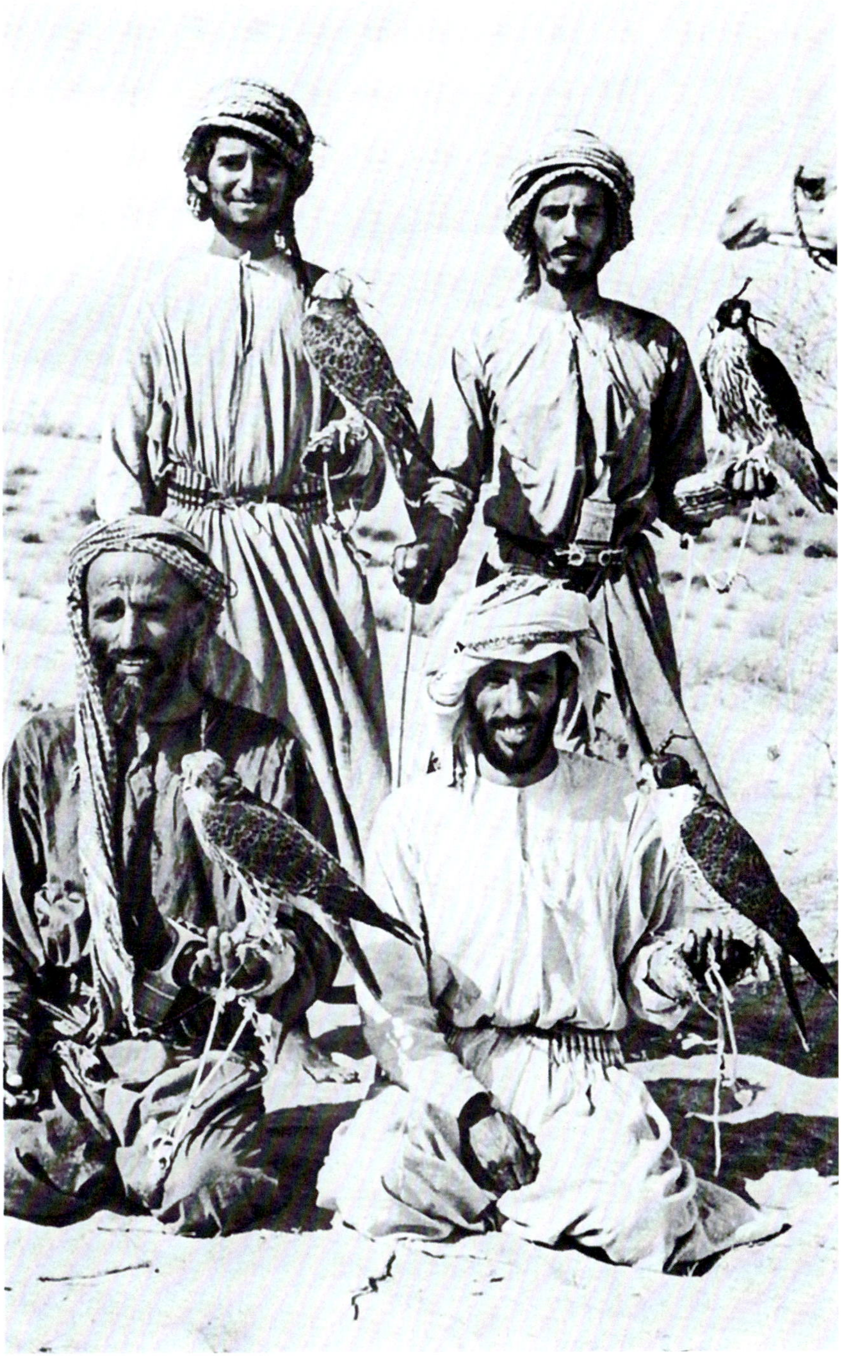

11. 專門為薩伊爾馴服獵鷹的人

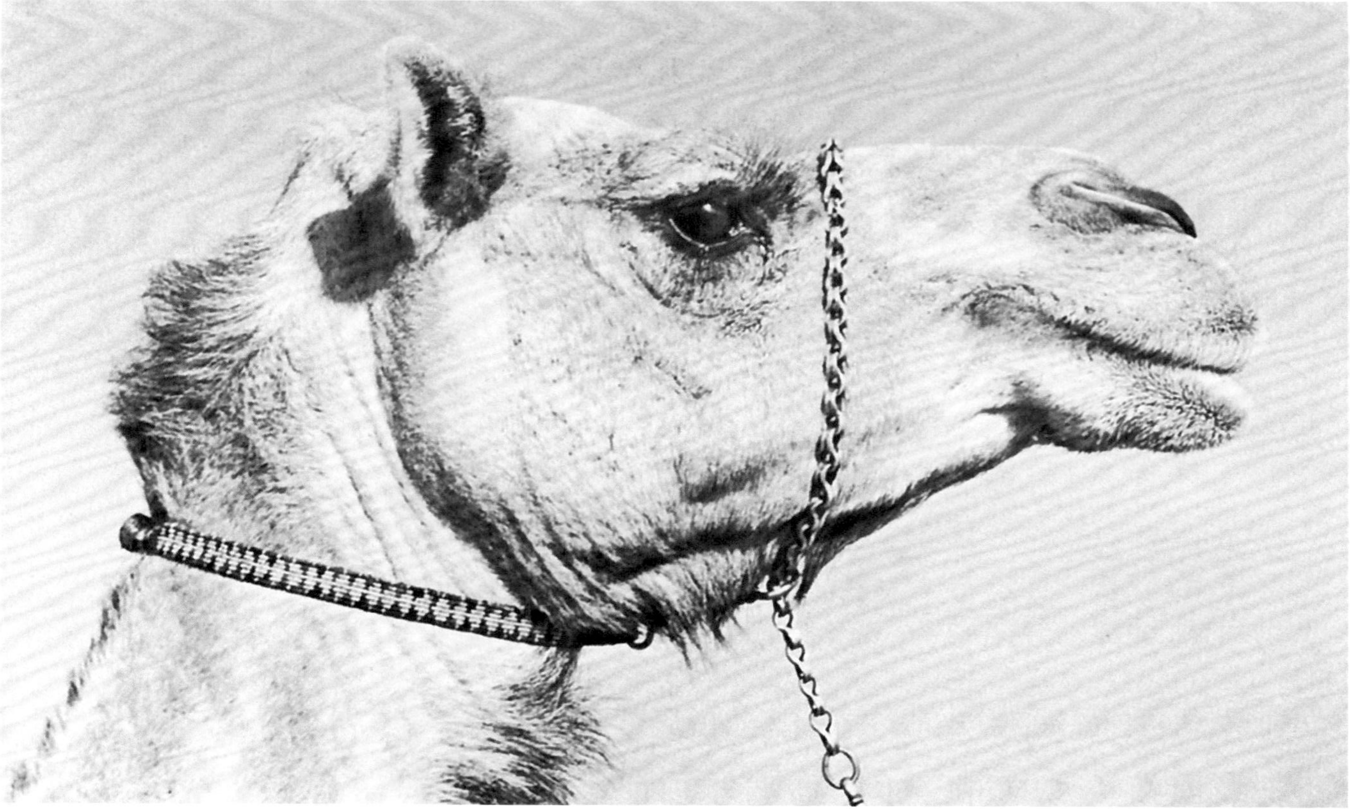

12. 來自巴提納的駱駝

13. 一艘從贊齊巴返航科威特的遠洋單桅大帆船

14. 跋涉於阿曼山區

15. 利瓦綠洲

16. 卡必納（右）與賈拜沙攝於阿曼

Travel Classics Library

探險與旅行經典文庫

16

馬可孛羅

ARABIAN SANDS

The Remarkable True Story of One the Last Great Adventures of Modern Times

阿拉伯沙地

當代最傳奇探險家威福瑞·塞西格
阿拉伯沙漠之旅

威福瑞 · 塞西格
Wilfred Thesiger
蕭寶森 譯　詹宏志 導讀

導讀

最後的探險家：威福瑞・塞西格

詹宏志

你的麵包你的鹽我曾吃過，
你的美酒你的水我也飲過；
你的死亡我陪你度過，
而你的生活也一如我。

但有什麼事物我不曾分享，
舒適、勞苦、還是盼望——
或有任何悲歡我不曾知詳，
真情真愛遠在他鄉？

——吉卜林

I have eaten your bread and salt,
I have drunk your water and wine,
The Deaths ye died I have watched beside,
And the lives ye led were mine.

Was there aught that I did not share
In vigil or toil or ease—

One joy or woe that I did not know,
Dear hearts across the seas?

——Kipling

威福瑞．派屈克．塞西格（Wilfred Patrick Thesiger, 1910- ）出版他第一卷自傳時（1988），他已經七十八歲，他和他的讀者都沒有想到後來他還會有第二卷自傳《我的肯亞時光》（*My Kenya Days*, 1994）的出版，只是那時塞西格已因視力困難不得不與他人合作，而他年輕時寫作從不假手他人；今年（2000）他更是已高齡九十，不久前才從定居了三十年的肯亞僻壤遷回到倫敦，似乎有了落葉歸根的覺悟和打算。我去年（1999）曾一度計畫到倫敦訪問塞西格，也幸運獲得他的首肯，不料竟因我自己的時間而無法成行，我很擔心這個錯失將是我一生無可彌補的重大憾事。

塞西格把第一卷自傳定名為《我所選擇的人生》（*The Life of My Choice*），他似乎把自己一生未婚流浪、獻身探險的獨特生涯，歸於自身的自由意志；可是卻也有許多論者認為他出身與際遇的獨異奇特，才是造就這位本世紀「最後的探險家」的主要原因。為什麼評論者會說塞西格的生涯不是自選而是天擇？這個傳奇也許值得說一說。

那是一九〇九年的冬天，有一位年輕有為、前程似錦的英國軍官威福瑞．吉勃特．塞西格（Wilfred Gilbert Thesiger）帶著新婚不久的妻子，前往東部非洲的阿比西尼亞（Abyssinia，今之衣索匹亞）的首府阿迪斯阿貝巴（Addis Ababa）履新；大英帝國此時仍如日中天，皇家軍官遠赴異鄉也不過是稀鬆平常的事，但卻苦了這位懷有數月身孕的大家閨秀新娘子，她必須騎著騾顛簸數百哩，越過平原山丘，在一個不曾想像也不能想像的原始又陌生的地方建立一個家園。半年後，她生下腹中的小孩，這也就是日後將名聞世界的探險家塞西格。

塞西格童年成長在一群僕役與部落土著之間，他沒有學校可上，只有從英國特別請來的家庭教師；他幼年就能騎馬、射擊，成天與動物及自然環境相處，頭上頂的是非洲特有的大塊紫藍天空，腳下踩的是自由自在的紅土與草原，他享有同輩英國小孩不能享有的人格發展空間。（真正的「森林小學」，不是嗎？）

六歲的時候，一場阿比西尼亞的內戰，小塞西格看到無與倫比的景觀，部落戰士們和他們的獸力身上臉上都塗滿顏色、或飾滿羽毛，帶著各形各色矛槍，唱著戰曲，呼嘯穿過他的家門。這是他一生難忘的景象，在他七十八歲寫的自傳裡，他描述這件七十幾年前發生的事，彷彿昨日一般的鮮明。這是不是他體內銘印的某種不可抹去的呼喚？將在他未來的年歲裡一而再再而三地呼喚著他嗎？

一九一九年，歐戰剛剛結束，塞西格回到英國家鄉，本來預備與全家一起前往父親的新任所：美國。但父親在出發前猝逝，塞西格轉而被送往寄宿學校就讀，從此進入一個孤獨不快樂的青少年生活。塞西格在學校不受同學歡迎，因為他所敘述的非洲經歷被同學視為瞞天大謊，他也為此悶悶不樂，不喜歡同學與學校；另一方面，英國教育方式的陰森拘束，也讓這位成長於非洲草原的小孩感到桎梏加身不得自由。塞西格雖然就讀的都是貴族名校，先是伊頓（Eton）中學，後來又進入牛津大學；但大體上是一位孤僻不樂的年輕人，以閱讀冒險作品（他最喜歡寫《三十九步》的約翰．布肯）和練習拳擊（他在牛津連拿四年的拳擊冠軍）為消遣。

二十歲的時候，一件改變塞西格的事情降臨。新上任的阿比西尼亞皇帝哈里．塞拉西

（Halie Selassie）懷念塞西格父親昔日的友誼，特別邀請故人之子塞西格到阿比西尼亞參加他的加冕大典；這當然又是一次人生的奇遇，塞西格是這場世紀大典唯一的皇帝私人貴客，恐怕也是大典中最年輕的貴客，更是夾雜在各國公卿特使、貴族將相之間的唯一布衣貴客。

整個歷程讓塞西格如返家鄉，又如入夢中，他覺得機會難得，隨身帶了一枝來福槍想在非洲做一次狩獵，他請教一位父親的老友：「在阿比西尼亞還有什麼值得探險的地方嗎？」前輩告訴他，阿比西尼亞仍有未解之謎，境內阿瓦許河（Awash）自阿迪斯阿貝巴西部山脈流出，注入丹吉爾沙漠，卻沒有流出海口，沒有人知道這條河在沙漠中究竟流入何處。二十歲的塞西格因而決定進入丹吉爾沙漠，那是世人稱為「達納基爾部落」（Danakil）的棲息之地，以野蠻嗜殺著名，此前沒有西方探險家活著從丹吉爾回來。一九三三年，塞西格重返阿比西尼亞，帶隊入沙漠，穿過達納基爾部落的村莊，追索阿瓦許河的下落，直到阿貝赫湖（Lake Abhe），解開阿瓦許河流向之謎；二十三歲的塞西格，終於成為世人所認識的探險家了。（有趣的是，關於達納基爾之地的探險之旅，塞西格一直要等到六十多年後的一九九六年，才肯出版他的《達納基爾日記》）。

沙漠塑成的英雄

達納基爾之旅回來之後，塞西格似乎是義無反顧地找到他安身立命的生涯，在他在達納基爾紮營的第一夜時，塞西格回憶說當時的感受：「給我全世界的金錢我也不要到別的地方。」他真的是說到做到，從此之後，他不斷尋找西方現代文明未抵達的偏僻角落，而且以最接近當地人的方式旅行，他拒絕使用新工具如車輛通訊，他用腳力獸力，與部落民同行，穿當地人的服裝，吃當地人的食物，獨樹一格的旅行方式使他成為本世紀最後的浪漫旅行家，他的行蹤文字也成了本世紀最重要的旅行行動與旅行文學。

塞西格的探險行蹤長達五十年，所踏之地不可勝舉；其中最受世人敬佩的行動應該是四〇年代兩次穿越阿拉伯半島南部沙漠「空白之地」（Rubal Khali，也就是西方人所說的 The Empty Quarter）。一九二九年，另一位偉大的沙漠探險家「阿拉伯的勞倫斯」（T. E. Lawrence, 1888-1935，「Lawrence of Arabia」）曾經建議英國皇家空軍以飛機來測量這塊「空白之地」（他認為人類無法以肉身的力量通過那個無水的艱困地形）；塞西格正是為了勞倫斯的感召，想證明人的意志與駱駝的腳力仍可以完成不可能的事。

塞西格的時代已經很不同於他的前輩旅行家的時代，事實上塞西格的探險行動很多已是二次大戰之後，飛機和無線電把世界縮得很小也不再隔絕，理論上探險家的時代是結束了，現在是儀器與專家的時代。但塞西格有意識地選擇了最古老的旅行方式，他希望他的旅行與千百年來沙漠中的貝都族人（Bedu）沒有兩樣，他希望與當地人為伴，體驗一種人類生活的「遺跡」。塞西格多次在文字中表達他對古老民族的生活的嚮往，他甚至不願見到那些生活有任何的改變；當阿拉伯國家後來因為石油而起了根本的生活方式改變，阿拉伯人很快就融入了現代國際社會，塞西格卻痛心疾首，哀悼一種生活方式的死亡。

塞西格可能是歷史上最偉大的沙漠探險家，他兩次穿越「空白之地」，費時五年；一次他由南至北，從薩拉拉港（Salala）出發，自穆辛（Mughshin）入沙漠，有四位拉希德族人（Rashid，或稱 Rawashid）陪同，向北直至卡巴井（Khaba Well），再東折經阿曼返回薩拉拉。第二次塞西格野心更大，他企圖越過更寬更難的沙漠西端；他從曼瓦克井（Manwark Well）出發，通過一個十六天無水的行程。沙漠探險的艱難還不只是地理而已，當時阿拉伯仍有各種佔據山頭的部落領袖，其中一個酋長派出了兩支格殺勿論的隊伍，要狙殺這一位大膽在他地盤探險的基督徒，塞西格在蘇來伊爾（Sulaiyil）被攔截逮捕，經由另一位大探險家聖強・費爾畢（St. John Philby, 1885-1960）向沙烏地阿拉伯國王求情，才得到釋放，完成了旅程。

塞西格探險生涯很長，超過半個世紀，但他卻惜墨如金，成書不多，連攝影集在內，一共只有七種書。但他詩人一般的內斂筆觸，卻使他的作品部部經典，足稱是本世紀最好的旅行文學。其中，兩部記錄極不相同的阿拉伯生活的旅行作品《阿拉伯沙地》（*Arabian Sands*, 1959）與《沼地阿拉伯人》（*The Marsh Arabs*, 1964）則被公認是他最好的作品。塞西格終身相信「生活愈清苦，人品愈高尚」（The harder the life, the finer the person），他的旅行正是這種信仰的體現；但他的信仰以及他所記錄的生活都是古典世界的輓歌，那是一種消逝的信仰與一種消逝的生活。他熱愛這些古老民族艱苦的生活方式，但他的探險（所繪製的地圖以及隨之而來的發展）卻是消滅這種美好文化的原因之一，他晚年也感慨引述王爾德的名句說：「人總是殺其所愛。」（Yet each man kills the thing he love.）

塞西格在沙漠中騎駱駝的哩程達一萬六千哩，誰想到三十年後竟然還有一位年輕作家躡其足蹤，花了十三年時間和一萬五千哩的駱駝旅程，只為了探訪塞西格所到之地，並尋找塞西格書中所記之人，最後更為塞西格寫出一本充滿相同氣味與溫度的傳記來。這本書就叫做《塞西格》（*Thesiger*, 1994），這位勇氣毅力不凡的作者名叫麥可・艾許（Michael Asher），也許未來我們還有機會為各位介紹到他。但讓我們想想，何以塞西格的作品有這樣的力量，它會令另一個世代的作家、探險家為他出生入死，備受艱辛，只為重溫他書中所說的話，或者以行動作為對前輩最大的禮讚。

能讓人為之生為之死的作品，大概是最偉大的作品吧。

（編按：此文撰寫於《阿拉伯沙地》初版上市之時，為保留原文氣，文中提及年份不作更動。）

目次

序文

阿拉伯美夢的幻滅

原序

《阿拉伯沙地》描寫的是我從一九四五年到一九五〇年間，在「空白之地」（Empty Quarter）一帶旅遊的經驗。當時，那裡尚有大部分區域未曾有歐洲人涉足過。後來在一九七七年，我又應阿曼政府與阿布達比酋長薩伊德之邀重返阿拉伯。

一九五〇年，在我離開阿拉伯半島之前，伊拉克石油公司已經開始在阿布達比（Abu Dhabi）和杜拜（Dubai）一帶探勘石油，且不久就發現該區石油蘊藏量極為豐富。自此，我在本書中所描述的生活形態隨之成為歷史陳跡。這一、二十年來，阿拉伯地區變化之大，簡直可以媲美英國從中世紀初到現代這段期間的改變。

在重返阿曼之前，我已經意識到該區的經濟和政治情勢都已經迥異往昔。一九五四年，阿曼那位向來仇外的伊瑪目（Imam）[1]卡立里（Muhammad al Khalili）駕崩，由其子迦里布（Ghalib）繼位，翌年，阿曼的蘇丹提穆爾（Sayid Said bin Timur）伺機進占他的轄區，並廢掉伊瑪目的職位。在忿恨之餘，迦里布的兄弟塔里布（Talib）在巴尼里亞族的哈姆雅以及大群民眾的擁護下宣告叛變。一九五七年塔里布的軍隊戰敗，被迫撤至地勢險要的阿克哈達山（Jabal al Akhadar），後來仍遭代表蘇丹的英國空軍特種部隊大舉上山攻克。

一九六五年，南葉門人民民主共和國的共產政權在達佛（Dhaufar）策動一場叛變，導致卡拉山脈一帶經年激戰，最後，終於在一九七六年英國與波斯軍隊的協助下敉平。一九七〇年，卡布思（Qaboos）將他那保守的父親提穆爾廢位，自立為阿曼蘇丹，然後著手推動國家的建設和現代化。

我很想探訪阿曼的穆斯卡特（Muscat）這座古老而陌生的阿拉伯海港，攀登阿克哈達山，以實現我前次在阿拉伯旅行時未了的心願，並探視那些曾經與我結伴同行的拉希德族和貝卡西族老友，但卻憂心回去後面對人事已非的情境，將徒然落得悵然神傷的下場。

我在本書描述一九四七年隱匿身分走過阿曼內陸的經過，其中我寫道：「我知道自己的身分隨時都有可能被識破，但對我而言，此行吸引人之處，正是在於這種驚險刺激的感覺，而非此地的風土人情。」貝都人的生活雖然充滿困苦與危險，必須忍飢耐渴，艱辛跋涉，但對我而言卻是一種挑戰，使我努力超越自我，也使我得以與我的貝都夥伴們建立起患難之交的情誼。

一九七七年，我終於重返阿曼。在那三個星期當中，拜飛機、直升機、汽車乃至遊艇等交通工具之賜，我只花一個鐘頭即抵達過去需要數星期才能走到的地區。我抵達穆斯卡特後不久，就被安排飛往過去數次大漠之行的起站薩拉拉（Salala）。回想當年，薩城只不過是鄰近蘇丹宮殿的一座阿拉伯小村莊，如今卻成了一個街道設有交通號誌的城鎮。降落時，卡必納和賈拜沙都在機場迎接。他們是我在「空白之地」旅遊五年期間（也是我生命中最值得紀念的五個年頭）形影不離的夥伴。一九五〇年我們在杜拜分手時，他們猶是青春年少，眼下卻已兩鬢飛霜，子女皆已成年。過去我時常想起他們，如今能夠重逢，心中自有無限感慨。翌日，卡必納與賈拜沙先行返回沙漠為我備辦盛宴，穆薩林則帶著一幫貝卡西族老友在嘹亮的喇叭聲中，以車隊護送我行經高速公路前往卡拉（Jabal Qarra）山上的一座新興市鎮，且輪番在他們所住的幾棟靠近軍用機場的水泥屋裡款待我。

第二天我在電視台工作人員的陪同下，搭乘直升機抵達卡必納位於須瑟（Shisur）附近的黑色帳棚，見到了許多拉希德人，他們的吉普車和各式車輛就停在帳棚後面，其中有些人雖然仍舊畜養駱駝並以帳棚為家，卻再也無人以駱駝代步。我在這裡遇到許多當年曾經與我一同前往哈德拉貿（Hadhramaut）的夥伴，也同時聽聞有好幾位老友已經亡故的惡耗。卡必納為了招待我，宰了一隻駱駝，舉辦一場盛大的筵席。我們用餐時，電視台的攝影機就在一旁不停轉動。當天傍晚，卡必納和賈拜沙隨我搭機回到薩拉拉，後來並一直陪伴在我左右，與我一起攀登已經闢建機場、飛機起降不停的阿克哈達山。然而，我卻發現在時光流轉、環境變遷之後，我們之間的關係已然不復當初。如今的他們已經適應了這個新的阿拉伯世界，反倒是我難以接受這樣的改變。我們分手後，我再度前往阿布達比，發現那裡的情況更加不堪，至此我的阿拉伯美夢徹底幻滅，成為惡夢一場。

對我來說，本書的存在乃是為了追憶一段已經消逝的過往，並向一支曾經極為優秀的民族致敬。

威福瑞·塞西格

【注釋】

1 譯注：回教國家的宗教領袖。

一九九一年再版序

我在睽違二十七年後首度重返阿曼與阿布達比，卻發現由於石油的發現與開採，當地環境已經大幅改變。在機動車輛、直升機與飛機相繼引進後，貝都人的傳統生活形態已遭破壞無遺，為此我心中難免悵然忿恨。尤其在我抵達阿布達比，看見原本杳無人煙的沙漠到處林立著如高樓大廈與煉油廠等我向來痛恨、排斥的事物時，心中的幻滅之感可謂達到頂點。

一九九〇年二月，英國商會在阿布達比酋長薩伊德閣下的贊助之下為我舉辦了一場攝影展，因此我得以再度走訪阿布達比。這次我發現自己對那些無可避免的變遷已經比較能釋懷，其中又以阿拉伯聯合大公國的改變最具代表性。今日的阿布達比是一個令人印象深刻的現代城市，雖然處於荒蕪的沙漠地帶，街道上卻處處綠樹成蔭，碧草如絲，令人賞心悅目。我在那裡待了十二天，所到之處，無論是阿布達比、艾恩、杜拜或夏雅，無不受到熱烈歡迎、殷勤款待；這份溫馨的情誼令我深深感動。

塞西格寫于一九九〇年

前言

我待在阿拉伯半島那幾年，從來沒想過以後會寫一本遊記。如果早想到的話，當初我就會多做一些筆記，不過筆記做得多其實有利有弊，不見得一定好。離開阿拉伯半島七年後，有一天，我拿了一些自己拍攝的照片給華特森（Graham Watson）看，他看過後大力敦促我寫一本有關阿拉伯沙漠的書。我當時沒答應，因為寫書很辛苦，而且勢必得為此事在歐洲待上個兩三年，而我寧願把這段時間拿來到自己感興趣的國家旅行。但第二天華特森又跑來找我，還帶了郎曼（Mark Longman）同行。在他們兩位苦口婆心地勸說下，我終於首肯寫這本書。如今書稿完成，我很感謝他們。因為在寫書的過程中，我必須絞盡腦汁回想旅程中的每個細節，使得往事再度鮮活起來：我在旅途中所遇見的那些貝都人（Bedu）[1]、騎乘駱駝跋涉那片廣袤空曠的無垠荒地，又清晰地一一浮現在我腦海中。

我造訪阿拉伯半島南部的時間點可說適逢其時。雖然將來仍舊會有人到那兒去從事種種活動，如勘查地質、考古、賞鳥、研究動植物生態，甚或研究阿拉伯民族等等，但他們勢必會以車代步，並且還可用無線電與外界聯絡。如是緣故，他們所帶回來的成果鐵定遠比我的旅遊見聞精彩，但他們卻無法真正了解這片土地的精神或阿拉伯人的偉大之處。事實上，就算現在有人想到那裡尋訪我從前所經歷過的那種生活形態，他們勢必會空手而返。因為自從我離開之後，阿拉伯半島的情況已今非昔比。在各地工程技術人員蜂擁而入探勘油礦的影響下，當年我走過的那片沙漠，如今處處可見運油車輾壓過的痕跡，以及遍地歐美的進口貨所製造的垃圾。然而，環境的破壞與污染猶屬小事，當地民風的敗壞才是更嚴重的問題。當年我所遇見的貝都人固然對於外面世界一無所知，可並非是愚昧的野蠻民族。相反地，他們是阿拉伯古文明的直系傳人，尊重個人自由，講求自我約束，而他們的社會架構也充分體現了這些精神。然而如今他們被迫紛紛遷出沙漠，住進城鎮，空有一身征服沙漠的本領，卻無法以之謀生。昔日，他們屢因乾旱等難以抗拒的天災而家破人亡，生計受損，如今他們所面對的卻是道德沉淪和民族自尊陡降。

離開阿拉伯半島後，我曾經前往喀喇崑崙、興都庫什、庫德斯坦（Kurdistan）山脈和伊拉克沼澤等地探險，行蹤深入汽車無法到達且多少仍保存著古老生活方式的偏遠地區；遊歷過壯麗雄偉的山水；和一些鮮為外界所知的有趣民族共處過。但是，它們之中始終沒有一個地方像阿拉伯沙漠那樣震撼我的心弦。

五十年前，「Arab」這個字大致上是指阿拉伯半島的人民，而且通常就是貝都人的同義字。當時人們口中的「阿拉伯人」，是指從阿拉伯半島遷徙到埃及等地，並且仍舊過著游牧生活的部落民族，但不包括那些早已開始務農或定居城裡的人。在本書中所描寫的阿拉伯人正是此類，不同於晚近大家對此一名詞所賦予的新定義。近年來，由於阿拉伯國家主義的呼聲日高，因此現在只要是以阿拉伯話為母語的人，無論其血緣背景為何，一律被稱為阿拉伯人。

所謂「貝都人」，則指在阿拉伯沙漠中逐水草而居、並蓄養駱駝的游牧民族。在英文裡，他們通常被稱為貝都因人（Beduin）。這個字是雙複數，貝都人本身很少用，因此我寧可用「貝都」

（Bedu）這個字。本書從頭到尾用的也是這個字。貝都人通常自稱為「al Arab」（阿拉伯人）。舉凡我在本書裡用「貝都人」或「阿拉伯人」時，指的都是相同民族。

在阿拉伯文裡，貝都是複數，貝都因（Bedui）則是單數，但為了清楚起見，在本書中無論單複數我都使用「貝都」字眼。同理，為避免讀者混淆，在提到部落名稱時，我也是使用單複數同型的方式，如「Rashid」（原本單數應為Rashdi）及「Awamir」（原本單數應為Amari）等。

我盡可能少用阿拉伯文；但本書中所提到的植物多半沒有英文名字，在這種情況下，我只得以當地俗名稱呼之。我不用拉丁學名，是因為對大多數人而言，牧豆樹（ghaf）要比Prosopis spicigera好記，而且一樣清楚。

書中有很多名詞在不熟悉阿拉伯的人看來，難免覺得古怪。因此我在書中另附七幀簡明地圖，以標示在每一次旅行故事中我所提到的地名。

這些地圖均由喬登（K. C. Jordan）特別繪製。感謝他花了許多的心思和力氣。至於那張大地圖，則是他根據我繪製給「皇家地理學會」的阿拉伯圖表，以及從湯瑪士（Bertram Thomas）和費爾畢（S.t John Philby）所得到的一些資料描繪而成。我決定讓此圖維持原貌，不加以修正或放大。

有關阿拉伯文的音譯部分勢必會引起爭議。為了力求簡化，我將「Ain」（通常以「這個符號來表示」）此音加以省略，因為很少英國人能夠正確發出這個阿拉伯字母的字音。如果此字反覆出現，不僅礙眼，也會使大多數讀者感到困惑。另外一個很難發的音是「Ghain」，我用傳統的「gh」這個音來替代。據專家表示，這是一個輕喉音，與巴黎人所發的「r」音相近。本書主要人物之一賈拜沙（bin Ghabaisha）的名字當中就有這樣一個音。

我對旅遊的興趣是得自母親的薰陶與鼓勵。當我才九個月大時，她首次帶我從阿迪斯阿貝巴

（Addis Ababa）到沿海地區去遊覽。像這類騎著駱駝或驢子長途旅行的經驗，在我的童年生活中屢見不鮮。在那個交通還不發達的年代，我母親就對旅遊非洲十分熱中，因此她頗能理解並體會我對旅遊探險的愛好。

本書能夠順利完成多虧布雷克（Val ffrench Blake）的協助。我一寫完第一章，他立即幫我校讀，後來又多次為我審訂整本書的付印稿。他的體諒、鼓勵、絕佳的忠告與批評，使我受益匪淺。我的兄弟羅德里克（Roderic）也極細心且耐性十足地看完本書書稿，並提出許多寶貴的意見。此外，我還要感謝維尼（John Verney）與華特森兩人；前者給了我珍貴的建議，後者則為此書催生，並且對我的寫作能力深具信心。另外，承蒙「地理名詞常設委員會」（Permanent Committee on Geographical Names）的湯姆森（W. P. G. Thomson）熱心校對書中阿拉伯名詞的拼法，在此深致謝忱。同時也萬分感謝位於白廳（Whitehall）[2]的詹姆斯．辛克萊公司（James Sinclair & Company）多年來細心處理我所拍攝的照片（其中有幾幀收錄於本書中），以及皇家地理學會在我動身前往阿拉伯之前給予我的種種協助與鼓勵。

我知道貝都人不會看到這本書，但我還是要在此感謝那些與我同行的貝都夥伴們，沒有他們的援助，我絕不可能走過「空白之地」；在他們的陪伴下，我度過此生最快樂的五年時光。

【注釋】

1 譯注：居住在阿拉伯沙漠地帶的游牧民族。

2 譯注：倫敦政府機關所在地。

楔子

烏雲聚集，雨下了，人活了；烏雲不雨而散，人和牲畜就都死了。在阿拉伯半島南部的沙漠裡，見不到季節的更迭、草木的消長，只有一望無際的荒漠；在這裡，春夏秋冬的嬗遞僅僅表現在氣溫的升降上。這是一片乾旱不毛的大地，凌厲無情，絕不饒人。然而自從太古以來，此地即有人煙，代代相傳，綿延至今。營地裡被火薰黑的石頭，碎石平地上幾個淺淺的足印，都是先人遺留下的痕跡。然而，在其他地方，他們走過的足跡都已風吹湮滅，不復可見。這裡的人生於斯，居於斯，承襲著前人的生活方式，接受了生活的艱辛與物質的匱乏，因為這是他們唯一熟悉的世界。勞倫斯（T. E. Lawrence）[1]在《智慧七柱》（*Seven Pillars of Wisdom*）一書中曾寫道：「貝都人的生活方式是艱苦的，即使對土生土長的他們也是如此，對外來者簡直是恐怖：那是一種活著的死亡。」沒有人在經歷過這般的生活後，還能夠保持原狀，他的肉體或多或少會留下沙漠的印記，一種游牧民族特有的刻痕；他的內心也會時時湧現一股或強或弱、因人而異的渴望，期盼重返沙漠。只因為，那片大地雖然荒旱不仁，卻有著薰風和日所不能及的魅惑。

【注釋】

1 譯注：一八八八——一九三五年，英國考古學家，軍人及作家。

第一章　阿比西尼亞與蘇丹

我第一次體認到沙漠對我的魔力，是一九四六年夏天我在漢志山脈（Hajaz）旅行的時候。之前數個月，我曾經到過「空白之地」的邊緣，並與貝都人共同生活了一段時日。那段期間，日子過得相當艱苦，我總是食不飽腹，並時常覺得口渴難耐。我們經常長途跋涉，走過一座座被強風鞭笞的沙丘，穿越單調的平原，看著騰騰熱氣中冉冉浮現的海市蜃樓。這樣的生活對我那些從小生長在沙漠的夥伴而言，已是司空見慣，但對我來說卻無異於酷刑。由於必須提防盜匪搶劫，我們隨時保持在警戒狀態，手上拿著步槍，雙眼在地平線上搜尋，甚至連昏昏欲睡時也不敢稍有鬆懈。在那六個月期間，我飽嚐饑、渴、冷、熱等諸般滋味，又不敢在視這般苦況為平常的異族夥伴面前示弱叫苦，在身心俱疲的雙重壓力下，我時常興起逃之夭夭的念頭。

此刻，我站在海拔九千呎、密植著野橄欖與檜木的阿西爾（Assir）山上，一條小溪沿著山坡潺潺流下，溪水冰涼，味道比起沙漠裡稀少苦澀的水直似清甜甘味。四下野花盛開，茉莉、忍冬、野薔薇、石竹與櫻草處處綻放。山坡上的梯田種著小麥與大麥，還有一畦畦的葡萄園與菜圃。置身在這一片豐饒中，我的心思卻飛到山腳下那被黃色煙靄所遮掩的東方沙漠，並開始籌畫起下一趟的沙漠之旅。此刻的我如果正在倫敦某間辦公室裡案牘勞形，難免會嚮往自由與探險的滋味。然而，眼下我坐擁美景，過得閒適寫意，何以仍有一股莫名的力量驅使我重返沙漠自討苦吃呢？事實上，我的直覺也告訴我，我之所以嚮往沙漠，正是由於沙漠生活的艱難——如同有人受到極地、高山和大海的呼喚一樣。

重返「空白之地」，就是迎接挑戰；要在那兒長居，便是極限的考驗。泰半「空白之地」人跡罕至，是世上少數可以滿足我探險前人未涉足之境的地方，而我的生長背景也讓我有能力做此嘗試。「空白之地」可提供我成為一個傑出旅行家的機會。不過「空白之地」能賦予我的將不只是這點，我相信，在那些寂寥的荒原上，我孤獨的心靈可以獲得平靜，同時在險惡的自然環境中，與貝都夥伴們建立同志情誼。古往今來的探險家有許多人都與同種族的夥伴建立這種情誼，僅有少數人得之於異族的友伴，他們發現種族間的歧異事實上更拉近了彼此的距離。我和貝都人正是如此；如果沒有他們的友誼，我的沙漠之旅僅僅是一場徒然的煎熬。

回憶往事點滴

我時常回溯童年的記憶，期望透過點點滴滴的往事，了解自己為何非得離鄉背井，老遠跑到東方的沙漠來探險不可。我想，答案也許就在我的記憶深處，包括那一趟趟穿越阿比西尼亞的沙漠之旅、三歲時目睹父親獵殺一隻羚羊的興奮之情、觀看成群駱駝在水井喝水的遙遠模糊的記憶、烈日下沙子與刺槐所發出的氣息，以及夜裡營火附近土狼的嚎聲等。然而這些印象遙遠而朦朧，幾乎已經快忘懷了。至今仍鮮明地留在我腦海中的，是後來在阿比西尼亞高原生活的片段。

那是我度過童年的地方，我在那裡住到快滿九歲。

我的童年生活非常與眾不同。我的父親是駐衣索比亞首都阿迪斯阿貝巴的英國公使，一九一〇年，我出生在當時算是公使館的一棟土屋內。在返回英國前，我已見識了許多常人難得一見的景象，例如提姆卡特（Timkat）的教士們在聖約櫃前伴著銀鼓沉悶的咚咚聲起舞、衣索比亞教會的神職人員身穿五彩斑斕的法衣拋灑聖水，和一九一六年大叛亂（Great Rebellion）時各軍隊出師的情景。當時一連好幾天都有部隊經過公使館前面的平原。我曾聽過塞加德（Ras Lul Seged）的部隊在制止米凱爾（Negus Michail）的攻勢不成反遭殲滅時，士兵們所發出的死前哀號，也曾見過他們在最後勝利時狂喜歡呼的景象。我還曾經目睹薩加里（Sagale）之役；當時北王與南王在阿迪斯阿貝巴以北僅五十哩的薩加里鎮交手，進行了一整天的殊死肉搏戰，獲勝的軍隊凱旋的光景。

當時每一位封建領主身邊都簇擁著來自他治下各省的徵兵。純樸的士兵穿著白衣，酋長們則一身戰袍，戴著獅鬃做成的頭飾，一襲襲鮮艷的天鵝絨披風上繡滿金銀圖飾，披風下是五彩的絲質長袍，佩掛長長的彎刀。所有的人手裡都拿著盾牌，有些盾牌上刻飾銀或金箔浮雕，有許多士兵還佩帶步槍。他們和著如雷的戰鼓及嘹亮的號角，如潮水般一波一波走過皇室的觀禮台前，整個儀式持續了一整天，看來跟在恰卡（Chaka）前列隊遊行的祖魯兵團、或奉召在恩圖曼（Omdurman）[1]之前對陣的回教苦行僧一樣原始野蠻。這可不是例行的慶典閱兵。這些戰士剛剛經歷一場你死我活的戰役，心情仍然激動亢奮。那些從死人身上剝下來，披掛在馬匹上的衣服依舊血漬未乾。士兵們一波波走過，黑壓壓的步兵群與飛揚的塵沙遮掩了半數的騎兵部隊；他們口裡高聲報告著戰績，手中揮舞著兵器，直衝上皇室觀禮台的台階上，但被宮廷侍從以長杖驅退；

他們的頭頂上方有無數面旗幟在一支支閃閃生輝的矛尖中飄揚。我至今仍然記得當時一個年紀比我大不了多少的小男孩，因為在戰場上殺了兩名敵兵，而被歡呼凱旋的人群抬著參加遊行。我也記得北王米凱爾戴著手鐐腳銬被人拖著遊街示眾的情景；年事已高的他，身穿阿拉伯式附有頭巾的黑外衣，頭上纏繞白布，肩膀上壓著一塊石頭，象徵他已經投降。在那人聲鼎沸、群情激昂的一天，最動人的一刻應該是當鼓聲驟停、四下悄然時，一名男孩帶領著數百位身穿破舊白衣的男子緩緩前行，走過兩側排成長列等候的士兵，原來是南王塞加德的兒子領著他父王手下的殘餘部隊回師。當初這支部隊出征時，足足有五千餘人的聲勢，最後卻只剩幾百名士兵而已。

這些特殊的經驗自然使我在英國就學的那幾年，對非洲充滿無限的嚮往。我想盡辦法尋找有關非洲旅遊和探險的書籍來看，舉凡戈登克明（Gordon-Cumming）、波德溫（Baldwin）、布魯斯（Bruce）、塞勒司（Selous），以及其他許多人的書，我全都拜讀過。當時我雖然拉丁文屢次考不及格，但如果學校考「非洲動物」這一科的話，我肯定可以輕鬆過關，因為我熟讀了華德（Rowland Ward）[2]的《大型獵物誌》（*Records of Big Game*）。在學校的教堂做禮拜時，我往往會回想童年的情景，腦海中浮現幼時在地平線上看到的那幾座大山：蘇卡拉（Zuquala）、方塔力（Fantali）、烏恰恰（Wuchacha）、福里（Furi）和馬納格沙（Managasha）。這些地名每每觸動我的鄉愁。我在就學前，除了親生兄弟之外，幾乎不曾見過一個歐洲小孩，因此學校內充滿敵意的環境頓時讓我茫然無措。由於我對學校裡那些別人習於遵守的嚴格規矩一無所知，所以動輒得咎。每次我一提到從前所見所聞，馬上就有人指責我撒謊。我對自己與同輩競爭的能力沒有信心，並且經常感到孤獨，幸好後來我進了伊頓公學，對該校產生了極深厚的感情。我在二十歲那年回到阿比西尼亞，那是因為國王塞拉西（Haile Selassie）對我父親在衣國內戰的緊要關頭，將他襁褓中的兒子（即現任皇太子）藏在公使館保護一事相當感激，因此親自邀請身為長子的我去參加他的加冕典禮。我隨著格勞卻斯特（Gloucester）公爵所率領的特使團前往衣索比亞。我們在吉布地（Jibuti）[3]上岸，當晚我便搭乘火車前往阿迪斯阿貝巴，一路上簡直是飄飄欲仙，那大概是我這輩子最快樂的一個晚上。當我到達久違的公使館時，彷彿立即回到孩提時代，連最後發生的事也要努力回想才能重拾記憶；我實在難以相信，自從我最後一次攀登公使館後面的山丘以來，已經過了十一個年頭。我還記得當年在山上遠眺公使館，看著僕人房上的藍煙在清澈的寒空中裊裊上升、或聆聽風箏在尤加利樹上方飄動的呼嘯聲。我仍能辨認山上的每一株草、每一棵樹，每一隻鳥，甚至每一塊石頭。

接下來的十天，我的行程相當緊湊。我參加了各種遊行、典禮和國宴，最後出席衣索比亞長老們為王中之王塞拉西加冕的典禮。塞拉西戴上皇冠、穿上皇袍，並行完塗油禮後，便現身供民眾瞻仰。據說他和許多前任國王都是所羅門王和喜巴皇后的直系後裔。我看著街道上熙熙攘攘、湧進來自各個省份的部落人群，兒時記憶中的那些盾牌與華袍又再度出現在眼前，霎時像是又回到了童年。然而，現今外面世界入侵的痕跡已隱約可見。我知道過不了多久，那些曾經備受珍惜的各項古老傳統、習俗和儀式就會被揚棄殆盡，而眼前所見各種獨特的色彩與豐富的內涵，也將永遠從這塊土地上消失。如今此地的街道上已經可以看到幾輛汽車，這些車輛勢將帶來一些變化，更何況記者群也聞風而來。他們在人群中大力推擠，爭相趨前拍攝皇帝坐在寶座上及僧侶們跳舞的場面。其中有個人甚至把我推向一旁，口中高喊：「讓開！我們是世界的耳目！」

達納基爾區探險

我從小就夢想從事大型獵物的狩獵與探險活動，如今既然已經回到非洲，我決定深入蠻荒。我來的時候帶了一把步槍。有一天趁著參加各項加冕慶祝活動的空檔，我站在公使館前的台階上問齊斯曼（Cheesman）上校（此人是一位知名的探險家），阿比西尼亞是否還有地方值得探險。他說此地的阿瓦許河（Awash）之謎始終沒有人能夠解答。此河源自阿迪斯阿貝巴以西的山脈，流入達納基爾（Danakil）沙漠後便消失無蹤。這次的談話使我對達納基爾區（Danakil country）一直念念不忘。那裡的土著部落至今仍有獵人頭的習俗，只是他們所收集的並非人頭，而是男性睪丸。雖然按照預定計畫，我還有六個星期就得返回牛津，但至少我有時間到達納基爾沙漠邊緣去一探究竟。於是，在我家世交史丹福（Sandford）上校的幫助下，我備齊了旅行隊伍。正當我準備出發之際，英國公使巴頓（Sydney Barton）爵士表示，他不希望我隻身前往這個完全無人管理和危險重重的地區旅行，並建議我不如加入他正在策畫中的一趟狩獵之旅。我很感激他提出的建議，然而我知道一旦我接受了，就意味著我必須放棄一個可以實現兒時夢想的機會，如此無異於在還沒開始之前就宣告失敗了。我囁囁嚅嚅地向公使解釋我的想法，並告訴他我必須獨自前往，才能獲取我所嚮往的經驗。他立刻明白了我的意思，並祝我旅途順利。當我走出房間時，他說：「千萬保重哪！如果加冕典禮才結束，你馬上就被達納基爾人宰掉的話，那就太煞風景了。」

紮營的第一個晚上，當我坐在那兒吃著罐頭裡的沙丁魚，並看著我手下的索馬利亞人將駱駝從河裡趕上岸，讓牠們在帳棚旁邊躺下時，不禁心想：即使給我世上所有的財富，我也不願意置

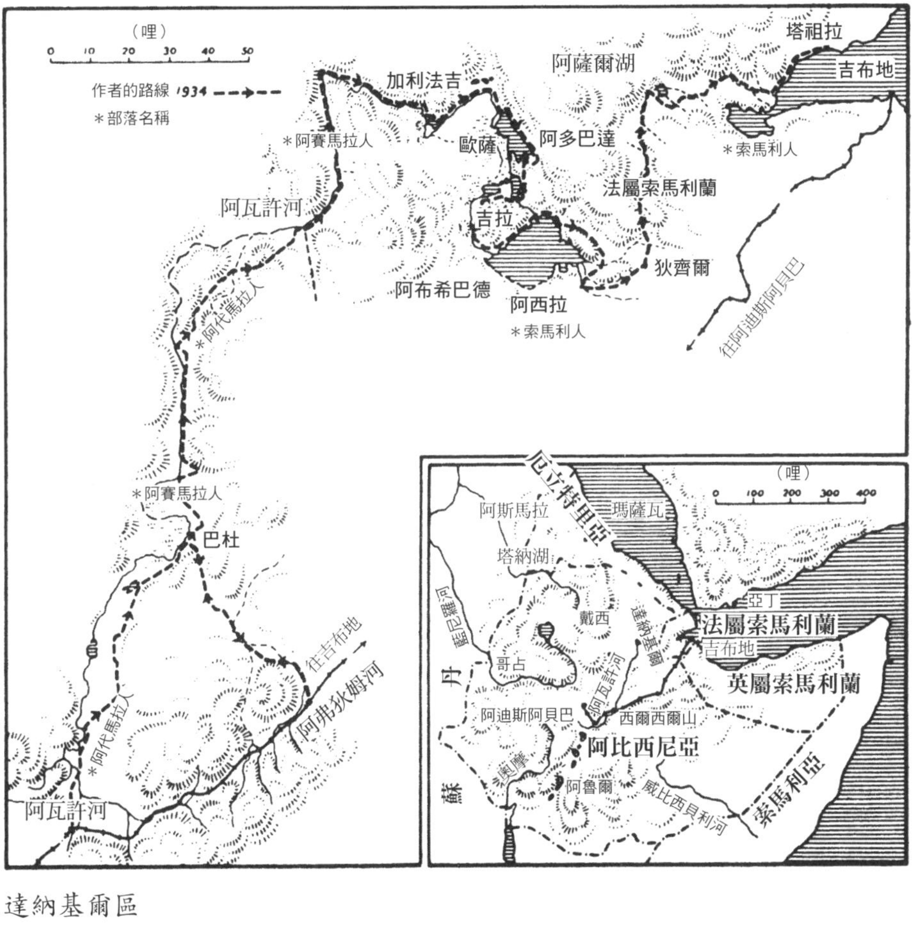
(哩)
0 10 20 30 40 50
作者的路線 1934
＊部落名稱
加利法吉
阿薩爾湖
塔祖拉
吉布地
＊阿賽馬拉人
歐薩
阿多巴達
＊索馬利人
法屬索馬利蘭
阿瓦許河
吉拉
狄齊爾
阿布希巴德
阿西拉
＊索馬利人
往阿迪斯阿貝巴
＊阿代馬拉人
＊阿賽馬拉人
巴杜
往吉布地
阿弗狄姆河
＊阿代馬拉人
阿瓦許河
(哩)
0 100 200 300 400
厄立特里亞
瑪薩瓦
阿斯馬拉
塔納湖
亞丁
戴西
達納基爾
法屬索馬利蘭
藍尼羅河
吉布地
哥占
阿瓦許河
英屬索馬利蘭
丹
阿迪斯阿貝巴
西爾西爾山
阿比西尼亞
奧摩
阿魯爾
威比西貝利河
索馬利亞
蘇

達納基爾區

身他處。接下來的一個月，我獨自在那片乾燥危險的土地上旅行，遇到問題沒人可以商量，碰到當地部落找麻煩，也無人可以求助，生病時更沒有人替我醫病。我的手下信任我，服從我，而我也必須負責他們的安全。那段期間，我時而既倦又渴，時而感到害怕和孤獨，不過我嚐到了自由的滋味，深刻體驗到一種嶄新的生活方式，從此走上了不歸路，無法回頭。

這一個月是我一生中最具關鍵性的時期。我回到牛津後，那些景象總不斷浮現我的腦海。我再度看見那些身材細長優雅、身上僅穿著一條短短的纏腰布，蓬鬆凌亂的頭髮上塗抹著牛油、拄著矛頭站在那兒的達納基爾人；那一棟棟小小的圓頂茅舍，和日暮斜陽漫天塵沙中，成群駱駝緩緩走回營地的一景一幕；水流徐緩的河岸上有隻鱷魚曬著太陽、羚羊從檉柳林中走出來喝水，以及暮色忽籠的地平線上，一隻頭角崢嶸的公羚羊寂然而立的景象。我彷彿又看到一隻非洲羚羊被射穿心臟後匍匐掙扎，禿鷹此時張著雙翼從天而降，圍著獵物笨拙地跳躍，以及地平線上一群毛茸茸的狒狒坐在峭壁上的情景。我彷彿又能感覺到烈日穿透襯衫燙在肌膚上的灼熱感，以及清晨破曉的空氣中那冷冽的涼意。我彷彿又嚐到那帶著駱駝尿騷味的水，聽到衣索比亞人圍著營火唱歌，以及駱駝在上貨時低沉的吼聲。於是我決心重返那片土地，探究阿瓦許河的下落。但我知道，真正吸引我回去的，與其說是對沙漠的眷戀，還不如說是我對未知的嚮往。阿比西尼亞高原仍是我心之所繫；其實只要哪裡仍有未經探險的處女地，我一定會選擇前往那兒，而捨棄沙漠。

三年後，在海格湯瑪士（David Haig-Thomas）的陪伴下，我重回阿比西尼亞，前往達納基爾沙漠探險。最初兩個月，我們先騎驢子在比較好走的阿魯西（Arussi）山脈旅行，藉此測試我們所找的隨行人手是否具備前往達納基爾沙漠的條件。那段期間，我們經常在長滿巨大石南的高山頂上紮營，有時則攀登更高的峰巒，夜宿在高大的山梗菜間，看著七千呎下偶爾在變幻縹緲的山嵐中出現的瑞夫山谷（Rift Valley）。我們花了好幾天的時間穿越層層森林，觀賞黑白相間的疣猴在覆滿苔蘚的林木間嬉戲，又騎驢走過威比西貝利河（Webbi Shibeli）源頭附近那座坡度平緩的平原。我們還看到了阿比西尼亞幾處最美麗的山景。然後我們走下西爾西爾山脈（Chercher Mts.）來到沙漠的邊緣。薰風陣陣吹來，洋槐樹上的乾葉隨之颯颯作響。那天晚上，我的衣索比亞僕人從附近一個游牧民族的營地裡，為我端來一碗駱駝奶；我覺得心滿意足。這時沙漠已經完全占據了我的心，只是當時我並不知道。

達納基爾沙漠位於衣索比亞高原與紅海之間，南方則是那條連接阿迪斯阿貝巴市與沿岸的吉布地港的鐵路線。這座沙漠向來以險惡出名，令人聞之生畏。在上一世紀末期，孟辛格（Munzinger）、朱列悌（Giulietti）和畢昂其（Bianchi）等人所率領的三支探險隊就是在這裡全軍覆沒。一九二八年，尼斯比（Nesbitt）和兩個旅伴自南而北穿越這座沙漠，成為有史以來第一批從達納基爾內陸活著出來的歐洲人，不過期間他們有三名手下遭到殺害。尼斯比後來將這次獨特精彩的旅遊經驗寫成《沙漠與森林》（*Desert and Forest*）。在那次旅程中，由於當地土著敵意頗深，他未能如願走完阿瓦許河的一大段河道，也無法前往歐薩蘇丹領地區（Aussa Sultanate）探險，因而自然無法解答阿瓦許河流向之謎。

達納基爾人是游牧民族，與索馬利人有血緣關係。他們蓄養駱駝、綿羊、山羊和牛群，有些比較富有的部落還養有若干馬匹，以供劫掠之用。達納基爾人是有名無實的回教徒，在他們眼中，一個人的社會地位依他是否驍勇善戰而定，也就是他殺了多少人；他們並不在乎你殺人時是否正大光明，他們只看你割下的陽具數目。達納基爾戰士們每殺一個人，就可以在身上多佩戴一件飾品，諸如插在頭髮上的鴕鳥羽毛或梳子、耳環、手鐲，甚或穿一條有色的纏腰布等，所以你可以一眼看出某人曾經殺過多少人。達納基爾人習慣將死去的人埋在墳墓裡，墓前樹立紀念碑，其形狀有如小型的石製圍欄。死者若是有名的戰士，便在紀念碑前列置一排直立的石頭，每一塊石頭代表他所殺過的人。在達納基爾區內，這類令人望之生畏的紀念碑到處可見，其中幾座的石塊甚至多達二十個。每次有達納基爾人盯著我看時，我就感到渾身發毛，心想他也許正在估量我作為戰利品將有多少價值，就像我盯著一群非洲羚羊，研究哪一隻羊的羚角最長一樣。

我們在山區旅行時，海格湯瑪士不幸得了嚴重的喉炎，身體虛弱，無法陪我進入達納基爾區探險，因此我在十二月一日與他告別，離開阿瓦許站。當時我帶著四十位阿比西尼亞人與索馬利人，他們全都佩有步槍。儘管我們無法以武力硬闖，但我希望這樣強大的陣容至少可以產生一些嚇阻功效，使當地土著不敢輕易對我們下手。我們有十八隻駱駝可以載運糧食。由於我打算沿著河走，水源方面應該不成問題。我們準備妥當後便即刻出發，因為我聽說衣索比亞政府有意禁止我動身。

兩個星期後，我們到了巴杜（Bahdu）區的邊緣，當時該區正處於動盪不安的狀態。我們歇腳的村莊兩天前剛被打劫，數人被殺。達納基爾人分成兩個派系，一派是阿賽馬拉人（Assaimara），另一派是阿代馬拉人（Adaaimara），前者的實力遠比後者強大，以巴杜與歐薩（Aussa）為大本營。一路上，我們所遇見的游牧部落一聽到巴杜戰士，無不聞之色變。阿代馬拉人警告我們說如果我們進入巴杜，鐵定是羊入虎口，因為要從南邊進入巴杜區，一定要經過一個兩側分別是矮山壁和沼澤的山隘，阿賽馬拉人正好可以在那裡下手。於是，我們在拂曉時分先派遣哨兵打探，然後趁阿賽馬拉人尚未察覺我們的動靜之前，火速通過山隘。然後我們找到一個背河的地方紮營，並迅速用貨物與駝鞍在營帳周遭構築一道防禦工事。沒多久，我們就受到達納基爾人的包圍；他們全部武裝，其中大多數佩帶步槍，每個人都是一副摩拳擦掌、蠢蠢欲動的模樣。三年前，有兩名希臘人和他們的手下便是在這裡慘遭殺害。為了應付他們隨時可能發動的攻擊，我們從清晨起一直處於備戰狀態。第二天，經過一番冗長的爭論後，我們說服了一位骨瘦如柴、眼睛半盲的當地長老（此人在巴杜區很有影響力）為我們提供嚮導與人質。就在一切似乎都已安排妥當之際，我們卻在向晚時分收到政府透過各族酋長輾轉傳遞的一封信，此事使得達納基爾人極其亢奮，成群地站在他們的老酋長身旁圍觀。由於此信是以阿姆哈拉文（Amharic）[4]寫成，我必須透過人翻譯，因此信的內容隨即流傳出去。政府在信中表示，由於目前部族戰爭已經爆發，因此命令我即刻返回，並特別告誡我無論如何不得進入巴杜（也就是當時我所在之區）。我的手下聽說此信的內容後，有一半堅持要回去，另一半則說應該由我做決定。我知道，如果我抗命帶著只剩一半的人馬繼續前進，勢必會受到攻擊，且將全數遭到殲滅，情勢逼我非回頭不可。但是眼睜睜看著計畫泡湯的滋味可真不好受！尤其是在我們已經克服此行最大難題，順利進入巴杜村的時候。

在回程途中，我們經過了一個屬於阿代馬拉人的大村莊，景象殘敗不堪。原來先前阿賽馬拉人曾派遣一個七人的長老代表團來到此村，商討如何解決雙方放牧權的問題，豈料村民在宴請這些長老後，趁著夜色向他們下毒手，結果只有一人逃脫出來（我在巴杜時曾經為此人治療傷口）。後來阿賽馬拉人發動報復性攻擊，殺了該村六十一個村民，進而引爆最近各族間的戰事。

蘇丹約見

離開巴杜後，我前往阿迪斯阿貝巴，在那裡耗了六個星期，好不容易說服政府讓我重返達納基爾區。而他們最後之所以首肯，是因為我寫了一封聲明他們無需為我的安全負責的切結書。我返回達納基爾區，發現我的手下不僅都感染當時阿瓦許河兩岸所流行的熱病，人也變得狡獪多了，其中有幾個甚至堅持要我把薪餉一次付清。由於我寫了一封幫他們開脫責任的信，衣索比亞政府也投桃報李，釋放了當時正關在獄中的穆罕馬德（Miram Muhammad），由他陪伴我上路。年老的穆罕馬德是巴杜區各族的大酋長，幾個月前，他前往首都拜會政府，竟被當成人質拘禁，政府希望藉此挾制他手下的各個部族，脅迫他們收斂行為。當時衣索比亞政府之所以將我召回，正是由於他拒絕保障我在巴杜的安全。如今有他與我同行，巴杜人必定會善待我們，至少會有人替我們引見歐薩區的蘇丹。

在巴杜期間，我在尤加（Hamdu Uga）酋長的村子裡待了好幾天。他很年輕，笑容迷人，對人溫文有禮，使我樂於和他相處。他雖然只是一個大男孩，但新近才剛在法屬索馬利蘭（French Somaliland）[5]的邊界殺死三個人，我抵達他的村莊時，他正在設筵慶功。現在他已經擁有佩戴鴕鳥羽毛的資格，而他那副愛不釋手的模樣真是令人發噱。我們離開後第三天，他的村子遭到另一個部落突擊，我向人問起他的下落，有人告訴我他已經遇害了。

過了六個星期，我來到位於歐薩邊界的加利法吉（Galifage），在密林的邊緣紮營。林中高大的樹木全都密密麻麻掛滿爬藤植物，綠油油的青草長得非常繁茂，稀疏的陽光穿透枝葉繁密的林間照射到帳棚上。這和我們一路上所看到的黃褐色平原、乾枯的荊棘灌木，以及焦黑乾裂的岩石相較，是另一個截然不同的世界。當年，尼斯比便是在這裡遇見亞尤（Muhammad Yayu）蘇丹。蘇丹准許他繼續原定的行程，因為他的目標是橫越北邊的熔岩沙漠，而非深入歐薩的富庶平原。亞尤蘇丹和他的父親一樣，對所有的歐洲人既猜疑又恐懼；此事事出有因，原因是，他曾經目睹法國人和義大利人占領整條除了熔岩地和鹽田之外、其實一無所有的海岸線，因此，他當然會認為，萬一歐洲強國知道北區有像歐薩這樣肥沃的平原，必定會加以覬覦。在尼斯比之前，涉足此地的歐洲人沒有一個曾經獲得蘇丹的保護，結果個個慘遭殺害。在我來到歐薩以前，已見過部落相殘的混亂局面，而今我要面對的則是一個「朕即法律」的獨裁君主，我們若不幸在此地遇害，絕對是蘇丹下的格殺令，而非遭到部落的突襲。

我們奉命待在加利法吉。營地裡流言不斷。第三天晚上，我們聽到遠處傳來一陣喇叭聲，當時正值太陽已經下山、滿月尚未升空之際，蒼蒼暮色中的森林顯得莊嚴肅穆。不久，有一名信差到來，宣布蘇丹正等著接見我。我們跟隨他沿著蜿蜒小徑深入林間，一直走到一大片空地，只見空地的彼端密密麻麻站著大約四百名男子，全部佩帶步槍，腰帶上掛滿彈藥筒，並插著短刀，身上的纏腰布在月光照耀下顯得分外潔白。男子們寂然而立；在他們前面不遠處的凳子上，端坐著一位體形矮小、皮膚黝黑的男子，橢圓形的臉上蓄滿鬍子，全身白衫，肩上圍著一條白色披肩，腰間配戴一把銀柄短刀。我用阿拉伯語向他致意，他立起身來，示意我坐在另一張凳子上，並揮手指示他的手下離開。手下們遵命退回森林的盡處，而且默默地蹲在那兒。

我知道一切事情——甚至包括我們的性命——都取決於這次會面的結果。不過眼前的情況和我事前所預期的截然不同。蘇丹說話時語調非常輕柔，席間由我的索馬利隊長負責翻譯。我們循例互相讚揚了一番，然後他開始詢問我此行的種種。他話不多，面無笑容，話語之間常有很長的停頓。他的表情敏感、自豪，雖然威嚴，但並不兇殘。他提到有一個為衣索比亞政府工作的歐洲人最近在鐵道附近被土著殺害（我後來才知道他是德國人，當時正為衣索比亞的畫界委員會工作）。約莫一小時後，他說明天早上他將再度召見我；他沒有問起我的旅行計畫。後來我回到營地，但對於未來仍毫無頭緒。第二天早上我們又在同一個地點見面。在陽光的照耀下，那個昨晚顯得陰黯詭譎的地方，如今看起來只不過是一塊林間空地罷了。

蘇丹問我想去哪裡，我說我想沿河而下，追尋河流的盡頭。他問我目的何在，以及我是否為衣索比亞政府工作等問題。我知道很難向這位心存疑慮的君主解釋我對探險的愛好，更何況還要透過不順暢的翻譯。我的隊長及那位來自巴杜、伴我同行的達納基爾人，也都受到質問。最後蘇丹准許我在歐薩境內沿河而行，尋找河流的盡頭。這是他首次對一個歐洲人解禁，至於他為何獨獨對我破例，我至今仍不明白。

兩天後，我登上一座山峰，從那裡俯瞰歐薩，不由得感觸良多。僅僅五十年前，非洲仍有大部分的土地不為人所知，但是這些年來，遊客、傳教士、商人與官員幾乎深入非洲每個角落，如今不為外界所知的地方已所剩不多，而歐薩正是其中之一。我所在的山腳下有一片直徑大約三十哩的方形平地，幾座光禿禿的黑山包圍四周形成天險，東邊是斷崖，崖下為長十五哩的阿多巴達湖（Lake Adobada）。平原的北部是一片密林，林中有好些寬闊的空地，空地上綿羊、山羊與牛群隨處可見。密林南邊有一大片沼澤及幾處廣闊的水域。再往南則是一連串的火山山脈。

我們沿著河道穿越森林、湖泊與沼澤，直達歐薩彼端邊界。沿途的鄉村風光相當迷人，讓人直想在這裡停留幾個星期，但夥伴們卻催促我盡快趕路，更何況蘇丹只准許我經過，沒允許我逗留。阿瓦許河依傍吉拉（Jira）火山群蜿蜒向前奔流，再度進入沙漠，最後流入阿布希巴德（Abhebad）鹹水湖。此河迢迢從阿卡其（Akaki）平原流了過來，卻在這個死寂的世界走到盡頭。我大老遠由上而下探尋至此，獨獨見到這個面積達三百平方哩的鹹水湖。溫熱的河水從黑色的玄武岩間滲流入湖，湖上漂浮著乍看有如陳年血漬的紅色水藻，水波緩緩拍打著湖畔的黑色爛泥。此地雖有山陰卻無綠蔭可以蔽日，太陽直接照射地面，從地上的石灰岩反射出熱氣。有一小群鳥禽涉過湖岸，牠們的叫聲益發增添此地的荒涼氣息；這些候鳥僅是過客，可以自由來去。幾隻顯然因為生長在鹹水中而發育不良、小得出奇的鱷魚，用牠們濁黃的眼珠目不轉睛地盯著我們。在我看來，那些眼珠子簡直就是此地的象徵。幾個與我們同行的達納基爾人告訴我，他們的父輩們就是在這裡殲滅了一群「土耳其人」，並將他們的槍枝扔入湖中。無疑地，這裡就是一八七五年孟辛格的探險隊全軍覆沒的地方。

我越過邊界進入法屬索馬利蘭，待在狄齊爾（Dikil）一處由柏納德指揮官（Capitaine Bernard）駐防的碉堡。幾個月後，該碉堡被一隊來自歐薩的人馬襲擊，柏納德和他多數的手下都戰死。我們離開狄齊爾，橫越一座熔岩沙漠，前往位於海岸的塔祖拉（Tajura）。在此之前，我們需要提防的是那些打家劫舍的部落，但在這片沙漠上，我們要面對的卻是此地的自然環境。這塊土地上既沒動物也無植物，到處是由地殼大變動時噴出的岩漿所形成的不規則岩塊，整個地方了無生氣，使人不禁聯想到世界末日時的荒涼景象。在長達十二天的日子裡，我們一路在銳利刺人的岩石上顛簸跋涉，走過高山縱谷和火山口，並行經低於海平面四百呎的阿薩爾湖（Assal）。阿薩爾湖的湖水藍中帶黑，湖岸四周盡是潔白平坦、宛如冰原的鹽地，上面矗立著一座座參差不齊相擁相偎的高山，山坡上的熔岩呈墨黑或鏽紅色。我們運氣很好，因為前一陣子才下過一點雨，因此水洞裡仍然有水。儘管如此，在我們到達塔祖拉之前，隊中的十八頭駱駝已有十四頭餓死了。

派駐蘇丹的日子

我的心緒仍然浮動難安。我計畫這趟旅程已有三年，如今圓滿結束，卻覺得未來一片空虛。我害怕回到文明世界，因為在歷經這八個月的驚險刺激後，文明社會的生活將顯得極沉悶無聊。在吉布地港口時，我曾考慮購買戴孟復耶（de Monfried）提過的單桅帆船（dhow）[6]，因為，先前我讀過他的《海上歷險記》（*Adventures de Mer*）與《紅海的秘密》（*Secrets de la Mer Rouge*）兩本書，並且曾和那位與他一起航行的達納基爾人談過話。我極為嚮往他所描述的那種自由不羈的生活。

然而，我還是回到了英國，加入「蘇丹政治局」（Sudan Political Service），並在一九三五年初前往喀土木（Khartoum）。當年我二十四歲，幾乎有半輩子在非洲度過，但喀土木和我所見過的非洲大為不同，喀土木活像是被棄置在蘇丹中部的牛津北部郊區。我痛恨電話和名片，討厭排列整齊的別墅和柏油路面。我也不喜歡恩圖曼過於井然有序的街道、廣告柱和各種公共設施。我懷念阿迪斯阿貝巴市場裡的髒亂與氣味，還有那種隨意率性的日子。我嚮往的是多采多姿、帶點原始氣息和冒險犯難的生活形態。如果當時我被派駐在城鎮的話，肯定會悶悶不樂，很可能待幾個月就會離開蘇丹。達費爾（Darfur）的總督杜彪思（Charles Dupuis）早料到這點，因此他要求當局轉派我到他管轄的達費爾省工作。於是我被派駐在達費爾省北部的庫圖（Kutum），在穆爾（Guy Moore）的手下做事。穆爾生性仁厚，為人體恤，來到蘇丹前他曾在伊拉克的沙漠待過，並在第一次世界大戰末期擔任當地的政治局官員。他很喜歡談論那段與阿拉伯人共處的日子，他

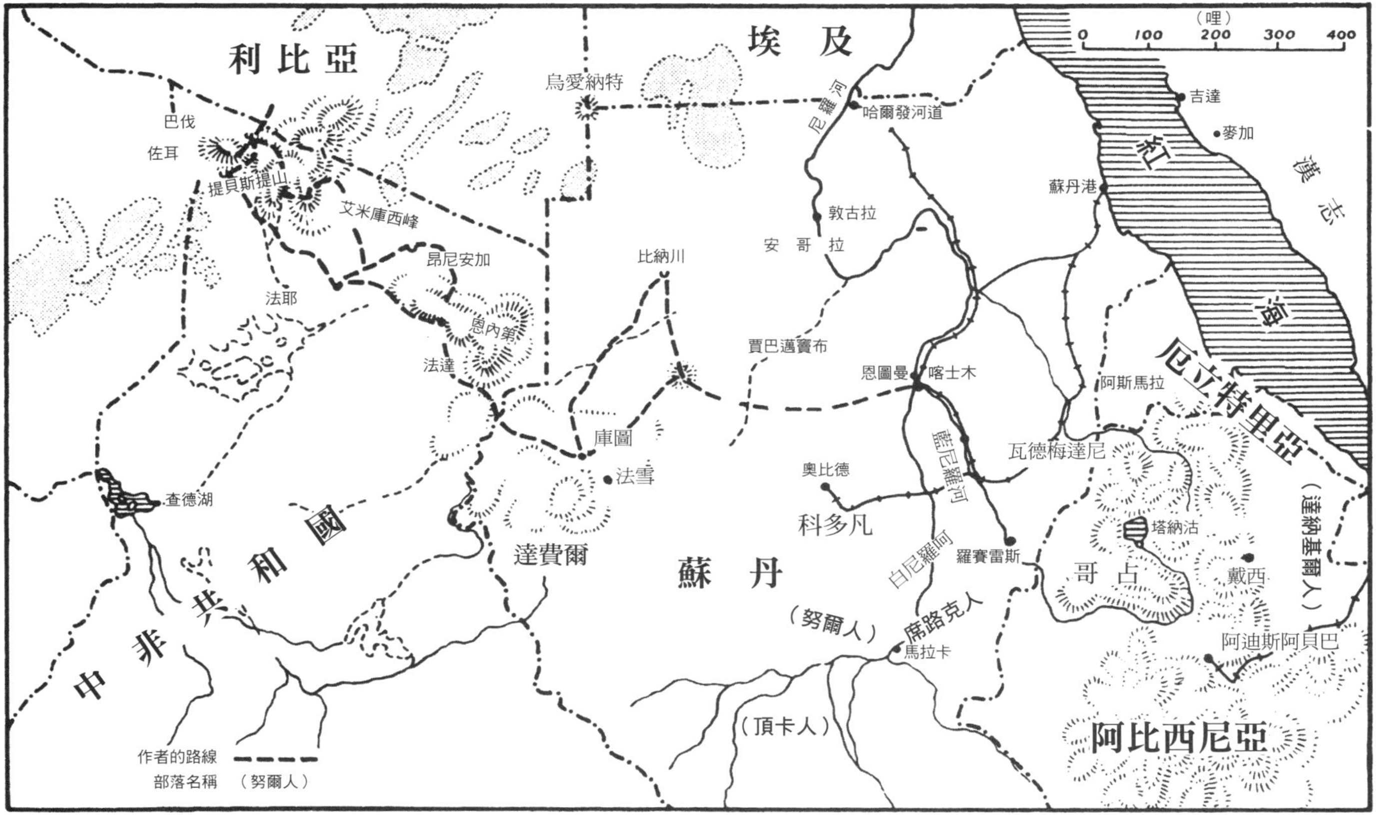

利比亞
埃及
紅海
漢志
（哩）
0
100
200
300
400
吉達
麥加
蘇丹港
烏愛納特
尼羅河
哈爾發河道
敦古拉
安哥拉
巴伐
佐耳
提貝斯提山
艾米庫西峰
昂尼安加
法耶
恩內第
法達
比納川
賈巴邁賽布
恩圖曼
喀士木
阿斯馬拉
尼立特里亞
瓦德梅達尼
藍尼羅河
庫圖
法雪
奧比德
科多凡
查德湖
國
和
共
非
中
達費爾
蘇丹
白尼羅河
羅賽雷斯
塔納沽
哥占
戴西
（達納基爾人）
（努爾人）
席路克人
馬拉卡
阿迪斯阿貝巴
（頂卡人）
阿比西尼亞
作者的路線
部落名稱
（努爾人）

蘇丹

所描述的種種景象在我腦海中留下了深刻的印象。當時我們派駐的庫圖區是蘇丹最大的一區，面積在五萬平方哩以上，而我們是全區僅有的兩名英國人。該區地處沙漠，人口雖只有十八萬，卻包含了各色人種，有以游牧維生的阿拉伯部落；還有巴巴里人（Berber）[7]人的後裔；當地山區住的是以務農為業的黑人；南部則是被稱為巴加拉（Bagara）的阿拉伯部落，他們以養牛維生，在回教徒僧兵中以驍勇善戰出名。

當時，我大部分時間都騎著駱駝四處旅行。從前在達納基爾區時，我是用駱駝來載貨，在這裡我首度以牠們作為代步工具。通常殖民行政長官外出時都會帶上四五匹駱駝，用來運載帳棚、野營設備和罐頭食品等，但穆爾則教我輕車簡從，少帶行囊，並盡量進食當地佳餚，所以，我外出時往往會帶上三四位當地土著隨從，途中若經過村莊，則吃村民所提供的食物，否則就隨便煮一頓麥片粥，放在一個碗裡，大夥兒圍著一塊吃。夜裡，我和隨從們一起睡在野地上，並且學習視他們為同伴而非僕從。我在離開庫圖之前，一度擁有蘇丹頂尖的幾匹代步駱駝，因為我專揀最好的買；我對這些駱駝的興趣遠大於我馬廄裡的那兩匹馬。有一次，我曾經騎著其中一匹駱駝在二十三小時內走了一百一十五哩路。隔了幾個月，我又從賈巴邁賓布（Jabal Maidob）騎駱駝到恩圖曼，在九天內行走四百五十哩路。

在蘇丹的第一個冬天，我花了一個月在利比亞沙漠旅行。我的目標是探訪比納川（Bir Natrun）的泉井，那是利比亞沙漠裡少數有水的地方之一。問題是這個地方並不在庫圖的轄區，甚至不在達費爾省境內。由於過去並沒有官員去過那裡，加上有人告訴我，即使我向喀土木申請許可，也勢必遭到拒絕，於是我決定悄悄前往。我和五名同伴從賈巴邁賓布出發。第一天，我們登上一處高地，當我看到前方大漠荒涼景象時，不禁倒抽一口氣。從此處到比納川水井，一共要走八天，路上沒有任何水源，而回程若依據我們所擬定的路線，將要走上十二天，途中同樣無水可取。出發後的頭兩天，我們偶爾還會看到幾隻白色的非洲羚羊和鴕鳥，此後又是一片荒蕪。我們日復一日地走著，沿途風景始終不變，沙漠與天空交會的那條地平線永遠與我們保持同樣的距離。時間與空間合而為一，萬籟俱寂，只有微風吹過的聲響，還有那一片遠離塵俗的潔淨大地。

在返回賈巴邁竇布的路上，我順道進入喀土木省府法雪市（Fasher）過聖誕節。吃晚飯時，有人談到義大利已經占領比納川的事。義國最近進占位於蘇丹與利比亞邊界上、公認隸屬蘇丹的小綠洲烏愛納特（Uainat），引起了各有關國家的關切，紛紛行文以示抗議。另外，據說唐加拉（Dongala）已經向喀土木提出報告，指出有些阿拉伯人最近曾經看到白人在比納川附近出沒，顯然義大利人已經逐步入侵。他們說，當局已經採取「緊急措施」，並派遣軍機到哈爾發河道（Wadi Halfa）駐防。正當眾人議論紛紛之際，我打岔說我不認為此事屬實，因為我剛從比納川回來，在那裡只看到幾個阿拉伯人而已。此話一出，舉座皆驚，頓時陷入一片沉寂，後來一位英屬西阿拉伯公司的主管面色凝重地說：「我想你大概就是他們所說的義大利人吧。」過後不久，當我請假在喀土木旅行時，內政大臣才表情嚴肅地告訴我，按照慣例，如果沒有取得殖民行政長官的同意，是不能在別人的轄區內旅行的，當然更不能在未經總督許可的情況下前往別的省份。不過聽他的口氣，好像頗能體諒我當初的做法。

狩獵為樂

一九三七年尾聲，我聽說自己即將被調往藍尼羅河省（Blue Nile Province）的總部暨「傑齊拉棉花方案」（Gezira Cotton Scheme）的中心瓦德梅達尼（Wad Medani）。想到自己將被迫在這個非洲的邊疆郊區度過兩年時間，我簡直嚇壞了。於是我趁著請假在喀土木旅行期間，說服內政大臣讓我辭去政治局的正式職位，另以聘雇殖民官員的身分工作，但條件是不得將我派駐到荒野以外的地區。這種做法會讓我失去領退休金的資格，不過，反正我也不想在蘇丹度過下半輩子。我在達費爾這片空曠土地上過得很快樂，日子雖然艱苦，卻頗能激發人的潛能，讓我很有成就感，何況我近來所過的游牧生活也樂趣無比。我尤其酷愛狩獵，無論是在賈巴邁賓布的火山口獵北非羚羊，或在塔加保山（Tagabo）獵大羚羊，或在利比亞沙漠邊緣獵曲角羚羊、非洲羚羊，無不令人感到刺激萬分。至於獵獅的經驗更是難忘：獅子在前面拚命奔逃，我領著一群土著騎馬穿越濃密的灌木林在後面追趕，等獅子跑累了，我騎馬緊隨在後，阿拉伯人則揮舞著長矛，發出挑釁似的吶喊。我們將獅子所在的一小塊地方團團圍住，努力在雜沓的陰影間辨認出獅子的行跡，突然，不遠處傳來陣陣低沉的獅吼，四周的空氣彷彿也隨之震動。這一切都令人血脈賁張，回味無窮。更甚者，在朝夕相處之後，我逐漸與那些土著建立起感情，他們的某些特質在我看來相當可貴，同時，我也很羨慕他們能夠保存傳統的生活方式。我明白自己其實不適合擔任殖民官員，因為我對我們即將帶來的變化憂慮重重。我渴望回到過去，厭惡現狀，更害怕未來。

後來，我被調派上尼羅河省（Upper Nile Porvince）的西努爾區（Western Nuer District）工作。我從摩洛哥等地度假回來，隨即動身前往報到。

努爾人（Nuer）是尼羅河流域的民族，與頂卡人（Dinka）和席路克人（Shilluk）都有血緣關係。他們住在馬拉卡（Malakal）以南，毗鄰白尼羅河（White Nile）省的上游沼澤區，過著畜牧生活，養著大批牛群。他們大多身材高大、全身赤裸、容貌俊秀、神情高傲，一頭長髮用牛尿染成金黃色，看起來威猛異常。一直到一九二五年，此區才歸順英國，納入轄治。在投降之前，他們極力抵抗英國的統治，並曾經數度與英軍發生激戰。不過，幾乎所有見過他們的英國人都對他們著迷不已。

我和西努爾區的殖民行政長官麥斯威爾（Wedderburn Maxwell）一起住在一艘明輪汽船（paddlesteamer）上，總督把一切事務全放手交給我們處理，只要求我們偶爾給他寫封信報報平安。為了方便起見，我們建了一些檔案，但我們的辦公桌並不像那些傳統的行政區，堆滿文件。由於區內一條道路也沒有，因此無法與蘇丹其他地區聯絡，但我們一點也不在意。從這裡到別處，唯有乘坐汽船，若要在區內旅行則必須帶著挑夫。這裡到處是獵物；有一次，我看見一群大象浩浩蕩蕩沿著河岸前進，為數約有一千隻。還有水牛、白犀牛、河馬、長頸鹿及各種羚羊，此外也有不少花豹和獅子。在蘇丹的五年期間，我一共射殺了七十頭獅子。

草原上三三兩兩覓食的羚羊；光著身子排成一列魚貫前進的挑夫；追蹤一群水牛時，斥候悄然溜過斑駁樹叢的身影；圍捕獅子時的緊張刺激；受困獅子極力反擊時所發出的低吼；宰殺一頭倒地不起的大象的血腥場面，以及身上沾染血漬的年輕人笑嘻嘻地從被宰大象的肋骨間鑽出來的模樣；白色的牛背鷺飛越尼羅河畔的紙草田上空，一如法老王墳墓上所繪的壁畫；諾湖（No）閃亮如鋼的水面被夕陽染紅的景象，萬籟爭鳴的暗夜裡河馬低哼的聲音，努爾族放牧營地上的裊裊炊煙；戰舞正酣時扭動跳躍的人影，以及正接受成年禮痛苦試煉的少年僵直的身軀……這些景觀正是我在少年時代閱讀的書本中所描述的非洲風情。想當初我剛剛抵達喀土木時，看到當地的情況沮喪萬分，一度以為大概沒指望可以在蘇丹看到這樣的景觀了。這一切是我曾夢寐以求的經驗，但如今，我腦海中的沙漠記憶卻讓我痛苦不堪。

一九三八年，我前往撒哈拉沙漠度假，並趁此機會造訪了提貝斯提山脈（Tibesti）[8]，這座山脈除了前往當地出公差的法國軍官外，一向不為人所知。八月初，我離開庫圖，身邊帶著一個從我到蘇丹後就一直服侍我的薩格哈瓦族（Zaghawa）小伙子，和一位曾在提貝斯提一帶住過、通曉提布語（Tibbu）的巴達耶（Badayat）老人。我們騎著從達費爾省租來的駱駝前往法耶（Faya），過了法耶，再換騎幾頭習慣在山區行走的駱駝。我們攜帶的行李不多，主要是路途漫長，時間又有些緊迫的緣故。

從前和努爾人一起旅行，我習慣一個人睡一頂帳棚，同時有僕人伺候著，做一個在非洲旅行的道地英國人，如今我終於可以欣然重回我在庫圖所學到的沙漠生活。因為這裡是不折不扣的沙漠地區，在這裡，種族、膚色、貧富和社會地位的差距毫無意義；人們放下虛偽的身段，顯露最真實的一面。在這裡，人與人之間的關係非常緊密，一旦落單，你馬上就會嚐到極度恐懼的滋味，因為，這片荒涼的大地實際上比暗夜叢林還要可怖。在無情的烈日炙烤下，我們如同在沙地上辛勤工作的甲蟲般渺小可憐，唯有在仁慈的暗夜裡，我們才能夠向沙漠借幾平方呎的地方充當安身之處，並在營火的四周享受些許家庭的溫暖。此時抬頭仰望天際，只見群星羅列，熟稔如昔，一時間教人忘卻宇宙太空深藏不露的亙古奧秘。

嚮往荒野生活

我們每天長途跋涉，有時甚至一口氣走十八或二十小時，最後，提貝斯提山脈的頂峰艾米庫西峰（Emi Koussi）終於遙遙在望，唯見一個淡淡的輪廓，宛如沙漠盡頭的一朵雲彩。逐漸走近時，山峰整個盤踞了我們的視野，日出時是艷藍色，日落時則為黑色的剪影。我們千辛萬苦爬到山頂，終於昂然站在火山口邊緣；此地海拔一萬一千一百二十五呎，在火山口最底部一個一千呎深的大洞，即是當年火山爆發之處。由此眺望北面是一排排參差錯落的山峰，在陰暗的峽谷間巍然矗立，看起來荒涼而孤寂，令人肅然。這裡到處可見因著日曬風吹雨淋而逐漸風化的石頭、土地，呈現黑、紅、棕、灰色調，使得這一帶有種沉鬱的況味。我們行經多風的高地，走過山隘、狹谷、懸崖和高峰，在巴代（Bardai）造訪了兩千五百呎深的都恩（Doon）大火山口，並曾在提貝斯提山系中最雄壯的一座山嶺、提耶羅科山（Tieroko）山腳下的摩德拉山谷（Modra）紮營。三個月後，我們回到達費爾省，總共騎駱駝走了兩千哩以上的路程。

在沙漠中，我找到了文明世界所缺少的自由，那是一種不為物質所牽絆的生活方式。因為在沙漠中，所有非必要的東西都是累贅。同時，我發現在這樣的環境下生活，人與人之間自然會產生一種相濡以沫的感情。我相信這樣的生活可以為我帶來心靈上的平靜，讓我體會艱苦旅行後的成就感，以及粗茶淡飯的樂趣，還有吃飽飯後的滿足感、肉類的甘美、淨水的甜味、睏倦至極時倒頭大睡的快活，和在寒冷的黎明中營火所散發的溫暖。

回到努爾區之後，我的日子開始變得日益孤單，經常一個人坐在椅子上，置身於一群赤裸著身子的土著之間。雖然我樂於和他們相處，卻無法從他們身上得到我渴望的東西。在經過達納基爾區之旅的洗禮後，我發現自己已經無法重返文明世界的生活；如今的我對荒野生活愈發嚮往。努爾區原本可以相當滿足我的慾求，但在達費爾省住了三年，又走了一趟提貝斯提山脈後，我的要求已經不止於此。這個夢想後來總算得以在阿拉伯沙漠實現。

在第二次世界大戰之前，我已經被調回庫圖，但戰事爆發時，我仍在度假期間。由於沒有專屬的轄區，我獲准在一九四〇年四月加入蘇丹保衛隊。在我看來，阿比西尼亞之役有如十字軍的聖戰。十年前，我目睹塞拉西國王在阿迪斯阿貝巴加冕，隔了六年又在倫敦維多利亞火車站看到他跨下火車，開始被流放的命運。如今我能夠在阿比西尼亞與桑德福的特使團（Sandford,s mission）一起工作，為塞拉西的復辟鋪路，並加入溫格特（Wingate）的吉地安部隊（Gideon Force），將塞拉西從蘇丹經由哥占（Gojam）接回阿迪斯阿貝巴，讓我深感自豪。阿比西尼亞的工作一完成，我就被調到敘利亞，在德魯士（Jabal al Druze）服役，和當地土著相處了一年。

我所走過的幾處沙漠，無論在時間或空間上都是一片空白，不僅沙漠本身的歷史已經湮滅，連其中游牧民族的淵源也無從考據，僅剩一些南非布希曼土著的繪畫和其他部落傳奇，以及希羅多德（Herodotus）和托勒密（Claudius Ptolemaeus）[9]等人的著作中，幾段引人爭議的文字供後人解讀罷了。但在敘利亞沙漠的邊緣地帶，人類歷史文明的痕跡卻俯拾即是。遠在羅馬創建之前，敘利亞的大馬士革與阿勒坡（Aleppo）就已經是歷史悠久的古城。此地的村鎮遺留無數的斷壁殘垣，都是往日異族侵略的痕跡，而歷代的征服者也都各自留下了他們的印記。然而，儘管朝代幾番更迭，沙漠卻始終如一。我在那裡遇見一些自稱是以實馬利（Ishmael）[10]後裔的部落，也曾聽當地長老如追憶年少往事般訴說著千百年前的故事。當我初抵斯地，心中仍有種族優越意識，但後來在他們的帳棚裡，我卻自覺像個粗鄙不文的野蠻人，一個來自劣等物質文明世界的異類。從他們身上，我也認識了阿拉伯人慷慨好客的天性。

離開敘利亞後，我到埃及，再轉往西部沙漠（Western Desert），在空軍特勤團（Special Air Service Regiment）服役。當時我們出入皆以吉普車代步，並分成若干小組，藏匿在沙漠裡，專門破壞敵軍的通訊線路。我們隨身帶著糧食、水與燃料，一切自給自足，因此我雖然置身沙漠，事實上終日待在吉普車內，與沙漠隔絕。當時，沙漠對我們而言，只不過是地圖上一個標著「宜往」或「不宜往」字眼的地方罷了。在那樣的情況下，就算我們無意中走到所有利比亞探險家一心嚮往的札蘇拉（Zarzura），我也毫無興趣。

大戰的最後一年，我再度被調往阿比西尼亞擔任北方戴西省（Dessie）的政治顧問。不過，其實此地所需要的是技術人員，而不是什麼政治顧問。在滿懷挫折、抑鬱寡歡的情境下，我辭職求去。有一天晚上，我在阿迪斯阿貝巴遇見羅馬「糧食與農業組織」的沙漠蝗蟲專家黎恩（O. B. Lean）。他表示他正在找人和他一起到阿拉伯的「空白之地」，蒐集有關蝗蟲遷徙的資料。我當下即表示自己對此事很感興趣，只可惜我不是昆蟲專家。黎恩說這不是問題，重要的是找的人必須有沙漠旅行的經驗。結果，晚飯還沒吃完，我就已經接下了這份差事。

之後的五年是我生命中的另一個階段。比起這五年間我所經歷的種種，早年的那些經驗只能說是一個序曲罷了。

【注釋】

1 譯注：蘇丹中部城市。
2 譯注：一八三七—一九二四，英國歷史學家。
3 譯注：在非洲東部，臨亞丁灣。
4 譯注：衣索比亞的官方語言。
5 譯注：吉布地共和國舊名。

6 譯注：阿拉伯海使用的一種單桅帆船。

7 譯注：北非原住民。

8 譯注：位於非洲查德共和國北部。

9 譯注：西元第世紀的希臘天文學家、數學家及地理學家，以天動說聞名於世。

10 譯注：《聖經》中亞伯拉罕之子。

第二章　達佛的序曲

阿拉伯半島的沙漠面積超過一百萬平方哩，而南部沙漠就占了將近總面積的一半。南部的沙漠橫跨葉門邊界到阿曼的丘陵地帶綿延達九百哩，從阿拉伯半島南部海岸直抵波斯灣和內志（Najd）邊界也有五百哩。這座沙漠大部分是寸草不生的沙地，稱得上是沙漠中的沙漠，浩瀚而荒涼，連阿拉伯人都稱它為「Rub al Khali」，意思是「空白之地」（Empty Quarter）[1]。

一九二九年，勞倫斯寫信給當時英國皇家空軍元帥程查德（Trenchard），建議他在R100或R101型飛機試飛印度時，應該改道飛經「空白之地」上空。他在信中表示：「飛越空白之地上空將可以大大提升這兩款飛機的知名度，並使我們進入一個探險的新紀元。這件事唯有飛機可以辦到。而我希望能夠讓我們自己國家的飛機來領先鋒。」話雖如此，一九三〇年，湯瑪士由南至北越過這座沙漠，幾個月後，另一位英國人費爾畢也從相反方向穿越成功，證明「空白之地」其實是可以採騎駱駝的方式來征服的。不過，隨後的十五年間，一直到我抵達該地為止，就再也沒有其他的歐洲探險家作此嘗試。同時，在葉門和阿曼之間的廣大區域仍然從未有人探索過。

我在牛津時曾經讀過湯瑪士所寫的遊記《肥沃的阿拉伯》（*Arabia Felix*）。此外，在達納基爾區旅行的一個月當中，我對沙漠生活也多少有了體會和了解；勞倫斯的《沙漠革命記》（*Revolt in the Desert*）則喚起我對阿拉伯人的興趣。不過在牛津期間，我一心一意只想回到阿比西尼亞，無暇他顧，注意到大漠的存在是後來的事。當時我走過的蘇丹和撒哈拉沙漠早為人探險過，神秘感盡失，因為所有路線、水井、沙丘和山脈位置，都已經清楚標示在地圖上了，而當地的土著部落也都已經納入行政區。在這樣的地方旅行勢必不可能像當初在達納基爾區探險時那般刺激，在這種情況下，「空白之地」成了我的「許諾之地」。但是我一直不得其門而入，直到在機緣巧合之下遇見黎恩，才有了這個絕佳的機會。我對蝗蟲其實絲毫不感興趣，絕對不會自願到肯亞或喀拉哈里沙漠（Kalahari）[2]去追蹤牠們，不過多虧這些蝗蟲，我才得以前往阿拉伯半島一探究竟。

在今天，若要前往全球僅存的幾個處女地探險，最大的困難便是如何取得宣稱是其主權國政府的同意。當初，如果沒有「中東防蝗單位」作後盾，我恐怕很難（甚至根本不可能）取得進入「空白之地」的許可。不過等我到了那兒旅行，和貝都人成為拜把之交後，整個「空白之地」便任我遨遊了，根本無須擔心國界的問題。事實上，有些疆界在地圖上根本不存在呢。

我在蘇丹時就已經見識過蝗災。在戴西省的那一年，我曾經看過大群大群的蝗蟲像團團煙雲般在地平線上滾動，牠們從半島的繁殖地飛往阿比西尼亞高地；我也曾目睹成批的蝗蟲上下舞動著在我面前飛掠而過，牠們有長長的腳，過境時有如漫天灑落的雪花布滿天空。有一次，我看到數不清的蝗蟲停在樹上，結果那些樹枝因無法承受重量而軋然折斷。牠們能在短短幾個小時內將一片綠油油的作物啃食淨盡。我雖然領教過牠們的威力，但對於牠們的習性卻是一無所知，因此，在前往「空白之地」之前，我奉命先到沙烏地阿拉伯，向正在該國進行蝗災管制工作的費茲傑羅（Vesey FitzGerald）惡補了兩個月有關蝗蟲的知識。當時鮮少歐洲人能夠進入沙烏地阿拉伯，即使獲准進入，也只能待在紅海沿岸的吉達港（Jidda）。外交官和商業團體於是都聚居在港口一帶。唯有負責蝗災控制的工作人員例外，他們幾乎可以自由出入沙國所有地區。

在大戰期間，有一種名為「沙漠蝗蟲」的蝗蟲肆虐中東，使得該區面臨飢荒之虞。據了解，這種蝗蟲主要的繁殖地點之一即在阿拉伯半島。一九四三到一九四四年期間，伊本．沙特國王（King Abd al Aziz ibn Saud）特別准許「中東防蝗單位」在沙烏地阿拉伯境內進行蝗災控制工作。

費茲傑羅告訴我近年來有關蝗蟲的一些新發現，這些發現正是促進我們前往「空白之地」的原因。據他表示，倫敦蝗蟲研究中心的主任尤瓦若夫（Uvarov）發現，沙漠蝗蟲原來和另一種沒有群居習慣的大蚱蜢屬於相同物種（由於兩者在習性、顏色和身體的構造各方面差異性甚大，以致自然學家將牠們區分為兩種昆蟲物種）。這些性喜獨居的大蚱蜢可能由於數量過多的緣故，偶爾會發展出群居的習性。只要遇到大豐收的季節，蚱蜢的數量便會暴增，臨到下一個旱季時，因為覓食地變小，牠們就會集體遷移，成為所謂的「沙漠蝗蟲」。剛開始，一群蝗蟲數目並不大，但繁殖極快，這是因為蝗蟲一年交配好幾次，同時一次可以產下多達一百個卵；卵大約經過三週即可孵化，而幼蟲，或稱蚱蜢，只要六週即可成熟。

我在沙烏地阿拉伯拜費茲傑羅為師時，曾看過密密麻麻、蜂擁成群的蚱蜢，遍布面積長達數哩、寬約一百碼以上。不過他告訴我這只是小蚱蜢群。如果順風的話，蝗蟲可以飛得極遠。不過，當費茲傑羅告訴我有些蝗蟲可以趁季風期在印度交配繁殖，然後在秋天大舉遷往波斯南部或阿拉伯半島，在當地再度交配後，輾轉前往蘇丹或東非時，我還是非常驚訝。這些蝗蟲集結成群後的面積有時可達兩百平方哩以上。最後由於疾病的侵襲，牠們會迅即滅絕，可說是來得快去得也快。然後，地球上會有一段時期見不到沙漠蝗蟲的蹤影，只剩下那些性喜獨居的蚱蜢。

尤瓦若夫博士相信，所謂的「爆發中心」僅局限於某些特定地區，如果找得到這些地點並且加以控制，或許可以防止那些非群居的蚱蜢集結起來成為蝗蟲。因此首要之務，便是找出這些爆發中心究竟位於何處。他認為其中有幾個地方可能在阿拉伯半島南部，尤其是穆辛（Mughshin）一帶。湯瑪士曾經發現，遠從達佛沿岸的山脈流向內陸的幾條大河，流到大漠後就消逸無蹤。由於達佛屬於季風型氣候，因此每年有足夠的雨水流向內陸，在沙漠的邊緣區形成常綠性植物帶。果真如此，則該區幾乎可以肯定就是爆發中心。而我的任務就是前往那裡考察，只是有關阿拉伯半島南方這部分的資料少得可憐，我跑了許多地方，仍然無法蒐集到可用的資訊。

準備前往穆辛

一九四五年九月底，我到達亞丁（Aden）[3]，攀登幾座綿延於葉門邊境的山脈。十月十五日，我飛抵達佛的首府薩拉拉。此城位居阿拉伯南岸，坐落於海岸線約三分之二處，它將是我此行的出發點。我在城外的英國皇家空軍基地落腳，只見四周是一片寸草不生、岩石遍布的平原，被幾哩外的卡拉山脈所包圍。這是在大戰期間基於開闢從亞丁到印度的航線所需而設立的基地，現在這條航線已經關閉，但每週仍有一班飛機從亞丁經此再飛往薩拉拉。

達佛屬於穆斯卡特蘇丹（Sultan of Muscat）的治下，當蘇丹允許英國皇家空軍在當地設置基地時，曾經堅持除非有他的守衛隨行，否則基地人員不得進入薩拉拉城或離開營區，他並且禁止英軍和當地居民交談。在我停留營區期間仍得接受同樣的限制。在我看來，這些禁令用在空軍飛行員身上頗為合理，可以防止對阿拉伯人一無所知的英國空軍，和那些配戴武器、脾氣急躁且對外人甚為猜疑的當地土著發生衝突。但對我而言就相當礙手礙腳，因為我來這兒的目的是要和當地的土著一起旅行。這表示我凡事都必須透過總督安排才行。

達佛省曾經有數百年時間處於部落相殘的混亂局面，最後才在一八八七年被穆斯卡特蘇丹的部隊所平定，然而一八九六年，當地的各個部落又起而反抗，突襲建在薩拉拉的碉堡，殺盡了駐守的部隊。蘇丹花了好幾個月才收復失地。不過大體上，除了薩拉拉周遭的平原之外，他的統治可說是有名無實。

在抵達後的隔天早上，我進入薩拉拉城去拜訪總督。薩拉拉是一座小鎮，比一個村莊大不了多少。它位於海邊，卻沒有海港，來自印度洋的巨浪一波波打在海岸旁椰子樹林下的白色沙灘上。我抵達時，漁夫們正在撒網捕撈沙丁魚，旁邊一堆堆的沙丁魚放在地上任由陽光曝曬，腐臭的魚腥味瀰漫全鎮。在烈陽照射下，蘇丹的宮殿白得耀眼，成為全鎮最醒目的一棟建築。蘇丹宮周遭有一座土語稱為「suq」的小市集、幾棟平頂的土屋，以及雜立於交錯如迷宮般的巷弄間的蓆篷和柵欄。市集裡只有十來間店鋪，但已經算是從蘇爾（Sur）到哈德拉貿之間八百哩內最好的購物中心。在前往蘇丹宮的路上，會經過一座清真寺，附近有幾棟古老的石屋和一大片墳場。城外的平原上散布著幾座廢墟，它們是歷史傳奇的遺跡，因為據說達佛是《聖經》裡的俄裴城（Ophir）[4]。

阿拉伯半島這一大塊區域昔日有過幾代輝煌文明，因此羅馬人把這地區通稱為「肥沃的阿拉伯」（Arabia Felix）[5]。這裡的文明曾經向西方發展。早在西元前一千年，密尼安人（Minaeans）[6]就已經在葉門東北部建立以商業為主的文明社會，其殖民地最北曾達阿卡巴灣（Aqaba）的曼恩市（Maan），而他們的經濟之所以如此興盛繁榮，主要是靠來自達佛的乳香[7]；他們將這些乳香

（哩）
0
200
400
1931年，湯瑪士的路線
1932年，費爾畢的路線
地中海
阿勒坡
敘利亞
大馬士革
耶路撒冷
約旦
伊拉克
席哈姆河道
摩蘇爾
幼發拉底河
底格里斯河
巴格達
巴斯拉
波斯
敘利亞沙漠
沙烏地阿拉伯
阿卡巴
科威特
納夫德
卡辛
利雅德
哈薩
波斯灣
杜哈
沙加
布來密
阿曼灣
荷佛夫
巴林
狄拜
穆斯卡特
達哈拿
麥地那
內志
漢志
特魯西爾海岸
阿曼
蘇爾
紅海
吉達
麥加
台夫
達瓦瑟河道
蘇來伊爾
空白之地
穆辛
阿布哈
阿西爾沙漠
達佛
納吉蘭
薩拉拉
葉門
沙那
哈德拉貿
穆卡拉
印度洋
阿比西尼亞
亞丁

阿拉伯

收購後賣到埃及和敘利亞一帶。繼密尼安人之後，賽伯伊人（Sabaeans）[8]興起，然後是希米亞里特族（Himyarites）[9]。這個位於阿拉伯半島南部的文明社會延續了一千五百年，截至六世紀中期滅亡。在這文明的鼎盛時期，此區以富庶多金聞名。曾有數個世紀，埃及、亞述人和塞琉西人（Seleucids）[10]均汲汲圖謀爭奪沙漠中這條運送乳香的路線控制權。西元前二十四年，奧古斯都大帝派遣埃及提督迦路斯（Aelius Gallus）率軍前往征服乳香的生產地，軍隊南征九百哩，最後因缺水被迫班師回朝。這是歷史上歐洲軍隊唯一一次試圖入侵阿拉伯半島。

我進入薩拉拉城時，看見兩名男子帶著四匹拴成一排的駱駝，我問隨行的守衛，他說那些駱駝所馱的正是乳香。不過，到了今日，從事乳香買賣的人已經很少，而且乳香的身價也一落千丈，如今在薩拉拉的市場，它的價錢與山羊、薪柴相當。

有兩名領著駱駝的男子引起我的注意。他們長得短小精幹，身高大約只有五呎四（約一六三公分），披著一塊深藍色長布巾，一端在腰間紮起，另一端則搭在一邊的肩膀上，布巾上所染的靛青色料已經褪去，並沾在他們的胸膛和手臂上。他們頭上並未戴帽子，頭髮長而凌亂。兩人身上都配帶短刀，帶著步槍。我的守衛說他們是從山的那一邊來的貝都人，屬於貝卡西族。市集裡還有一些貝都人，其餘的則守候在蘇丹宮的大門外。他們使我想起不久前在葉門邊界的達拉城（Dhala）所看到的一個部落民族，只是看起來和我在敘利亞、內志所遇到的貝都人很不一樣。

蘇丹宮的大門口有武裝的警衛，他們身穿阿拉伯式長袍，頭上纏著布巾。其中有些來自阿曼，其餘的則是奴隸，沒有一個是當地土著。一位警衛領我進接待廳，我在那裡晉見總督。他來自阿曼，體型高大肥胖，穿著及地的白色長衫，外披一件繡金的棕色披風，頭上鬆鬆地纏著一條喀什米爾圍巾，腰間則配掛一柄大型彎刀。我用阿拉伯語向他致意。在吃了幾個棗子，喝完他的侍從遞過來的三杯苦澀的黑咖啡後，我們開始談論正事。

總督告訴我，蘇丹已經指示他召集一批貝都人帶領駱駝同我到穆辛。而且他已經安排四十五個貝都人和我同行，現在他馬上派信差到沙漠裡去把他們找來。我向他致謝，並告訴他四十五個人實在太多，十二位應已足夠。我知道當位於穆斯卡特的英國領事為我此行向蘇丹申請許可時，曾和蘇丹協議過，隨行人數多寡將由總督決定，條件是我必須付每人每天相當於十先令的酬勞。我也明白，這裡的人都把我這次旅行看成是天賜的賺錢良機，因此勢必會盡量擴大隨行團的規模。但是總督堅稱，由於我半路碰到搶匪的機率極高，因此他不能讓我帶著不足四十五人的隨從前往穆辛，因為他無法承擔這份責任，而且貝都人也不會同意減少人數。我知道湯瑪士在一九二九年前往穆辛時，曾在穆辛附近遭遇搶匪。由於他是歷來唯一越過卡拉山脈（那天早上，我在營地曾遠眺這座山脈）的歐洲人，因此，我對眼下山那邊的沙漠情況究竟如何，完全一無所知。我和總督幾番會面商討之後，他終於同意讓我帶著三十名阿拉伯人隨行。總督告訴我這些人是貝卡西人，並說他們再過兩個星期便可動身。

攀登卡拉峰

我計畫用這兩個星期的時間攀登卡拉山脈。班特夫婦（Theodore & Mabel Bent）和湯瑪士曾分別在一八九五和一九二九年探訪過這座山脈。總督派了四名侍從與我同行，其中兩名是阿曼人，另兩名則是奴隸。他並交代我們必須向住在山區的卡拉人租駱駝，而且在從一個峽谷進入另一個峽谷時，務必更換一批駱駝，因為每一個峽谷住著不同的卡拉部落，他們彼此之間宿怨極深，相互忌妒仇視。他警告我：「你可別信任他們。這些山裡人可不像沙漠的貝都人，他們全是喜歡偷雞摸狗，一點廉恥也沒有的小人。」

這些卡拉部落雖然住在距薩拉拉只有數哩遠的地方，但穆斯卡特蘇丹顯然管不動他們。阿拉伯人並沒有將治下地區畫分為行政區的習慣，仰賴的是人治而非法治，因此政府的管理效能端視統治者個人的威望及他對付臣民的技巧而定；由於以人治為本，政府往往無法持久，且隨時都有可能動盪瓦解。這種制度對於阿拉伯部族而言天經地義，其成敗與否，不能以西方國家講究效率與公正的標準來衡量。對阿拉伯部落民族而言，如果為了社稷安定而失去個人自由，代價未免太高。

兩天後，我們騎著駱駝橫越賈比布（Jarbib）礫石平原，經過一些耕地，並向卡拉峰（Jabal Qarra）邁進。卡拉峰高約兩千呎，左右各有一排比它高出甚多的山脈，而這兩排山脈皆向海岸延伸。由於山形特異，因此季風雲往往在此聚集，導致雨量集中在卡拉峰的南坡，使得該處整個夏季全籠罩在一片雨霧之中。如今，季風已過，此區遍地是闊葉密林。這二十哩的地帶，是從沛林（Perim）到蘇爾一千四百哩長的阿拉伯半島南部海岸線中，唯一定期降雨的地方。卡拉峰兩側的景色雖美（尤其在黃昏與破曉時分，沐浴在晚霞與晨曦中的岩石與沙土少了幾分肅殺之氣，多了幾分柔和），卻絕少綠意，只有幾株駱駝荊棘（camel-thorns）在長滿苔蘚的岩石上投下細碎的暗影，迎著風窸窣作響。相反地，卡拉峰上卻叢林繁茂，葛藤蔓生，林木間不時還可見到茉莉花及巨大的旋花植物。山谷裡長著巨大的熱帶羅望子樹。另有高大的無花果樹在和風吹拂的丘陵草原上巍然挺立，宛如英國公園裡的橡樹一般。

我們在離一座卡拉村莊不遠處的谷口紮營。就我這外行人看來，這裡的土著外觀上酷似我在薩拉拉所見到的那些貝卡西人，不過他們說的是土語，而貝卡西人則口操阿拉伯語。卡拉、馬哈拉（Mahra）、哈拉西（Harasis）三族，和其他像夏哈拉（Shahara）等族的土著雖各有自己的方言，但都源自同一種語文，因此被那些講阿拉伯話的部族通稱為哈達拉人（Ahl al Hadara）。湯瑪士曾經對這些方言做過研究，斷定它們和古代密尼安、賽伯伊和希米亞里特等族所使用的古代閃族語系有密切的關連；他認為哈達拉此名可能來自《舊約》〈創世紀〉一章中約坍（Ioktan，閃〔Shem〕的後代）的兒子哈多蘭（Hadoram），而現今馬哈拉區西邊的哈德拉貿區，可能與哈多蘭的兄弟哈薩瑪非（Hazaramaveth）有關。

我們沿著山路向上走，看到一些身體或為紅褐色、或為黑色，尾巴上有長長白色帶羽的天堂鶲（paradise flycather），還有顏色鮮艷的蝴蝶。這些生物和眼前的叢林一樣，都是我們未料及能夠在阿拉伯看到的景觀。後來我們抵達一片草原，並在山頂附近紮營。我走到分水嶺上，迫不及待地想看看另一邊的景象，結果發現，自己剛好站在兩個世界的中間：南邊是牛隻成群覓食的青翠草原，上有灌木叢和大片樹林，但是僅一箭之遙的北邊卻是荒涼的沙漠，只有沙子、岩塊和幾簇枯黃的草木。其間雖然僅僅隔著一條山脈稜線，兩者間的突兀差異卻有如尼羅河谷中的灌溉耕地與沙漠一般。

卡拉人大多舉家居住在草原上的帳棚裡，每家多半豢養一些小型的無峰牛（humpless cattle）、駱駝和山羊，但不見綿羊、馬或狗的蹤跡；多數家庭大都擁有約二十到三十隻牛。湯瑪士在他的書中曾提到，每當有人亡故，他的家人便會宰殺半數的牛隻作為祭品。湯瑪士認為這種風俗只有卡拉人才有，其實，阿曼一支屬於貝都族的瓦西巴人（Wahiba）亦有此習俗。卡拉人另有一種奇怪的習慣，就是男人在擠牛奶（女人則連牛的乳房都不許碰）之前，有時會把嘴唇放在母牛的陰部上，對著裡面吹氣，以刺激母牛分泌乳汁。除了卡拉人之外，截至目前為止，我只看過蘇丹南部的努爾人有同樣的做法。這些卡拉人告訴我，他們會在這裡待到一月，然後便會遷到山腳下結營群居，過著放牧生活。我們在來這裡的路上即曾在谷口看到這樣的營地，由一棟棟小小的茅草屋組成。待季風一開始吹，他們就遷回山谷，把牛羊關進石灰崖的洞穴，或是鋪著茅草屋頂低矮陰暗的石砌牛欄裡。

我在這裡待了十天，後來聽說那批將和我同行的貝卡西人已經抵達薩拉拉，於是我決定回去。有幾個卡拉人和我們一道走，他們帶著奶油、薪柴和一罈子野蜂蜜要到市集去兜售，順便在薩拉拉買一些沙丁魚乾，以備未來牧草稀少時作為牛羊的飼料。

我一回到薩拉拉，總督立刻邀我和同行的貝卡西人見面。當我抵達總督府時，他們正和總督坐在一起，共有八個人；其中六個戴著頭巾，穿著長及小腿肚的阿拉伯衫，另兩人沒戴頭巾，身上僅裹著一條纏腰布。他們全都佩帶短刀，繫著彈藥帶，並將步槍留在接見廳外面。在我們喝著咖啡、吃著棗子的同時，我心裡不禁暗忖將來應該如何與這些人相處。他們當中有位留著白鬍子、兩眼炯炯有神的老人，是他們的酋長，名叫譚泰（Salim Tamtaim）。總督說他雖然已經八十歲高齡，可仍是猛龍一條，新近才又添了一房妻室。老人聽了接口說：「是呀，我還是能夠騎馬打槍的。」我特別注意到一個看起來不像阿拉伯人，倒像是印第安紅蕃的人，他名叫蘇爾坦（Sultan），眾人對他要比對譚泰更加恭順。我記得那些卡拉人曾經說過：「蘇爾坦已經和貝卡西人到了薩拉拉。」顯然他是這群人的領袖。他有一張引人側目的臉龐，神情嚴肅，皺紋密布，禿頭，下巴蓄留稀疏的鬍子。總督指著另一名男子說道：「穆薩林（Musallim）會幫你打獵。他是非常有名的獵人。」此人身穿一件潔淨的白衫，戴著有刺繡的頭巾，身材像其他人一樣矮小，但較結實強壯，有雙O型腿；他的外型不像貝都人，倒像個城裡人。我跟他們講好，請他們第二天早上到皇家空軍基地的營區來接我。

第二天上午，他們在我吃完早餐後抵達，並從薩拉拉帶來了大批人馬。這些人看來野蠻不馴，大部分只綁著纏腰布，而且個個配置步槍和短刀。我讓老譚泰和蘇爾坦看看我為這趟旅程所準備的食物，包括米、麵粉、椰棗、糖、茶葉、咖啡和液狀奶油等。在皇家空軍軍官的幫忙之下，我已經將這些食品分放在一堆大小適中的粗布袋裡。但蘇爾坦一看便說袋子都太重了，於是他們將袋子解開，重新打包，把米、麵粉和糖倒出來，分別裝進幾個髒兮兮的羊皮袋裡，裝袋的同時彼此還不停爭論，粗聲粗氣地相互叫嚷著。這時有人把駱駝帶過來，讓牠們橫躺在地上，但不久牠們發出低吼的聲音，費勁地想站起來，不過旋即又被按下。有一個蓬頭垢面、眼睛紅腫的土著不肯讓別人把貨裝在一匹駱駝的背上，甚至動手想把牠牽走，對方卻死抓住駱駝的韁繩不讓牠走。我心想這下他們可要打架了。頓時眾人群聚圍觀，大聲叫喊。他們說的話我幾乎都聽不懂。最後，那匹駱駝還是被牽了回來，裝上了貨。

當他們快要準備妥當之際，我走進我住的小屋，換上阿拉伯服裝。我知道，如果我穿歐式服裝，將會馬上拉遠我和那些貝卡西人之間的距離，雖然他們當中有幾個人曾經和湯瑪士一起旅行過，可是大多數人根本不曾和英國人講過話。我裹上一條纏腰布，穿上長衫，戴上頭巾，並且有樣學樣地把頭巾的兩端扭捲起來繞在頭上。這些貝卡西人當中，沒有一個像北方的阿拉伯人那樣在頭上綁著黑色的羊毛繩，那是北方的特徵。

這是我第一次穿阿拉伯服裝，覺得相當不自在。我身上那件簇新的白長衫筆挺，在貝都人當中顯得特別醒目，因為他們所穿的衣服又髒又暗。何況他們的身材矮小，我以六呎二吋（約一八八公分）的身高站在他們中間更加顯得突出，覺得自己好像一座燈塔。縱然我穿上阿拉伯衫，還是像英國皇家空軍一樣，和他們大相逕庭。

在過去的幾次旅程，因為我是英國人，手下們對我都畢恭畢敬，在蘇丹時，我頂著政府官員的名銜，更多了幾分威望。我曾經嘗試打破我和手下之間的藩籬，但總不免有紆尊降貴之嫌，如今我首度不帶僕從旅行，並且即將和一群素昧平生的阿拉伯人共度三、四個月的時光（如果照預定計畫再前進到哈德拉貿的話，可能長達六個月），可想而知，我的處境頗為孤單。乍看之下，這些貝都人似乎和達納基爾人一樣原始野蠻，不過很快我就發現，雖然他們把我當成財神爺，因此不得不忍受我，私底下他們卻沒有把我放在眼裡。他們是回教徒，也是貝都人，而我兩者皆不是。他們從來沒有聽說過什麼英國人，而且對他們來說所有歐洲人都是基督徒，或說是不信神的人，國籍在他們看來並沒有意義。他們隱約認為，世界大戰只是基督徒之間的戰爭，而亞丁政府則是基督徒政府。這片沙漠就是他們的世界，對於外界所發生的任何事件，他們沒有興趣；在他們的眼裡，我和那些從亞丁來的基督徒是同類，而世上最有權柄的人是伊本·沙特國王。有一天，他們談到哈德拉貿的一個酋長最近違抗政府的命令，以致政府軍對他採取行動，但並未收到實質效果。我發現他們以為我的部落軍力也不過如此罷了，他們認為，一支武力是否強大，是依兵員人數多寡及是否勇猛善戰而定，而非他們搞不懂的現代武器數量。

貝都人旅伴

我永遠記得我們第一次在卡拉山山腳下紮營的情形。我們在一處向外流到平原的河床淺灘上歇腳，並在叢叢荊棘和圓石之間尋找空隙放置裝備；其他人開始忙著在裝水的皮袋上塗油、搓繩索、修補馬鞍和照料駱駝等。我就坐在他們附近，心知他們時時刻刻在注意我的一舉一動，我很想過去加入他們，卻因生性拘謹，只好不自在地坐在一旁。這是在阿拉伯期間，我第一次也是最後一次有孤獨的感覺。老譚泰蹣跚地走過來，邀我和大家一起喝咖啡，蘇爾坦則把我的毯子和鞍袋拿過來，放在營火旁邊。稍後穆薩林煮了飯，我們六個人一起用餐。

我問他們有關我一心想去的「Rub al Khali」（即「空白之地」）的事，但是沒有人聽說過這個地方。「他在說什麼呀？他想幹嘛？」「只有真主知道。我不懂他在說什麼。」最後蘇爾坦才恍然大悟：「喔！他指的是『沙之地』（the Sands）。」這時我才明白，原來他們是這樣稱呼阿拉伯半島南部的「空白之地」。我曾聽過內志和漢志的城裡人和鄉下人稱它為「Rub al Khali」，不過從未聽過住在「空白之地」邊界的貝都人怎麼稱呼他們所住的地方。

我幾乎聽不懂他們所說的話。在蘇丹，我曾向那些以阿拉伯文為第二語言的部落學了一些阿拉伯話，但真正開始用上它是在大戰期間待在敘利亞時。不過，敘利亞人的阿拉伯話和貝卡西人所講的方言之間有很大的差異，後者的發音和語調與我從前所聽過的阿拉伯話完全不同，而且他們仍沿用許多古代字詞，所以，貝卡西人聽到我講的阿拉伯話，同樣是一頭霧水，不過仍舊問了我許多有關「基督徒」的問題，如：他們知道真主嗎？他們也齋戒和祈禱嗎？他們有沒有割包皮？他們是像回教徒一樣舉行結婚儀式，還是隨便找個女人就上床？他們娶新娘時要付多少聘金？他們有沒有駱駝？他們也有部落嗎？他們怎樣埋葬死人？等等。他們總是問我這類問題，反倒對他們在英國皇家空軍營區所看到的汽車和飛機沒有興趣。他們唯一接受的外來事物是可以用來打仗的步槍——現代的各項發明中，他們唯獨感興趣的一種。

他們也談到曾經和他們一起旅行的湯瑪士。這些貝都人鉅細靡遺地注意到大小事物，而且無時或忘；他們生性多言，總是絮絮不休地講述過往。長途跋涉時，他們固然用聊天來打發時間，即使晚上圍坐在營火旁，他們也同樣講到深夜。由於生活極其艱苦，因此他們對那些耐心不足、毫無幽默感、小氣、缺乏忠誠和勇氣的人，向來毫不留情地加以批評。對外地人當然也不例外。無論是誰，想和貝都人共同生活，就必須接受他們的風俗習慣，認同他們的價值標準。也只有和他們一起旅行過的人，才能體會這種龐大的生活壓力。這些貝都人打從出生以來，就習慣了沙漠裡的艱辛生活，習慣喝大漠裡稀少而苦澀的水，吃著含有沙粒且未經發酵的麵包，忍受風沙撲面時令人發狂的刺痛感，適應冷熱趨於極端的氣候，以及在沒有樹蔭和雲彩的沙漠中令人眩目的強光。然而，令人更感疲累的是，那種神經必須時時緊繃的感受。我後來才逐漸明白，和一群不同信仰、語言和文化的人，緊密地共同生活在杳無人煙的沙漠裡，是一件多麼困難的事，以及人們在這種情況下，是多麼容易被別人的要求無度或浪費物資等行為，激怒到失去理性的程度。

其實也難怪湯瑪士會失去耐性。他因為在達佛等待他的嚮導卡路特（bin Kalut）和其他的拉希德人（Rashid）抵達，而浪費天氣寒冷時那寶貴的幾個月。前一年，他雖然走到了穆辛，但就在眼看快要抵達「空白之地」時，他的貝卡西夥伴竟然不肯再前行。他雖然在個性上和貝都人南轅北轍，我卻從未聽他們說過任何對他不敬的話。他們只是批評他的外國馬鞍太過沉重，使得他們的駱駝過度勞累；或說他不願意和他們一塊睡覺。不過這些都是他個人的癖好，他們雖然搞不懂，但還是接受，現在他們回想起來直覺得好笑呢。

湯瑪士是第一個和他們一起生活的歐洲人，他脾氣好、慷慨大方，又意志堅強，因此贏得了他們的敬重。在他們的記憶裡，他是一個很好的旅伴。事隔十六年，當我出現在這些排外的貝都人面前時，他們都對我表示歡迎，那是因為我和湯瑪士屬於同一個「部落」。我這一生中只見過湯瑪士兩次，其中一次是大戰期間在開羅，而且只有短短幾分鐘。我真希望能夠在他死前再見他一面，並告訴他我欠他多少人情。

【注釋】

1 譯注：在本書一律譯為「空白之地」。
2 譯注：位於南非和波札那之間。
3 譯注：阿拉伯西南部的海港，現為南葉門共和國首都。
4 譯注：《聖經》〈列王紀〉中記載的產金之地。
5 譯注：指阿拉伯西南部和南部較富饒的地區。
6 譯注：阿拉伯半島民族。
7 譯注：一種極其稀有的東非及阿拉伯樹脂，具有香味，古代人用來供奉神祇。
8 譯注：阿拉伯南部的民族。
9 譯注：古代阿拉伯族一支，居住在阿拉伯半島南部。
10 譯注：古西亞族名。

第三章　迦寧沙漠

穆辛之行是我在「空白之地」邊緣的第一次旅行，而這回只不過是個實驗，未來尚有更長久、更艱難的旅程在等待著我。在那五個月當中，我慢慢適應了貝都人待人處事的方式，以及他們的生活節奏。

曙光乍現，貝都人已經起床幹活了。我想他們是因為寒冷才無法久睡，睡得極不安穩，則是因為他們就寢時只有身上穿的衣服可供保暖。在這樣的冬夜裡，地上往往會凍結一層薄霜。我經常在半睡半醒之際，聽見他們趕駱駝起身的聲音。駱駝站起來時紛紛發出低沉的吼聲，喉頭咯咯作響，至於貝都人彼此間則以粗嗄的聲音互相叫喚，即使在遠處也仍清晰可聞。駱駝們曳足而行，沉重地邁開步伐，兩隻前腳被綁住，以防止牠們走歪，口中呼出的熱氣在寒冷的空氣裡立時變成一道道白色的煙霧。

通常在某個男孩把駱駝趕到最近的灌木叢裡後，就會有人開始帶頭禱告：

真主何其偉大

我誓言世上再無他神
穆罕默德乃真主之先知
來祈禱吧
來受救贖
祈禱勝於睡眠
真主何其偉大
真主是唯一的神

以上禱文除了最後一句，每一句都被覆誦兩遍。如歌唱般的禱告聲在寂靜的營地裡縈繞不去，連我這個不信回教的人聽了也覺得感動莫名。我凝視著睡在我附近的老譚泰在祈禱前梳洗，他的每一個舉動都有板有眼，一絲不苟。他會先洗臉、洗手，再洗腳，然後把水吸到鼻孔裡，再用濕濕的手指摀著耳朵，然後再用濕濕的手掌摸一下頭頂。貝卡西人習慣獨自禱告，每一個人都有他自己禱告的時間和地方，相對於後來和我一起旅行的拉希德人則是排成一排，大家一起禱告。禱告時，老譚泰會先用手將前面的沙地抹平，把步槍橫放在前方，然後面向麥加祈禱；祈禱時，只見他站直身子，然後向前躬身，把手放在膝上，跪下，再磕頭，直到他的前額碰觸地面為止。他行禮的動作徐緩，口中一邊念誦著正式的祈禱文，令人印象深刻。他有時在祈禱完畢，還會吟誦大段的《可蘭經》經文。光從音調聽起來，這些經文顯然具備偉大詩篇的特質。

這群貝都人當中，有許多人只知道《可蘭經》詩文開頭的那段：

奉至仁至慈的真主之名，
一切贊頌，全歸真主，全世界的主！
至仁至慈的主，
報應日的主，
我們只崇拜祢，只求祢佑助，
求祢引導我們走上正路；
祢所佑助者的路，不是受譴怒者的路，
也不是迷誤者的路。

他們祈禱時反覆念誦這節經文。按照規定，回教徒每天在黎明、正午、下午、日落及入夜時，都要向麥加祈禱，但大多數貝卡西人只在黎明和日落時祈禱，其他時間就一概省略了。

通常在貝都人祈禱完不久，我就會聽到一種彷彿撞鐘的聲響，那是有人用一只黃銅缽子在搗磨咖啡豆的聲音。由於搗磨的手法時有變化，因此聲音聽起來彷彿某種調子。我一聽到這個聲音自然會起床。由於在沙漠裡大家都是和衣而睡，因此我起床後只需要整理一下頭巾，倒一點水在手上拍一拍臉，然後走到營火旁，和那些圍坐在火堆旁的貝都人道早安：「Salam alaikum（祝您平安）！」他們會立即站起來答道：「Alaikum as salam（您也平安）！」貝都人習慣站起身來回禮。打完招呼，若當天不急著趕路，我們會烘烤一些麵包當早餐，否則就只吃前一晚特意留下來的剩飯。此外，我們也喝茶和咖啡。茶是甜的紅茶，咖啡則是既濃又苦的黑咖啡。對貝都人而言，喝咖啡可是一件正經事，不可以草草了事：負責執壺的人必須站著，然後倒幾滴咖啡在一只比蛋杯大不了多少的小瓷杯裡，然後依次遞給每一個人，在奉上咖啡時還會向你鞠躬致意。要是你覺得喝夠了，只要在把杯子遞回去時輕輕搖一下杯子即可。不過，習慣上一個人很少喝三杯以上。

騎駱駝上路

現在他們把駱駝集中牽過來，預備裝鞍和上貨。蘇爾坦將我騎乘的駱駝牽來，牠名叫恩布勞莎（Umbrausha），從阿曼來的名種，血統優良純正，是一匹很好的駱駝。如果從蘇丹人的標準來看，其他幾匹駱駝似乎體型都嫌小些，而且營養不良。蘇爾坦曾經告訴我，過去三年來，沙漠裡雨水下得比往年少，駱駝們因為吃不飽，所以變得比較瘦弱。

貝都人騎的都是駱駝。從前在蘇丹時，我一向騎公駱駝，因為無論在蘇丹、或我走過的撒哈拉沙漠等地區，母駱駝都是用來擠奶的，並不供人騎乘。不過，在阿拉伯半島也有人騎母駱駝。那些受雇為人運貨的部族，都是用公駱駝馱載貨物，但貝卡西人通常在公駱駝一生下來就將牠們宰殺，主要是他們以駱駝奶維生，而當地沙漠又沒有貨運業，因此他們不想把食物浪費在沒有經濟效益的公駱駝身上。基於此，可以用來傳種的公駱駝自然變得罕見了。後來，當我到哈德拉貿時，同行的人騎了一匹公駱駝，結果不斷引來當地的土著帶著母駱駝前來交配。當時我們還有很長的路要走，而這份「播種」的額外工作顯然讓那隻公駱駝疲憊不堪，奈何我的同伴無法抗議，因為根據當地習俗，無論別人牽多少隻母駱駝前來傳宗接代，公駱駝的主人一概不能拒絕。事實上，根本也沒有人先行徵求主人的同意，他們只是把母駱駝牽過來，辦完事後就馬上帶走。

把貨物裝在駱駝身上是一件讓人耳根不得清靜的工作，大多數駱駝看到人走近就會狺狺咆哮，尤其是在我們將貨物放在牠們背上的時候。我問蘇爾坦，當他們要發動突擊必須保持靜默時，駱駝這麼吵該怎麼辦，他說那時他們會把駱駝的嘴巴箍起來。在靜寂的沙漠裡，駱駝所發出的聲音遠在兩哩之外，甚或更遠的地方都聽得到。這會兒，蘇爾坦拉著韁繩，把恩布勞莎牽到我睡覺的地方來了，他將韁繩向下拽，口中發出「咯！咯！」的聲音，恩布勞莎應聲跪了下來，然後整個身體向後挪移，把後腳收攏在身子底下，接著便一屁股坐了下來，然後牠會用膝蓋往前挪，直到找到一個舒服的姿勢，將胸部靠在兩隻前腳中間的角狀硬墊子上為止。蘇爾坦用韁繩把牠的一隻前腳綁住，免得牠在上貨的過程中站起來。其實，恩布勞莎受過訓練，因此他並不是非得這麼做不可。但是，我們身旁的一個貝都人就費了好一番手腳才控制住一匹年幼的母駱駝；牠坐在地上後又掙扎著想站起來，雖然牠的膝蓋已經被綁住，可牠仍然歪歪斜斜地站起身，在那幾包貨物中間兜轉。牠低聲怒吼，喉嚨裡發出咕嚕咕嚕的聲音，並且把嘴裡嚼了一半的綠草吐在那個貝都人的衣衫上。「讓土匪來把妳抓去算了！」他忿怒地對牠狂吼。那頭駱駝看起來好像隨時會把他的頭咬掉似的，還好母駱駝非常溫馴，不會咬人，公駱駝則不然，牠們在發情的時候尤其兇猛，咬的傷口相當嚇人。我曾經在蘇丹醫治過一位被駱駝咬到的男子，他的手臂被咬得連骨頭都碎了。

騎乘駱駝時，南方的貝都人用的是比較小的阿曼式馬鞍，而不是北部阿拉伯人所用（就是我所慣用的）的那種雙柱馬鞍。後者的形狀像一個小型木製雙邊老虎鉗，外圍是一層棕櫚樹的纖維做成的襯墊，而這個看似木製老虎鉗的東西其實就是鞍架。蘇爾坦把我的馬鞍拿起來，緊緊地綁在恩布勞莎駝峰前面的骨套（即駱駝兩個肩骨中間隆起的部分）上，然後拿了一個後端凸起的新月形棕櫚墊，圍在駝峰的後面和兩側，並用繩索把它和鞍架綁在一起。接著他把一條毯子放在墊子上，再把我的毛毯折疊好放在毯子上，又把我的鞍袋放在毛毯上，最後在鞍袋上鋪一層黑色的羊皮；又見他取出一條羊毛繩，繞過後面的墊子圈套在駱駝肚腹上，使之固定。然後他將多出來的羊毛繩繞過鞍架，並從馬鞍的另外一邊穿出接到羊毛繩的另一端，經他把繩子拉緊後，整個馬鞍便安穩如山。現在，駝峰和後面的棕櫚墊子變成了一個平台，坐在這樣的馬鞍上，騎的位置要比北方式馬鞍更往後靠，因為北方式馬鞍是直接裝在骨套上面。

我的鞍袋很重，裡面裝滿了錢和備用彈藥，以及我隨身攜帶的小醫藥箱。其他幾隻代步駱駝大都載有四、五十磅的白米或麵粉。如果要走很遠的路才能到達下一座水井時，那麼所有的駱駝都必須馱負許多的貨，同時我們也會把羊皮水袋全裝滿水。我租了四隻載貨用的駱駝，每隻可馱大約一百五十磅到兩百磅之間的貨品。

待一切就緒，我們動身出發。開始的兩三個小時，我們通常步行前進。直到走在山區，每個人各自牽著駱駝行走，或者將韁繩綁在前面一隻駱駝的尾巴上。稍後到達礫石平原或沙漠，我們就會替牠們鬆綁，讓牠們任意去覓食。行進時，我們會走在駱駝的後面，肩上扛著步槍，手則握住槍口，這是貝都人佩槍的方式。最初他們這種做法總是讓我提心吊膽，因為所有的步槍都已上膛。不過後來也就慢慢習慣了，甚且有樣學樣。我們一步一步走著，等到陽光逐漸熾熱起來，才騎上駱駝。貝都人要跨上駱駝時，並不等駱駝停步跪下才騎上去，而是直接把牠們的頭拉低，再一腳踩上駱駝的脖子，跨上馬鞍。剛開始，他們堅持要讓我的駱駝跪下來，才讓我騎上去，我知道他們是一番好意，就像他們在早上出發時求我騎駱駝，不要走路，還不時問我要不要喝水一樣，不過這樣讓我心裡相當不舒服，因為這表示他們把我當成外人。

每當貝都人要跨上一匹橫躺著的駱駝時，總是先站在駱駝的尾巴後方，然後身子前傾，一邊用左手抓住馬鞍的木架，一邊把左膝放在馬鞍上，駱駝一旦感受到他的重量便會立刻起身，臀部離地，他於是趁這當口將右腳一跨，坐上馬鞍，駱駝先是跪坐，再一使勁即整個站立起來。貝都人騎駱駝也有一腳側跨駝峰，半坐在馬鞍上，或是採取以臀部壓住腳踝的跪坐姿勢；以後者的姿勢來騎駱駝，完全要靠個人的平衡感。但他們仍是寧可跪騎，特別是當駱駝奔跑馳騁的時候；這種騎法需要十分驚人的平衡技巧，因為騎著駱駝飛奔在山區崎嶇不平的路上，跟坐在一匹發飆的馬上沒有兩樣。而貝都人又愛把步槍背在手臂下面，槍身與地面平行，真不知他們是如何維持平衡的。而我呢，即便是駱駝慢慢走路也沒法跪騎，這騎法實在太不舒服又太危險了。所以我只好一直保持同一個坐姿，長時間下來實在很累。我在蘇丹第一次騎駱駝時，就曾經騎得腰酸背痛，第二天幾乎無法動彈。這次我幸好沒再出同樣的糗，但在出發那一刻可是擔心得要命，畢竟我已經有七年不曾騎駱駝長途跋涉了。如果再度發生同樣的狀況，那我可真不知該把臉往哪擺，誰叫我先前告訴過他們，我對騎駱駝很有經驗哩！

與貝都人一起生活

在達費爾我餵駱駝吃穀物，並且讓牠們疾走。一隻好駱駝以大約每小時五、六哩的速度來騎是頂舒服的，即便如此，你的背部也常得承受極大的壓力。阿拉伯南部的貝都人在旅行時總是讓駱駝徐徐前進，因為往往得走很遠才能到達下一座水井，而路上常是牧草稀少，沒有什麼東西可吃。在比納川和提貝斯提旅行期間，我學到了一件事：在沙漠旅行，最好讓駱駝以正常步速行走。不久我就發現，貝都人對駱駝是多麼體恤，為了讓牠們少受一點罪，他們寧可自己多忍受一些不便。有好幾次當我們快要抵達一座水井時，我都以為他們會快馬加鞭，以便把我們已經枯竭的水袋裝滿，沒想到他們卻堅持要先停下來過夜，理由是前方沒有牧草地。

一路上，只要經過樹叢，我們一定會任由駱駝放慢腳步，在那兒吃上幾口樹葉或荊棘；遇到草木較為豐茂之處，也會停下來，讓牠們吃到飽為止。由於我採用羅盤時間法來測量路程的長短，這樣不時停頓讓我很難估算已經走過的距離，令人頗感挫折。一般來說，如果路上不耽擱，我們平均一個小時可以走三哩，若是在大漠，由於沙丘陡峭難行，一個小時充其量只能走一哩路。我們居然能以這樣的速度走這麼遠，實在讓人難以置信，這種感覺在我徒步時尤其深刻。有時我會以某棵樹或某個物體為目標，數數看自己走了幾步，但這些數字比起面前仍未走完的路程，簡直是九牛一毛。然而，我並不因此希望加快腳步，因為唯有慢慢地走，我才有閒暇觀察四周景物，如某棵灌木底下的一隻蚱蜢、地上的死麻雀、野兔的腳印、一個鳥巢、沙地上波紋的形狀與顏色，以及幾株剛從泥土裡探出頭來的小樹苗等等。這樣的步調也讓我有時間去蒐集植物標本，或觀賞某塊岩石。正由於我們走得慢，路程才不致於太過單調。我常想，如果坐著車子在這樣的地方飛馳而過，那該是一件多麼無聊的事。

我們緩緩往前邁進，彼此間已有默契，要不就停下來休息，要不就繼續前進，無須討論。有時我們在上午出發，原本預期要長途跋涉，不料沒多久就碰上了牧草地，於是停下來過夜。有時我們原本計畫在某地歇腳，抵達之後才發現那裡沒有牧草，只得繼續趕路，走到天黑甚至更晚為止。要是歇腳時天色尚早，我們會儘快為駱駝卸貨，將牠們的前腳綑綁起來，然後任由牠們四處覓食。我們也烘烤一些麵包或煮一鍋粥，但多數時候我們以椰棗果腹。至於咖啡則是非喝不可，我的同伴們個個嗜咖啡成癮。有些人也抽菸，這是他們唯一可放縱的嗜好；無論是誰抽菸，一旦抽起來，必定將菸管遞給大夥同享。他們往往蹲在地上圍成一圈，此時想抽菸的人會從衣服裡掏出一個貼身的小皮袋，從塵埃滿布的袋底摸出幾粒菸草，塞進一根由軟石雕成的無柄小菸管，或放入一個兩端切有開口的老舊彈藥匣內，用打火石和小刀點燃後，深深吸上兩三口再遞給旁邊的人。如果走到半路上，他們的菸癮犯了，索性立刻停步，跳下駱駝，蹲下來抽，等抽完才又爬上馬鞍。

紮營時我們會緊緊聚在一處。雖然四周是無邊的空地，但營地卻常常擠得幾乎讓人無法走動，尤其是在晚上駱駝被牽進來，躺臥在營火旁睡覺的時候。打從一上路，我們一夥人就分成幾組，每組五或六個人，飲食各自負責。我和老譚泰、蘇爾坦和其他三人同在一組吃飯。這三個人當中，一位名叫阿班，是個中年人，長得瘦小單薄，脾氣很好，也很體恤別人，只是沉默寡言，這在聒噪的貝都人當中倒顯得十分特別；另外一個叫穆薩林，他就是總督曾說的那個打獵高手。若以貝都人的標準來看，穆薩林的確算是貪心，但他反應敏捷，工作勤奮。過去他經常前往薩拉拉，在蘇丹宮一帶混得很開，因此與外面的世界有些接觸，在貝都人當中也算是個特例。現在他自願充當我們這一組的廚子。

在水量充足時，穆薩林會煮些米飯，不過晚餐他通常做麵包。他先從一只盛貨的羊皮袋裡舀出三四磅麵粉，然後把麵粉弄濕，加一點鹽，攪拌成稠稠的麵糊，再將麵糰分成六個大小相當的麵塊，逐一把麵塊揉成約半吋厚的圓餅，放在一條毛毯上。他揉麵時，其他人負責升火。他們偶爾會用火柴，但多半用的是燧石和打火鐵。燧石在沙漠裡俯拾即是，而短刀的刀刃則可充作打火鐵。他們從衣衫或頭巾上撕下小塊布條當火引，因此他們的衣服往往一天比一天破爛不堪。火升好了，穆薩林會從火堆裡撥出一些火炭做成火床，再將麵餅丟於其上，一旦麵餅的外皮遇熱變硬了，就把麵餅翻面，然後在火炭底下的沙地裡挖個洞，埋入麵餅，再將熱熱的沙子和炭火鋪撒在上面。在麵包烘烤的過程中，表層的沙和灰燼會冒泡。過了一會兒，麵包烤好了，穆薩林把它們一一挖出來，撣一撣上面的沙子和灰燼，放在一邊冷卻。用餐時，每人分一個麵包，大夥圍坐成一團，輪流拿撕成小塊的麵包沾奶油來吃（奶油已經融化，放在小碗裡）。如果那天剛好有材料可以煮湯的話，便沾著湯吃。這些麵包由於烘烤時間不一，有時硬得像磚塊，有時則濕糊糊地，但味道總是像鋸木屑一樣。只有在穆薩林偶爾獵到一隻瞪羚或非洲羚羊時，我們才可以吃到一頓比較像樣的大餐。吃完飯後，大家圍坐在營火旁聊天。貝都人講話時習慣扯著嗓門大聲叫嚷，即使雙方相距不過兩三呎也是如此，因而每一個人都可以聽到營地裡其他人的對話；如果他對某些人所談的話題感興趣，便會立刻起身走到那些人旁邊，加入他們的談話。

通常晚飯過後不久，我就會把我的墊毯和羊皮攤開，將短刀和彈鏈塞在我拿來當作枕頭的鞍袋下面，躺下後，在身上蓋上三條毯子，並把步槍放在伸手可及之處。我和阿拉伯人相處，總是盡量模仿他們的一舉一動，希望他們因此多少把我當成自己人。我連坐姿也模仿他們，不過後來我發現這種坐法實在累人，因為我的肌肉並不習慣這樣的姿勢，所以每到晚上可以躺下來放鬆時，我總有如釋重負的感覺。我過去也有過席地而坐的經驗，只是那時是和熟人一起，可以完全放鬆心情，隨意躺臥，如今叫我在騎了一整天的駱駝後，還要像他們那般正襟危坐，實在有些吃不消。後來，我花了很長的時間才逐漸適應。除了模仿他們的坐姿之外，我也學他們打赤腳，剛開始這對我簡直是一種酷刑，過一段時間，我腳底的皮逐漸變硬，不過，即使再過五年，跟貝都人比起來，我的腳底還算是軟的。

貝都人對不同於他們習慣的生活方式，必定覺得難以置信或了解。他們到薩拉拉的英國皇家空軍基地去接我那一次，曾看見一個飛行員小解，第二天，他們便問我那人是否有什麼殘疾，以致於沒法像他們那樣蹲著方便。在我們旅行途中走進山區，如果我要小解，可以隨便找一塊石頭，躲在後面解決，但到了曠野上，我就必須走到遠處，用斗篷罩住全身然後學他們蹲下來如廁。遇到附近沒有水井，我們除了飯後會用沙子搓搓手之外，排便後也是用沙子擦拭。貝都人總是盡量避免在路旁方便。如果是在沙漠裡，那些脫隊留在後面小解的人，在蹲下來時也會本能地遠遠避開我們剛才走過的路徑。

回教徒生性保守，盡量避免裸露自己的身體。和我同行的貝都人即使在井邊洗澡也會穿著纏腰布。剛開始，對我來說，穿著纏腰布坐在地上而不走光，實在是一大難題。每回只要有人不慎露出下體，貝都人就會對他說：「嘿！你的鼻子！」有一兩次就有人這麼提醒過我，我因此學會更謹慎。當我第一次聽到這話，還擦拭了一下鼻子，心想自己一定是流鼻水了，因為當時天氣非常寒冷。

最初，和貝都人共同生活，對我而言實在是種煎熬，在那幾年當中，除了肉體上的疲累，精神上的壓力更讓我難以忍受。我很難適應他們的生活方式，尤其是他們的想法，同樣地，他們也很難接受我的一些「怪癖」。我習慣有自己的空間，在這裡，我卻毫無隱私可言，連要找人私下說說話都很困難，即使我們刻意走到一旁避人耳目，也會立刻引起別人的好奇，馬上走過來想聽我們說些什麼，甚至加入我們的談話。我所說的每一句話都有人在聽，我的一舉一動都有人在看，置身於他們之中，我覺得孤立無助。我知道他們以為我有花不完的錢，因之疑心他們一定在想辦法訛詐我。我對他們的貪得無饜頗為不滿，對他們的苦苦糾纏也感到厭煩。每次只要有人朝我走過來，我就會揣想：「這會兒他又想要什麼？」此外，每次他們開口向我要東西之前，一定會先說一堆幼稚的話來恭維我，令我又好氣又好笑。然而我後來發現，貝都人並不認為向人要東西是可恥的行為，他們經常會看著剛到手的物品說：「你只能給我這個嗎？」我看到了他們性格中最糟糕的一面，因而感到失望與忿恨。再者，對於他們那種自以為是的優越感，我也非常不滿，因此到後來我變得固執而不近人情。

三個月以前，卡拉山脈的北坡曾經下過大雨，使得那些曾有山洪流下的谷底長出了稀疏草木。我的貝都同伴們不願意離開這片草地繼續趕路，因為他們知道前面盡是些不毛之地，於是他們慢吞吞地前進，今天走一小時，明天走個兩小時，激得我怒氣愈發高漲。每當我們走到一片牧草地，他們便會信誓旦旦地說這是最後一塊，堅持要停下休息。可是到第二天，我們往往又會遇見別的牧草地，然後又停了下來。反正在我看來，這些牧草地大多只有幾株綠色的灌木，並不值得停留。當時我並不知道在這座沙漠裡，新鮮的草木是何等稀少，我只是一味地計算我們一天該走幾個小時（在蘇丹，由於我們的駱駝吃的是飼料，因此在這方面根本沒什麼問題）。如此頻繁的停留讓我相當不耐煩，直在心裡盤算著我們浪費了多少時間，完全無心享受如此悠閒的旅程。我甚至以小人之心度君子之腹，疑心他們故意延長旅程，好向我多討一點錢。每天晚上我總會提出抗議，堅持白天我們應該多走一點路，但蘇爾坦等人總會回說我對駱駝一無所知。聽到他們說中我的痛處，我因此更加生氣，便忿忿地告訴他們我在蘇丹時曾與多少駱駝打過交道。另外，我發現自己聽不太懂他們說的話，而這愈發使我感到挫折。

我們沿路所經過的山谷中，都有來自遠方的貝都人在那兒放牧駱駝與山羊。他們一來飢腸轆轆（貝都人難得有吃飽的時候），二來又聽說我這個基督徒帶了許多食物，於是每晚都有不請自來的食客。他們來了便一屁股坐下來和我們一起吃飯，我們吃什麼，他們也跟著吃什麼，其中許多人甚至一路跟著我們，每晚都前來報到。我的同伴對這些不速之客倒是不以為意，因為換成是他們，也一樣會這麼做，更何況沒有一個貝都人會讓客人空著肚子離開。但是這些食客理所當然的態度讓我非常不快，加上他們人數之多更讓我困擾不已。我發現我們帶的食物根本不夠，在回到薩拉拉之前就會鬧飢荒了。在我心情極端惡劣的時候，我會認為貝都人的人生，只不過是不斷占人家便宜和被人家回占的過程罷了。

和貝都人相處漸入佳境

三個月後，我們回到薩拉拉。在這段長途跋涉的艱苦旅程中，我逐漸學會欣賞隨行的同伴和他們謀生的本事。不久我發現，和這些土著交往，要比和城裡那些揚棄自己的風俗習慣，並試著模仿我們西方的阿拉伯「文明人」交往容易多了。我寧可和這些傲慢、自以為是的貝都人交往，也不願和那些重經營又容易被冒犯的「先生或大人」（Effendi）作朋友。我開始嘗試用貝都人的觀點來看沙漠，並以他們的標準來衡量人。我來這裡的目的並不只是為了尋找蝗蟲，卻意外找到了我亟欲追求的生活方式。

這趟旅程有兩件事讓我印象特別深刻。有一次，我和十來個同伴改道前往迦寧沙漠，其他人則繼續趕往穆辛。當時我們離開須瑟（Shisur）的水井已有八天，而我們攜帶的飲水在一天前便已經告罄。就在快要走到比哈路水井（Bir Halu，意為「甜水井」）時，突然我們看到一處幾個月前曾經下過雨的地方，上面長著幾叢開滿黃花的蒺藜（tribulus）。我們放駱駝在那裡吃了一會兒的草，之後由於口渴的緣故，我提議繼續往水井前進，由譚泰、蘇爾坦、穆薩林和我先走，其他人等到駱駝吃飽後再前往水井和我們會合。我們到達水井，卸下馬鞍，讓駱駝喝水，然後在水井旁邊坐下，可是始終沒有人喝一口水。我雖然盡量克制，但終究還是忍不住提議大家開始喝。蘇爾坦遞了一碗水給我，我請老譚泰喝，他卻要我先喝，並說他要等到其他人來了以後才喝，因為他們是他的旅伴，如果不等他們來到就喝，似乎不太應該。在此之前，我已經知道貝都人絕不會趁同伴不在時自己先行吃飯，但這種克己的做法在我看來未免誇張。後來我們足足等了五個小時，其他人才抵達。當時我已經氣得半死，而且渴得要命。水井裡的水看起來清涼甘美，喝起來卻有如一劑極濃的瀉鹽。我灌了一大口後便忍不住吐了出來。這是我第一次嚐到大漠裡的鹽水滋味。

幾天後，我們在路上看到一些腳印，由於被風吹得甚為模糊，我甚至不能確定那些是否為駱駝所留下的腳印。這時，蘇爾坦轉身向一個蓄著黑色鬍子、號稱是追蹤高手的男子，問他這是什麼人所留下的痕跡。只見此人側身沿著腳印的淡淡軌跡查看了一番，隨即跳下駱駝，檢查腳印與地面交錯之處，然後用手掰了幾塊駱駝糞，又騎著駱駝走回來。蘇爾坦問：「是什麼人？」他回答：「是阿瓦密人（Awamir），共有六個。他們突襲了南岸的朱努巴人（Junuba），並搶走三隻駱駝。他們是從薩瑪（Sahma）來的，曾經在穆辛打過水，在十天前經過這裡。」當時我們已經有十七天不曾碰過一個阿拉伯人，而在接下來的二十七天，我們也沒有再遇上任何一個人。結果回程在卡拉峰附近，我們遇見一些貝卡西人，彼此交換消息時，他們告訴我們有六個阿瓦密人突襲了朱努巴族的部落，殺死了三個人，並搶走三隻駱駝。追蹤高手的判斷如此靈通，唯一不曉得的是他們曾經殺過人罷了。

這裡的每個人都認得自己的駱駝的獨特腳印，有些人甚至記得他們所見過的每一隻駱駝的腳印。他們根據腳印的深淺便可判定那隻駱駝有沒有載人，或有沒有懷孕。即使是陌生的腳印，他們也可以判斷駱駝的來處，譬如來自大漠的駱駝腳底柔軟有皺摺，而來自礫石平原的駱駝腳底大都已被磨得平坦光滑。貝都人還可以從腳印判斷駱駝所屬的部落，因為每一個部落所畜養的駱駝種類不同，而不同種類的駱駝腳印自然不一樣。此外，他們只要看看駱駝的糞便，即可知道這隻駱駝在哪裡吃過草，或有多久不曾喝水等等，再根據他們對附近地形的了解，推測出這隻駱駝曾走過哪些區域。貝都人對於沙漠裡的局勢瞭若指掌；他們知道哪些部落彼此結盟，哪些部落互相對立，並據此推斷哪些部落可能彼此攻擊。他們絕不會錯過任何一個與人交換情報的機會，為了打聽最新消息，他們甚至不惜繞道遠行。

在這次「空白之地」的旅程，我發覺穆辛一帶的村莊已有好幾年飽受乾旱之苦。因為只要有牧草的地方，就一定會有阿拉伯人在那裡放牧，但這趟走了四十四天，卻一個人影也沒有看到。我問同伴們有關山洪的情況，他們告訴我自從二十五年前的大洪水後，再也沒有卡拉山脈的山洪流到穆辛來了。如此看來，這裡顯然不可能是沙漠蝗蟲的「爆發中心」。於是我決定向西走，前往「空白之地」南緣的哈德拉貿省，以便了解高高聳立在海岸旁的馬哈拉山脈的山洪，是否曾經流灌這座沙漠的任何地區。在我之前，從來沒有歐洲人在達佛省和哈德拉貿省之間的鄉村旅行。

我在前往穆辛的路上曾經遇見一個名叫卡曼（Musallim bin al Kamam）的拉希德族酋長，而且立刻對此人產生好感。我請他在一月時帶領一些族人在薩拉拉和我會合，陪我一起前往哈德拉貿，所以當我在一月七日抵達薩拉拉時，卡曼已經帶著大約三十名拉希德人在那裡等著我了。我決定請蘇爾坦和穆薩林繼續留下，但除此之外，我支付的錢僅夠雇用十五名拉希德人。卡曼告訴我，那三十個人願意分攤這筆錢，大夥一道去。他解釋，我們即將經過的村落經常有葉門的部落盜匪出沒，甚至聽說有兩百多名達姆（Dahm）族人正在哈德拉貿以東的大草原地帶打劫馬納西人（Manahil）。

拉希德人與貝卡西人不僅有血緣關係，也是盟族，兩者皆屬於阿卡西族（Al Kathir）。我眼前的這些拉希德人穿著阿拉伯長袍，纏著用一種沙漠灌木的汁液染成的淡褐色頭巾，氣質高貴，即使衣衫襤褸也顯得與眾不同。他們長得短小靈活，反應機敏，警覺性高；他們的體格瘦削而結實，因為久經磨鍊而有驚人的耐力。我看著他們，發現他們渾身緊繃，精神抖擻，活力洋溢，但極為自制；他們是世界上最純粹的族種，生活在只有最堅強和優秀的人才可能存活的艱苦環境裡，卻有貴胄名流的高雅和靈敏。貝卡西人在他們身邊就顯得粗拙而剛愎，缺少沙漠內地人的那股優雅。

拉希德人和阿瓦密人，都是已經適應了「空白之地」生活的阿拉伯南方部族，其中有些族群住在「空白之地」的中央，那是「空白之地」裡唯一有水井的地方，有些則已經越過「空白之地」，遷往特魯西爾海岸（Trucial Coast）。拉希德人和阿瓦密人的老家位於哈德拉貿東北及北部的大草原上。也是拉希德人的貝伊馬尼族（Bait Imani）仍舊世居此地，因此我們在前往哈德拉貿途中，將會經過他們的地盤。馬納西人則住在更西邊，夾在貝伊馬尼族和阿瓦密人之間。過了阿瓦密的地盤，便是拉希德人的宿敵薩爾人（Saar）的大本營。分成好幾個部落的馬哈拉人則住在山區和沿岸的高原上。再過去，位於穆卡拉（Mukalla）以北，住的是胡木人（Humum）。

比起中部和北部的貝都部落，阿拉伯半島南部的貝都人顯得人口稀少，不像前者，每一個部落動輒數以千計的營帳。我在敘利亞曾目睹宣瑪人（Shammar）全族遷徙的場面，只見整座沙漠密密麻麻的都是他們的駱駝。我也曾造訪過魯阿拉人（Rualla）的夏季營地，乍看之下，那裡簡直就是一座由黑色營帳所建造成的城市。阿拉伯北部的沙漠往北漸次與草地接壤，那兒的住民也從貝都人變為以畜牧和農耕為主的部落。大馬士革、阿勒坡、摩蘇爾（Mosul）[1]和巴格達等城市，對這座沙漠或多或少有某種程度的影響，因為那一帶的貝都人時常進城，有機會在市場大街上看到許多種族、文化和信仰迥異的人。即使在內志，當地的貝都人偶爾也會與城鎮有所接觸，體驗城市生活。但是此處的貝都人卻不一樣；他們三三兩兩散居各處，且必須長途跋涉，才能找到地方放牧他們所養的十來隻駱駝。這些在哈德拉貿邊界和波斯灣之間四處游牧的拉希德人，總數僅有三百人，至於貝卡西族也大約只有六百人，但他們卻是血統最純正，和受到外界影響最少的真正貝都人。因為阿拉伯南部的沙漠向南延伸入海，往北則是無垠荒漠（雖然氣候較宜人），其他地方亦遭葉門或阿曼的貧瘠黑山所阻擋，因此這一帶極少城鎮，他們也極少大老遠去造訪。

我的雄心是橫越「空白之地」。我原本計畫在抵達哈德拉貿之後，能帶著同行的拉希德人完成這項壯舉，不過在和他們討論後我才知曉，那時天氣太過燠熱，不適合旅行。因此我決意返回薩拉拉，並將這第一年的旅程當成是暖身之旅。我明白，這些拉希德人正是我一直尋找的那種阿拉伯人。

我在這趟旅程遇到卡必納（Salim bin Kabina），大家稱他為「Bin Kabina」，意思是卡必娜（他的母親）的兒子。在阿拉伯半島的其他地方，一個人通常被稱為他父親的兒子，相反地，在這裡，人們習慣稱呼某人為他母親的兒子。卡必納後來成為我在阿拉伯南部旅行的五年當中一個形影不離的伙伴。他出現那刻，我們正在讓口渴的駱駝喝水。由於那口水井一小時只打得出幾加侖水，我們只好以接力方式日夜打水，這會兒已經打了兩天。卡必納出現眼前，身穿一條顯眼的艷紅色纏腰布，長髮披散在裸露的肩膀上。看到我們在打水，他主動過來幫忙。第二天，他就宣布要跟著我走。拉希德族的酋長們勸我把這個孩子留在身邊，讓他看管我的什物。我告訴他，他必須自備駱駝和步槍，他咧嘴一笑，表示沒有問題，後來果然找來了。當時他大約十六歲，約五呎五吋高，身體並不結實，走起路來像駱駝一樣步伐跨得很大，這在貝都人裡堪稱異數，因為貝都人都是挺直了腰桿，小步小步地走。他家貧窮，生活的困乏在他身上留下了痕跡，使得他的身軀瘦弱，臉頰下陷。他的頭髮很長，不時遮到他的眼睛，尤其是在他煮飯或忙著其他事情的時候，這時他會不耐煩地用他那細長的手掌把它往後攏。他的額頭很低，眼睛頗大，挺直的鼻梁，顴骨突出，大嘴，上唇細薄長；他的下顎尖削，線條細膩，上面有一道長長的疤痕，那是他在孩提時代為醫治某種疾病烙印的痕跡；他的牙齒雪白，總是露在外面，因為他很愛說話，又很愛笑。他的父親在兩年前死了，年輕的他只得擔負起扶養母親、弟弟和襁褓中的妹妹的責任。我遇見他時，他正處於人生中的一個轉捩點，不過這是我一個星期後才知道的事。

那是一個涼爽寧靜的清晨，卡必納和我跟在駱駝後面邊走邊聊天。我們走得離別人有段距離。他大踏步地向前走，說話時身子略微側傾，那條紅色的纏腰布緊緊裹在他窄窄的臀部上。他將那支鏽跡斑斑的老舊步槍背在肩上，槍口朝上。我猜那支槍的撞針大概已經壞了，因為他老是把它拆掉。他告訴我，一個月以前，他曾經到海岸邊去拿一批沙丁魚貨，結果在回家的路上，他那匹年邁的駱駝突然倒地不起，死掉了。他毫不隱瞞地說：「在昏暗的夜色中，我坐在那匹灰色的老駱駝旁邊哭泣。牠年紀老大了，早已不能生育，而且非常瘦弱，因為之前有好長一段時間沙漠裡都沒下雨。然而牠再老再瘦，還是我的駱駝。我們家就只有這麼一隻駱駝。那天晚上，死神好像就站在我和家人身邊。因為，你知道，每到夏天，我們這些阿拉伯人都是在水井附近活動的，離水井一天左右的腳程的草都會被吃光。當我們在有草的地方紮營，放山羊吃草時，如果沒

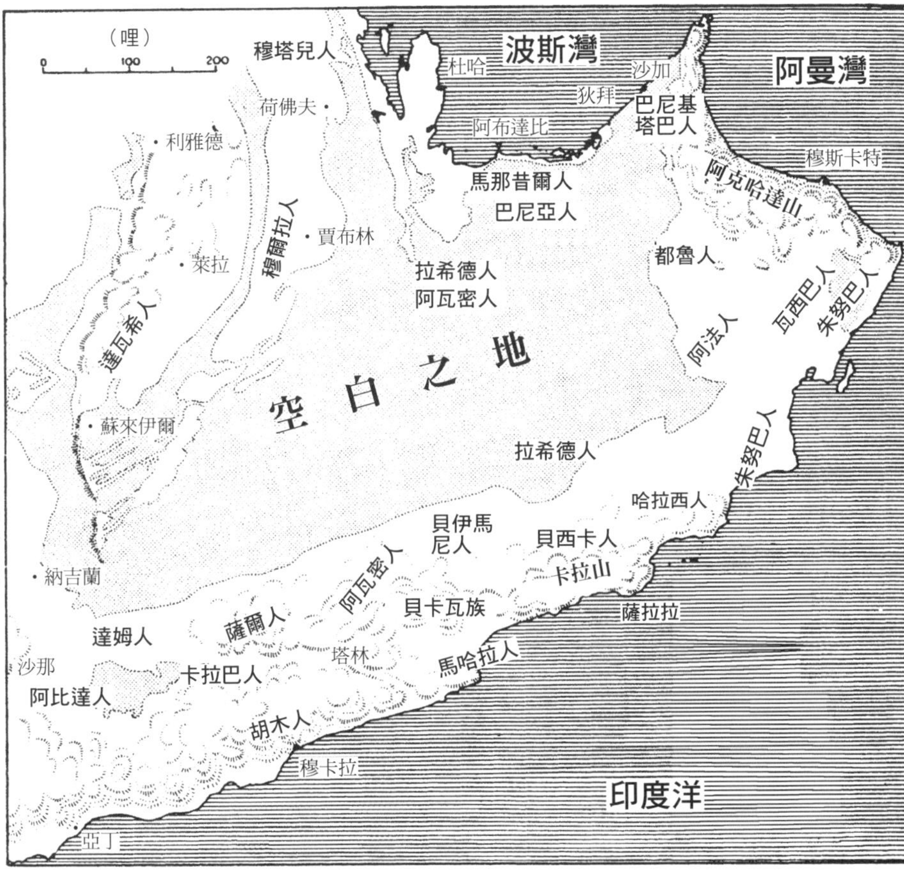

阿拉伯南部的部落分布情形

有駱駝怎麼去取水呢？又怎麼能從這口井走到那口井呢？」然後他朝我咧嘴一笑，說道：「結果真主就把你給帶來了。從今以後，我什麼都不缺了。」當時我就挺喜歡這孩子的。他心思細密，樂觀開朗，並且總是知道我要什麼，使我的壓力（那無可避免的壓力）得以稍微紓減。在那段我仍未與夥伴們建立私交的日子裡，他陪伴在我身旁，就像一位朋友。

兩天後，一個老人來到我們的營地。他走起路來有點瘸，即使以貝都人的標準來看，他身上也是夠寒傖的。他圍著一件破舊的纏腰布，身材削瘦，一頭華髮，帶著一支老舊步槍，模樣有點像卡必納那支。他的腰帶上有兩個滿的和六個空的彈藥匣，還有一柄插在破舊刀鞘裡的匕首。我的同伴們見到他，紛紛趨前向他致意：「歡迎你，巴克西特，願您長命百歲，大叔。歡迎您，非常非常歡迎您！」他們對他的熱忱使我不禁暗自納悶。只見老人屈膝坐在夥伴們為他所攤開的毯子上，開始吃起他們放在他面前的棗子，在一旁的他們則趕忙去生火煮咖啡。老人的眼睛黏濁，鼻子削尖，滿頭白髮，肚皮上滿是皺摺。我心想：「這人看來像個老乞丐，包准是來討東西的。」那天晚上他果然開口了，於是我給了他五個利雅爾（riyal）[2]，不過，那時我對他的看法已經有了改變。卡必納早先跟我說：「他是貝伊馬尼族的，很有名喔！」我問：「他為什麼有名？」他答道：「他很慷慨。」我說：「他看起來啥也沒有，怎麼慷慨呢？」卡必納說：「他現在是窮了，連一匹駱駝也沒有，甚至沒有太太。他兒子在兩年前被達姆人殺了。一個相當優秀的年青人呢！不過在從前他可是族裡最有錢的人之一。現在他啥也沒有，只剩幾隻山羊了。」我問道：「他的駱駝都到哪去了？是被搶走還是病死了？」卡必納答道：「不，是他的慷慨害了他。每次只要有人到他的帳棚去拜訪，他一定會宰一隻駱駝款待客人。真主哪！他真是大手筆！」我聽得出卡必納的聲音裡帶著羨慕。

達姆族搶匪

我們騎著駱駝緩緩向西推進，走到撒瑙（Sanau）、穆格爾（Mughair）和塔穆德（Thamud）這些有深井的地方就停下來打水。照理說，這一帶應該會有阿拉伯人出沒，因為先前下過大雨，雨水凝聚成或寬或淺的小溪流過礫石平原，再流向大漠，溪水流經的兩側牧草頗為繁茂。然而，我們眼前所見的沙漠卻是杳無人跡，充滿恐懼的氛圍。偶爾遠處有人放牧，一見我們便匆忙驅趕牲口離去。這時，有幾個拉希德人會跳下駱駝，抓一把沙子往空中丟擲，這是表示我們沒有惡意的訊號，對方很輕易看得見。接下來，他們會騎著駱駝過去向對方打探消息，而他們所得到的消息與幾天前經過當地，一路向西挺進的達姆族搶匪有關。搶匪分成好幾批，正帶著戰利品準備返回他們在葉門的家鄉。有時我們聽到的消息是他們有三百人之眾，有時又聽說只有一百人。總而言之，我們只知道他們人數眾多，武器精良。有幾個正在放牧山羊的馬納西婦人告訴我們，有四十個達姆族的槍匪在三天前經過此地，宰了八頭她們的羊來吃。她們並且描述這些搶匪如何躺在沙地上，把羊奶直接擠進嘴巴裡喝。這些婦人認識幾位和我同行的拉希德人，諄諄告誡我們一定要當心。但我們誇口說我們是拉希德人，並大喊一聲「巴拉嘘！」（拉希德人的作戰口號），說我們不怕那些狗娘養的狗腿達姆人。婦人答道：「願真主保佑你們獲勝。」

有天傍晚，我們在胡來亞（Hulaiya）汲水，找了一塊平地紮營，隨後讓駱駝在附近的刺槐樹叢間吃草，由三個人看守著。黃昏時分，西邊半哩外的石灰岩山脊，在夕陽的襯映下一片黝黑。我的拉希德同伴們排成一列正在禱告，沙地上映出他們頎長的身影。我看著他們，正在想這套祈禱儀式從穆罕默德制定以來，必定不曾有過一絲一毫的改變。突然間有人大喊：「山脊後面有人！」祈禱儀式立即中斷。「駱駝！駱駝！快把駱駝牽過來！」有四、五個人跑去幫忙那三個負責放牧的人，此時後者早已經聽到警訊，正七手八腳地把在吃草的駱駝集中起來。卡必納正要過去幫忙，被我叫住了，我要他留在我身邊。我們抓起步槍，跑到散置各處的貨物堆後面趴下。這時只見約二十個騎著駱駝的人從山脊後面衝出來，朝我們的牲口處奔跑。我們見狀急忙開槍。躺在我附近的卡曼提醒我們：「瞄準他們的前方！不要打到他們！我們還不知道這些人是誰！」我一連射出五發子彈，對準眼前奔馳而過的駱駝前方二十碼處開火。子彈擊中沙地，塵沙飛揚。每一個人相繼開了槍。卡必納所射出的三發子彈都沒有爆炸，由於他匍匐在我的右前方，距離很近，因此我可以清楚看到他臉上氣惱的表情。來人迅捷地在一座低矮的山丘後尋找掩護。我們的駱駝已經被牽回，伏地而臥。「這些人究竟是什麼來頭？」大家全然不確定，只知道他們既非達姆人也非薩爾人，因為他們的馬鞍樣子不同。有人說他們是阿瓦密人，或可能是馬納西人，無論如何，絕對不是馬哈拉人，原因是服裝不像。我們當中有一個馬納西人表示他願意前去查看。於是他站起身來，緩緩走向那座矮丘，在仍舊明亮的天色下，可看見他的身影。矮丘後面有一名男子也站起身子，向他走去。他們先是互相喊叫，繼而趨前相擁。原來這批人是馬納西人。過了一會兒，他們前來加入我們的隊伍。他們說他們正在追捕達姆人，看到我們的駱駝，誤以為我們是某一小批達姆族搶匪，於是筆直衝過來，直到聽見我們向放牧駱駝的人喊叫才知道是弄錯了，因為所用的語言和達姆人不同。當天早上我們剛好買了一隻山羊要當晚餐，現在來了這批馬納西人，我們也就將牠宰了招待他們。

我的拉希德夥伴們圍著火堆而坐，迫切地想聽有關達姆人搶劫的最新消息。最後我撐不住便躺下休息，可是輾轉難以入睡，因為那群興奮的阿拉伯人就在距我幾碼外的地方高聲對談。他們計畫要突襲達姆人，搶回他們的失物。拉希德人和馬納西人原本是盟友，雙方在過去幾年內也都飽受達姆人的襲擊。卡曼曾經向我說明，為何他們對達姆人如此難以招架，只因沙漠中草地稀少，貝都人不得不散居各處，往往一個地方只有幾戶人家；在兩、三個男子必須看守十來隻駱駝的情況下，他們對於來襲的劫匪自是無力抗禦，只能騎著駱駝狂奔逃命，必要時甚至可以拋妻棄子，他們非常清楚劫匪不會傷害婦孺。劫匪通常會在這裡搶個十來隻駱駝，那裡又搶個六七隻，沒辦法在一天內幹一大票。一旦他們的行蹤暴露，沙漠裡各個地方都會拉起警報，他們的宿敵也會先把牲口趕到南邊較靠海岸的窮鄉僻壤，然後再聚集追剿他們。劫匪逗留的時間愈長，或愈深入東邊找尋沒有防備的人家下手，那麼，他們在返鄉的路上就愈可能遇到敵兵追擊。不過，卡曼說，由於劫匪有兩百人之眾，拉希德人與馬納西人不太容易召集到足夠的人手和他們對陣。有時，劫匪搶劫的範圍可達一千哩之廣，時間則長達兩個月。

一個星期後，我們到達哈德拉貿的山谷，騎著駱駝慢慢上山，向塔林（Tarim）邁進。我與味盎然地欣賞著這座著名的山谷，和當地未曾遭受破壞的阿拉伯城市，以及城市裡奇特的建築。我們受到上賓般的款待，住的是鋪有墊子的舒適寬敞大客房，吃的是烹調完善的佳餚，喝的是沒有羊皮味道的水。然而我的夥伴們卻急著離開，主要是他們的駱駝不肯吃當地的紫苜蓿花，讓他們憂心忡忡。我勸他們多待幾天，一想到即將和他們分離，我內心莫名地湧現一股寂寞。從前我和他們在一起時，常常渴盼能擁有一些個人空間，如今這個心願觸手可及，豈料我所感受到的卻是難耐的孤寂。

【注釋】

1 譯注：伊拉克北部。

2 譯注：沙烏地阿拉伯的貨幣單位。

第四章　薩拉拉的秘密籌備工作

我既無意返回英國，於是決定前往吉達拜訪蝗災控制小組（他們的總部設在吉達市郊），然後再去漢志山脈；多年來，我一直冀望走訪阿拉伯半島這處鮮為人知的角落。

我在那兒足足旅行三個月，走了一千哩路，或騎駱駝，或騎驢，陪伴我的是一個來自阿薩巴河道（Wadi al Ahsaba）的夏瑞非族（Sharifi）男孩。我們走過紅海與漢志山脈之間那片炎熱的提哈瑪（Tihama）海岸平原，行經用土牆砌成的屋宇，看起來像是非洲茅屋的村莊。當地居民長相出奇俊美，待人隨和不拘小節。我們參加了他們一年一度為少男割包皮的典禮，觀賞他們身穿纏腰布，頭戴有香味的藥草做成的花環，在月光下披散著頭髮，和著活潑輕快的鼓聲翩然起舞的情景。我們曾經和巴尼西拉人（Bani Hilal）及卡坦人（Qahtan）同住。前者曾是所有阿拉伯部落中最富盛的一支，如今其族裔窮困潦倒，住在勃克（Birk）附近火山岩平原上的蓆屋裡；後者與阿拉伯人的祖先同名，如今住在拜須河道（Wadi Baish）的峽谷裡，渾身上下幾乎不著一衣一縷。此外，我們也造訪當地每週一次的市集（這種市集有時是在偏遠的山谷，黎明即開市，有時則在小鎮的街道上，歷時一天），看到了各式各樣的市鎮，如台夫（Taif）、阿布哈（Abha）、薩比亞

（Sabyia）和吉贊（Jizan）等。我們還攀登幾座陡峭的山隘，看到狒狒在懸崖處向我們狺狺狂叫，也看見髭兀鷹振翅高飛，掠過我們腳下霧氣迷茫的深淵。走累了，我們就在長滿檜木和野橄欖的森林裡沁涼的小溪旁歇腳。我們曾經和一名阿密耳人在城堡內過夜，也曾經和一個奴隸在泥屋裡住了一個晚上。所到之處受到熱情的款待，吃得很好，睡得也舒服，然而我的腦海中卻不斷浮現不久前甫離開的那座沙漠，念念不忘卡曼、卡必納、蘇爾坦和穆薩林等人。

我終於回到倫敦，心裡一直忐忑不安，不知自己能不能說服蝗蟲研究中心再次派我前往「空白之地」。我也了解上一趟旅程所費不貲，不知道尤瓦若夫博士是否認為值得花錢找人再去一趟？萬一他認為不值得，那我該如何重返「空白之地」？

一回到倫敦，我立刻前往自然歷史博物館去見尤瓦若夫博士。他的辦公室裡四面牆壁掛滿地圖，我指著其中一幅，告訴他我曾經到過哪些地方。我在回答他的問題時，很肯定地告訴他，從沿岸山嶺所流下的山洪甚少流到南部沙漠的邊緣。他指著阿曼（Oman）山脈問我：「你認為從這裡流下來的山洪會流到沙漠去嗎？」我的機會來了。我答道：「我不知道，但我會去查個清楚。」尤瓦若夫博士語帶惋惜地說：「我是非常希望讓你去，問題是我們向蘇丹申請許可時被他拒絕了。他的態度十分堅決，我相信再問他也沒有用。」我說：「你只要請駐在穆斯卡特的領事幫我弄一張前往穆辛的許可證就可以了，其他的就交給我辦。不過，你可千萬別提到阿曼或穆辛以外的其他地方。」尤瓦若夫博士最後同意了我的計畫。我欣喜萬分地離開他的辦公室，心想：「這一次我可以橫渡『空白之地』了。」不過我決心不向別人透露我的計畫，免得記者發現了報導出來。萬一讓穆斯卡特的人聽到風聲，我就走不成了。

阿曼的蘇丹雖然宣稱穆辛和緊鄰其北的迦寧沙漠隸屬於他，事實上，迦寧以北的「空白之地」並不在他的治下。蘇丹在名義上是穆斯卡特和阿曼的君主，實質上，阿曼的內陸地區並不受他的管轄；該區的統治者是人稱伊瑪目的宗教領袖，此人與蘇丹對立，並且非常敵視歐洲人。基於此，蘇丹不可能准許我在阿曼境內旅行。

和老夥伴再度出發

一九四六年十月十六日我返抵薩拉拉。我計畫從穆辛穿越「空白之地」到特魯西爾海岸，再經由阿曼內陸的礫石平原返回薩拉拉。不過我心知肚明，一旦我的計畫走漏一丁點風聲，傳到總督耳裡，他一定會禁止貝都人帶我到穆辛以外的地區。因此眼前我佯裝自己只想前往穆辛，等到抵達那裡，再試圖說服貝都人陪我橫越「空白之地」。也因為這緣故，當總督安排和去年一樣多的貝卡西人跟隨我時，我並未提出異議。

隨從的貝卡西人住在「空白之地」以南的山區和礫石平原上，其中只有貝穆桑（Bait Musan）這一支曾經深入「空白之地」，而且僅熟悉迦寧一帶的地區。從前湯瑪士曾經嘗試與貝卡西人橫越「空白之地」，奈何只走了一小段就被迫折返，第二次在拉希德人的陪伴下終於成功。顯然，如果想橫越「空白之地」，我必須找拉希德人幫忙。

有一天，我在薩拉拉的市場買衣服時，逢遇一位去年曾在我手下做事、名叫阿麥耳的拉希德少年。在此之前，我在城裡沒看見半個拉希德人，心裡正在納悶該如何與他們聯絡。我知道貝卡西人基於忌妒，是不會幫我去找他們的。我和阿麥耳打過招呼後，把他帶到一旁，悄聲請他幫忙找卡曼、卡必納和其他兩位拉希德人，我向他保證，如果他幫我找到這些人，我就會帶他一起走。他表示，卡必納目前人在哈巴拉特（Habarut），要走四天才能到這裡，至於卡曼則代表拉希德人到葉門去和達姆人談判停火事宜。最後我們說好，請他在十天內把卡必納帶到須瑟水井和我碰頭。我確信，到時和我碰面的拉希德人一定比我所要求的還多，後來果然不出我所料。

當我正在和阿麥耳說話的當口，總督手下的一名奴隸走過來，用相當不客氣的口吻告訴我，依照規定我不能和陌生人攀談。我回答他阿麥耳是我的舊識，叫他少管閒事，他一路叨唸著走開了。這些在高官權貴底下做事的奴隸通常仗著主人的權勢，態度傲慢粗魯。一般來說，阿拉伯人沒有種族膚色的偏見。無論一個奴隸的膚色有多黑，他們還是把他當成自己人。我在哈亞茲就有一次這樣的經驗：當時我正坐在一位阿密耳人（此人乃伊本．沙特國王的親戚）的會客室裡，突然有一個在國王手下做事、身穿華服的老黑奴走了進來，主人立刻起身迎接，並示意黑奴坐在他身旁，在吃晚飯時甚且親自以雙手奉菜。阿拉伯的統治者往往刻意栽培手下的奴隸，使他們掌握大權，對他們信任之深每每更甚於皇親國戚。

十月二十五日下午，我帶著二十四名貝卡西人離開薩拉拉；他們幾乎都是去年曾與我同行的夥伴。老譚泰也是其中之一，他很自豪地告訴我他的妻子剛生下一個兒子。我還記得從前他在長途跋涉後，一跨下駱駝就兜著圈子跳起戰舞，以證明他仍是身強力壯；有一次，他騎駱駝不知不覺睡著了，結果摔了下來，我看見他滿面羞慚地站起來，確定自己沒有受傷才鬆了一口氣。我很高興他這次能夠隨行，因為他會給我一些忠告，更何況到了穆辛後我打算只帶少數幾個人橫越「空白之地」，有他在，將可以在我離開後穩住那一票留守的貝卡西人。除了老譚泰之外，蘇爾坦這次也來了。我知道貝卡西人是否願意隨我橫越「空白之地」，最後決定要取決於蘇爾坦，而我相信他一定會支持我。他是我去年一年當中最得力的左右手。事實上，我相信他已經猜到了我的意圖，因為當我抱怨這次他們所帶的駱駝太過瘦弱時，他說：「它們至少可以撐到穆辛，到了穆辛，我們可以換幾匹駱駝，再往前走。」這趟旅程穆薩林也同行，有了他，只要有獵物之處，我們就不愁沒有新鮮肉可吃。此外，還有阿班（Mabkhaut bin Arbain）和他的親戚屠其亞（Salim bin Turkia），以及屠其亞十五歲的兒子；屠其亞指定要這個兒子與他同行。這位少年頗為俊秀，有一雙深邃的眼睛和一頭奇特的雞冠式頭髮，這個髮型表示他仍未接受割禮。

我們在卡拉山山腳下的艾恩泉（Al Ain）紮營，第二天留在原地打點行囊。我準備了兩千磅的麵粉、五百磅的米，還有精煉過的奶油、咖啡、茶葉、糖和幾包品質不佳的棗子。在這個季節，市場上難以買到椰棗，原因是從巴斯拉（Basra）來的運糧船要到十二月才會抵達。此行大約要花三個月時間，以我們現有的人手，再加上我另外召募的六個拉希德人，整個隊伍將有三十一人之多（也許還不止於此數）。我們攜帶的麵粉足供每人每天吃四分之三磅，不過我也知道貝都人會把一半糧食省下來留給家人吃。同時根據過去的慘痛經驗知道，一旦經過有人住的村莊，方圓幾哩內的貝都人都會前來向我們乞討食物，我們不能拒其於門外，因為在沙漠裡，無論客人多麼不受歡迎，你也必須款待他。即使是在艾恩泉這裡，也有許多人（其中大多數來自薩拉拉）來向我們要東西吃，不過被我狠心拒絕了。我告訴他們，我們即將進入沙漠，而他們自己的家就在平原那頭幾哩路之外，結果，大多數人在傍晚前已各自離去。

我們在懸崖下找到一小塊平地，在落石堆間紮營，並分組吃飯，一組約六或七個人。這裡沒有太多活動的空間，空地上都已躺滿了駱駝，其中許多頭均由人餵食沙丁魚。這些半乾的沙丁魚所發出的強烈惡臭在營地裡盤桓了好幾天，一直到沙丁魚被吃光才淡去。腐臭的氣味招來了大批蒼蠅（這些蒼蠅後來一直跟著我們進入沙漠，當我們騎駱駝前進時，牠們就成群棲息在我們的背上)。那天我買了一隻山羊當作晚餐，所以晚上大夥兒吃得很好，還有米飯和美味的濃湯。吃過晚飯，穆薩林煮咖啡，蘇爾坦擠了一碗駱駝奶。剛擠出來的駱駝奶仍然溫熱，上面冒著泡沫，嚐起來猶帶點鹹味，和一般的駱駝奶沒有兩樣。營火的火光在眾人蓄了鬍子的臉上跳躍閃動，並映襯出一旁駱駝頭頸的剪影。暗夜裡，駱駝張大眼睛瞪視著前方，眼珠發出綠色的光。我不禁想起第一次在這裡紮營的情景，當時的我仍有身在異鄉為異客的孤寂感，但此刻我大致上已經被他們接納了。我也記得幾個月前，當我置身哈亞茲的山坡上，曾經如何嚮往和渴望重溫這種雖然艱苦卻令人滿足的生活。

這段期間我到了哪裡？自從離開他們後我做了些什麼事？漢志山脈是什麼？在哪裡？那兒有貝都人嗎？我的夥伴們問個不停。我也問了他們一些問題，如拉威（Lawi）在哪裡？卡萊斯（Dakhit bin Karaith）在哪裡？達姆人有沒有襲擊拉希德人？穆辛有沒有下過雨？恩布勞莎在哪裡？蘇爾坦說恩布勞莎死了，兩個月前牠在石頭堆裡摔了一跤，把肩骨摔斷了。聊著聊著，幾個小時過去了，然後我們逐一站起身來，找地方就寢。先前我原本已經找著了一小塊平地，同時把我個人的財物放在那裡的一堆岩石後面，現在一看，那裡竟然躺著一隻駱駝。我端詳剩下的空間還是夠我躺的，便在這隻駱駝身旁攤開我的毯子和羊皮。去年我帶有許多條毛毯，後來覺得不好意思，便把它們一一分送給我的夥伴們，到最後自己只剩下一條，晚上睡覺時常常冷得發抖。在冬天的夜晚，沙漠的氣溫有時會降得很低。今年我帶了一個睡袋，並且帶上幾樣必需品，至於衣服就只有身上穿的這一套，包括一條染了色的纏腰布和一件長衫。長衫是白色的，我打算一進入沙漠，找到阿巴樹（abal）做染料把它染成褐色。我還學貝都人那樣，貼身穿一件由皮索製成的束帶，以支撐自己的背部。我用那把沉重的阿曼製銀柄匕首所附的帶子，將身上的長衫在腰部摺起束好，這下我就有口袋了，於是我把羅盤和小記事本等必需品全放在裡面。此外，我有一條阿曼產的頭巾，樣子像似喀什米爾的披肩，還有一件來自漢志山區棕色的阿拉伯披風。同時，我也帶了步槍和彈藥帶。我的鞍袋裡裝著備用的彈藥、相機、底片、氣壓計和溫度表、一本大型記事本、一冊吉朋（Gibbon）[1]的書和《戰爭與和平》、一具植物標本壓平器、一只小藥箱，還有一套給卡必納的衣服（我知道他一定又是衣衫襤褸）、一柄我去年佩帶的短刀（如今身上所配的是另一把），還有幾包瑪莉亞銀幣（Maria Theresa）[2]。這些錢幣鑄造於一七八〇年，迄今仍在生產，其大小相當於一枚五先令的錢幣，價值則相當於半個英國銀幣。它們是此地人民唯一接受的錢幣，阿拉伯人稱之為「利雅爾」。

這些錢幣全用帆布口袋裝著，再用繩子綁好放在鞍袋裡，不過鞍袋並未綁起來。儘管我的夥伴們一個個窮得發慌，我卻從不擔心這些錢有失竊之虞。它們放在我的鞍袋裡，就像放在銀行一樣保險；我和貝都人在一起的五年當中，從來沒有掉過一枚錢幣或一發彈藥（事實上，對他們而言，彈藥比銅板值錢）。

我躺在睡袋裡，聆聽周遭永無休止的各種聲音。有些人仍在講話；他們都是在夜裡冷醒後，索性圍蹲在營火旁聊天。在營地的另一頭，有人小聲地哼著歌。駱駝由於在石地上躺得不舒服，也不停地挪移身子，發出呻吟聲。我聽到一隻豹子在旁邊的山坡上發出咳聲，其他人顯然也聽見了。穆薩林喊道：「你聽見沒？是一隻豹子！」我輾轉難眠。一來是因為腦子裡裝滿了各種計畫，二來則是由於重回此地的興奮之情。我想著這些阿拉伯人是多麼地熱情，他們比我所認識的任何種族都要好客。

第二天我們仍然留在艾恩泉。當天下午，我攀登營地旁的山坡，蘇爾坦、穆薩林、屠其亞父子和阿瑙夫（bin Anauf）緊跟在一旁。我們並且拜訪了位於一小塊梯田上的一處卡拉族（Qarra）營地，這塊梯田位於一座狹谷的正上方，長滿樹木和蔓藤。有一家人住在石灰岩山崖下一個淺淺的洞穴裡，地上到處是山羊的糞便，我們坐在洞穴口，和他們聊了一會兒。這一家人包括一個眼睛已經半瞎的老頭，兩名十六歲的少年和一個壯碩的中年男子，兩個少年全梳著雞冠頭。那個中年男子則佩著一把平刃的劍、一支由沉木製的長矛和一面由柳條編成的小盾牌，盾牌作成圓形，中間凹下，以牛皮包覆，被那男子當成凳子使用。我們說著話時，一個男孩用一只骯髒的木碗裝了些酸奶給我們喝。穆薩林提醒我要當心皮蝨，因為這些養有山羊的洞穴中經常會有皮蝨，給皮蝨咬過身上會腫起大疱，很痛，有時會發燒。去年有一回，因為眼看就要下雨了，我於是在一個類似的洞穴裡睡覺，結果被咬得慘兮兮，後來抓癢抓了好幾天。

太陽快要下山，是該回營地的時候了。我們站在高高的山坡上，俯瞰著平原、薩拉拉和遠處的海洋。當我們起身預備離去時，一名老人走了過來，嘴裡咕咕噥噥地打著招呼，我們也回了禮。他站在那兒，瞇著眼睛看我。他身上綁著一條短而骯髒的纏腰布，帶著一支長矛（顯然太窮了，買不起短刀），胸膛上盡是白毛，雜亂的頭髮披散在他瘦削的臉頰，說話時有一顆牙齒搖搖欲墜。他看了我一會兒，嘴裡又開始咕咕噥噥。「我要來看看這個基督徒。」蘇爾坦幫我翻譯。「他是撒哈拉人。」當他費力地以布滿血絲、昏翳的眼睛注視著我時，我不由納悶自己在他眼中究竟代表著什麼。也許身為《聖經》〈創世紀〉中所提過的民族後裔，他看到了黯淡的未來。我們一行下山時，我問同行的人這個老頭究竟是何許人物。「他是個瘋子。」有一個人回答，並且模仿他的樣子：「我要來看看這個基督徒。」把大夥兒逗得哄堂大笑。然而我卻揣想，也許這個老頭看得比他們清楚，也許他意識到我的出現所隱含的威脅，預見他所生存的社會即將解體，他的信仰也將遭受破壞；也許他知道這些突如其來的變化所帶來的弊害將遠遠超過益處。想當年我和阿拉伯人在一起時，一心只想過著他們那樣的生活。即使，離開了他們，我也衷心希望他們的生活形態不致因為我的出現而有一絲一毫的改變。然而遺憾的是，我發現，我所繪製的地圖幫助了那些汲汲牟利的人們造訪他們的土地，帶來道德上的敗壞。這個民族的精神曾經如火炬一般，是整座沙漠的一盞明燈！

貝都人與駱駝

第二天，我們爬到吉斯敏隘口（Kismim Pass）頂端，在高原上的一處山谷紮營。這裡住著一些阿卡西人，他們的外貌與生活方式均與卡拉族近似，事實上，他們居住的地方就位於卡拉族的分支、貝卡坦（Bait Katan）和貝薩德（Bait Saad）的中間地帶，只不過他們講的是阿拉伯話。這些阿卡西人很快就蜂擁到我們的營地來推銷奶油或山羊等物，索價非常便宜，還順便向我們揩油要一些麵粉回去。他們的酋長是一個十分討人厭的老頭，當他用熱切而顫抖的手指撫摸著我帶來的東西時，眼神因為貪婪而發亮，連聲調也提高了。我們無意在此地多作停留，何況這裡的水源也缺乏得很。

從這裡向南眺望，則是綠草如茵的高原，鬱鬱蔥蔥的叢林和幽深的峽谷，一直延伸到賈比布（Jarbib）平原，敞向另外一個世界的印度洋。往北看，卻是黑岩黃沙迤邐而下，與「空白之地」相接的景象。這座沙漠綿延一千五百哩，直到大馬士革附近的果園及拉姆（Rum）的紅峭壁為止。正當我引頸眺望之際，一陣微風從沙漠裡迎面吹拂而來，使我不禁想起在遙遠的敘利亞那座勞倫斯曾經造訪過的城堡廢墟。阿拉伯人相信，這座城堡是由一位統領邊界的王子所建，作為他的王后的沙漠宮殿。他們宣稱當年用來建造這座宮殿的黏土，曾經混入各種花卉的汁液，因此當嚮導帶著勞倫斯參觀已然傾頹的房間時，他們一路像狗一樣嗅嗅聞聞，並告訴他：「這是茉莉，這是紫蘿蘭，這是玫瑰。」到了最後，有一個嚮導霍地脫口而出：「你來聞最甜蜜的一種氣息。」說完便把他帶到一個敞開的窗口前。這時沙漠的風一陣陣吹來，吹得室內颯颯作響。「這個，」他們告訴他：「是最好聞的，一點味道也沒有。」

隔天清晨，我們往下走到了艾雲池（Aiyun），此池位於一座兩百呎高的石灰岩峭壁下，乃是谷登河道（Wadi Ghudun）的最上游。池中的水來自一道小小的山泉，蓄水頗深，長一百五十碼，寬三十碼；碧綠的池面平靜無波，池畔長滿了燈芯草。據老譚泰說，池裡住著一條怪蛇，有時會把在池邊喝水的羊兒抓走。

我們讓駱駝在這裡喝水，同時將水袋裝滿。不一會兒，通往池子的河床上已是熙熙攘攘地擠滿了駱駝，牠們以笨拙的姿態小心翼翼地在河床的圓石間穿梭，經過樹叢時還不忘吃一口樹葉。

許多英國人寫過有關駱駝的故事，他們慣常用一種輕蔑的語氣及老掉牙的笑話來形容牠們。每當我看到這樣一本書，就可以確定作者一定對駱駝所知不多，而且一定不曾與貝都人共同生活過。貝都人最了解駱駝的價值，他們稱牠為「Ata Allah」，即「上帝的饋贈」，因為他們喜歡牠那堅忍不拔的耐力。我不曾見過一個貝都人毆打或虐待駱駝，他們凡事都以駱駝的需要為優先，但這並不只是他們靠駱駝吃飯的緣故，而是出自真正的感情。我經常看到我的伙伴們對駱駝又摸又吻的，嘴裡還一邊喃喃說著疼惜的話。前一年，當我們經過塔林附近的農田時，曾經看見一個村民正在鞭打一隻駱駝，有好幾個拉希德同伴們見狀立刻跳下座騎，憤怒地指責他。即使在我們繼續前進的途中，他們仍舊對此人表示憤憤不屑。

那次事件過後幾天，我們正徒步在沙漠中，駱駝在大約三十碼外的後方跟著，蘇爾坦跟另外一個阿拉伯人打賭，看他能不能把他的駱駝叫過來。一般而言，駱駝是群居的動物，不喜離群獨行。豈料當聽到牠的主人叫喚時，那隻駱駝居然馬上脫隊而出，走了過來。我並且記得另外一隻駱駝，牠對主人的忠誠度就像家犬一樣，夜晚就寢時，牠會不時走到主人睡覺的地方，一邊輕聲低吟，一邊嗅嗅主人，然後再走回去吃草。據同伴們表示，這隻駱駝除了主人以外，不肯讓任何人騎乘，除非別人套上牠主人的一件衣服。

在阿拉伯人心目中，駱駝是美麗的動物。欣賞一隻好駱駝帶給他們的樂趣，就像有些英國人欣賞一匹良駒一樣。事實上，駱駝也的確是強壯優美和富節奏感的動物。阿拉伯人騎著一頭血統優良的駱駝馳騁在沙漠上，那景象確實令人印象深刻，只不過這樣的畫面很難見到，因為他們多半緩緩而行，很少快速奔馳。

為了讓自己和貝都人談論駱駝時不致顯得太過無知，我嘗試學習他們使用的詞彙，這些詞彙非常繁複，且因部落而異。一隻駱駝和一群駱駝各有不同的字詞，不同品種和顏色的駱駝有不一樣的名字；用來騎乘和用來放牧的駱駝稱呼也不相同。此外，尚未成年的一歲駱駝、兩歲駱駝、三歲駱駝……名稱也不一，而且這些稱呼又因性別而有差異。等到駱駝變老了，牠又會有別的名字。即便是不孕的母駱駝、懷孕或哺乳中的母駱駝，均各有不同的名稱，這些稱呼又隨著牠懷孕或哺乳時間的長短而改變。我把這些名稱列出一張表，但發覺很難記得住。

我們在溪谷逐漸寬展的地方、有著幾株阿拉伯樹膠樹下卸除馬鞍。沒多久，我的阿拉伯同伴們從水池那兒現身，頭頂上扛著裝得滿滿的水袋，跌跌撞撞走過來，然後把水袋放在樹蔭處。那些水袋躺在稀疏的樹蔭下渾身鼓脹，像似一條條巨大的蛞蝓微微搖晃，看起來竟莫名地感到有些猥褻。不過，我在和貝都人一起旅行一段時間後，已經學會如何使用他們的器物。我認為無論外界的新事物如何優越，我們都不應該貿然將其引進，因為阿拉伯人所用的傳統器物自有其道理，最重要的是它們經過時間的考驗。以他們拿來裝水的羊皮袋為例，這種袋子空的時候可以捲起來，不僅輕若無物，也容易存放，滲水了，只要塗點奶油即可，漏水時也可以拿荊棘或用布包裹碎木片堵住洞口。這個方法看起來不太穩當，倒是出奇地好用。羊皮袋裡的水雖然喝起來、聞起來都有羊羶味，可是在沙漠裡要嚐到清淨無味的飲水根本是不可能的事。除了羊皮袋之外，麵粉、稻米和棗子也都是用各種動物的皮來裝盛，這些皮袋可以隨意掛在馬鞍的一側，以平衡另一側水袋的重量。奶油則通常用蜥蜴皮來裝，長度大約十八吋。

穆薩林已經到峭壁邊上去打獵了，回來時夕陽已快要下山。他把扛回來的一隻中東瓣羊（ibex）扔到營火旁，那是一隻老邁的公羊，雖然牠的肉嚐起來如牠的體味那樣腥臊，不過好歹總是肉。穆薩林分給每組人一點肉，然後精神抖擻地幫忙年輕的阿瑙夫烹煮剩下的肉。肉煮好後，他把熱騰騰的米飯堆在一個托盤上，在四周放了幾碗油膩膩的肉汁。一旁的蘇爾坦則把煮好的肉平均分成七份，分好後，老譚泰拿出七截小樹枝，每一截各自代表我們七人當中的一個。然後穆薩林轉過身背對著肉，接著取一截樹枝放在一堆肉上面，口中一邊唸道：「這堆給最好的一個人。」結果那堆肉掉在屠其亞面前。然後他又將一截樹枝放在另一堆肉上面：「這堆給最壞的一個人。」肉掉在阿班那邊。其實這並不公平。「這堆是給那個早上起不來的人。」這回指的是我，旁邊傳來一陣笑聲，表示他講得一點也沒錯。當穆薩林接著喊：「這堆給那個愛戳弄姑娘們的人」時，他們更是捧腹大笑。老譚泰拿起掉到他前面的這堆肉時，阿瑙夫朝他賊賊一笑，說：

「大叔，看來你明年還會再生一個兒子喔！」穆薩林就這樣逐一唱名分配，直到每個人都分到一份肉為止。

如果不按照這種抽籤方式分肉的話，一定會鬧得不可開交。每次總會有人說他自己分到的肉太多了，要拿一塊給別人，接下來就會引起諸多爭論和推扯；每個人都跟真主發誓說自己分到太多了，最後唯有靠抽籤才能化解僵局。既然如此，還不如一開始就抽籤分配。我從來沒有聽到他們任何一個人抱怨自己分到的東西太少，因為這種行為對貝都人而言簡直不可思議。他們總是盡量避免露出貪心的樣子，而且會特別注意過分貪婪的人。我依稀記得一個故事：一個很窮的貝都小男孩有一次對他的媽媽說，他喜歡在沒有月亮的晚上吃飯，因為這樣他的同伴們就看不到他吃了多少。他的媽媽告訴他：「下次你試著和他們一起坐在暗處，然後用一把拿反了的刀子割一節繩子看看。」當天晚上，小男孩依言而行。那時天上沒有月亮，夜色闃黑。可是他一拿起刀子，馬上就聽到十幾個聲音喊著：「你拿反了！」

穆薩林在飯上倒了一點肉汁。我們圍著盛飯的盤子蹲成一圈，每個人前面放著自己分到的肉。大家輪流伸出右手抓飯，抓了飯後把它捏成飯糰，然後俐落地用手送進嘴巴。阿拉伯人用右手吃飯，並且儘可能避免以左手碰觸食物，因為他們如廁後是用左手清理，所以左手是不潔淨的。用左手遞東西給別人，或用左手接過別人遞來的東西，都是一種相當無禮的行為。

晚飯後，我們圍坐聊天，這是貝都人最喜歡的消遣。他們總是滔滔不絕，說個不停；同一件事，他們可以在兩三個月內對同一批人說上五六次，而那些人也會坐在那兒，興趣盎然地一聽再聽。保持靜默對他們而言是一種難以忍受的折磨。然而，那天晚上，當某個人開始吟詩的當兒，整個營地倏忽變得靜寂無聲，只聽見搗棕櫚葉的砰砰聲（他們在河床上撿拾棕櫚樹葉，搗碎後編成繩索)。他們就這樣挨肩圍坐著,除了跟著吟詩的人複誦每一首詩篇的最後一句外,大家不發一語。

阿拉伯人每當受到感動,往往會訴諸詩詞。我曾經聽過一個少年即興賦詩,描述他先前所發現的牧草地;他純粹是發自內心的有感而發。奇怪的是,他們對自己的語文之美雖然頗多體會,對大自然的美卻是視而不見。沙漠的色彩、日暮的景象、海面上映照的月光,全然不會讓他們有所感動。他們甚至根本不曾注意過這些美景。前一年,當我們自穆辛返回,走出空盪盪的沙漠,回到卡拉山脈的頂峰,再度看到青草綠樹及動人的山色時,我轉頭向一個阿拉伯同伴說:「這景色真美呀!」他看了又看,然後帶著不解的神色說道:「這哪裡美?都沒有駱駝可以吃的牧草。」話雖如此,哈德拉貿的阿拉伯建築卻是簡單和諧,充滿美感,只可惜這些建築已注定將走上式微的命運,因為阿拉伯人的品味已受西方影響而變低劣。在哈德拉貿的各座古城裡,如今已經可以看到一些由現代阿拉伯建築師們所設計的醜陋新式建築。我的阿拉伯同伴們在看到這些房子時顯然深深被打動了,他們轉身向我說道:「天哪!這些房子真是壯觀!」我知道再怎麼和他們爭辯,也是徒然。

馬布豪特一家

我們沿著谷登河道緩緩向北行進。谷登河道從海岸山脈流下來,形成烏姆阿海(Umm al Hait)大河道的五條乾河床之一。這條河道從石灰岩高原下來後,便陡地自沙漠平地向下凹陷兩百呎,形成峽谷,而後漸次開展,最後變成深達四百呎、寬達數百碼的深谷。自河道兩岸懸崖墜落下來的巨大石塊，迫使我們不得不沿著小溪的河床前進，河床上布滿了光滑的圓石，使得駱駝舉步艱難。懸崖下的山坡零星散布著一些植物，如續隨子灌木、刺槐、各種豆類、幾小叢棕櫚樹和一種白葉棕樹。偶爾，當我和穆薩林一起爬到懸崖上尋找中東羱羊的蹤影時，可以看到那片縱橫數哩的岩石平原迤邐而下，與沙漠的內陸接壤。平原上除了長在小塊碎石和硬沙土上的幾叢光禿禿的刺槐外，可說是寸草不生。

一路上，我們遇見兩三家貝卡西人。他們不用帳棚，而是藉樹下或岩石陰暗處為營地（只有住在「空白之地」裡的阿拉伯人才使用帳棚）。當天晚上，我們就和馬布豪特（Mabkhaut）一家人睡在矗立於一小片沙地上的兩棵樹下。馬布豪特有個妻子和兩個兒子，兩個小孩都蓄留長髮，眼睛明亮，較長的那個大約有十二歲了。此外，他的一位堂兄弟也和他們住在一起。此人在兩個月前被蛇咬到，腿腫得厲害，腳趾頭下面不斷有膿水流出來。我為他清洗傷口，並給了他一些藥。馬布豪特殺了一隻山羊款待我們，由他的太太烹調。她是個中年婦女，身材非常纖瘦，並且有咳嗽的毛病，有時做事做到一半會咳得渾身發顫。她身穿同年婦女常穿的深藍色長袍，並未蒙面。馬布豪特擁有五隻駱駝及三十隻左右的山羊。除了駱駝和山羊，貝都人通常不豢養其他動物，也不養狗和雞。卡拉人雖然蓄養牛隻，但他們並不住在沙漠裡。馬納西人有羊，不過我從未看過拉希德人或貝卡西人養羊。

我周圍的沙地上放著這家人所擁有的全部家當——幾個鍋子、一個用來喝水的碗、幾個水袋、一個裝了半袋麵粉的羊皮袋、一堆攤在一件破長衫上的沙丁魚、一張舊毛毯和幾塊用來當作棉被的破布。另外是兩套騎駱駝用的馬鞍、一個打水用的皮桶和一綑繩子。馬布豪特的堂兄弟配帶一把短刀，雙膝間夾著一把老舊的點四五單發步槍，腰帶上帶著十一發子彈；馬布豪特告訴我這把步槍是他的。當時，他自己身上配的卻是我所帶來的十二把軍用步槍中的一把。

第二天我們抵達瑪沙迪水井（Ma Shadid），此時距我們離開艾雲池已經兩天的時間。瑪沙迪水井是一口位於石灰岩中的天然井，據說井深達四十五呎。我的夥伴們藉由繩索的幫助，摸黑爬下七層岩棚到達井底。那裡水深及膝，傳說來自艾雲池，之所以有此說法在於，有一次一個婦女在艾雲池掉了一把木梳子，結果在這裡找到了。

在阿拉伯半島南方介於阿曼和哈德拉貿之間的廣袤沙漠，水源極為稀少，有些地方面積相當於英國一個郡的大小，卻只有一口水井。這些井裡的水甚至在供應幾十匹駱駝飲用後，就已是乾涸枯井了，然而這些水源卻必須供應該區所有人畜的需求，不管在涼爽的冬天，或酷熱的夏天（夏季有樹蔭的地方，氣溫經常高達攝氏四十六度乃至四十八度，更何況此區完全沒有樹蔭），都是如此。令人納悶的是，這些地區仍有人煙。我倒希望這裡一個人也沒有。每天晚上，我們的營地總有不請自來的客人，有時十幾個，有時更多，使得我們的麵粉存量越來越少。

我們騎著駱駝行進，觸目所及盡是一片荒涼景象。我們腳下的岩塊及滿地的碎石，皆因年代久遠而發黑，呈深褐色澤，彷彿這塊陸地自海底升起以來，就一直飽受烈日的燒灼和強風的刮磨。很難想像這片寸草不生的大地，昔日也許曾有過另外一番風貌，也許曾經是繁花盛開或禾苗欣榮的景象。無論如何，這塊土地如今已然死去，那一塊塊的岩石就是它裸露在外的枯骨，在眩目的陽光下不斷受到塵沙的吹蝕。

阿拉伯人的死亡觀

阿拉伯人不避諱談論死亡。他們提到在近日突襲中喪生的人，並指給我看他們遇難的那幾座矮丘，不禁讓我想到，這些人灑濺的鮮血必定曾經染黑地上的那些石塊。從此處舉目望去，四周盡是阿拉伯人的古塚，三五成群集葬在高處。由於年深日久，這些古墳已渾然隱沒於沙地之中，唯有靠形狀才能辨識出它們一度是人為的建築。其中有幾座墳上豎有石板，形狀酷似我在達納基爾區的墳場上看到、用來嚇走土狼並防止牠們將屍體掘出的石板。除了這些古墳，沿著山坡而下的道路與河床的兩側，也不時可以看見古人的石碑。

我向蘇爾坦大喊，告訴他我要過去看看位於我們右前方兩百碼處的幾座石碑，但他回說：「別看那裡了。山脊後面還有更多。走，我帶你去看。」說完，他便用杖子敲敲他的駱駝的頸側，要牠轉向離隊。我們到達那座山脊，映入眼簾的是一小片平地，四周則是幾呎高、且已經開始搖晃崩塌的灰色峭壁。而位於平地下方的是在我們右手邊的主山谷。平地上有一道岩石磊磊的河床，上面長著幾株葉子閃亮、有點像月桂樹，但只有十八吋高的蒺藜樹叢。除此之外，這裡寸草不生。那些石碑排列的方向與河床平行，形狀像是碎石地上以石頭砌成的花圃一般。它們是三石碑（trilithon），三五成群，每群在三到十五個之間。每一座石碑均由三塊大約兩呎高的石板所組成，石板豎立著，彼此靠在一起，底部形成一個三角形。有幾座石碑上面還覆蓋一塊圓形石塊。每座石碑相距一碼，排成一直線，每個石碑群外圍有一個由小石頭鋪砌成的橢圓形圖案。離石碑群約三碼的地方，有一排由小石頭所構成的火爐，與石碑群平行。我曾目睹貝都人在類似的石頭堆上升火烤肉。除了火堆外，尚有一些排成一行的石塊，可能是用來當座椅。在石碑群附近另有零星的墳丘，還有幾個直徑約十二呎、以大石塊圍邊，內部鋪滿小石頭的圓形圖案。

這類三石碑在達佛山脈的北麓經常可見，愈往東或往西就愈為罕見。我在西邊的薩爾區看過幾座，也曾在胡木區的蓋巴亞敏（Ghail ba Yamin）看過一些，有一次，甚至在阿曼的安達姆河道（Wadi Andam）最上游看到一座。每一群石碑的數量不一，最常見的是五座，也有三座、五座、七座、九座、十二座、十五座的，我看過最多的是二十五座。它們的走向大多和河道或小徑成平行，除了這點，倒是沒有特定朝向哪個方位。其中有幾座石碑的石板上刻有塔穆迪克（Tamudic）體的銘文，這種字體溯自回教尚未興起的時期，通常使用於阿拉伯半島北部與中部。

湯瑪士認為三石碑的用途是作為墳場的地標。不過，我經常看到豎立在硬岩床上的石碑，我認為它們可能是某種紀念物，就像我在阿比西尼亞的一條小路附近，所看到的達納基爾人的紀念碑一樣。在我看來，豎立這些石碑的人，很可能把死者葬在附近山頂上的墳丘裡。即使到今天，住在高地的貝卡西人還是很少掘墳埋葬死者，而是把屍首放在幾塊岩石中間，或峭壁的隙縫裡。無論這些石碑的用途何在，它們都是阿拉伯祖先遺留下來的少數紀念物之一。我覺得，用這些質樸的石碑來紀念阿拉伯的先人可謂恰如其分，因為，阿拉伯人是這樣一個不重視物質的民族。

我在這些石碑之間徘徊流連，一邊照相，一邊在石碑上尋找銘文。蘇爾坦坐在一塊岩石上，我們的兩頭座騎駱駝就躺臥在旁邊。只聽他喊道：「走吧！恩巴拉克（現在已經變成我的名字了），騎上你的駱駝，我們得趕上前面的同伴。這個地方可不能久待。須瑟水井離這裡不遠，那兒是盜匪經常出沒的地方。走吧，那些東西沒啥價值的，只不過是以前的人所堆疊起來的幾塊石頭罷了。來吧，快騎上駱駝，我們走吧！」

我跨上駱駝，和蘇爾坦一起走在最後面，距離其他的夥伴有二、三哩之遙。遠遠望去，他們成了一簇簇小點，以相當緩慢的速度移動著。我心想，他們可以一直走下去，直到抵達敘利亞或外約旦（Transjordan）為止，沿路可能都不會經過一個村落，或看見一棵棕櫚樹。然而，從這裡到大馬士革，幾乎和從印度南端到喜瑪拉雅山的距離相等的遠。我一邊悠哉地想著阿拉伯半島境內到底有多少阿拉伯人？我相信一般所公認的數字是在六到七百萬之間，其中大約有四分之一是貝都人。事實上，也只有貝都人能夠生活在這些占阿拉伯半島面積絕大部分的沙漠裡，其他的阿拉伯人早已定居在少數幾個能夠以農業維生的地方。除了一些農奴和若干大城裡的下層階級之外，所有的阿拉伯人各有其所屬的部落，且大多數住在葉門（位於阿拉伯的一角，土壤肥沃，羅馬人稱之為「肥沃的阿拉伯」）。那裡也許就是閃族的發源地。閃族本身又分為兩族，一支是「Arab al Araba」，即「純阿拉伯人」，據說乃是卡坦（或約坍）的後裔，源自葉門；另一族則是「Arab al Mustaraba」，即「歸化的阿拉伯人」，是以實馬利的子孫阿德南（Adnan）的後裔，來自北方。歐洲的專家們已經證實阿拉伯人的確分成兩族，一支是圓顱的南方人，另一支則是長顱的北方人，且兩族的歷史都可以追溯至遠古時代。由於受到沙漠與海洋的阻擋，他們過著與世隔絕的生活，因而能維持種族的純淨。鄰近的國家，如埃及、敘利亞和伊拉克等不斷有外來的軍隊和移民入侵，但歷史上從未顯示有任何移民群進入阿拉伯半島。阿比西尼亞人、波斯人、埃及人和土耳其人，曾經斷斷續續占領過葉門、阿曼、哈亞茲乃至納吉德等地，他們不約而同地發覺這些地方統治不易。他們占據大城，不時對當地的阿拉伯部落發動戰爭，卻往往無功而返。他們的外籍傭兵在衛戍的城鎮繁衍了許多後代，卻不曾與當地部落通婚。由此可知，世界上沒有任何一個民族比阿拉伯人更重視血統，也沒有一個民族的血統比阿拉伯人更為純正。當然，在城鎮，尤其是海港，免不了有一些混血子女，然而在只能算是沙漠邊緣的骯髒泡沫（dirty froth）罷了。

阿拉伯社會的變遷

我一邊騎著駱駝前進，一邊想著世上再也沒有一個地方比阿拉伯沙漠更加亙古不變了。早在金字塔建造成功，或幼發拉底河河谷發生那場無人倖免的大洪水之前，面貌與我的同伴們酷似的古代閃族游牧人，必然也在此地放牧過牲口。縱觀這座沙漠的邊緣有多少文明興盛衰滅：阿拉伯南部的密尼安人、賽伯伊人和希米亞里特人；法老王時代的埃及人；蘇美人、巴比倫人、亞述人；希伯來人和腓尼基人；希臘人和羅馬人；波斯人；阿拉伯的回教帝國及土耳其人。這些文明多半在維持數百年或一千年之後便銷聲匿跡。在這段漫長的時間之流裡，宗教此消彼長，人們不斷改變，也不斷適應變遷中的世界，唯獨沙漠裡的游牧民族始終綿延不絕，他們的生活方式也鮮少改變。

然而，這一切在最近四十年（還不及一個人的一生）裡竟然完全改觀，傳統的生活方式已經逐步瓦解。在過去，阿拉伯中部與北部各綠洲、村落、城鎮之間的交通，向來由居住在內志和敘利亞沙漠的幾個較強大的貝都部落所掌控。由於朝聖者的車馬隊及各行旅商販，都得經過沙漠，因此掌控沙漠的貝都人可以對過往行人征收過路費，甚且任意劫掠。他們恐嚇和勒索村民、農戶及沙漠裡的弱勢部落，行蹤神出鬼沒，如同古代侵擾歐洲海岸的斯堪地那維亞盜匪[3]。而且他們在打家劫舍之後，只要溜回沙漠，就可以無懼於羅馬士兵或土耳其傭兵的追緝了。

貝都人不僅身手矯健，性格也有過人之處。他們重視自由遠勝於安樂，他們不在意生活的艱辛，反倒以刻苦耐勞而自豪。村鎮裡的人雖然厭惡他們，甚至在提起他們時故作輕蔑之狀，私底下卻也不得不承認貝都人確實優秀。我在漢志期間，曾聽見幾個男人吃飽飯圍坐在豪華大廳的咖啡爐旁，以不屑的語氣談論著貝都人，說他們是粗魯不文、無法無天的蠻子，並指責他們信仰不夠虔誠，既不禱告也不齋戒。他們譏誚貝都人的貧窮，納悶為何有人能夠忍受這般辛苦的沙漠生活。席間，他們難免要談到貝都人的勇氣，以及他們那不可思議的慷慨性格。在他們街談巷議的軼事中，有許多聽起來彷彿天方夜譚，但他們信誓旦旦說那都是真人真事，還朗誦有關巴尼西拉族的長詩。聽著他們的談話，我恍然了悟，他們方才所詬病的那些衣衫襤褸、飢腸轆轆的貝都人，儼然早已被奉為歷史上的傳奇英雄了。

貝都人對他們本身的優越性也從未置疑，即使到了今天，穆塔兒（Mutair）和阿吉曼（Ajman）等部落，仍然不認為本族的女孩嫁給外族人是一件體面的事，哪怕她嫁的是阿拉伯國王。記得有一次，我問幾個剛從利雅德回來的拉希德人，他們看到國王時怎麼稱呼他，結果，他們訝異萬分地回答：「當然是叫他的名字呀！要不然該怎麼叫？」當我說：「我還以為你們會稱他為『陛下』。」時，他們的回答竟是：「我們是貝都人。我們眼裡沒有王侯，只有真主。」

第一次世界大戰後，汽車、飛機和無線電的發明，首次讓阿拉伯政府可以在貝都人的地區暢行無阻，自此沙漠門戶大開，盜匪們不再能夠藏匿其中。正當敘利亞沙漠的貝都人終於臣服於現代武器的攻勢之際，阿拉伯的中部地區也歸順了伊本・沙特國王。伊本・沙特可說是阿拉伯歷史上最偉大的一位國王，他早在尚未引進一輛汽車或飛機之前，就已經收服了阿拉伯半島上幾個最強大的部落。照理說，他崩逝後，他所建立的太平世界也會隨之崩潰，使阿拉伯沙漠重返適合貝都人生存的那種混亂狀態才對，事實不然。因為他所引進的新式科技，使得他的繼位者得以有效維持統治局面。如今，阿拉伯沙漠已經綏靖，從約旦河谷到「空白之地」北緣一帶，盜匪打劫及部落相殘的局面已經有效獲得控制。反之在「空白之地」的南端，情況並非如此。由於「空白之地」的阻絕，政府對此地仍是鞭長莫及。這裡的貝都人照常過著往昔的生活，鮮少受到北方各種變遷的影響。

貝都人的社會是一種部落式的社會，每個人都隸屬於部落，至於同一個部落成員，基於源自相同祖先，彼此之間都帶點親戚關係。關係愈是親近，彼此間的忠誠度也就愈高。除了某些非常極端的情況外，通常個人對部落的忠心必定凌駕自我的愛憎之上。必要時，他會本能地支持同族的人，而被支持的族人也會在同樣情況下回報。沒有部落作為後盾，個體不可能在沙漠裡存活，正因如此，貝都人雖然一向我行我素，也不得不接受以群體共識為基礎的部落法規——拒絕接受部落的集體裁決，可能會受到全族人的排斥。於是，就產生了一個奇特現象：部落法規只能適用於亂世，一旦沙漠裡太平無事，就無用武之地。在太平時期，個人如果不服部落的裁決，大可拒絕受其規範，必要時甚至可以離群索居。再者，部落中並沒有一個權力核心可以強制執行部落的決議。

在阿拉伯半島北部與中部，太平時期的來臨以及政府的干預，使得當地貝都人的部落式生活架構逐漸解體，隨之而來的是經濟上的崩潰。由於沙漠已經不再阻絕難行，生活其中的貝都人便無法再以此要脅政府，向他們索取鉅額的安撫費，也無法再向過往商旅征收過路費，或向村民與農戶收取保護費。如果某人因為瘟疫而損失所有的牲口，他也不能像往日一般，騎著借來的駱駝加入盜匪行列，以打劫別人來彌補自己的損失。不過，對他們而言，最致命的一項變化，卻是現代交通工具的引進。有了這些交通工具，城裡人和村民就不再需要倚賴貝都人所飼養的駱駝。過去，貝都人的駱駝是搶手貨，尤其是那些阿拉伯王親貴胄和富商願意花費巨資購買的品種優良的駱駝。昔日，有的貝都部落靠穿梭沙漠為人送貨維生，即使在有專業貨運業的地區，貝都人也可以把駱駝賣給業者，同時向他們徵收保護費。

貝都人往往將賺來的錢全部分給家人與族人。舉個例子，我的夥伴們一定會把此行所得的薪水分給其他人（儘管那些人並未和我們一起上路）。而且，他們也經常向我預支薪水，根據他們的說法，是因為有人向他們借錢，既然他們確實有收入，也就不好意思加以拒絕。

文明對貝都人的影響

波斯灣所開採的石油為阿拉伯帶來龐大的財富。財富加上戰爭，導致城裡的物價飛漲。沙漠裡的貝都人雖然吃、喝全靠牲口，所需的生活物資也很少，還是會有一些無法自給自足的需求，如衣服、鍋具、刀子和彈藥等。此外，他們偶爾也得買些棗子、穀物、咖啡和菸草等簡單的奢侈品。過去，每當他們要購買這些物品時，就會前往村裡或鎮上的市集，販賣一隻駱駝或山羊、一點奶油、幾張羊皮、毛毯，或幾只鞍袋，以換取所需的物資。如今，不僅這些必需品貴得讓他們買不起，連他們自己製造的產品也不再有人購買。在這種情況下，他們在沙漠裡的生活自是愈發的艱難。

貝都人嗜錢如命，似乎連摸到錢都會讓他們興奮不已。他們不停地談論錢，連一條頭巾或彈藥帶的價錢，都可以讓他們討論好幾天。在隊伍行進中，為了打發時間，有的人會假裝把他的駱駝拿來拍賣，其他人雖然明知他並非真心要賣，還是很捧場地討價還價一番，而且可以為此鬧哄哄吵上好幾個小時。他們對於有關藏寶的傳聞百說不厭。一路上，我的夥伴們不時告訴我這兒藏有黃金，那裡也藏有黃金；有的黃金埋在大沙丘底下，有的埋在巨岩下，有的則埋在流沙之中。當我們在哈巴拉特附近的迪芬河道（Wadi Difin）上行進時，他們指給我看某個石灰岩峭壁上的山洞，此洞距地面二十呎，僅能從峭壁頂端攀繩而下進入。洞口有兩呎長、四呎寬，洞內迂迴曲折，有些地方填滿了泥土。不久前，有群阿拉伯人試圖把泥土清除，以證實裡面有埋藏寶藏的傳聞。據說他們深入離洞口約二十呎的地方，卻因淤泥難以完全清除，最後只好放棄，至今峭壁腳下仍可看到當時所挖出的大量泥土。他們這種視錢如命的態度有時讓我頗為反感。每回我罵他們貪心時，他們的回答總是：「你當然無所謂啦！你有很多錢呀。但是對我們來說，多幾塊錢或少幾塊錢可是很要緊的事，關係到會不會餓肚子哩。」

其實，在油田裡，貝都人可以找到他們夢寐以求的財富。他們只要坐在陰涼的地方，看守垃圾場或做些其他雜工，就可以賺進大把鈔票，比起在三伏天裡從快枯的水井汲水給駱駝喝，當然是輕鬆得多。油田裡有的是大魚大肉和甘甜的水，吃飽睡足，這些都是貝都人從前難得擁有的享受，照理說，他們如今應該非常安於此現狀才對。然而，對自由的熱愛，以及血液裡所流動的不安因子，卻使得他們多數人最後仍選擇重回沙漠的懷抱。只是沙漠裡的生活日趨艱辛，在不久的將來，他們是否仍能撐得下去，還是個未知數。

目前，南部沙漠裡的貝都人雖然尚未受到北部經濟情勢變化的影響，但這種局面不可能維持太久。在我看來，貝都人果真因為環境不可抗拒的因素，而變成在油田裡混飯吃的工人，那麼，在荒蕪不毛的簡陋小鎮上過著寄生蟲般的生活，實在是一件很悲哀的事。因為他們身上最優良的品質全都來自沙漠的錘煉，包括他們表現在回教信仰上根深蒂固的宗教情操、濃厚的團體意識、種族的自豪、慷慨大方與熱情好客的天性、尊重自己也尊重別人的態度，以及他們的幽默感、勇氣與耐性，還有那優美的語言和對於詩歌的熱愛。這些品質唯有在極其艱辛的環境下才能造就出來，一旦生活改善，就會逐漸喪失。勞倫斯曾經形容游牧民族過的是「不停流動，使得閃族人保持勇猛」的生活。他並且寫道：「北方閃族人的祖先幾乎都曾經在遙遠的某段黑暗時期，過著沙漠的游牧生活。這種生活所鍛鍊出的根深蒂固的團體紀律，在每一個閃族人身上都可以見到。」

我騎著駱駝繼續前進，蘇爾坦一再敦促我趕上隊伍，我不予理會。我知道他很想找個人說話，眼下我沒有心情和他聊天。我思索著阿拉伯人對世界歷史的影響。我以為，造就出阿拉伯民族性格的，並非那些住在葉門、為數眾多，且擁有古老文明傳統的阿拉伯人，而是這些住在沙漠裡的貝都人。在古代，沙漠居民的風俗習慣與生活規範，逐漸被城鎮與村落的居民所接受，並且隨著阿拉伯的征服者散布到北非和中東，也透過回教傳到世上其他許多地方。事實上，早在穆罕默德時代以前，葉門地區的文明即已沒落，南方的各種方言也逐漸式微，而為當時已成標準古典阿拉伯語的北方語言所取代。尤其在新興的回教地位鞏固之後，南方的重要性更是不如往昔，權力中心轉移到北方的麥加。然而，當時北方的阿拉伯人並沒有傳統文明可言，他們多數人唯一需要的建築物，就是把三塊石頭排成一個可放鍋子的爐灶。在沙漠，他們以黑色的帳棚為屋；在村落或城鎮的居民，則住在四壁蕭條毫無裝潢的房屋裡。他們對於精緻事物既不能欣賞，也缺乏興趣，大多數人只求有足夠的食物和飲水可以維生，有衣服可以蔽體，有一方屋頂可以遮風蔽日，有一些武器、幾個鍋子，幾張毯子、幾個羊皮水袋和鞍具就已心滿意足了。他們的生活形態雖然造就出許多高貴的品格，卻造就不出優美的文化。

這些沙漠居民生性貪婪，習慣以武力獲取所需，是天生的掠奪者。他們既看不起外地人，也毫無自制力。直到七世紀，他們史無前例地統一起來，打著回教旗號向外進攻，所到之處望風披靡，占領了羅馬帝國幾個最富裕的省份及波斯帝國全境。在亞穆克（Yarmuk）之役（發生於西元六三六年，此役決定了敘利亞的命運）過後一百多年，阿拉伯人的統治範圍已經從庇里牛斯山和大西洋海岸延伸到印度河與中國邊界，建立了一個幅員比羅馬帝國更要廣大的國度。他們以沙漠盜匪起家，因新興的宗教信仰而統一。如果他們像當年蹂躪全球的匈奴王阿提拉（四〇六—四五三）和成吉思汗一樣成為禍害，倒也不令人意外，然而他們卻創建了一個新的文明，將原本不相容的地中海文化與波斯文化融合起來，建立了一個嶄新的社會，的確堪稱歷史上的奇蹟。在阿拉伯帝國創建以後，原本為沙漠游牧民族土話的阿拉伯語，旋即成為從波斯到庇里牛斯山等地通行的語言，甚至後來居上，重要性超越了希臘文與拉丁文，乃至發展成全球主要的語言之一。同時，隨著回教與阿拉伯語文在阿拉伯帝國全境的散播，身為征服者的阿拉伯人與其臣民之間的界線得以逐漸泯滅；最後，征服者與被征服者成為回教大家族裡的弟兄。這個回教文明曾經深受希臘思想的影響，主要是阿拉伯人曾將所有希臘作品加以翻譯。不過，儘管它竭力吸納外來的文化，卻並非徒事模仿，依樣畫葫蘆而已。它對世界文明貢獻極大，影響所及包括：建築、文學、哲學、歷史、數學、天文學、物理、化學和醫藥等領域。當時，阿拉伯社會裡的知識分子鮮少是阿拉伯人（其中有些甚至並非回教徒，而是猶太人和基督徒），然而國家的統治者卻是阿拉伯人，更何況，創造並激發這個文明的也是阿拉伯人。若沒有他們，無論是阿漢布拉宮[4]或印度的泰姬瑪哈陵，都不可能興建完成。

時至今日，世界上以阿拉伯語為母語的人口共有六千萬，其中大多數自稱為阿拉伯人，但實際上只有少數人是真正的阿拉伯後裔。此外，回教徒人口達全球人口的七分之一。回教於七世紀時由穆罕默德在阿拉伯半島所創立，其內容不僅涵蓋教徒的信仰、儀式、社會的架構，和個人日常生活的種種規範，即連一個人在行房後該如何清洗等細節，也都有規則可循；這些規則主要源自從前阿拉伯半島原住民的風俗習慣。無論我走到奈及利亞或中國，總會在當地回教徒的生活模式裡，看到很多我所熟悉的東西。我深信，有朝一日，如果現代文明像巴比倫和亞述人的文明一樣，完全從地球上消失，那麼，兩千年後的學校歷史教科書也許不會提及美國文化，卻有可能用幾頁的篇幅專門講述阿拉伯文化呢。

當我們趕上其他夥伴時，他們正在一小塊堅硬的沙地上為駱駝卸貨。先前我們一路上所經過的盡是些燧石遍布的平原和幾座山谷，唯獨眼前這座山谷，疏疏落落長著幾叢泛灰的綠草。他們遠遠看見了，於是決定改道在此地歇腳。我們的運氣不錯，幾年前曾有駱駝在此吃草，留下一些已經發白的糞便，可供我們作為燃料，可惜還不足以烹煮一頓像樣的飯。

今晚我躺在暖和的睡袋裡時，我的那些同伴們將會頂著寒冷的北風打哆嗦。他們是貝都人，而這片既無蔭可遮也無瓦可蔽的土地，就是他們的家園。其實，他們任何一個人大可選擇在薩拉拉一帶的庭園裡工作，過著安逸的生活，不必到這裡來餐風露宿，偏偏他們不屑為之，認為那是次等男人的選擇。在他們眼中，唯有弱者才會甘願離開沙漠，受制於農耕生活的束縛。

【注釋】

1 譯注：一七三七——一七九四，英國歷史學家。

2 譯注：一七八〇年在奧地利發行的硬幣，曾作為貿易貨幣在中東各國使用。

3 譯注：即維京人。

4 譯注：位於西班牙格拉那達的摩西式宮殿。

第五章 向「空白之地」前進

我們在須瑟水井補充水源。這裡有一座以天然石材建成的碉堡廢墟，坐落於岩墩之上，儼然成為該座水井的地標。須瑟水井非常有名，是中央大平原上唯一一座水源穩定的水井，也是沙漠盜匪必經的飲水站，因此曾經發生過多次激烈的格鬥。城堡所在的岩墩下有個大洞穴，穴底有一條深溝，溝裡的水汩汩流出。洞穴裡闢有一道三十呎高的沙土堤，占了將近一半的地方。要取水，只能沿著岩壁與沙堤間的一條窄路鑽下去，很不容易。我們到達水井後，發現泉水已經被淤沙掩埋住了，得先把沙土掘出來才行。我想幫忙，但他們說我個子太高，鑽不下去。過了兩個小時，我聽見他們喊說已經好了，要我們把駱駝牽過去，他們隨即逐一從黑暗的洞穴深處爬上來，沾肩上扛著晃動不已的沉重水袋。他們的身上淌著水，濕淋淋的纏腰布緊貼著他們纖瘦的腰腿，沾滿沙子的頭髮披散在他們因用力而繃緊的臉龐。他們把水袋放在地上，鬆開袋口，倒一些水在皮桶裡，餵水給站在一旁的駱駝喝，口裡一邊哼唱著古老的飲水歌。霎時駱駝糞如陣雨般撲通撲通紛紛掉落地上，沿著斜坡滾到泉水裡，一些淋了駱駝尿的沙塊也嘩啦啦崩落，使得原本已然苦澀的井水更添幾分苦味。駱駝喝完水後就被拉到一旁躺下，但不時會有一隻駱駝猛地站起，漫步到別的地方，這時牠的主人便會快步走過沙石河床將牠牽回來，口中一邊喊著牠的名字，如「喜悅」（Farha）、「小雨」（Matara）、「瞪羚」（Ghazala）、「小黃」（Safra）什麼的，或是其他在戰時也可能成為作戰口號的名字。

突然間，駐守在斜坡上的哨兵發出警告信號，我們趕緊拿起寸步不離身的步槍，沿著水井各就各位。在迅雷不及掩耳間，駱駝已一一被趕到岩墩後面去了。這會兒，我們看見遠處有人騎著駱駝衝過來。在沙漠地帶，未搞清楚身分以前，所有的陌生人一律被當成敵人看待。我們對著他們的頭頂上空發射兩槍，但是對方仍繼續前進，手中揮舞著頭巾，其中一人跳下駱駝，將沙子拋撒在空中。我們見狀頓時鬆了一口氣。看著他們漸行漸近，有人突然說道：「他們是拉希德人。我看到舒阿司（bin Shuas）的駱駝。」貝都人總能從大老遠辨認出一匹駱駝，這比他們認人的本領高明。每當遇見陌生人，他們那敏銳的眼睛馬上便可以判定來人屬於哪一個部落。他們據以判斷的是各種小地方，諸如此人腰間的彈藥帶是緊綁著或是低垂在前面、頭上綁的頭巾是緊是鬆、衣服上針腳的樣子、纏腰布的摺痕、步槍的皮套、鞍袋的圖案、鞍袋上墊毯摺疊的方式等，甚至對方走路的模樣。他們從這些蛛絲馬跡便可判斷來人的身分，但最主要的，還是根據對方的語言。

現在那群人已經很靠近我們了，我的夥伴們早已認出對方的身分。「那是舒阿司。」「那是馬辛。」「那是奧夫。」「那是卡必納和阿麥克——還有薩德和馬特勞克。」一共有七個，都是拉希德人。我們排成一列迎接他們。他們在三十碼外的地方停步，以杖子輕敲駱駝的頸子令牠們躺下，然後跨下駱駝，朝我們走來。舒阿司和馬特勞克只穿著纏腰布，其他人還紮著頭巾，身穿深淺不同的棕色長衫。我認出卡必納身上那件襤褸的長衫，正是我們在哈德拉貿分手時我送給他的。眾人當中，只有卡必納身上未佩武器，既沒有步槍也沒有短刀，其他人則把步槍背在肩上。

舒阿司和奧夫的步槍套是以未經處理過的獸皮製成，上面綴飾縫子。在走到距我們幾碼遠之處時，穆辛（我認出他那隻跛腳）喊道：「祝您平安。」我們也同聲回答：「您也平安。」然後他們一個個經過我們的行列，以「三碰鼻」（鼻子碰鼻子，先碰右邊，再碰左邊，然後又碰右邊）的方式和我們每個人打招呼，之後面對我們站著。譚泰對我說：「你問問他們有什麼消息吧！」我回答道：「不，你來問吧！你的年紀最長。」於是譚泰大聲喊道：「你們帶來什麼消息？」穆辛答道：「好消息。」譚泰又問：「有人死了嗎？有人走了嗎？」對方立刻回答：「不！別說不吉利的話！」問答的內容就像英國國教的祈禱文千篇一律。無論他們一路上發生什麼事，問答的內容絕對不會更改。他們可能在路上和盜匪格鬥，也許有半數人馬遭到殺害而屍骨未埋，也許駱駝被搶走了，也許一路上忍飢挨餓、無水可喝或甚至生病，無論他們曾經遭遇何種困境，在這類首次的形式性問答場合，牠們永遠會回答：「好消息！」答完禮他們回到駱駝所在之處，卸下鞍具，把牠們的兩隻前腳綑在一起，再放牠們出去吃草。這同時我們已為他們把毯子鋪好。譚泰大聲囑咐阿瑙夫烹煮咖啡，咖啡煮好後，穆薩林在他們面前放了一盤棗子，然後站著把咖啡倒在杯子裡，依每個人身分地位的高低，將杯子逐一遞給穆辛等人。他們喝著咖啡，吃著棗子，隨時有人再為他們添加咖啡。現在，我們終於可以聽到真正的消息了。

回教徒的割禮

拉希德人的個子都很矮小，沒有人身高超過五呎六吋（約一六八公分），而且個個都瘦，因為歷經沙漠生活的磨練，他們的身上早已沒有多餘的皮肉。他們和我們相對而坐，一舉一動中規中矩，神態閑靜，話語不多，小心翼翼地在陌生人面前維持尊嚴，唯有那雙機警的黑眸不停來回瞟著，把一切盡看在眼裡。馬辛坐在那兒，他那隻瘸腿僵硬地直躺在他面前；他是個短小精幹的中年人，臉形方正，薄薄的嘴唇緊緊抿著，口鼻周遭有許多深紋。就我所知，直到兩年前他受傷為止，他一直是個頗有名氣的土匪，殺過不少人，據說他擁有很多駱駝。不過我最感興趣的人還是奧夫。去年我和拉希德人在一起時，經常聽見他們在談論有關他的事情，他們說，自從他的兄弟被薩爾人殺死後，他就再也不曾恢復往日那種無憂無慮的歡樂模樣。他的面容頗為俊秀，骨架子粗壯，一雙大眼睛分得很開，眼眶旁邊有一些金色斑點，看起來十分奇怪。他的鼻子挺直，嘴巴很大，嘴唇上方有稀稀疏疏短短鬍子，凹陷的下巴上也長著幾根毛髮。他的頭髮又長又鬈，未紮辮子，披散在肩膀上。我猜他大概三十五歲左右，初次看到他我就覺得他是那種甚有自律，極自信而聰慧的人。卡必納大聲向我問道：「你好嗎？恩巴拉克。你離開我們以後去了哪些地方呢？」他看起來十分瘦弱，比起上次我們在塔林分手時顯然又長高了些。我很高興能夠再次看到他，因為在他跟著我那段期間我們已經建立了感情。他們開始訴說近況。達姆人突襲馬納西人，而馬納西人在有「山貓」之稱的杜阿藍（bin Duailan）領導下，從雅姆人那兒搶走了許多駱駝。在此同時，薩爾人也對達瓦西人（Dawasir）發動突襲。他們告訴我們有哪些人死了，又有哪些人受傷了。兩個月前，平原上下了不少雨，但是吉薩（Jiza）附近已經長達七年的旱災，仍然沒有獲得紓解。我問到卡曼的行蹤，他們說他到葉門去和達姆人講和了，而我要阿麥耳去尋找的另外兩個拉希德人此刻正在遙遠的「空白之地」。我又問到其他曾和我共事的拉希德人的近況，他們也問我這段期間到哪去了，以及我離家期間親族的情況等等。我們聊了一會，然後各自散去。

我和卡必納爬到水井上方的城堡廢墟，眼睛盯著空曠和閃爍的大地負責守望，其他人則繼續打水給駱駝喝，並把水袋裝滿。卡必納問我這次打算到哪裡，我告訴他我計畫橫渡「空白之地」，不過請他保密，因為我尚未對其他人透露。他說：「貝卡西人對『空白之地』根本不熟，他們不會肯去的。可是拉希德人願意。我們運氣不錯，奧夫在這裡。他是族裡最好的嚮導，對『空白之地』東部瞭若指掌。」我問他為何人家暱稱他奧夫（即「壞東西」之意），他說：「因為他不壞呀！」我問他：「你看起來又瘦又累，是不是生病了？」他回答：「你走後，我差點死掉。三個月前我割了包皮，血流個不停，他們束手無策，後來血終於止住了，他們還以為那是因為我死了的關係。當時我們一共有八個人，幫我們割包皮的是吉德幽（Kidyut）山谷裡的貝卡瓦（Bait Khawar）族的一個酋長。我們當中有一個是馬納西人，他已經成年，蓄著鬍子，其他幾個則都是貝卡瓦人。他們的年紀都比我大。手術前，我們的家人用奶油和番紅花把我們的身體塗得油亮，然後每個人輪流坐在岩石上割包皮。大家都跑來看，圍觀的人好多。」

我問他當時怕不怕？他說：「當然怕啦！知道自己要挨刀子，有誰不怕？只是大家都不肯承認罷了。我真怕自己會臨陣退縮。我年紀最小，因此第一個上場。那個老人把我的包皮用一截線綁得緊緊地，讓它缺血死掉。天哪，可把我痛死了！當他把那截皮割掉時，我整個人鬆了一口氣呢！只是他的刀子太鈍了，只得一割再割，感覺上像過了好幾個世紀那麼久。有一個人還昏倒了。」

我打斷他的話，問他們是否有在傷口上塗抹任何東西消毒或止血。「有啊！」他說：「他們塗的是一種用鹽、爐灰和粉狀的駱駝糞混合起來的東西，塗上去之後，傷口痛得好像火灼燒一樣。」他接著說：「我們是在傍晚動的手術，到了晚上我的傷口開始流血了。當時我已經睡著了，醒來後感覺大腿濕濕熱熱地，我躺的羊皮墊子上沾滿了血。當時夜色昏黑，我們什麼也看不見。後來我媽媽點了火之後才看見。之前我的包皮被切掉時，幾乎沒流什麼血。」他帶著自豪的神情又說：「那些圍觀的人都說我在手術過程中，看起來一點也不痛的樣子。」他告訴我，他的傷口過了三個星期才痊癒，但其他兩個人，包括那個留鬍子的馬納西人，過了兩個月還是沒好，而且傷口腫得好大。我問他為何他們要等到已經成年了才割包皮，他說那是他們的風俗，然後又意有所指地笑著說，有些馬哈拉人甚至等到結婚前夕才割包皮。我心想，一個男孩在成長的過程知道自己將要面對這樣的痛苦，這對他的心理不知有何影響，也許他早已認命，因為除了順服之外別無選擇。此外，如果他在手術過程中顯露任何畏怯的跡象，將會一輩子遭人恥笑，因此他必然會鼓起勇氣來承受，而他的自尊心也會讓他急於接受這個考驗。在伊拉克南部，我曾經看過一群十四五歲的男孩蜂擁向前，爭先恐後，迫不及待地要接受割包皮手術，那種急切的模樣如同擠在學校的福利社櫃台前等著買糖果的英國小男孩。在蘇丹我也遇見過一些阿拉伯男孩，因為他們的父親遲遲不肯同意他們接受手術，而乾脆自行切除包皮。不過，在阿拉伯，割禮並不像在許多原始部落（如馬塞族（居於南非肯亞等地））一樣，具有代表男孩子已經變成男子漢，可以享受一些特權的成人禮意義。

卡必納所接受的是所有回教徒必須經歷的一般割禮，通常在男孩子大約七歲時舉行。我坐在那兒和他談話的同時，不禁想到五個月前，我在遙遠的提哈瑪所看到的一個儀式。當地少年在行割禮前的兩個星期內，每天跳舞，從傍晚跳到晚上，一直到族裡的長老宣布哪天月亮星辰的位置有利於進行割禮為止。接受割禮的少年穿著窄袖的紅色短上衣，和在腳踝處束起的寬鬆白色內褲，這是他們這一生中唯一要穿內褲的場合，因為內褲向來只有女人才穿。到了選定的日子，他們在樂師的前導下，騎著駱駝到鄰近的村落遊行，然後趁日落前在群眾的簇擁下，回到自己的村子。行割禮前，他們的朋友會幫他們脫掉內褲，然後這些長髮披肩、面容俊秀、狀如女孩的少年便一個一個走出來，站在族人面前，每個岔開雙腿站著，雙手握住自己的長髮，文風不動，毫不畏縮地注視著插在他前面地上的一把短刀，此時會有一個奴隸抓住他的陰莖，等到它勃起即進行割禮（將整個陰莖的皮剝下）。奴隸的工作一結束便站到一旁。此時完成割禮的少年衝向前方，和著強烈的鼓聲節奏，面對一大群鵠立旁觀的群眾瘋狂地跳起舞來，此時血沿著他的雙腿緩緩流淌下來。

行割禮的風俗遠在回教興起之前便儼然存在，但是現在的儀式已經過改良。在漢志山區，有些部落仍然實施所謂的「剝皮割禮」，這種割禮通常等到男子娶妻並且生兒育女之後才舉行。所謂剝皮，是指將肚臍以下到兩腿之間的那層皮割下來，這類割禮無論是否經過改良，後來全被伊本·沙特國王指為異教習俗而加以廢除。然而我所看到的提哈瑪少年，還是寧願受到嚴厲的處分而不願放棄這分榮耀。這次接受割禮的少年當中，有一個雖然已在兒時割過包皮，但他仍堅持再割一次。事實上，割禮只不過是一連串折磨的序曲。每天早上，他們會被按在挖了一個小洞的地上，讓他們那割過包皮的陰莖垂在洞中，然後在洞內生火，施以煙薰火燎。那些在行割禮時面不改色的少年在接受這樣野蠻的試煉，往往痛得呼天搶地。我向卡必納描述我的所見所聞，他說了一句：「這哪裡是割包皮呀？簡直是殺人嘛！」

傍晚時分，我將我為卡必納帶來的那套衣服和鞍袋裡的那把備用短刀送給他，他很自豪地將它配上，但並未向我道謝；對他們不了解的人也許會認為，此時他應該表示感激之意，但這不是阿拉伯人的作風。卡必納接受了我的禮物，並且認為沒有必要以言語來道謝，日後他自會以其他方式來表示他的感激。

以牙還牙的民族性

十一月九日，在寒冷的黎明時刻，我們離開了須瑟。此時旭日正依偎在沙漠的邊緣，看起來像是一個冰冷的紅球。我們像往常一樣步行，直到氣溫上升才歇息。駱駝在我們前面邁著步子，乍看之下，彷彿一堆移動著的腿與頸項。爾後我們相繼爬上駱駝的肩膀，預備作漫長的跋涉。我的阿拉伯夥伴們開始扯開喉嚨唱起部落的歌謠，連原本慢吞吞走著的駱駝也加快腳步，在平坦的沙地上疾步前行，因為此時我們已經離開山區，走在「空白之地」邊緣的平原上。沿途我們看到非洲羚羊所留下的腳印，也看到瞪羚豎腿跳躍著掠過草原的景象。偶爾，我們行經的地方，還會在河灘上枯萎的鹹水灌木叢裡驚起一兩隻野兔。

舒阿司提到他們曾經將他受傷的叔叔穆辛綁在一匹駱駝上，連續逃命三天；當時穆辛的大腿骨碎裂，皮開肉綻，已經見骨了，眼見後面又有追兵，還得快馬加鞭地趕路。馬特勞克也談到年輕的薩海爾（Sahail）被殺的那次戰役。當時，薩海爾和十四名同伴一起突襲薩爾人的一小群駱駝，負責放牧駱駝的人對他們開了兩槍，隨即騎乘駱駝快速逃逸。薩海爾的胸膛中了一槍，他的父親巴克西特（Bakhit）抱著垂死的他，隨眾人帶領七匹搶來的駱駝越過平原返家。薩海爾是在近午時受的傷，一直到日落前才斷氣，期間他不停嚷著要喝水，但當時他們一滴水也沒有。他們連夜騎乘駱駝趕路，逃避那些勢必尾隨而至的追兵。日出之際，他們在一座淺谷裡看見幾隻山羊，以及搭在樹下一座薩爾人的小型營地，一名婦人正在攪拌裝在皮桶裡的奶油，旁邊有一個男童和一個女童正在為山羊擠奶，還有幾名年幼的小孩坐在樹下。小男孩最先看到他們，在他想逃跑之際就被他們逼到一個矮峭壁旁。他大約十四歲，比薩海爾小一點，身上沒有武器。眼看他們圍了上來，他便將兩手拇指放在嘴巴裡，表示投降，並請求他們饒命，可是沒有人回應。巴克西特滑下駱駝，拔出匕首插入男孩的肋間，男孩立即倒地，口中哀叫著：「喔，爹呀！真主啊！」巴克西特俯望著他，直到看見他嚥氣為止，然後爬上馬鞍。他的喪子之痛也因此稍獲紓解。當馬特勞克那雙布滿血絲的熾熱眼睛一邊注視著前方，一邊訴說此事時，我的腦海裡清晰地浮現出這幕可怕的景象：那個蓄著長髮、身穿白色纏腰布的小小身軀蜷縮在地上，倒在一片血泊中，成群的蒼蠅貪婪地在他上方縈繞，穿著黑衣的婦人斷腸的哭聲，受到驚嚇的孩童，還有那名小嬰孩持續不歇地尖聲哭叫。

我一路走著，腦海中不斷想著那個遇害的少年。而我周遭那些隨時隨地提高警覺的阿拉伯同伴們，則不停兜轉著三五成群地聊天，萬一此時遭到薩爾人突襲，他們勢必無一能夠倖免。雖然他們所遵循的「一命換一命」和「以牙還牙」的古老法則，太過於強調報復，但我也體認到，這也許正是像他們這樣不屈從於任何外力和視人命如草芥的民族，之所以能夠免於集體屠殺的關鍵；也唯有如此，他們才不致動輒將全家乃至全族人捲進一場浴血復仇之役。我依稀記得格拉布（Sir John Bagot Glubb）[1]在一九三五年曾經如此描述過北方的貝都人：「即使在阿克萬（Akhwan）興起，或目前的法治社會建立之前，生活在阿拉伯半島混亂和無政府狀態下的部落社會中的人們，所感受到的恐懼憂慮，可能比當今承平時代的英國人民還要來得少。這點真是令人匪夷所思。」貝都人草菅人命的作為難免令人吃驚，畢竟現代有許多人認為，無論一個人是犯了強姦罪還是殺人罪，從道德的角度而言，都不應該將他吊死。但我卻無法忘記，我們西方人是如何善於挑起戰端，而且據我所知，那些最最文明的民族殺起敵人來，往往也最為熟練老到。

惡靈附身

我們愈往前推進，所經過的地區即愈顯荒蕪，沿途的一草一木都已經枯死。在這條名為烏姆阿海（Umm al Hait，意為「生命之母」），通往穆辛的大河道上，觸目盡是光禿禿的樹幹，那些掉落在地上、半埋在風沙間的樹枝，乾脆得彷彿一碰就要化為粉末。千百年前，此地洪水所留下的淤泥，如今已乾得宛如灰燼。由於這裡的乾旱已經持續了二十五年，沒有任何一種生物，連蜥蜴也不見蹤影。

第二天日落時分，「空白之地」已遙遙在望，看起來彷彿一堵閃閃發光的玫瑰色牆垣，像海市蜃樓般虛幻。面對此情此景，我的阿拉伯夥伴們陡地從長途跋涉後的懶懶散散、昏昏欲睡的情境中醒轉過來，紛紛拿著杖子比畫，並大聲喊叫，然後七嘴八舌談論起來。我則安靜、恬然地凝視這個心儀已久的景象，興奮之情如同一個登山者站在印度的山腳下，遠遠望見白色的喜瑪拉雅山。

我們沿著「空白之地」的邊緣行進，對我們的駱駝而言，堅硬的礫石平原要比「空白之地」裡柔軟陡峭的沙丘更好走。在近黃昏時我們通常會進入沙漠紮營。這裡有一些形狀像含羞草，阿拉伯人稱之為牧豆樹的大樹，它們的樹根在地層深處找到水源而花繁葉茂，枝椏低垂，葉子幾乎快要碰觸地面，形成了一個天然的涼亭，我們於是以此為營。

有一天晚上，我們露宿在靠近穆辛的平原上，我突然被一陣低長的嗥叫聲驚醒，叫聲一波又一波傳遍整座營地，令人不寒而慄。細聽之下，這聲音來自二十碼外一群席地而坐的人影。我大喊：「怎麼回事？」卡必納答道：「賽德被惡靈（zar）附身了。」我起身繞過幾匹駱駝，走到他們那兒。在即將隱沒的月光下，我看到那名貝卡西族的少年蹲踞在小小的火堆前，他的頭臉用布蓋著，長嚎的同時身體前後擺動。其他人坐在他旁邊，安靜而且專注。突然間，他們開始分成兩部吟唱起來，賽德則全身猛烈地左右晃動。隨著賽德的動作愈趨激烈，蒙在他臉上的那塊布有一角掉進火灰裡，開始冒煙，此時有一個人傾身向前，將火撲熄。眾人圍繞著這位發狂的少年，聲音忽高忽低地吟唱著，直到他逐漸平靜下來為止。接著有一名男子點燃插在碗裡的一柱香，把它伸進男孩的蒙面布裡，湊到他的鼻子下面，剎那間，男孩開始用一種奇怪且高亢的聲音唱起歌來，其他人也一句一句地與他相互應和。過了一會兒，他停下來，又開始激烈地搖動，然後再度平緩下來。此時有一名男子弓身朝前，問他幾個問題，他全部應答如流，宛如夢囈一般。由於他們說的是馬哈拉語，因此我聽不懂。後來他們又讓他嗅了幾柱香，不久附身的惡靈似乎已經脫離了他的軀體。一會兒，他躺下來睡覺，瞬間又變得激動起來，哀傷地啜泣呻吟，彷彿處於極大的痛苦中。此時眾人再度圍繞著他吟唱，直到他平靜下來方歇止。後來他沉沉地睡去。第二天早上，他已經平安沒事。

在蘇丹、埃及和麥加等地，多數部落相信人會遭惡靈附身。一般人認為，此一信仰源自阿比西尼亞或中非，不過依我之見，它更可能源自阿拉伯半島南部。根據我的阿拉伯夥伴們告訴我，他們每次驅趕惡靈時都使用馬哈拉語，而我知道，馬哈拉族的祖先最初曾在阿比西尼亞殖民。

馬辛發生意外

告別須瑟八天之後，我們抵達穆辛。在前往水井的途中，馬辛再一次跟我們描述他負傷的那次戰役。他那條僵硬的瘸腿就直直地伸在他的面前。突然我們的駱駝莫名其妙地驚慌起來，各自奔騰著散開。當我努力坐穩時，看見前面有一名男子從駱駝上摔了下來。我好不容易穩住了駱駝，回頭一望，只見馬辛蜷縮著身子躺在地上，動也不動。我們掉頭回到他身旁，他那條受過傷的腿蜷曲地壓在他身子底下，一邊口中微弱地呻吟著，頭巾已經掉落，蓄著短髮的腦袋上可以看到幾綹花白的髮絲。我彎腰看他，驚訝地發現他的年紀比我想像中的還要大。我們試著把他的身體扳直，他尖聲叫疼，我從鞍袋中取出嗎啡給他注射了一針，然後我們用毯子將他抬到樹下。所幸水井已經近在咫尺。剛才我們的駱駝可能是在口渴的情況下乍然嗅到水的氣味，才一時發起飆來。我們用樹枝做了些粗糙的夾板，用來固定馬辛的腿；他的腿上除了斷骨之外所剩的只是皮包骨了。舒阿司蹲在他身旁，為他驅趕飛到他臉上的蒼蠅，其他人則圍坐著討論他是否能存活下來。談著談著，有人搖搖頭，難過地說：「馬辛實在不應該落得這種下場。」談論完畢他們便站起身來，各自幹活去，有的打水給駱駝喝，有的負責炊煮飯食。

傍晚時大夥開始討論應變之計。眾人一致認為馬辛此刻不能移動，必須待在原地直到康復或嚥氣為止，要是這樣，所有的拉希德人都必需留下來陪他，因為馬辛殺人無數，尤其是薩爾人，如果他的敵人得知他現在正無助地躺在這裡，一定會不遠千里趕來殺他。更何況過去這幾天我已經放出風聲，說我打算橫渡「空白之地」。我從卡必納那裡得知，拉希德人將會追隨我，蘇爾坦和穆薩林兩人也都表示願意和我同行，並且因為他們忌妒拉希德人的緣故，執意要我多帶幾個貝卡西人。如今一切都改觀了。眼下的我只能仰賴貝卡西人，可是我沒把握他們會願意和我同行。這時候，蘇爾坦建議我們往東走，經過我前年曾經到過的撒賀馬沙漠（Sahma sands），也許我們可以順道拜訪那座我一直渴望親眼目睹的烏阿薩明（Umm al Samim）流沙。當天晚上，我躺在床上，心裡既絕望又難過，心想這下我的計畫鐵定告吹了。

第二天早上，卡必納告訴我，同隊的拉希德人一致認為他與奧夫兩人應該和我一起先走，但他們要求我把我的另外兩支軍用步槍和足夠的彈藥借給留下來的人。我很爽快地答應了。

馬辛看起來已經好些了，還喝了一點駱奶。我向他允諾我會陪著他直到他逐漸康復為止，同時又幫他打了一針嗎啡，因為他疼得很。然後我找蘇爾坦商量，暗示他既然貝卡西人不會願意和我一起橫渡「空白之地」，我應該派卡必納再去找一些拉希德人。他抗議道：「恩巴拉克，你為什麼要這樣說呢？你聽好，我不是已經答應你要帶你越過「空白之地」嗎？我蘇爾坦都已經這樣說了，你還要那些拉希德人幹嘛？你是知道我們貝卡西人的，我們是老朋友了，去年我們就在一起了。我們讓你失望過嗎？真主哪，恩巴拉克，你為何到現在還不信任我們？」

我在穆辛待了九天。烏姆阿海與「空白之地」接壤的那塊低淺的大窪地上，生長許多牧豆樹和赤楊樹，而窪地四周的平原上長滿鹹水藜木，只要有水可喝，這些都是駱駝最好的食物。水井附近有一叢濃密的野生棕櫚樹，每年九月，阿卡西人會到這裡來採收椰棗。棕櫚樹叢間有一條滿覆鹽塊的溝渠，渠中的水有很重的鹹味。這溝渠有三百碼長，其中段有一道涓細的泉水，鹹味淡些，勉強還能入口。

通常貝都人看到大樹，都會把它的枝葉砍下來給駱駝吃，但他們絕對不碰穆辛的牧豆樹，因為這裡是所謂的「禁伐林」（hauta），任何人都不得在此砍樹。我在前往哈德拉貿的路上曾經過好幾處禁伐林，這些地方可能是從前某個已經被遺忘的教派的聖林。我們騎駱駝沿著河道行走時，往往會找幾棵樹，在樹下紮營。有時那些樹看起來並無特殊之處，卻會有人警告說那是禁伐林，不可加以破壞。貝都人相信，如果違反禁令將會招致厄運，甚且可能喪命。比起其他的禁伐林地，穆辛顯然與眾不同，因為這裡連野兔都不能殺。事實上，即使是在沒有禁伐林的迦寧沙漠，貝都人同樣不吃野兔肉。不過在別的地方，他們可是吃得津津有味。至於瞪羚則不在禁殺之列。記得在哈亞茲時有人告訴我，在麥加一帶的聖地，打獵和伐木都是不被許可的。

傍晚吃過飯，我聽到後面繞著馬辛圍坐的拉希德人傳來憤怒的吵嚷聲。卡必納和我走過去一瞧究竟，不久全營的人也都跟著來了。我看到阿麥耳把頭巾扯了，扔到腳下，正對著馬特勞克大吼大叫，這時眾人七嘴八舌地議論紛紛，我也搞不清楚他們究竟吵些什麼。貝都人的習慣是，無論年紀大小，每個人都有權利表達自己的意見，即使明明是和自己無關的事情也一樣。他們絕不會說「請你少管閒事」這類的話，因為，他們認為任何一件事情都關係到群體，所以你得搞懂他們吵架的原因。原來是，幾個星期前，阿麥耳丟了一頭駱駝，馬特勞克自願幫他尋找，然而一旦尋獲駱駝，阿麥耳需付給他五利雅爾的賞金。如今阿麥耳宣稱，馬特勞克自始至終知道駱駝的下落，因此他拒絕實現諾言付給他賞金。最後他們決定請譚泰出來仲裁這樁糾紛；譚泰因為年邁又為人精明，備受拉希德人的尊敬。他裁定阿麥耳應該將賞金付給馬特勞克，只是馬特勞克必須在喬哈里（al Jauhari）的墳墓（位於薩拉拉以西的海岸，距薩拉拉有好幾天的路程）上發誓，他在提議幫阿麥耳尋找駱駝時並不知道駱駝的去向。最後兩人都接受了這項裁決，不久就和好如初，還互相幫忙修補馬鞍。貝都人的糾紛大都是如此了結：總會有一方必須在某個聖人的墳上宣誓自己所言屬實，至於是由哪一方來發誓，則由仲裁者決定。極少有貝都人會在這些聖人的墳墓（沿岸地區和哈德拉貿有好幾座這樣的墳墓）上發假誓。

在穆辛的那幾天，我的夥伴們經常向我索取藥品。貝都人常有頭痛和胃不舒服的毛病。有時，他們吃了我的阿斯匹靈就會好，要是不見好轉，患者就會請人在他身上（通常是在雙腳的腳跟處）燒炙，而且不久就叨念著他的頭已經不痛了，可見貝都人的老法子還是比基督徒的藥丸有效等等的話。無論自己或駱駝得了什麼毛病，貝都人幾乎都用燒炙的辦法治療，也因此他們的胸膛、腹部和背部經常滿是燒炙後留下的疤痕。我聽說許多年前，有一艘英國貨船在阿拉伯南部的海岸翻覆，有幾名生還者被一群賈努巴人救了起來。後來這些賈努巴人把他們送往穆斯卡特，顯然是希望藉此領取賞金。生還的英國人因為一路上喝駱奶和吃棗子，一個個都得了嚴重的痢疾。貝都人不顧他們的抗議，強行給予燒炙的治療，等到他們好不容易抵達穆斯卡特時，已經被痢疾和這種原始的治療法折騰得幾乎丟掉了半條命。

有一個貝卡西人有一顆臼齒蛀穿了，要我幫他拔掉，通常我不太願意幫人拔牙，尤其是在牙齒蛀得只剩下黑黑的一小截時。不過他的這顆牙齒倒還蠻完整的，因此我毫不費力就拔下來了。拔牙的時候，病人躺在地上，有人用膝蓋緊緊地夾住他的頭，方便讓我動手。另外，穆薩林患了嚴重的便秘，我給他一劑效力很強的瀉鹽，但並未馬上見效，於是他只好求助於貝都人的偏方「哼拉」（hamrar）：他躺在地上，由十來個朋友圍著他跪地歌唱，由老譚泰領唱。這些人愈唱愈激動，節奏也愈來愈快速。每隔一段時間，就會有一個人邊唱邊傾身向前，在穆薩林的肚子上猛咬一口，邊咬邊發出一種奇怪的噴泡泡般的聲音。沒多久，穆薩林就排便了。我認為這是瀉鹽的功效，他們卻說是「哼拉」的效力。

穆辛有很多瞪羚。穆薩林和舒阿司每天總會獵幾隻回來，因此我們吃得很好，事實上簡直是好過頭了。我很擔心我們的糧食不夠，尤其現在還必須留下足夠的食物給馬辛和那批拉希德人。貝都人都是「今朝有酒今朝醉」的個性，雖然糧食快速減少，我的夥伴們每天仍是餐餐煮得豐盛。我盡量鼓勵他們吃他們比較喜愛的米飯，因為在接下來缺水的路段上根本無法煮米飯。貝都人吃飯不講求變化，即使每天兩餐吃同樣的食物，一連吃上好幾個月，他們也照樣吃得開開心心；他們對食物的要求是重量而不重質。有一次，我試圖在食物上弄些變化。那天穆薩林獵到一頭瞪羚，我便下廚弄了一頓很精緻而且自認十分可口的午餐。結果，很不幸的是，那天屠其亞出去尋找一匹駱駝，天黑後才回來，那時烤好的肉早已冷了，上面還沾滿沙子，眾人吃了我燒的飯，卻異口同聲地說，他們還是比較喜歡穆薩林煮的白煮肉和湯。

我們經過不斷的討論，終於達成協議：卡必納、奧夫、蘇爾坦、穆薩林、馬布豪特、屠其亞、年輕的賽德（就是那位遭惡靈附身的少年），以及另外五名貝卡西人和我一道走。我本來只想帶幾個人和挑幾頭最好的駱駝上路，但蘇爾坦提議，我們可以把最差的幾頭駱駝和在「空白之地」放牧，且離此地只有幾天路程的貝穆桑人交換。他說如果我們人數太少，到了「空白之地」另一邊阿布達比的法拉族（Al bu Falah of Abu Dhabi）與杜拜的馬克圖姆族（bin Maktum of Dubai）兩方人馬交戰的地區，以及回程經過阿曼的都魯族（Duru）地盤時，將會危險萬分。他告訴我，都魯人在聽說我去年到過穆辛之後，發誓他們今後絕不會讓不信真主的人在他們的地盤旅行。最後，我們決定兩個月後在南部海岸附近的白城（Bai）與其他人會合。

十一月二十四日，我們忙了一整天，將糧食重新分配，把水袋裝滿，並讓駱駝喝水。我向舒阿司買了他那頭駱駝，好讓卡必納騎，為此我花了相當於二十五英磅的錢，遠高過牠實際的身價，不過牠畢竟是一頭優良的駱駝，身強體健，而且還正在泌乳期。至於我自己，則選了一頭從達佛來的強壯黑駱駝，原來屬於穆薩林所有，是我們的備用駱駝之一。這頭駱駝並不好騎，不過奧夫說等我們進入「空白之地」，牠一習慣那裡的地形後就會走得很順了。奧夫自己騎的是一頭很優秀卻幾乎難以駕馭的駱駝，騎乘的時候，他用細鍊子綁住牠的鼻環。這頭駱駝是馬辛養的；

我們的駱駝放牧人在牠跑到水井東邊吃草時找到牠。比起搶駱駝的現象，這裡幾乎從來沒有發生過駱駝被偷的情況，因此貝都人經常任由駱駝在外面漫遊好幾個星期。如果有人在水井邊看到一頭駱駝，他一定會打水給牠喝。除了前面所說的幾頭之外，其他的駱駝大多數都很瘦弱。

臨別前，我最後一次去幫馬辛檢查；他已經好多了。他曾經有好幾天不肯進食，如今又開始吃東西了，我們走後，舒阿司可以狩獵一些動物給他吃，況且，拉希德人的駱駝當中有一頭正在泌乳。打點妥當，我們開始上貨，在向其他人道別後我們朝向「空白之地」進軍。當我走近我的駱駝準備拉轡繩之際，牠居然踢我一腳，所幸踢偏了，只擦破了皮，要是踢個正著，我的腿大概就斷了。

我們向前走了幾哩路，就停下來過夜。我心想，這下終於要橫越「空白之地」了。

【注釋】

1 譯注：英國陸軍軍官，一次大戰後被派往外約旦，協助英國託管巴勒斯坦。著有《阿拉伯軍團史》、《英國與阿拉伯人》等書。

第六章　在「空白之地」邊緣

這一天，吃過晚餐，我和奧夫談了很久，他是我們這一行人中唯一曾經橫越「空白之地」的人，因此他對「空白之地」的真實情況瞭若指掌。他寡言而含蓄，言談之間頗有自信，使我信心大增。由於貝卡西人頗嫉妒他，因此他不想在這個他們所熟悉的地區擔任嚮導，於是我們決定在到達迦法（Ramlat al Ghafa）之前，由年輕的賽德（他是貝穆桑族酋長的兒子）接下這個擔子；他對「空白之地」地帶極為了解，至於其他的貝卡西人，只有在前年和我同行時到過「空白之地」的邊緣而已。

我知道蘇爾坦等人一旦看到我和奧夫講話，一定會馬上過來加入我們，因此我們只好騙其他人我們要去把吃草的駱駝牽回來。我們帶著步槍走進沙漠，四下尋覓，直到找著駱駝為止。我們坐下來聊天。我問奧夫他是在何時橫越「空白之地」東部，他說：「兩年前。我對那些地區很熟。」當我要求他詳細敘述其間過程時，他笑笑又說：「我對那些地區很熟呀！」我對此深信不疑。他說如果我們能夠越過凶險的烏魯阿沙巴（Uruq al Shaiba）（據他說，那裡連綿好幾座沙山），就可以走到達法拉（Dhafara），那裡的利瓦（Liwa）在叢聚的棕櫚樹之間有幾座水井和村莊。關於達法拉這個地方，我從前只是略有所聞。南部的貝都人在講到像海角天涯之類的地方時，就會說那裡「像達法拉那麼遠」。我們坐在漆黑的夜色中，奧夫又告訴我有關利瓦的種種。這個地方聽起來頗為有趣；它是一片棕櫚樹叢生的綠洲，騎著駱駝大約兩天就可走完，其間有一些村落。據我所知，還沒有任何一個歐洲人曾經到過那兒，而且它的面積一定大於一九二四年齊斯曼所發現的賈布林（Jabrin）綠洲。奧夫卻說我們要走一個月才能到達那裡，他擔心貝卡西人養的那些瘦弱的駱駝撐不了那麼久。他說：「牠們絕對過不了烏魯阿沙巴。」我問他是否沒有別的路可走，非得越過那幾座沙山不可，他說：「沒別的路了。除非我們往西經由達卡卡（Dakaka），就是湯瑪士所經過的地方。那裡的沙漠比較好走。」他告訴我，烏魯阿沙巴的西邊就是危險的烏阿薩明意為「毒之母」）流沙區。湯瑪士也聽說過烏阿薩明這個地方，並認為巴伐利亞的旅行家馮瑞德（von Wrede）宣稱他於一八四三年在哈德拉貿北側所發現的那片傳奇的巴賀阿薩非（Bahr al Safi）流沙，事實上就是烏阿薩明流沙區。如此聽來，那一帶的沙漠的確充滿挑戰，令人嚮往。但問題是，我們到得了嗎？我估計，我們大概要跋涉四百哩長的沙漠地帶，才到得了利瓦綠洲。於是，我和奧夫再度討論有關駱駝、路程遠近、糧食和飲水等問題。我們的糧食嚴重不足，從穆辛出發時僅剩：兩百磅的麵粉、只夠吃兩餐（其中一餐已經吃完了）的米、幾把玉蜀黍、一點奶油、咖啡、糖和茶葉。我們一行十二人得靠這些物資撐上至少一個月，如此算起來，每人每天只能分到半磅的麵粉，其他就什麼都沒了。我想到那些阿拉伯人在前往穆辛的路上所浪費的食物，心中不由得怨起他們來：我們可能會挨餓。我們攜帶的水量也許夠喝個二十天，如果每人每天喝一夸特的話。至於駱駝，牠們每天在崎嶇的沙地上跋涉十幾個小時，最多只能忍受二十天沒有水的日子，這還必須是在有草木可吃的情況下。再說，這一路上我們遇得到可以放

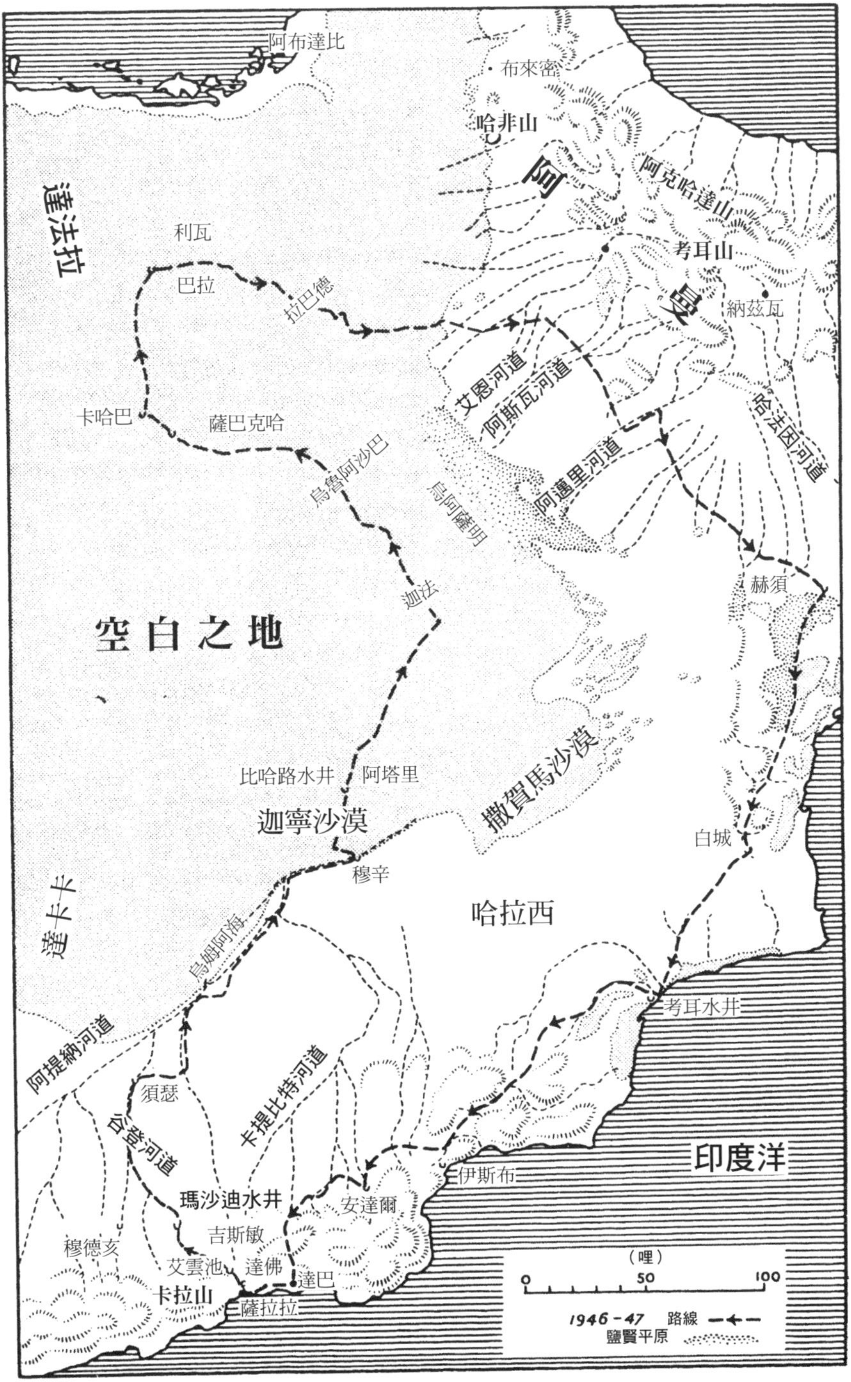

第一次穿越「空白之地」的路線

牧的草地嗎？這是貝都人經常面對的問題。萬一找不到草地，駱駝勢必會垮掉，我們也就跟著完了。飢餓和口渴都難不倒貝都人，他們自誇只要有駱駝可騎，在沒有食物或飲水的情況下，他們絕對可以在寒冷的天氣裡挨上七天。他們最怕的是自己的駱駝倒地不起；一旦駱駝倒下，他們也就難逃一死。我問奧夫我們是否能找到草地？「天曉得，」他說：「至少迦法還有一些兩年前下雨時所長出來的草。過了那裡，就難說了。」他笑一笑，又說：「我們總會找到一些什麼的。」我們站起身來，回營睡覺，我躺在那兒卻久久不能成眠。顯然擺在我們眼前的路程非常險惡，而我沒把握那些貝卡西人能否過得了這一關。

第二天早上，我們讓駱駝在營地四周的牧豆樹叢間覓食了一會兒。前一天，穆薩林獵到一隻瞪羚，我們只吃了半隻，還剩下半隻。穆薩林把它放在一處低矮的灌木叢裡，以免沾到沙子，可是當我們醒來，卻發現那半隻瞪羚居然不見了。根據地上的足印，我們判定它是被一隻狐狸拖走了。我非常生氣，因為往後許多天我們很可能都吃不到肉。穆薩林沿著足跡追蹤，發現那隻狐狸把肉埋在另外一個樹叢下面，他把它挖了出來，幸好沒有損失太多。我們把肉上的沙子撢掉，感謝上天讓我們把肉給找了回來。

阿塔里水井

我們為駱駝套上馬鞍，隨即往北朝迦寧的方向前進。這一帶我去年曾經來過，因此相當熟悉。此地到處是一座座孤立的沙丘，高兩三百呎左右，從地表隆起，呈不規則形狀。這些巨大沙堆均由此地變幻莫測的風吹拂而成，每座各有不同的形狀，貝都人稱之為「凱德」（qaid）。截至目前，我只在「空白之地」的東南部及利瓦一帶見過這類沙丘，而利瓦那邊的沙丘形狀又有些許不同。貝都人認得這裡的每一座沙丘，因為每座沙丘各有自己的樣貌，而且歷年來沒有什麼變化。不過它們有一些共同的特色，例如，這裡每座沙丘的北坡都比較陡峭，從尖頂處像一堵牆般直落而下，角度很大；這一面的沙土時常有小規模的崩塌，每崩一次，就會在沙丘表面留下短暫的淺色痕跡。在徒峭坡面的兩端，沙土形成一條條狀似削尖的田壟，自坡頂降下，呈縱向排列，蜿蜒起伏有如波浪；離陡坡愈遠的沙壟面積愈小，連接的也愈緊密。沙丘背後矮坡上的沙土非常密實，有的地方形成一條條波浪狀的寬溝，有的地方則有一個個如酒渦般的淺洞。沙土表面上有一道道細小的波紋，波紋上隆起的部分是由重量較重、顏色較深的沙粒所構成，而凹陷的部分則是由質地較細、顏色較淺的沙粒組成。風不斷地吹動沙土，把粗沙與細沙分開，兩者的顏色總是不同；只有一次，看到粗沙的顏色比細沙淺。粗沙的數量雖然比較少，它的顏色卻成了這片沙地主要的色調。只要攪動一下表層的沙土，底層顏色較淺的沙馬上就顯露出來。正由於這兩種顏色的混合，才使得「空白之地」的色彩如此豐富：金與銀、橘色與奶油色、磚紅與白色、深棕與粉紅、黃與灰，幻化出無窮無盡的色調與顏彩。

離開穆辛四天後，我們在十一月二十七日傍晚抵達阿塔里（Khaur bin Atarit）水井。此井是由某個已為人遺忘的貝都人所發現，但至今仍沿用他的名字。井位於沙地下堅硬的白色石膏層內，水位不高，出水地點則是在一座高聳的沙丘北坡。表面積了一層厚厚的沙土，我們用手和帶來的幾隻盆子、鍋子挖掘，終於在夜色降臨之前將沙土清乾淨。其水質正如我所預料的帶點鹹味，而且把它放在水袋裡愈久會變得愈鹹。不過出乎我意料之外的是，這水雖然含有硫酸鎂[1]、鈣和鹽，喝了以後倒只是導致輕微的腹瀉而已。隔天，賽德和其他兩人前往「甜水井」（Bir

Halu）去找那位貝穆桑人。根據去年的經驗，我知道所謂「甜水井」只是虛有其名，事實上，那裡的水和阿塔里的水一樣難喝。

我爬到沙丘的頂端，此處位於水井上面四百呎，我悠閒地躺在那兒曬曬太陽。貝都人永遠無法理解為何有人渴望獨處，他們甚至會本能地懷疑你是否要幹什麼不可告人的勾當。在英國，經常有人問我，當我在沙漠裡時是否從來不曾獨處過；我自己也在回想，那幾年我究竟有多少獨處的時間。有人說，最難受的一種寂寞，就是置身眾人間卻感到孤獨的那種滋味。無論在學校或是在陌生的歐洲城鎮，我都曾經嘗到過寂寞的況味，但與阿拉伯人在一起，我卻不曾有過寂寞的感覺。即使在初到一個人生地不熟的地方，每當我走進市集，總會有某家店老闆主動和我打招呼，邀請我進去，坐在他的旁邊，並囑人泡茶待客。我們坐著、聊著，往往又會有一些人走過來加入我們。他們問我是誰、從哪裡來等等通常英國人不會拿來問陌生人的問題。然後總會有人說：「來我那兒吃午飯吧！」而在吃午飯的當時，我又會遇見另一群阿拉伯人，接著開口請我吃晚飯。我常想，在這種傳統下長大的阿拉伯人若是到了英國，不知道會有何感受，他們必然會以為英國人對他們很不友善吧！想到這裡，我深感悲哀，我希望他們了解，英國人對自己的同胞其實也一樣冷淡哩。

這時，我看到卡必納沿著山脊向我坐著的沙丘頂上走來，他身上帶著這次旅行我借給他的軍用步槍。他走過來坐在我旁邊，一邊卸下步槍上螺釘的螺線（拆卸步槍是貝都人的嗜好），一邊和我說話。他告訴我，他要用我將付給他的錢買一把步槍。我於是調侃他，問他當初和我來哈德拉貿是否就已經看上我借他的那把槍。然後他問我可曾見過湯瑪士——那位除了我以外，唯一和他的族人相處過的英國人。我告訴他，我曾經見過湯瑪士。就在他逐漸沉默下來，開始打盹之際，我想到湯瑪士每一次的旅行。當年他越過這座沙漠，總算完成了所有阿拉伯探險的最大創舉。這是道諦（Charles Doughty）[2]和其他著名的阿拉伯探險家所夢寐以求的目標，但只有湯瑪士和費爾畢實現了這個夢想。後代只要有人談到有關橫渡「空白之地」的事，就一定會提到他倆的名字，如同人們想到南極就會聯想到阿蒙森（Amundsen）[3]和史考特（Scott）[4]一樣。湯瑪士證明了「空白之地」並非如過去人們所想的那般險阻難行。當初他的目標純粹是要橫越「空白之地」，因此他當然選擇一條最好走的路，沙丘不大，水井也多（那是他的拉希德嚮導所熟悉的地區）。到了今天，這條路線對旅人而言根本不構成挑戰，因為他們都可以預期一路上會遇見什麼。不過我也明白，若只為了湯瑪士選擇一條好走的路線而因此貶低他的成就，實在不公平，就像一位登山家選擇了最容易攀爬的岩壁來攀登，便據此否定他征服大嶽的成就一樣。費爾畢所走的路線，顯然比湯瑪士的困難得多，在他那趟行程的尾聲，他橫越「空白之地」的西部，一度在沒有任何水井的地區走了四百哩路程。這真是沙漠旅行史上的一項壯舉。當時他從利雅德動身之前，即已聽聞湯瑪士成功地從達佛橫渡「空白之地」，抵達咖塔（Qatar），他雖然感到十分失望，猶是不改初衷，繼續進行他的計畫。在行家看來，費爾畢的成就理當比湯瑪士高。不過話說回來，費爾畢在某些方面確是比湯瑪士占優勢；他在出發前曾獲得伊本．沙特國王的許可（其實，正是因為伊本．沙特國王的許可遲遲未下來，才使得他反落居湯瑪士之後），因此他擁有國王無遠弗屆的權威作為後盾。此外，由於他是回教徒，並擁有眾人敬畏的哈薩省（Hasa）總督賈拉威（Ibn Jalawi）撐腰，他才得以安全通過強大的穆拉族（Murra）的地盤。相反地，湯瑪士就不同了，他面臨的最大威脅雖然同樣來自穆拉族（該族有許多極為激進狂熱的宗教份子），但在沒有後盾的情況下，他必須自行料理一切。雖說穆斯卡特的蘇丹和薩拉拉的總督對他頗為友善，可是他們的號令並未遠及於卡拉山脈。他根據個人經驗了解哪些種族的人可以為他所用，也由於他是基督徒，在剛開始他們對他總是既懷疑又不屑。他的成就在於他贏得了這些部落的信任，同時在沒有政府的威權作後盾的情況下，憑藉耐心和公平相待，終於說服他們帶他橫渡「空白之地」。

夕陽漸漸西沉，卡必納仍未醒來。我輕碰他一下好叫醒他，他立即驚跳起來，並把匕首拔了出來。貝都人即使是在睡覺，只要一有人碰他，就會馬上醒過來，出自本能地做出防衛的動作。這點我倒忘了。我們兩個比賽著跑下沙丘，腳下的沙不時崩落，使得我很難站穩。我們朝著水井走過去。其他的人已經把水袋裝滿，準備在明天早晨上路。我們一共帶了十四個水袋，只是其中好幾個都很小。賽德一行人也已經回來了，他們在甜水井沒有找到人。據他們描述，那位貝穆桑人和另一家貝伊馬尼人曾經到過那裡，不過早在五天前離開，走往東北邊的迦法。他們並且告知那些阿拉伯人的名字，以及他們所帶的駱駝是哪幾頭，而這些資料全是根據他們所找到的腳印來判斷。賽德看起來可憐兮兮的，我問他是怎麼回事，他坦承他的胃很痛。我拿了幾片蘇打薄荷片給他，他一副不屑的樣子。後來，我看到他按照蘇爾坦的方法拿駱駝尿喝。

晚餐時，穆薩林煮了粥。這是我們今天唯一的一餐，爾後，我們只能吃塗上一點奶油、粗糙未發酵的麵包了。我們齊聚一堂進食，飯畢每人伸出手來，由卡必納倒水洗手。在抵達達法拉的水井以前，這也是我們最後一次盥洗。馬布豪特挪出一張毯子讓我們墊著坐，這才發現毯子下面有一隻淺綠色的大蠍子。這種蠍子沙漠裡到處可見，只要長有一點草木的地方都可以看到牠們。我只希望不會在打赤腳時踩到。在阿比西尼亞時，有一次我在穿上褲子之後，發現褲子裡有一隻蠍子，所以我知道牠們咬起人來有多疼。入夜後，我們得把駱駝牽回來，我也很怕踩到蛇，這裡的蛇很多，其中大多數是角蝮蛇，也有一種穴居的小蛇，是一種無毒的小蟒。去年有一回，有一隻這種小蛇從洞裡鑽出來，剛好鑽到一個拉希德人的座位底下，當時這位拉希德人正和大夥一起坐在營火旁，一看到蛇，頓時驚慌失措，從此，他就得了「蛇爸爸」的外號，大家還會不時糗糗他。不過，我最怕的還是蜘蛛。除了一些極其乾燥的地方之外，蜘蛛可說無所不在，牠們大約三吋寬，腳上有淡紅色的毛，身子沉沉下垂，時常在營火的光影下四處亂竄。眼前我就看到一隻，想把牠殺死，卻被牠逃脫了。一會兒，卡必納從後面搔我的脖子，我以為是剛才那隻蜘蛛，慌忙跳起來，結果打翻了我的茶，惹得其他人一陣大笑。他們告訴我這些蜘蛛沒有毒，不用害怕。其實這我早就知道了，可還是無法克服對牠們的嫌惡。

冷風越過沙漠一陣陣吹來，夾帶著些許沙粒，此時星光非常閃亮，我們在營火上堆了更多的薪柴；這些木柴都是我們從沙裡拔出來的蒺藜和向日花的蛇狀根。我的肚子仍然覺得餓。我知道今後幾個星期（甚至好幾個月）我都沒法吃得飽。不過，今晚我們至少用水無虞，所以我要卡必納再去煮點咖啡和泡點茶。其他人則各自就營火光線忙碌著，有的忙著縫彈藥帶上的釦子，有的補衣服，有的檢查馬鞍、清理步槍或編結繩子等等；蘇爾坦用匕首的刀尖挖著腳跟上的硬皮，找一根小刺；奧夫則正在為我做一根趕駱駝用的新杖子。這種杖子通常十分脆弱，容易折斷，前一天我才把自己的給弄斷了。他選了一根阿巴樹的樹根，將它加熱，再把一端弄彎成鉤狀。現在，他一邊將樹根放在火上烤，一邊述說著特魯西爾海岸上發生過的一場戰役。這會兒，我才明白阿布法拉族在必要時可以向各部落求助。奧夫解釋：「如果是狄拜的馬克圖姆人要我們幫忙，他們必須出錢，因為我們對他們沒有盡忠的義務。但阿布法拉人就不一樣了，只要是那個族的人，即使是小孩子，命令我做任何一件事，我一概難以拒絕。」他笑了一笑，又說：「我是貝都人，對於我不想做的事情，其實我是應該拒絕的。」我慢慢了解，阿布法拉人最近發動幾次攻擊都相當成功。奧夫是從他的兩個親戚那兒聽到這個消息的。當時那兩個親戚帶著他們剛搶來的一把槍和三頭駱駝回到南部草原，在遇見奧夫之前，他們已經在「空白之地」裡行走了七百哩。而奧夫又走了四百哩才到達穆辛。如今這些貝卡西人必須再走兩百哩，把這個消息帶到南部海岸的白城，到了那裡又會有人把消息帶到阿曼。由此可見在沙漠裡，消息傳送的範圍有多廣。然後，我的夥伴們隨即又把話題轉到駱駝和牧草、如何治療畜疥[5]、薩拉拉麵粉的價格、貨船何時才會把棗子運到那兒等等，連最近死在馬哈拉海岸的一個蓋達（Ghaidat）老人，也是談論的對象。他們一致認為，此人非常擅於以法術治病，他們並且舉了一些實例。穆薩林談到他在薩拉拉所看到的一個奴隸的婚禮，屠其亞則描述最近馬哈拉人所舉行的一場割禮中，大肆吃喝跳舞的場面。賽德說：「阿里的兒子在手術時真是沒種，哭得像個娘們。」眾人大笑，有幾個人嘆道：「真是丟臉呀！」我知道，這下子這個可憐的男孩可要從此糗名遠播了。接著，穆薩林又說起他有一次獵羚羊的事蹟，一講就講上許久。這個故事我起碼聽了三遍以上。之後，他們再次扯到達姆人所發動的幾次攻擊，以及卡曼奉命前往議和的事。卡必納提起他跟我在哈德拉貿期間所吃的那幾頓飯，他說，那大概是他生平第一次有機會吃飽肚子。在未來的幾個月內，我們肯定會經常談到吃的，講講我們曾經吃過或打算要吃的一些東西。在穆辛時，我的阿拉伯夥伴們曾經談過女人，因為那時他們飯飽肉也足。貝都人是一個精力旺盛和情感強烈的民族，他們談起「性」事來活靈活現、毫無保留，卻一點都不下流。同樣地，他們罵起人來也是坦率直接，而且咄咄逼人：「真主詛咒你」、「希望真主毀了你的房子！」「詛咒你爹娘！」「願盜匪搶你！」不像那些住在城裡低級的阿拉伯人叫罵的髒話那麼不堪入耳。不過我們很少談到性愛，對於肚子挨餓的人一心所想的往往是食物，而不是女人，何況我們的身體多半太過疲憊，激不起男女之慾。

在大多數的阿拉伯地區，尤其是城市，同性戀可說是家常便飯，在貝都人當中則很少見。事實上在所有的阿拉伯人裡，他們是最有藉口可以有同性戀行為的，因為他們經年累月離家在外，不近女色。勞倫斯在《智慧七柱》中曾經描述他的隨從是如何滿足彼此肉體上的需要，不過那些是住在綠洲村落裡的人，並非貝都人。格拉布（他應該算是最了解貝都人的歐洲人）曾經告訴我，他幾乎不曾聽說有哪個貝都人有積極的同性戀行為。至於我，要是我的夥伴們有斷袖之癖的話，以我和他們生活在一起的密切程度，應該可以看得出來才對，然而我始終沒有看到任何跡象，更何況他們也從不談論這方面的事。有時他們會拿山羊開開玩笑，但也僅止於此而已，不會提到小男孩。五年之中，我只聽過他們提到這檔子事兩次。有一次是在我們停留特魯西爾海岸的一個鎮上，當時卡必納指著兩名少年（其中一個是奴隸），說他們偶而會被酋長的侍從所「用」。他顯然覺得這種事既荒謬又下流；另外一次，則是卡曼描述他在利雅德所見到的行刑場面。那位受刑人是來自漢志山區的哈巴布（Habab）族的男子，由於強暴一個少年而被判死刑。我的夥伴們聽到這事，沒有一個人同情他，不僅如此，還咕噥著說：「判得好。這人真是沒臉呀！活該被處死。」

卡曼說：「當時我們剛從達瓦西河道抵達利雅德。和我一道的還有賽德和巴克西特。」看到我用詢問的眼光看著他，他忙接著說：「不，你不認識巴克西特。你沒見過他。他都待在達卡卡沙漠（Dakaka Sands）。」他又說道：「那天是星期五，我們到城裡辦貨。我們打算第二天動身到哈薩（Hasa）去，於是我們在城外不遠處紮營。當時已經過了午禱時間，市集的廣場上人擠人地熱鬧極了。他們把那名男子從監牢裡帶出來，當他們領著他穿過人群時，他一直喊著：『真主是唯一的神！穆罕默德乃是神的先知！』他看起來一點也不害怕。他年紀很輕，相貌英俊，身上穿著剛洗過的白衣；他的眼皮用化妝墨染黑，並用指甲花汁把他的手掌心塗成紅褐色，就像我們在婚禮時所做的那樣。到了廣場中央，他們叫他跪下，然後劊子手走了出來。劊子手是個奴隸，個頭高大，膚色黝黑，身上穿了一件貴得可以買一匹駱駝的袍子。只見他把劍拔出來，把白長袍的袖子綁好，露出右手臂。然後他的助手戳了一下囚犯的脥，等他全身繃緊了，劊子手大刀一揮，那人的頭顱應刀落地。被砍斷的頭彈到人群中，血噴得大概有一隻手臂那樣高，那人的身子也同時倒下。他們把屍體留在那裡，直到日落，好讓人群看個清楚。」

我問卡曼看的時候有何感覺，他說：「我覺得很噁心。」

沙漠的雨和牧草

隔天早上，我們又讓駱駝喝了一次水。其中有幾頭已經習慣了達佛乾淨的水，拒絕喝這裡的苦水。儘管我們強拉著牠們的鼻環，牠們仍然不願就範，最後我們只好強灌。這些水是我們到達法拉之前所能找到的最後一個水源。有幾只水袋已經開始有點漏水了，我們把它們裝滿水，並將那些細小的漏洞堵住。等夥伴們一作完午禱，我們便為駱駝上貨，再牽著牠們走到金黃色的沙丘之間；我們徒步跋涉，因為駱駝所馱負的水袋已經夠重了。那天是十一月二十九日，我們往東北邊迦法的方向前進，希望能在那兒找到那個貝穆桑人，以便交換隊伍中最弱的幾匹駱駝。一路上還算好走，所經過的都是礫石平原，不時可見到露出地面的白色石膏層，以及碧綠的鹹水灌木叢。日落時分我們覓地紮營，可是找不到可以給駱駝吃的東西。有一頭駱駝正懷著九個月身孕，通常牠們的妊娠期是一年。我注意到屠其亞在禱告前拿了一些水行淨身禮，我向他抗議，在水不足的情況下，按規矩應該用沙才對。我告訴他，如果把水拿來洗身的話，我們的水就會不夠喝。他說：「禱告要比喝水好。」我反駁他要是他再這樣浪費水的話，一個星期後他不但會沒水喝，也無法禱告。這次事件使我極為擔心，它顯示有些貝卡西人仍然不明白我們的處境有多麼艱險。傍晚時，我警告他們，從阿塔里水井到達法拉的距離，是這裡到薩拉拉的兩倍。蘇爾坦沮喪地說：「這樣的話，我們和駱駝都活不到那個時候。」

第二天下午，我們在一座高高的沙丘側翼發現到一些乾枯的草，便讓駱駝在那兒吃了兩個小時，然後繼續趕路，直到天黑才歇息。那天一整天，我的夥伴們一看到草木就採集下來，以便拿來餵駱駝。無論那些草木長在多高的沙丘上，只要他們看到了，就一定會有人跳下駱駝，爬到沙丘上去採。他們總是這樣做，無論那天走了多少路，無論他們有多累。我們紮營的地方有幾座非常巨大的沙丘山，形狀像鯨魚的背脊，矗立於粉狀石膏土形成的白色平原上，看起來荒涼蕭瑟，使人有置身北極之感。夜裡我醒來兩次，都看到蘇爾坦偎著火在沉思。隔天我們又走了好久，一口氣趕了十小時的路，畢竟在這些死氣沉沉的沙丘間，實在沒有什麼好停留的。後來我們發現了貝穆桑人的足跡，於是跟隨足跡行進。當晚我們找到了一些草木。

日出後，我們再度啟程。由於蘇爾坦一副愁眉不展、無意與人交談的模樣，我只好騎著駱駝與奧夫並肩而行。他輕巧而熟練地駕馭著他那頭尚未完全馴服的頑強駱駝，似乎出自本能的可以預知牠何時會發飆，看起來自信有威嚴，表現出貝都人不畏苦、不怕難的典型精神。

我問他是夏天還是冬天的雨多，他說：「現在的情況和我小時候不一樣了。我記得小時候，在夏天雨下得比較多，現在則是冬天比較多。但你也看到啦，無論冬天還是夏天，雨水其實都不多。問題在於每次下雨，雨水都侷限在一個地區，所以很難找到有草木生長的地方。」

我問他要下多少雨才能長出牧草來，他回答道：「如果雨水沒有進到沙土這麼深的地方是沒有用的。」他比了比手肘。

「那要下多久的雨才能有這麼深？」

「一場大雨就夠了。這樣或多或少可以長出一些草木來，不過長出來的草木不到一年就會死光，除非繼續下雨。如果雨下得好，下個一整天一整夜的話，那麼長出來的草木就可以活上三四年。」

「即使後來不再下雨，也可以活這麼久嗎？」

「是的，就算後來一滴雨都不下也沒關係。不過這當然要看沙土的質地而定，有些沙好，有些沙不好。我們把所有的沙分成『紅沙』和『白沙』。這裡的沙應該算是『白沙』。『紅沙』長的草木最好。其中最好的是達卡卡的紅沙丘。你應該去那兒看看，那裡的沙真棒。」

停了一會兒，他繼續說道：「我們最喜歡冬天的雨，因為它通常下得比較久。夏天的雨雖然雨勢較大，但由於天氣太熱，草籽都枯死了，除非之前下過不少雨。不過話又說回來，感謝真主，雨總是雨，不管它何時下。」他指著一株枯死的蒺藜：「你看到那棵灌木沒？你可能以為它已經死了，是不是？只要下一場雨，一個月後，它又會長滿綠葉開滿花了。除非連著好幾年乾旱，否則這些植物是不會輕易枯死的。它們的根長得很深。就算一個地方的植物真的死光了，就像我們那天在烏姆阿海所看到的那樣，只要一下雨，它們的種子會再度發芽茁壯，無論那些種子在沙裡埋了多久。」

我說：「就拿我們正在追蹤的貝穆桑人來說吧，在沒有水的情況下，他們能在這裡停留多久？」

奧夫答道：「這就要看這裡的牧草多不多囉。多的話，他們可以從秋末待到春天。這是一定的，因為天氣一熱，他們只好回到靠近水井的地方。」

「這麼說，他們可以在沒水的情況下在這裡待上六、七個月囉？那他們吃什麼？」

「駱駝奶呀！他們吃的、喝的都是駱駝奶。只要有足夠的駱駝奶，貝都人什麼都可以不要。」

「難道駱駝不會口渴嗎？」

他答道：「如果你把一頭快要渴死的駱駝放在有新鮮牧草的地方，不但可以讓牠解渴，還可以讓牠胖個兩個月呢！有時駱駝太胖了，胖得駝峰都裂開，那牠就會死掉。」

「你們怎麼知道可以在什麼地方找到牧草？」

「秋天，當阿拉伯人還住在水井附近時，他們就會派守候去找。這些人必須是能夠忍飢耐渴的精壯漢子，而他們所騎的駱駝也必須是最好的。夏天，我們就看看遠處是否有雲或閃電的蹤影，或者在沙漠裡四處找尋，若發現有羚羊群的腳印全朝著某個方向走的話，我們就跟著牠們的腳印走。有時，我們會回到去年曾經放牧過，或在冬天我們所發現的牧草地去尋找。沙漠裡只要有草地，我們大概都能找得到。我們是貝都人哪！我們對沙漠很熟悉。」

「夏天時你們怎麼找水喝？」

「是呀，這個很難。水井一帶經常沒有水。我們便帶著駱駝走很遠的路，找水給牠們喝。」

「夏天裡沒有水喝的話，駱駝可以撐多久？」

「這還是得看牧草多不多。若是在有樹可以遮蔭的河道，牠們可以撐得久一點，大約一星期不喝水還不成問題。在「空白之地」裡，我們盡量每隔兩、三天就餵牠們喝一次水。夏天時，貝都人的日子過得很辛苦。有時遇到營地附近的井水苦得沒法喝，我們就摻點駱駝奶勉強喝下去。當我們拿水給駱駝喝，自己卻沒法喝時，只好拿水潑在身體上，好讓自己工作時涼快些，可是我們常因此渾身作疼。還有，打水給駱駝喝也是件苦差事，牠們很渴，水喝得很多，而太陽又大又熱。有風時更糟糕，簡直像個火爐一樣。就算我們停下來休息，這些沙漠裡的水井也沒有樹蔭可遮。只有貝都人受得了這種生活。」

四個小時後，我們來到幾座彼此相隔甚遠的紅色大沙丘。由於兩年前這裡曾經下過大雨，因而長了些綠色草木。不久，我們看到了貝穆桑人的駱駝，以及一個負責看管這群駱駝的少年。我們在一個洞穴裡紮營，並且將駱駝鬆綁，讓牠們肆意在多汁的灌木叢中覓食。

我們的營地上，有雲雀婉轉鳴唱，蝴蝶穿梭樹叢間，蜥蜴四處疾走，小小的黑甲蟲則吃力地在沙地上爬行。那天早上，我們發現了一隻野兔，還有瞪羚的足跡。在四周的沙地上，仍可見到非洲跳鼠等小型囓齒類動物在夜裡跑跳的痕跡。我思忖，牠們不知是怎麼到達這裡的？在這片浩瀚空曠的大地中，牠們又怎麼知道這裡有一個綠色的小島？

蘇爾坦拒絕繼續前進

蘇爾坦、穆薩林及其他好幾個人，全都跟著那位牧童到貝穆桑人的營地去了。奧夫在看管駱駝，另外好幾個人臉上蒙著頭巾，正在睡覺。我爬上營地旁的一座沙丘，卡必納也跟著來了。我肚子餓，昨晚只吃了一半沾了灰塵的麵包，而黃昏時所喝的鹹水一點也解不了我那揮之不去的渴意。然而天空卻是那樣的湛藍，我腳下的沙地像一張發光的毯子。有一隻烏鴉在我們上方盤旋，嗄聲啼叫。卡必納向牠大喊：「烏鴉呀，去找你的兄弟吧！」只見另一隻烏鴉飛過附近一座沙丘的斜坡。卡必納笑著向我解釋，如果只看到一隻烏鴉，那是不吉利的，代表有壞消息。我們兩人高高興興地坐在一起，他教我認識生長在「空白之地」裡一些植物的名稱：蒺藜叫作「撒賀拉」（Zahra），長在洞穴裡硬沙地上的向日花是「潤藍」（rimram），帶有穗鬚的蘆葦叫「卡蒽」（qassis）。就在我們旁邊一叢細枝上長著毛茸茸黃球的灌木叫「阿巴」樹（abal），是駱駝眼中解渴的美食。其他還有：「哈姆」（harm），是鮮綠色的鹹水灌木，以及「柏莰」（birkan）、「艾薺」（ailqi）和「颯丹」（sadan）等等。這些植物他全都認識。後來當倫敦博物館的人員整理我所蒐藏的植物標本時，他們先是以為卡必納錯了，他為同一種植物冠上不同的名字，但當他們進一步細察時，幾乎每一次都發現卡必納是對的。

卡必納告訴我有關他母親及他那位我素未謀面的弟弟薩德的事，也談到他打算要娶的表妹。遠處的駱駝正匆忙地在各灌木叢間穿梭，開懷大嚼。這時，我們看到蘇爾坦一行人回來了。當他們朝我們走來時，卡必納說道：「蘇爾坦將會生出一些事端來。他害怕了，不願意走下去。」我知道卡必納說得沒錯。他們帶來了一袋酸奶，我們急忙大口飲了起來，味道非常的好。接著蘇爾坦把其他人叫過去，圍成一圈坐在一邊。我要卡必納去把奧夫找來。稍後，蘇爾坦請我過去，他說他們已經討論過目前的情況，而且一致認為貝穆桑人的駱駝同樣瘦弱，無論是他們或我們的駱駝都無法撐到達法拉，因此我們最好回到南岸和其他人會合，他還說如果我願意的話，我們可以在那裡的哈拉西（Jaddat al Harasis）獵羚羊。他又強調，就算駱駝健康情形良好，我們的糧食仍然不足，飲水也不夠。於是我提議由我帶著五個人，挑選最好的幾頭駱駝繼續前進，其他人則打道回府。蘇爾坦表示六個人太少了，原因是在「空白之地」另一端的阿布達比和狄拜雙方的領袖正對峙交戰著，勢必有很多搶匪。為了讓我打消這個念頭，他說貝穆桑人告訴過他，兩年前，有一票阿拉伯人趁著牧草地很多的時候，帶著精壯優秀的駱駝與大量的水想要橫渡「空白之地」到達法拉，結果全死在「空白之地」裡。他認為我們必須同進同退才行。我們爭論了好久，但我知道再爭也沒有用：他已經沒有膽子了。過去他一向是公認的領袖，以大膽聞名，對貝都人而言，他的名聲可是得來不易。他這一輩子都住在山區或草原上，等到置身「空白之地」，他開始覺得惶然無措，沒有把握，又不能夠自力更生；這時的他，看起來既年邁又衰弱，我替他感到難過。他經常幫我的忙，我很喜歡他。我問奧夫是否願意跟我走，他說：「我原本就以為我們這一趟是要到達法拉。要是你想繼續走下去，我願意當你的嚮導。」我接著問卡必納，他的回答是我走到哪裡，他就跟到哪裡。我心想，不知穆薩林是否也願意和我們一道走，我騎的那頭駱駝是他的，如果沒有了牠，我實在不知道該怎麼走下去。我知道他很忌妒蘇爾坦。我問他的意願，他回答：「我願意。」其他人則不發一語。

我們再度把糧食分成兩半。我們拿了五十磅的麵粉、一些奶油和咖啡、剩餘的茶葉和糖，以及些許乾洋蔥。此外，我們也拿了四袋水，盡量挑最好的、不會漏的水袋。穆薩林告訴我貝穆桑人有一頭非常強壯的公駱駝，他建議我們將牠買下帶著走，以為備用的座騎。他並且提到馬布豪特是他的朋友，只要他開口，馬布豪特肯定會跟我們走。我覺得馬布豪特的駱駝太瘦了，但奧夫回答說他們會看駱駝，而馬布豪特的那一頭應該很能擔負重活。他希望馬布豪特能跟我們一起走，他說能多一個人總是比較好，而馬布豪特是貝卡西人當中最可靠的一個。穆薩林接著去打點此事。果真馬布豪特走了過來，帶著他的鞍具加入我們的行列。傍晚，屠其亞問我們是否願意讓他隨行，他是馬布豪特的親戚，希望能跟他一起同甘苦共患難。可惜他的駱駝太過瘦弱，我們只好無奈地加以拒絕。不過，我答應他在我回程由薩拉拉前往穆卡拉（Mukalla）時，會帶他和他的幼子阿瑙夫一起走。經過一番討價還價，我們買下了那頭體格碩大強健的黑色公駱駝，價格並不便宜，我們付了相當於五十英磅的金額，高於一般行情的兩倍。經過此事，我的信心比起前幾天更加堅定，因為現在跟著我的都是經過挑選的人，騎的又是好駱駝，更何況我們還有一頭已經習慣沙漠地形氣候的備用駱駝。萬一我們的糧食吃光了，可以殺一頭駱駝作為食物，唯獨飲水不足，正是我們需要當心的事，每人每天將只能分到一品脫[6]的水。卡必納、穆薩林和馬布豪特各自都佩帶一把屬於我的軍用步槍。奧夫有一把點三〇三馬提尼長管槍，那是貝都人最喜歡的一種槍；我帶的則是一把點三〇三獵槍。大家分配好備用的彈藥，一個人分到一百多發。在我們離開眾人之後的第二天，我告訴同行的夥伴，這些槍就算是我送給他們的禮物，至於奧夫，我答應他在我們回到薩拉拉之後，他可以在我剩下的步槍中挑選一把。沒有任何禮物會比這些槍更讓他們高興了，因為此地根本買不到好用的步槍，連彈藥都很稀少。雖然所有的土著都喜歡佩帶一柄匕首，或一把步槍（即使在和平時期也是如此），藉以顯示自己的男子氣概及獨立自主的精神，但在阿拉伯半島南部，他們的牲口，乃至身家性命，都可能隨時要靠步槍保護。卡必納早就透露，他希望用我支付他的錢買一把步槍，當時，無疑地，他想買一把像當初他隨我到哈德拉貿時，我借他的那種老舊步槍。這證明他終究是一名戰士，他神氣活現地，讓他的弟弟好生羨慕了一番。現在，他擁有的是他族裡最好的一把步槍。他那一開始不敢置信，爾後慢慢相信的眼神，我一一看在眼裡。

　　黃昏時，貝穆桑人前來拜訪我們，帶了幾碗駱駝奶。在喝過那些刺喉的苦水之後，這些駱駝奶喝起來真是無比的清涼舒服。我原本和那個貝卡西人坐在一起，然而總覺得拘束不自在，因此，我走過去加入正在修補鞍具的奧夫和卡必納。我想，如果他們沒有來到須瑟，我可能會像湯瑪士一樣，到達穆辛就回頭了。

【注釋】

1 譯注：瀉鹽所含的成分。
2 譯注：一八四三—一九二六，英國旅行家。
3 譯注：一八七二—一九二八，挪威探險家，於一九一一年發現南極。
4 譯注：一八六八—一九一二，英國南極探險家。
5 譯注：牲口所患的一種疥癬。
6 譯注：等於八分之一加侖。

第七章 第一次橫渡「空白之地」

貝卡西人幫我們為駱駝上貨，雙方道過再見之後，我們拿起步槍動身。途中經過前一天我和卡必納所坐的那片灌木叢。昨天他採給我看的一些植物仍舊躺在地上，不過已經乾枯凋萎了。感覺上彷彿是很久以前的事。

一路上，拉希德人走在旅隊前面，他們身上已經褪了色的棕色衣服，與沙地形成一幅和諧的畫面。奧夫個兒精瘦，腰桿子挺得筆直，卡必納相形之下較不結實，他們兩個並肩闊步而行，另外兩名貝卡西人緊跟在後面，而那頭備用的駱駝繫在穆薩林的鞍具上。他們那原本是白色的衣服，由於長時間的穿著已經褪成淺灰色。馬布豪特的體格與奧夫相似，在許多方面也很像他，不過沒有奧夫的強悍，從遠處看，兩人的差別只在於衣服的顏色而已。至於穆薩林，則個子瘦小精幹，有點O型腿，體力強健，較為粗野，在所有的夥伴中，他是比較不討人喜歡的一個，可能是他太常到薩拉拉走動的緣故，使他養成了拍人馬屁的習慣。

我們走了一小段路之後，由於奧夫不曉得再往北走會是什麼光景，因此建議我們不如在附近找個地方歇息，和貝伊馬尼人一道，讓駱駝再吃一天的草。他說，貝伊馬尼人會給我們駱駝奶喝，我們不需要動用到自己的食物和水。我告訴他，他是我們的嚮導，從今而後，這類事情就由他來決定。

過了兩個小時，我們看見一個小男孩，他身穿一條破破爛爛的纏腰布，披散著一頭長髮，正在看守駱駝。他帶我們到貝伊馬尼人的營地，那裡有三名男子正圍著將熄的營火而坐。等我們一走近，他們都站起身來。「祝您平安」，「您也平安」。在交換消息之後，他們遞給我們一碗上面浮著一層棕色沙粒的駱駝奶。這些貝伊馬尼人和奧夫、卡必納一樣，屬於拉希德人中的同一宗族，來自三個不同的家族，其中，只有一個名叫庫阿堤（Khuatim）的灰髮老人穿著上衣，其餘只穿上纏腰布，而且全部沒綁頭巾。他們沒有帳棚，僅有的財產不過是些鞍具、繩索、碗、空的羊皮水袋，以及步槍、匕首之類的東西。營地裡駱駝睡覺的沙地上有駱駝翻身的痕跡，還有一堆堆硬而乾淨、像曬乾棗子般的駱駝糞。這裡的人快樂且健談。此地牧草豐美，他們的駱駝（有好幾頭正在產奶）很快就會長得肥壯。從他們的標準來看，今年的日子將會好過得很。然而我忍不住想到其他那些年頭，當奉派去找牧草地的斥候一身疲累地回到水井邊，用他們焦黑且淌血的嘴唇訴說著「空白之地」裡寸草不生的景象（從迦寧到此地的途中，我已見識過此種荒涼景象）；當最後幾株枯萎的植物已被吃盡，餓殍般皮包骨的人畜一一倒地不起時，他們是如何捱過的。即使是在他們自認已經過得很好的現在，今晚，睡覺時，他們仍然只能幾近赤裸地躺在冰寒的沙地上，全身上下僅有那薄薄的纏腰布可以覆蓋。同時，我已想到那火爐般炎熱的夏天，水質苦澀的井。當他們在熱得令人發昏的烈日下，一刻不停地汲水給那些口渴得互相推擠的駱駝喝，到最後井水終於乾涸，而駱駝們仍然需索甚急時，他們的心情又如何。我想到，在這片荒蕪不毛的大地上，貝都人的生活是何等的艱辛，而他們又是以何等的勇氣和耐力承受這般苦難。此時此刻，聽著他們談話，看著他們殷勤待客的模樣，我才恍然大悟，比起他們，我是多麼地遜色，又多麼地自私啊！

千辛萬苦朝「空白之地」前進

貝伊馬尼人談論著馬辛和他所發生的意外，問了許許多多的問題。庫阿堤高聲要他的兒子（就是那名小牧童）把那頭四歲的黃駱駝，和正在產奶的灰色老駱駝牽過來，當男孩把牠們帶到後，庫阿堤叫他讓牠們臥下，並將我們的公駱駝的前腳鬆綁。這時的公駱駝難掩興奮之情，不斷用尾巴拍掃自己，又一邊磨牙，嘴巴裡噴出粉紅色的大氣泡，還不停吸著氣發出「嚕嚕」的聲音；牠兩腿叉開笨拙地騎在黃駱駝的背上，一副猴急卻又不得其門而入的樣子，看起來非常滑稽。庫阿堤跪在一旁幫忙。卡必納向我說道：「駱駝在交配時總是需要有人幫忙；牠們總是找不到正確的地方。」我不禁慶幸這裡只有兩頭母駱駝需要服務，要是有個十來頭的話，我們的公駱駝可就要累癱了。

日落時，男孩把其餘的駱駝都帶回來了，一共有三十五頭。庫阿堤將雙手伸到一頭駱駝的屁股下面，接牠的尿來洗手，並用沙把碗擦一擦。貝都人相信，如果用髒手去擠奶，或用沒洗過、尤其是裝過肉或奶油的碗來接奶，駱駝會停止分泌乳汁。他撫摸一頭駱駝的乳房，對牠說話，鼓勵牠讓奶水流出來，然後他便把右腳放在左膝上，用一隻腳站著，開始把駱駝的奶擠進放在右邊大腿上的一只碗裡。這頭母駱駝分泌了大約兩夸脫的奶，但其他好幾頭還產不到一夸脫。這些正在產奶的駱駝共有九頭。奧夫也為卡必納那頭名叫「卡邁肯」（Qamaiqam）的駱駝擠奶；牠在穆辛時每天產兩次奶，一次一夸脫，現在由於擔負重活，又吃得不夠，僅產大約一品脫的奶。

擠完奶，貝伊馬尼人讓駱駝躺下，準備睡覺。他們把駱駝的膝蓋綁在一起，以免牠們站起來。奧夫提議應該讓我們的駱駝繼續在外面吃草，他會負責看著牠們。此時主人端來了駱駝奶，我們把上面的氣泡吹到一旁，大口大口地喝。他們頻頻勸我們多喝一些，說道：「過了這一站，你們在「空白之地」裡就喝不到駱駝奶了。喝吧！喝吧！你們是客人。是真主把你們帶來的。喝吧！」我又喝了一些，但我心知肚明他們今晚將會又餓又渴，因為除了駱駝奶，他們再也沒有別的東西可以吃喝了。後來，當我們蹲在營火旁時，卡必納煮了咖啡。冰寒徹骨的冷風瑟縮地吹過幽黯的沙丘，鑽入身上的衣服和裹著的毯子裡。他們聊了很久，聊駱駝與牧草地、聊「空白之地」之行，聊搶劫與浴血的廝殺，也聊他們在哈德拉貿及阿曼所見的陌生的地方和人物，直聊到月影沉落多時才各自散去。

翌日上午，卡必納和一個貝伊馬尼人去把我們的駱駝牽回來。當他回來的時候，我注意到他的長衫下面的纏腰布已經不見蹤影，我問他它到哪去了，他說已經送了人。我頗不以為然地告訴他，沒有纏腰布，他無法捱過「空白之地」及阿曼等地的無人地帶，而我再也沒有任何纏腰布可以給他。我叫他去把它要回來，給那個人一些錢算了。他辯稱他不能這麼做：「在『空白之地』裡，他要錢幹嘛？他要的是一件纏腰布。」他嘟嘟囔囔地說著，但最後還是按照我的話去做了。

這期間，貝伊馬尼人端來了幾碗駱駝奶，奧夫把它倒在一只小羊皮袋裡。他告訴我們可以每天倒一點駱駝奶在我們喝的水裡，使味道好一些，住在大漠裡的阿拉伯人就是靠這種方法，才能喝下那些難以入口的井水。他們把這種酸奶和水的混合物叫作「沙凝」（shanin）。經過一個星期，當我們用完這些駱駝奶，無意間在羊皮袋底部發現一塊奶油，大小有如胡桃，白似豬油。此時，奧夫倒了一點駱駝奶在另外一只滲水的皮袋裡，他說這樣可以防止皮袋漏水。然後，我們祝福主人蒙真主保佑平安順利，隨即掉頭繼續在「空白之地」中行進。奧夫一邊走，一邊伸出雙手，手掌向上，吟誦著《可蘭經》裡的經句。我們腳下的沙仍然非常冰冷。每逢冬天或夏天，「空白之地」裡的阿拉伯人通常會穿著一種由黑色的粗毛織成的襪子。然而，我們沒有一個人有這種襪子，大夥兒的腳跟都快凍裂了，裂開的傷口愈來愈深，痛得叫人吃不消。我們走了兩三個小時，然後以駱駝代步，直到夕陽即將西沉。一路上我們盡可能讓駱駝吃草，而牠們也一看到草就急急忙忙張翕著下唇，趕著過去吃。

最初我們經過的沙丘是磚紅色的，分開矗立在骨灰般雪白的石膏土上面，四周長滿了碧綠的鹹水灌木。到了下午，我們行經的沙丘愈來愈高，大約有五百呎到五百五十呎，顏色像蜂蜜一般。這裡就很少看到草木了。

穆薩林騎著那頭黑色的公駱駝，他自己的駱駝跟在後面，馱載最大的兩個水袋。在要走下一道陡坡時，那頭母駱駝顯得猶豫，致使那條綁在穆薩林鞍具後面的轡繩愈拉愈緊，結果將牠拉倒在地上。我騎在後面目睹整個過程，可是已經搶救不及。我發了瘋似的向穆薩林大喊，由於是在斜坡上，他也無法讓他所騎乘的駱駝停下來。我心想要是繩子斷了就好了。當我看著那頭母駱駝倒在兩個水袋上的同時，一個念頭突地閃過：「這下我們永遠沒法橫渡『空白之地』了。」這時只見奧夫跳下座騎，用匕首砍著那條拉緊的轡繩。我跳下馬鞍，直想著我們不知道有沒有足夠的水可以回到迦寧。倒地的駱駝踢了踢腳，當繩子一被割斷，牠吃力地跪坐起身。從牠背上掉下來的兩只水袋看起來還是滿滿的。我彎腰查看，心中不敢存任何奢望，結果聽見奧夫說：「感謝真主，袋子沒破。」其他人也一再唸禱著：「感謝真主！感謝真主！」這回我們決定把水袋交由那頭公駱駝駄運，因為牠生長在「空白之地」，比較習慣這類下斜的地形。

後來我們看到了一塊草地，決定在這裡宿營。我們選了一個背風的洞穴，卸下水袋和鞍袋，將駱駝的腿綁好，拿下牠們背上的鞍具，再讓牠們出去自由覓食。

日落時刻，奧夫分給每人一品脫摻了駱駝奶的水。這是我們今天第一次喝水。之前，我如往常一樣看著夕陽漸漸西沉，心想：「再過一個小時就可以喝水了。」並試著擠出一點口水，潤潤我那乾得好像皮革的嘴唇。現在我拿了我那一份沒有摻駱駝奶的水，燒茶來喝，並在茶裡放一些肉桂、小荳蔻、薑和丁香的碎屑，以壓過那股味道。

薪柴並不難找，因為沙漠裡每個角落都下過雨，哪怕是遠在二、三十年前。我們很容易挖到一些枯灌木的蔓根。此地的阿拉伯人若能找到其他薪柴，絕不肯拿蒺藜木來燒，主要是這種被他們稱為「花」的灌木，在他們眼中是最適合給駱駝吃的食物，地位幾乎和椰棗一樣尊貴神聖。我記得有一次，我把一個椰棗的核扔到火裡，老譚泰馬上彎腰把它揀了出來。

卡必納煮了咖啡。先前他已經把長衫脫掉，頭巾也卸下了。我對他說：「如果我沒把你的纏腰布弄回來，現在你也不能把長衫給脫掉。」他咧嘴一笑說：「我能怎麼辦呢？那個人向我要呀！」說完便過去幫穆薩林把麵粉從羊皮袋裡舀出來：四個平杯的麵粉，每杯相當於一品脫，合起來大約三磅。這就是我們這一天的糧食配給量。我想，我們的飲食所含的熱量和維生素一定很少，幸好我在沙漠居住的那幾年，從來沒有傷口化膿或感染敗血症的經驗。此外，我通常是見水就喝，從來沒有做任何預防措施。的確，二十五年來，我曾經在中東各地飲遍各式各樣未經煮沸的水——井水、壕溝水、陰溝水，不過從未有過不良的後果。似乎人體（至少就我而言）只要有機會，就能自己產生免疫力。

穆薩林烘好麵包便吆喝正在看守駱駝的奧夫和馬布豪特過來吃。天色漸漸昏黑。儘管微弱的陽光仍然在西邊的天際留連，星星卻已經開始露臉了，月光也照在無色的沙地上，拉出一條條陰影。我們環繞一個小小的盤子圍坐，喃喃說著：「以真主之名。」然後輪流將麵包掰成小塊，沾著已融化的奶油吃。等大家吃飽了，卡必納從火爐上取來那只黃銅做的小咖啡壺，倒咖啡給我們喝，每人幾滴。我們蹲在火旁聊起天來。

我在這些自願跟隨我的人身邊，覺得好快樂。我喜歡他們，也同情他們的生活方式。不過，儘管這樣無拘無束的關係讓我很滿意，我也不敢自欺欺人地說我可以成為他們之中的一分子。他們是貝都人，我不是；他們是回教徒，我是基督徒。儘管如此，我們是夥伴，我們之間存在一種深厚的情誼，就像賓主關係那般神聖不可侵犯，超越了族人與家人的忠誠。正由於我是他們同行的旅伴，為了保護我，必要時他們甚至會不惜與他們的手足反目。當然，他們也指望我相等以待。

然而我知道，對我而言，最艱難的一項考驗是與他們和諧共處，我得克制自己，不要顯露不耐煩的樣子，不能太孤僻，也不要批評他們那與我不同的道德標準或生活方式。根據過往的經驗，我知道照目前我們的生活情況，我將會逐漸露出疲態（至少精神上會如此）、失去耐性，易怒、煩躁。同時我也確信，果真出現這樣的情形，肯定是我的錯，不能怪罪他們。

夜裡，有一隻狐狸在附近沙丘的斜坡上嗥叫。第二天黎明時，奧夫將駱駝鬆綁（昨晚他將牠們牽回來過夜），放牠們自由去覓食。今天日落之前，我們將沒有東西可吃，好在卡必納熱了昨晚剩下的咖啡。我們繼續向前走了一小時，遇到了一小塊因為剛下過雨而顯得欣欣向榮的草地。我們是繼續往前走，還是留下來讓駱駝吃草呢？奧夫選擇了停留。當我們為駱駝卸貨時，他要我們去砍幾束蒺藜好帶著走。我看他在沙地上挖了一個洞，以查看雨水究竟滲透有多深，結果發現差不多有三呎。我們所到之處，只要下過雨，他一定會這麼做。若是當地沒有駱駝可以吃的植物，那麼我們其他人會先走，讓他一個人留下來繼續勘查。外人很難看出，了解有關「空白之地」中心地帶的草木未來的生長狀況，到底有何實際用途，但我知道，正是因為他具備這類知識，才使他成為一個傑出的嚮導。稍後，我躺在沙地上望著老鷹在上空翱翔。天氣炙熱，我在自己的影子上測量氣溫，結果是攝氏二十八．九度，令人難以相信，今天黎明時的氣溫曾經低至攝氏六度。現在太陽已經把沙曬得滾燙，我腳盤四周的皮膚感覺灼熱。

我們頂著日正當中不停蹄地繼續趕路，沿途經過一些高大的淺色沙丘，以及金黃色的沙丘。傍晚，我們花了一個小時繞循一座約有六百五十呎高的紅色大沙山行進，出了沙山，再沿著一處富含鹽分的平原前進，這片平原在大漠中形成一道走廊。回頭眺望，眼前紅色的大沙丘彷彿一扇門緩緩地、悄悄地在我們身後關上。看著這座沙丘和走廊另一側沙丘中間那條窄仄的走廊，我開始想像萬一它被堵起來，無論發生什麼事情，我們都永遠回不去了。我們漸行漸遠，那道窄縫慢慢消失，眼前我只見到一堵沙牆。我掉頭回到夥伴們身邊，他們正在討論出發前，馬布豪特在薩拉拉買的一條彩色纏腰布的價錢。突然，奧夫指著一排駱駝的腳印說：「那些是我到迦寧的路上經過這裡時我的駱駝留下來的。」

不久，穆薩林和奧夫兩人開始爭論從穆辛到白城究竟有多遠（老譚泰等人正在白城等我們）。我問奧夫他是否曾經騎駱駝從阿邁里河道（Wadi al Amairi）走到白城。他回答：「我在六年前走過。」

「你花了幾天的時間？」

「你聽我說，我們在阿邁里河道上的賈巴水井（al Ghaba）休息喝水。當時我們共有四個人，除了我以外，還有撒林、阿瓦密族的賈那其，以及阿法（Afar）族的阿來威（Alaiwi）。當時正值仲夏。之前，我們曾到伊布里（Ibri）去擺平拉希德人和馬哈密人（Mahamid）的紛爭；這次紛爭是由於法哈（Fahad）的兒子被殺所引起。」

此時穆薩林插嘴道：「那一定是黎凱西（Riqaishi）擔任伊布里總督以前的事。我在前一年到過那兒。當時我和撒亥耳（Sahail）一起，我們從……」

奧夫接著說：「那時候，我騎的是我向杜阿藍買的一頭三歲大的駱駝。」

「是那個馬納西人從雅姆人那裡搶來的那頭嗎？」卡必納問道。

「是呀。我後來拿牠和哈姆（bin Ham）換了一頭六歲大的黃駱駝。當時賈那其騎的是一頭巴提那（Batina）母駱駝。你還記得牠嗎？牠是瓦西巴族的哈拉海（Harahaish）畜養的那頭著名的灰駱駝所生。」

馬布豪特說：「是啊，去年他到薩拉拉時，我曾經看過牠，好高好大呀！不過牠那時已經老了，不再年輕力壯，不過還是很漂亮。」

奧夫接著說：「當時，我們和阿法族的賴伊一起過夜。」

卡必納又插進來說：「他去年來哈巴拉特（Habarut）時我遇見過他。他帶了一支步槍，名叫『十發之父』，那是他在谷登殺掉馬哈拉人時搶來的。馬特勞克想用他那頭由法哈所生一歲大的灰色母駱駝，外加五十個利雅爾，和他交換那把步槍，可是他不肯。」

奧夫繼續說：「賴伊宰了一隻山羊讓我們當晚餐，並且告訴我們……」這時我忍不住插嘴：「沒錯。可是你那時走到白城到底花了幾天的時間？」

他驚訝地看著我說：「我不是正在跟你說嗎？」

擔心水袋和駱駝

日落時，我們停下來吃晚飯，並拿出我們帶來的蒺藜給駱駝吃。走到這兒，所有的水袋都有滲水的現象，讓我們極為擔心。今天一整天每只水袋都斷斷續續地滴水，平均每走幾碼就會有一滴水落到沙地上，好像一個無法止血的傷口似的。除了繼續趕路外，我們別無他法，但如果把駱駝逼得太緊，牠們會承受不了，何況牠們已經顯露出口渴的跡象了。奧夫決定等大家吃完晚飯繼續趕路。當穆薩林和卡必納忙著烘麵包的當兒，我問奧夫前幾次橫渡「空白之地」的經驗。「我曾經走過兩次。」他說，「上一次我走在這裡是兩年前的事。當時我是從阿布達比過來。」我問：「那次有誰和你一起走？」他答道：「我自己一個人走。」我想我一定是聽錯了，便又問他一次：「那個時候和你同行的有哪些人？」「真主和我同行呀！」一個人單騎走過這片荒涼駭人的沙漠，真是一件令人難以想像的壯舉。現在我們雖然同樣是橫越「空白之地」，但我們一行有五個人，並不孤獨，彼此可以作伴，談談笑笑，打發時間，在面臨苦難或危險時也有人依靠。想想如果我獨自一人走在這裡，光是這無邊的孤寂即足以讓我崩潰了。

我也明白，當奧夫說真主與他同行時，那並非只是一種比喻而已。對貝都人而言，真主是個實體，也正因為他們深信真主的存在，他們才有勇氣承受如此多的苦難。對他們而言，懷疑真主的存在，無異像褻瀆神明般不可思議。他們大都定時祈禱，許多人甚至遵守齋戒月的規定，整整一個月內從黎明到黃昏都不吃任何東西。由於阿拉伯採用陰曆，因此每一年的齋戒月都比前一年要提前十一天。要是齋戒月恰巧落在夏天，他們會准許出外的人破例，讓他們等到旅程結束，冬天來臨時才開始持齋。我們那些留在穆辛的夥伴中有好幾個就正在補行齋戒。我曾聽過哈德拉貿和漢志兩地的村鎮有人罵貝都人不信真主，每當我為他們抱不平，這些人就說：「就算他們禱告好了，真主也不會接受的，因為，他們一開始就沒有進行正規的齋戒沐浴禮。」

貝都人並非宗教狂熱分子。有一次，我和一大群拉希德人走在一起，他們其中有一人對我說：「你為什麼不改信回教？信了回教，你就可以真正成為我們的一員啦！」我回答他：「願主保護我不受魔鬼的誘惑！」他們哄堂大笑。這句話是阿拉伯人在拒絕做某件可恥，或不正當的事情時必說的話。換成是其他的阿拉伯人問我這個問題，我一定不敢如此回答，但如果我反過來叫問我的那人改信基督教時，他一定也會回我這句話。

吃過飯後，我們在一個鹽質平原上走了兩個小時。在月光下，兩旁沒有色彩的沙丘，看來似乎比白天更要高聳；斜坡在月光的照耀下顯得平滑無痕，而山坳裡的陰影則有如墨色般漆黑。我冷得打哆嗦。其他人則大聲唱歌，和著駱駝腳下鹽土崩碎的聲音，打破了原有的沉寂。他們唱的是南方歌詞，但節奏與曲調卻與我在敘利亞沙漠聽到的其他貝都人所唱的歌一樣。乍看之下，阿拉伯半島南部的貝都人，在外表上和北部的貝都人大不相同，然而，如今我發現他們的差異只在表面，這和他們所穿的衣服有關。我的夥伴們即使到了魯阿拉族的營地，也不會有格格不入之感，然而一個來自亞丁或穆斯卡特的阿拉伯人，走在大馬士革的街上，就會顯得格外惹眼。

終於，我們停隊休息，我跳下駱駝時兩腿已酸麻了。這時若能有一杯熱騰騰的飲料，該有多好，但我知道，我還要等上十八個小時才能喝到。我們升起一小堆火，好在睡覺前暖暖身子，雖然我實際睡得很少。我很累，這些日子以來，我每天騎著那頭野性未馴的駱駝走十幾個小時，那駱駝一顛一跛的，弄得我全身痠痛。我想我的體力已經因為吃不飽而衰退了，再說，若從貝都人的標準來看，我們的食物配糧確實嫌少。不過最令我難受的還是口渴，雖然渴的程度還不至於令人無法忍受，可是口乾舌燥卻讓我連睡覺都會夢見沁涼奔流的小溪，這更加讓我難以入眠。現在我躺在睡袋裡，試著計算我們已經走過以及未來要走的路程。之前當我問奧夫還有多遠才能抵達下一座水井時，他每每答道：「我們應該憂慮的不是路有多遠，而是烏魯阿沙巴的那些大沙丘。」我除了擔心一路漏個不停的水袋外，也擔心駱駝的情況。夜色中，牠們就近在咫尺，我坐起身來看著牠們。馬布豪特翻了一個身，問我：「什麼事呀？恩巴拉克。」我含糊地應了一聲，隨即再度躺下。我擔心我們上次打水後水袋口不知道有沒有綁緊，也擔心萬一有人生病或發生意外該怎麼辦。白天，我比較不會想到這些事，然而在這孤寂的夜晚，我很難控制自己的思緒。我繼而又想到奧夫曾經獨自一人走在這樣的地方，不禁感到相當慚愧。

越過一座大沙丘

晨曦初吐，其他人也相繼醒過來。大家都急著趁天氣仍涼爽時趕路。駱駝嗅了嗅已經乾萎的蒺藜，怎奈牠們的嘴巴實在太乾了，根本吃不下去。不消幾分鐘，我們已經準備好要上路了。大家靜靜地走著，我的眼睛被凍得不斷流淚，地上尖銳的鹽塊將我的腳割得發疼。起初大地灰暗而陰沉，然後天色漸漸明亮，前面的山峰也慢慢顯現出輪廓，並且緩緩發光，山巔沐浴在旭日中，顯得分外絢爛。

我們的前方有一連串綿延不斷的高大沙丘，每座沙丘的高度不一，正如山脈一般，由許多山峰和相連的山隘所構成。從我們所站的鹽原上仰望，有好幾座沙丘的峰頂差不多有七百呎高。面向我們的南坡極其陡峭，這表示它是背風的山坡。我多麼希望我們可以從另外一側上山，因為如此陡峭的山坡，讓駱駝下來很容易，要爬上可就難上加難了。

奧夫要我們等一等，讓他先去勘查地形。我看著他走在閃閃發光的鹽原上，肩上背著步槍，仰頭查看上方的山坡，愈走愈遠，一副自信滿滿的樣子，可是當我看著眼前巨大的沙壁時，心裡卻沮喪地暗忖我們的駱駝大概是爬不上去了。馬布豪特顯然和我有同樣的想法，他對穆薩林說：「我們得想辦法繞道才行，沒有一隻駱駝爬得上去的。」穆薩林答道：「都是奧夫幹的好事，把我們帶到這裡來。當初我們應該更往西邊走，離達卡卡近一點才對。」他著了風寒，不停地吸著鼻子，他那原本頗為高亢的嗓門已經變得粗啞，語氣中頗有怨懟的意味。我知道他忌妒奧夫，逮到機會總是要損他一下，於是我奚落他（其實這是很不智的）：「如果讓你當嚮導的話，我們不知要多繞多少路哩。」他霍地轉過身來，憤怒地說：「你根本不喜歡貝卡西人，我知道你只喜歡拉希德人。我不顧族人的反對帶你來到這裡，你卻從沒想過我為你做了些什麼。」

過去幾天，他一有機會就會提醒我，若沒有他我根本無法從迦法來到這裡，他這樣做原本是為了討好我，以便領取更多的賞錢，卻讓我更為不快。我本來想說幾句氣話好好發洩一下，像小孩子似的跟他鬥嘴，不過還是極力保持緘默，並藉口要照相趁機走開。我知道在這種情況下，我是多麼容易對一個人產生反感，然後拿他當我的出氣筒。我接著想到：「我不能討厭他，畢竟我的確欠他很多。可是上帝哪，我多麼希望他不要再這樣拚命提醒我，他對我的恩惠有多大。」

我走到一道沙堤旁坐下等奧夫回來。地面仍然冰冷，雖然太陽已經升得老高，明晃晃地照在前方的沙山上，頗為刺眼。我心想，這樣一座遮掉半個天空的龐然大物居然是由風吹沙所形成，真是奇觀。正想著，就看到奧夫了。他在大約半哩以外的地方，沿著沙丘底部的鹽原向前走，我看著他吃力地爬上山脊，像個登山家在軟軟的雪堆裡奮力爬上高峰的山隘。我甚至可以看到他身後所留下的腳印。在這片空曠寂靜的大地中，他是唯一移動的物體。

若是駱駝上不了這座山，我們該怎麼辦？我們不能往東走，因為奧夫已經告訴我，烏阿薩明流沙就在那個方向，若往西行，可以到達湯瑪士曾經走過的達卡卡沙漠，那裡比較好走，但距離此地卻有兩百多哩之遙，更何況我們已經沒有多餘的糧食和水，不能再繞遠路。目前我們的水少得讓人心驚，而駱駝對水的需求比我們更加迫切，再不趕快讓牠們喝水，牠們一定會倒下來。我們一定得設法讓牠們爬上這座巨無霸般的沙丘，必要時，甚至可以把牠們背上的貨卸下來，由我們自己背上去。然而，山的那一端又是何種景象呢？前面到底還有多少座這樣的沙山？如果我們現在就回頭，也許還到得了穆辛，一旦越過了這座沙山，駱駝將會又累又渴，恐怕連迦寧都到不了。接著，我又想到蘇爾坦等棄我們而去的傢伙，要是我們就此放棄，無功而返，他們不知會有多得意呢！當我再度凝望前方的沙山時，我發現奧夫已經開始往回走了。就在這個時候，我看到旁邊的沙地上出現一個影子，抬頭一看，原來是卡必納站在那裡。他微笑著說：「祝您平安！」隨後便坐了下來。我急切地轉向他問道：「我們有沒有辦法讓駱駝爬上去？」他攏一攏前額的頭髮，若有所思地看著前方的山坡，答道：「這山很陡，不過奧夫會找到路的。他是拉希德人，可不像那些貝卡西人一樣。」然後他若無其事地把步槍的螺釘取出來，用長衫的衣腳擦拭，並問我是否所有英國人都用同一種步槍。

等奧夫走近，我們一起回到其他人那兒。馬布豪特的駱駝已經躺下了，其他的則站著不動。這可不是個好現象。在正常狀況下，牠們會立刻走到別的地方去尋找食物。奧夫走過來，對我笑一笑，卻未發任何言語，也沒人問他。當他注意到我的駱駝背上包袱已經歪向一邊，馬上伸手把馬鞍扶正，然後用腳趾頭揀起他掉在地上的那根杖子，同時走向他自己的駱駝，扯住牠的韁繩說：「走吧！」隨即領著我們前進。

現在他才真正展現他的本事。他選路的眼光精準，所挑的都是駱駝能走的坡路。在這座背風的山坡上，有好幾面從坡頂直下山腳的平滑山壁，這些山壁根本無法攀登，上面的沙子隨時有可能崩落，唯山壁的兩翼都有山脊，那裡的沙較為堅實，坡度也沒那麼陡。雖然我們也許可以採迂迴方式勉強登上山壁，但並非所有的山脊都適合駱駝攀登，加上從下面看上去，很難判斷這些山壁陡峭的程度。我們慢條斯理地哄著這些心不甘情不願的駱駝爬上去，一次一步。每一次當我們停下來時，我總看著山頂，那兒的風一陣強過一陣，正將沙子吹得漫天飛舞。我揣想該怎樣才能爬到山頂，想著想著，我們終於到達了山頂。在跌坐沙地上之前，我很快看了前方一眼，這一瞧，我大大鬆了一口氣，原來前方是一片起伏有致的矮沙丘，山谷平淺，山峰又矮又圓，並不難走。「我們成功了。我們現在正在烏魯阿沙巴的峰頂。」我心中充滿勝利的喜悅。自從那晚我們在迦寧沙漠聊天，奧夫第一次警告我這座沙山將成為一個很大的障礙之後，我的心中就一直對它充滿了敬畏。如今陰霾盡去，我有信心我們一定能夠成功。

我們在沙頂上休息了一會兒，大夥兒安靜無聲，直到奧夫站起來說：「走吧。」在這面的山坡上有幾座被橫風吹成的小沙丘，它們排列的弧度與坡面平行（見圖3）。每座小沙丘的陡坡全朝向南方，駱駝可以毫不費力地沿著這些陡坡滑下去。這些小沙丘色呈磚紅，上面有一些顏色較深的斑點，我們的腳步踏過之處，內層的淡紅色沙子便裸露了出來。不過最奇妙的是，沙丘表面尚有一些類似巨大獸蹄印的深坑。這些沙丘不同於一般的新月形沙丘，它們並非自地上隆起，而是在起伏不平又堅硬的沙床上形成一個個的凹洞。遠遠望去，山腳下的鹽原顯得分外雪白。

我們跨上駱駝。我的夥伴們個個用頭巾把臉蒙起來，默然前進，身體隨著駱駝的步伐而搖擺。沙地上的影子很藍，與天空同一色調。兩隻烏鴉朝北方飛去，經過我們頭上時叫了幾聲。我努力保持清醒。此時萬籟俱寂，只聽見駱駝蹄子的蹚蹚聲，有如碎浪撲打在沙灘上。

在下午即將結束之際，為了讓駱駝休息，我們在一個長長的緩坡上停留了四個鐘頭。沿著坡度往下走就是另一個鹽原。平地上草木不生，邊緣也沒有任何鹹水灌木。奧夫宣布我們將在黃昏再度啟程。吃飯時，我高興地對他說：「不管怎樣，我們已經越過了烏魯阿沙巴。最糟糕的情況已經過去了。」他看著我，過了一會兒才回答：「今天晚上如果走得順利，明天我們就能到那兒了。」我詫異：「到哪裡？」他答道：「到烏魯阿沙巴呀！」他又說：「你以為我們今天經過的是烏魯阿沙巴嗎？那只是一座沙丘罷了。你明天就可以看到烏魯阿沙巴了。」有那麼短暫的片刻，我以為他在開玩笑，後來我發現他是認真的。原以為我們旅程中最險惡的一段已經過去了，實際上還在後頭哩。

我們一直走著。到了午夜，奧夫終於說：「我們在這兒休息吧。我們需要睡個覺，順便讓駱駝也休息一陣子。烏魯阿沙巴就在不遠的地方了。」那晚在我的夢境中，烏魯阿沙巴巍然聳立在面前，比喜瑪拉雅山還高。

天色仍然昏黑，奧夫就把我們叫醒了。卡必納依例煮了咖啡。他倒幾滴在我們的碗裡，那刺鼻的香味讓我們精神一振，可是熱騰騰的咖啡並未讓我們的身子暖和起來。金星仍然高高掛在沙丘上。朝暉初現，萬物的輪廓漸次分明。駱駝低吟著費力地站了起來。我們在火堆旁流連了一會兒，然後奧夫一聲「走吧！」大夥兒應聲邁步前進。我腳下那些粗礪的沙粒冷得像是結凍的雪。

眼前的山嶺幾乎和昨天走過的那座山丘一般高，也許更高一些，只是這裡的山峰更陡峻，形狀也更加分明，其中有多座高聳的尖峰，其山脊就像打了褶的簾子一路垂掛下來。這裡的沙顏色比昨天那座淺淡，而且非常柔軟。駱駝吃力地爬坡，沙子沿著我們的腳流瀉而下。還記得十二年前在達納基爾區，我曾經看到駱駝走著走著突然就倒地不起，事前沒有任何警訊，因此，我懷疑我們的駱駝還能夠撐多久，現在牠們只要一停下來，身子就抖得厲害。遇到駱駝不肯朝前走時，我們便拉著韁繩從後面推，並從兩旁舉起牠背上的包袱，就這樣硬生生地把牠推了上去。偶爾會有一頭躺下，不肯站起來，那麼我們就得把牠所載的貨物卸下，然後自己背著水袋和鞍袋。事實上，這些包袱並不重，因為我們只剩下幾加侖的水和幾撮麵粉。

我們領著渾身發顫、踟躕不決的駱駝爬上一道又一道陡長的山脊，脊頂形狀如刀鋒般尖銳，沙土紛紛在我們的腳下崩落。儘管苦不堪言，我的夥伴們依舊溫和，而且有無比的耐心。烈日灼人，我飢餓、又虛弱又暈眩；我費力地爬上山坡，膝蓋陷入流動的沙土中，我的心忐忑狂跳，口也愈來愈渴，連吞口水都很困難，耳朵似乎也被塞住了。然而，我知道自己還要這樣苦熬好幾個鐘頭才能喝到水。有時我會停下來喘口氣，身子倒在熾熱的沙地上，可是馬上就聽到其他人喊叫著：「恩巴拉克！恩巴拉克！」他們的聲音聽起來勉強而粗啞。

我們花了三小時才越過這座山嶺。

峰頂上看不到昨天所見的那種起伏和緩的小沙丘，而是三列較小的沙丘，再過去，山坡便直落到山腳下那片位於山坳的鹽原。從這裡向遠處望，對面的山嶺似乎比此刻我們所站立的這座要高聳，而且山外有山，峰峰相連。我舉目展望，本能地尋求一條出路，但四周一望無際都是沙丘。大地的盡頭，沙漠與天際相連，在這一片浩瀚天地，我看不到任何生物，連一株枯萎的草木也沒有。希望似乎非常渺茫。「已經無路可走了，」我思忖：「我們已經不能回頭了，而我們的駱駝再也爬不上另一座像這樣可怕的沙丘了。這下我們真的完了。」我一時被這無邊的靜寂鎮懾住，聽不見夥伴們講話以及駱駝躁動的聲音。

我們下坡走進山谷，說也奇怪，我們居然又爬上了另一座山頭，我想我永遠不會明白那些駱駝是如何辦到的。到達山頂，我們全都癱倒在地。奧夫給了每人一點水潤潤嘴唇。他說：「我們要想走下去，就非得這樣不可。」正午的太陽曬得沙漠發白。天邊一堆堆的積雲在沙丘和鹽原上投下了許多暗影，使人恍如置身阿爾卑斯山峰頂，一時間彷彿看見腳下遠處的山谷裡那藍綠相映的冰湖。我在半睡半醒之間翻了個身，熾熱的沙土隔著衣衫灼燙我的肌膚，將我從夢境中喚醒。

過了兩個小時，奧夫把我們叫起來。他幫我把貨物綁在駱駝背上，一邊說道：「開心點，恩巴拉克，這回我們可是真正越過烏魯阿沙巴了！」我指著前面的幾座山嶺，他答道：「我可以找到路從中間穿過去，不需要爬山。」我們一直走到日落時分。這次我們果真是順著地形，沿著山谷走，不再爬坡。事實上，我們也爬不動了。我們的運氣不錯，在停下來的緩坡上有一些新鮮的卡蒠。我原本希望可以在這裡過夜，沒想到吃完飯，奧夫就去把駱駝牽來，他說：「如果我們要到達法拉的話，一定得趁著夜涼時候趕路。」

午夜過後許久，我們停下來稍事休息，待曙光乍現又再度上路。經過昨天漫長的跋涉之後，每個人都已疲累不堪，奧夫在一旁打氣，說最難走的一段路已經過去了。一路上我們見到的沙丘要比前兩天遇見的低矮，而且高度幾乎一致，形狀較為渾圓，峰頭也較少。走了四小時，我們來到一處起伏有致的丘陵地，由金色及銀色的沙所形成，但是這裡還是沒有東西可以給駱駝吃。

突然，有一隻野兔從樹叢中跳了出來，奧夫用杖子把牠擊倒。其他人歡呼：「真主賜我們肉吃了！」這幾天，我們一直談到吃的，每次聊著聊著總會回到「食物」這個主題。打從離開迦寧，我一直有被飢餓啃噬的感覺。而那天晚上喝過水後，我的喉嚨仍乾得幾乎嚥不下穆薩林擺在我們面前的乾麵包。那一整天，我們一直想著和談著那隻野兔，到了下午三點再也忍不住了，索性停下來把牠煮來吃。馬布豪特建議：「我們應該把牠連皮放在火灰裡烘熟，這樣可以省一點水——我們剩下的水已經不多了。」卡必納帶頭反對：「不要這樣，千萬別出這個主意。」他轉向我說：「我們不要馬布豪特的焦肉。我們要湯，還要多一點麵包。今天我們要好好吃一頓，即使以後又飢又渴也沒關係。真主啊，我真是餓壞了！」我們一致同意應該把兔子煮成肉湯。再者，既然我們已經越過了烏魯阿沙巴，自然該用這份天賜的禮物好好慶祝一番。在往後的旅途中，除非我們的駱駝倒下，否則應該是安全無虞了，即使飲水用盡，我們也可以活著走到有水井的地方。

穆薩林做了比平常多一倍的麵包，卡必納則負責烹煮野兔。他邊煮邊看著我說：「光是聞這氣味我就快要昏倒了！」煮好了，他把兔肉分成五份，每份都少得可憐，因為阿拉伯野兔並不比英國兔子大，況且這隻還沒有長全呢！奧夫做好籤，由馬布豪特來抽。每個人各自拿了他所分到的那份肉。接著卡必納喊道：「真主哪！我忘了分兔肝了！」其他人便說：「給恩巴拉克吧！」我馬上抗議，我認為還是應該由大家來分，但他們都發誓說他們不想吃，還是給我吧。最後我還是拿了，雖然心裡明知自己不該如此，但由於捨不下這塊肉，便不管這麼多了。

成功橫渡「空白之地」

我們的水眼看著快要喝完了，剩下的麵粉也僅夠維持一個星期。隊中的駱駝已極度口渴，根本不肯吃路上經過的半乾植物。明後兩天，我們非得讓牠們喝水才行，否則牠們一定會垮掉。奧夫說還要三天才能到達法拉的卡巴水井，不過不遠處倒是有一口很鹹的井，也許可以給駱駝喝。

那天晚上，我們才走了一個多小時，天色突然轉黑。我想大概是天上的滿月被雲遮住了，抬頭一望，才發現月亮已經缺了半邊，原來是月蝕。此時，卡必納也發現了，便開始吟唱起來，其他人也跟著加入：

真主永在
人生苦短
金牛[1]（Pleiades）在上
月在星間

唱完，他們便不再注意月蝕（當晚是全蝕），轉而四處尋找露營地點。

第二天清晨，我們很早就動身，在起伏平緩的丘陵地上一口氣走了七個小時。這裡的沙顏色鮮豔多彩，常有令人意想不到的變化；有些地方像磨碎的咖啡豆，有些地方呈磚紅色，也有紫色或奇特的金綠色。在沙丘的洞穴裡有小塊的白色石膏層，四周長滿一種名叫「沙楠」（Shanan）的灰綠色鹹水灌木。我們在一片顏色像乾掉的血漬的沙地上休息，兩個小時之後，又領著駱駝繼續前進。

突然，我們看到沙丘頂上有一株灌木後面躺著一個阿拉伯人。此時，我們的步槍全放在駱駝背上，因為我們壓根兒沒想到會在這裡遇到人。穆薩林躲藏的地方就在我的步槍後面，我看著他把槍拔出來，卻聽到奧夫說：「可能是拉希德人。」說完便走向前去和那個躲藏著的阿拉伯人說話。那人站起身來，趨前迎接他。他們互相擁抱，並站著說話，後來我們也前去向這人致意。奧夫介紹：「這位是哈馬德（Hamad bin Hanna），他是拉希德人的一個酋長。」此人身材肥胖，蓄著鬍子，大約中年歲數。他的雙眼靠得很近，鼻子長，鼻頭渾圓。我們卸貨時，他到沙丘後面把他的駱駝牽過來。

我們為他煮了咖啡，聽他報告最新的消息。他告訴我們他在找一匹走失的駱駝，看到我們的腳印，還以為我們是從南方來的一幫搶匪。他還說伊本．沙特國王的稅吏已經到了達法拉和拉巴德（Rabadh）去收納各族的貢金，而我們的北邊有拉希德人、阿瓦密人、穆拉人，以及一些馬納西人。

我們必須避免與拉希德族以外的阿拉伯人接觸，可能的話，最好連拉希德人也敬而遠之，以免我來到此地的消息傳遍各族，我可不想被伊本．沙特國王的稅吏逮到，他們一定會把我送到那嚴厲可怕的哈薩省總督賈拉威那兒，向他說明我為何人在此地。由於哈德拉貿的卡拉巴族（Karab）去年搶劫過這裡，所以我們極有可能被誤認為盜匪，加上我們的駱駝所留下的足跡顯示我們來自南方平原。如果他們發現我們刻意躲避阿拉伯人，那麼我們被誤認為盜匪的危險也就愈大，畢竟正正當當的出外人是不會經過一個營地而不去打聽消息，尋找食物的，如此一來，我們將很難逃過別人的耳目。為今之計，我們必須先找水給駱駝和我們自己喝，然後儘可能靠近利瓦行進，並派幾個人到村鎮購買至少足供我們一個月所需的糧食。哈馬德告訴我，利瓦屬於阿布達比的阿布法拉族（Al bu Falah of Abu Dhabi），而該族目前仍與狄拜的馬克圖姆人交戰，由於戰事頻仍，此地的阿拉伯人警戒心相當高。

我們在黃昏來臨前再度動身，一直走到日落時分。哈馬德和我們同行，他執意要陪著我們，直到我們在利瓦買到食物為止。由於他知道各族營地的位置，因此可以幫我們躲避他們。第二天，走了七個小時，我們抵達位於達法拉沙漠邊緣的薩巴克哈水井（Khaur Sabakha），經過一番掏井，終於在七呎深的地方找到水，可惜水味又鹹又澀，駱駝嚐了一下就不願意再喝了。奧夫把水裝在皮筒裡，試圖哄牠們喝下，但牠們飢渴地嗅了嗅，只肯用嘴唇沾一沾水。我們只好把牠們的鼻子蒙住，牠們還是不肯喝。奧夫提到，阿拉伯人可以把駱奶摻在水裡一齊喝下，看見我一臉懷疑，他又說如果一個阿拉伯人真的很渴，他甚至會殺掉一頭駱駝，喝牠胃裡的液體，或者用一根棍子戳進牠的喉嚨，將牠的嘔吐液喝下。他一邊說著，我們一邊繼續上路，直到夕日將沉。

隔天下午我們停下來休息時，奧夫宣告我們已經到了達法拉，而卡巴水井就在不遠處。他說他明天早上會去汲水，於是我們把水袋裡剩下的最後一點水喝完。次日，哈馬德表示他要去打聽消息，明天回來，說完便和奧夫一起走了。到了下午，奧夫回來，帶著兩個滿滿的水袋，裡面的水帶點鹹味，但比起前一晚我們所喝的又髒又臭的東西，簡直堪稱美味。

那天是十二月十二日，距離離開迦寧的阿塔里水井已過了十四天。

由於我們不再需要戰戰兢兢地節省用水，那天傍晚，卡必納便多煮了一些咖啡，穆薩林在做麵包時也多加了一杯麵粉。這當然是很奢侈的事，不過我們一致認為應該慶祝一下。由於我們已經不再口渴，反而覺得穆薩林遞給我們的麵包還是少得可憐，不足以充飢。

我躺下來準備睡覺，月亮正高掛天空，其他人仍圍著營火聊天。我決定不去聽他們說些什麼。對我而言，只要能夠聽到他們絮絮低語的聲音，看到他們明晰的身影已是心滿意足。我躺在地上，想到我的夥伴們和那幾頭救了我們一命的駱駝就在身邊，內心不禁感到無比欣慰。

多少年來，「空白之地」在我心中所代表的，是征服沙漠一項難以達到的至高挑戰，然而一夕之間，它竟變得唾手可及。我還記得當初黎恩隨口問我願不願意走一趟「空白之地」時，我是如何的興奮激動。當時我就立志橫越「空白之地」，後來幾度心生疑懼，並屢次因遭逢挫折而灰心喪志，直到今天才橫渡成功。儘管對他人而言，我這一趟「空白之地」之旅很可能不值一提；儘管此行，我的成果可能只是一張或許沒有人用得上的不甚精確的地圖；儘管這趟旅程只是我個人的經驗，而我得到的回報只是一杯乾淨到幾乎沒有味道的水，可是在心裡，我於願足矣。

回顧這次「空白之地」之旅，我發現自己始終沒有像登山家攀上某座山峰後，站在峰頂睥睨群山的那種暢快自得。過去這些日子以來，緊張與焦慮可說一波未平，一波又起。畢竟這次橫越「空白之地」只是我計畫中的一段旅程，未來還有更長的路要走；就像此刻，我的腦海裡已經開始忙著思索在回返的路程，我們將會遇到的問題了。

【注釋】

1 譯注：指金牛座的稀疏星團。

第八章　回到薩拉拉

我們雖然橫越過「空白之地」，終究還是得返回薩拉拉。因為我們不能再走來時路，只能取道阿曼。

我努力從地圖上確定我們的位置，然而地圖上除了穆辛和阿布達比兩座城市外，所描繪的地方都缺乏確實的依據，不可盡信。我想畫一張路線圖，可是沒有大板子可以墊在筆記本下，所以進行起來頗為費事，我讓卡必納拿著地圖，其他人則圍攏坐在一旁觀看，而且不時問我一堆問題，弄得我無法專心工作。他們看地圖一定得擺正了才看得懂，換成是照片，即使上下拿反了，他們一樣能夠識別，實在令人不解。我估計，我們還要走五百到六百哩路才能到南岸與譚泰等貝卡西人會合，之後再行兩百哩回到薩拉拉。我問奧夫水源會不會不夠，他說：「別擔心，前面的路上有很多水井。我們要傷腦筋的是糧食問題。」我們一起走到鞍袋旁查看，穆薩林估量了一下麵粉存量，發現只剩下九杯（大約七磅）了。

我們忙碌的當中瞧見哈馬德回來了，還帶著一個名叫賈地的拉希德人。一看到他，我心裡就嘀咕：「又多一張嘴巴要餵了。」卡必納為他們煮了咖啡，然後我們開始討論回程的計畫。哈馬德說我們可以在利瓦買到很多食物，並且一一列舉了可以在那裡買到的東西——麵粉、稻米、椰棗、咖啡和糖等，不過他說我們還要走三四天才能到那兒。我皺皺眉頭說：「那我們會餓得跟駱駝一樣。」奧夫也說道：「是呀，不過人可不像駱駝那麼能撐。」在馬布豪特和穆薩林的詢問下，哈馬德表示，只要我們一直靠利瓦南邊走，就不會捲入沿岸的戰事，他並且信誓旦旦地說，南邊所有的部落，無論是阿瓦密人、馬納西人或巴尼亞人（Bani Yas），都和拉希德人交好。他接著補充：「可是到了阿曼就不一樣了。那裡的都魯人（Duru）是我們的敵人。都魯人沒一個好貨，跟他們在一起時得小心點，他們狡滑得很。」奧夫聞言大笑，並說拉希德人經常形容都魯人的奸詐就像「蛇吻一樣毒」。

他拿駱駝杖子在沙地上畫，畫了又擦，擦了又畫。最後，他抬起頭，若有所思地說：「問題在於恩巴拉克。不能讓任何人知道他在這裡。如果阿拉伯人知道沙漠裡有個基督徒，他們一定會議論不停，消息很快就會傳遍各地，然後傳到伊本．沙特國王的稅吏們的耳朵裡，他們一定會來把我們抓走，帶到哈薩省的賈拉威那裡去。真主保佑，我們千萬不能讓這事發生。我了解賈拉威的為人，他很殘暴，而且非常無情。不管怎樣，我們都不能讓有關恩巴拉克的消息在我們還沒到之前就傳到都魯人那裡。萬一傳到他們耳中，我們就過不了那個地區了。在路上要是遇見任何一個阿拉伯人，我們最好跟他們說我們是從哈德拉貿來的拉希德人，要到阿布達比去為阿布法拉人作戰。恩巴拉克可以扮成從亞丁來的阿拉伯人。」

接著他轉向我說：「以後路上遇見人時，你不要講話，只要回禮就成了。還有從現在起，你得一直騎著駱駝才行。阿拉伯人要是看到你那特大號的腳印，一定會追蹤而來，看看你到底是何許人。」他起身去牽駱駝，口中說道：「我們最好趕快上路吧！」

我們走了三哩路，來到卡巴水井。此井坐落於一座光禿禿的山谷裡，四周有許多新月形的白色小沙丘。井水在地下十呎深處，由於我們只有一個小皮桶，加上每頭駱駝又要喝足十到十二加侖的水，因此花了好多時間才讓駱駝喝飽。卡必納站在卡邁肯身旁，見到牠停下來，就抓抓牠兩條後腿中間的地方，對牠輕聲細語說些好聽的話，哄牠繼續喝水。牠們一次一大口慢慢地喝，終於全喝得肚腹鼓脹。奧夫往牠們的胸膛上潑了幾桶水，然後動手把水袋裝滿。我們尚未忙完，日頭已經毒辣辣地曬下來了，我們騎上了駱駝，我的同伴們用斗篷把身體包裹起來，臉也用頭巾蒙住，只有眼睛露在外面。這不禁讓我想起在敘利亞見過的一個貝都人。當時正值炎熱的三伏天，日正當中，他在沙漠裡吃力地跋涉，全身上下用一條厚重的羊皮外套裹起來。阿拉伯人認為，天熱時多穿一些衣服可以擋住熱氣，事實上，這樣做是為了防止汗水蒸發，並在皮膚表面形成一層涼快的空氣層。但我沒法忍受那種濕濕黏黏又令人極不舒服的感覺，寧可讓熱空氣吹乾我的皮膚，況且如果我在夏天這樣做，大概早已中暑而死了。

路線之爭

第二天，我們費了好大的勁兒方擺脫幾個追問不休的阿瓦密人。他們起先以為我們是盜匪，還因此發出警報，後來哈馬德前去和他們洽談，告訴他們我們是一群要往阿布達比的拉希德人。他們聞言立刻邀請我們前往他們的營地，表示將宰殺一頭駱駝款待我們，然而在聽了哈馬德編撰的一大堆藉口後，他們又開始起了疑心。於是等我們紮好營，哈馬德、奧夫和馬布豪特便前往他們的營地過夜，以消除他們的疑慮。隔天一早他們回來，帶著滿滿一個羊皮袋的駱駝奶。在離開卡巴三天後，我們到達巴亭（Batin），在巴拉（Balagh）水井附近的沙丘間停留。第二天早上，哈馬德、賈地和卡必納前往利瓦的村落購買食物。他們帶了三頭駱駝同行，我交代卡必納買麵粉、糖、茶葉、咖啡、奶油和椰棗，若是看到米，就趕緊買下，並且千萬要帶一頭山羊回來。我們的麵粉已經告罄，幸好那天傍晚穆薩林從他的鞍袋裡掏出好幾根玉米，讓我們烤來充飢。這是我們僅剩的一點食物，而其他人還要三天才能從利瓦回來。對我們而言，這三天三夜彷彿永無止盡。

在這之前，我幾乎以為自己已經習慣了飢餓的滋味，對「肚子餓」這檔子事可以無動於衷了，畢竟，我已經挨餓好幾個星期，就算在有麵粉的時候，我對穆薩林所烘烤的不是太焦就是太生的麵包一樣興趣缺缺，剛開始還勉強吞嚥，後來索性不吃，而且發現不吃反而舒服些。不用說，我一天到晚想的說的都不離「吃」，但這就像囚犯談論自由一樣，因為，那些讓我垂涎的大魚大肉、成堆的米飯，和一碗碗熱氣騰騰的肉汁，在現實生活裡是吃不到的。我從來沒想到，有一天，我會連做夢都想吃那些過去不屑一顧的硬麵包。

第一天，我的飢餓感只是比過去所熟悉的那種肚子空空的感覺要強一些，只是如同牙痛，可以憑藉意志力稍微加以抑制。那天早上天色仍是灰濛濛的，我醒了過來，滿腦子想的都是食物，只好趴在地上，把肚子往下壓，藉此得到一些紓解。我想，至少我的身體還是暖和的。等太陽出來時，我熱得只好爬出睡袋。我把斗篷扔掛在樹上，然後躺在樹蔭下，想再睡一覺，但睡著後夢見的還是吃的，醒來後想的也是食物。我試著看一點書，卻無法集中心神，稍一閃神，又想起食物來。我痛恨喝那苦澀的水，這會兒只好不停地灌水，可喝了水之後又想吐。好不容易捱到傍晚，我們聚攏在火旁，口中不停唸道：「他們明天就回來了。」並想像卡必納即將帶回的食物，以及我們將要吃到口的山羊肉。然而，第二天我們痴痴等到太陽西沉，仍舊不見他們的蹤影。

我又面臨另一個晚上的煎熬，而且晚上比白天更加難受。我的身子發冷，睡不著覺，只能斷斷續續打個盹。我看著天上的星辰，像獵戶星座、金牛星座和大熊星座，我都可以辨識得出來，但其他的則只是看過而已。慢慢地，它們在上空移轉，並逐漸向西方沉落，刺骨的寒風也從沙丘間吹來。我想起兒時剛入學的那個學期，有一個晚上我醒過來，肚子餓到哭了起來，同時想著兩天前母親帶我出去喝茶時，我吃不下的那些巧克力蛋糕。現在，我一想起當初在烏魯阿沙巴時送給別人的那幾小塊麵包，便忍不住生氣。我當時為何這麼蠢呢？我至今仍可清晰描繪出那些麵包的色澤、質地，甚至形狀。

早上，我看著馬布豪特把駱駝放開，讓牠們暫時從各種苦役中解放出來，自由自在地去吃草。然而，看著看著，居然渴望地想要吃牠們的肉，還好後來牠們走出了我的視線之外。此時奧夫走過來躺在我附近，用一件斗篷把身體整個蓋住。我記得我們好像沒有講話。我躺在那兒，閉上眼睛，心裡仍堅決地告訴自己：「假使我現在置身倫敦，仍會放棄一切，只求能到這裡。」然後，我想到內志蝗蟲管制中心那些官員的吉普車和卡車；那些東西在我的腦海裡意象如此鮮明，我幾乎可以聽到引擎的聲音，聞到汽油揮發的臭味。不，我寧可像這樣在這裡餓得發慌，也不願像他們那樣成天坐在椅子上吃飽撐著，聽著無線電廣播，走到哪裡都得以車代步。我死命地抱住這個信念不放。這對我而言是非常重要的，稍有動搖就表示我承認失敗，而我所做的一切也都將失去意義。

我打了個盹，駱駝的低吼聲讓我陡然驚醒，心想：「他們終於回來了。」結果發現那不過是馬布豪特把我們的駱駝牽回來罷了，此時，沙丘間日影偏斜，太陽已經下山，我們也死了心了。

就在這時，他們意外地出現了。我立刻發現他們並沒有帶山羊回來，我冀望燉一大鍋熱騰騰羊肉湯的希望隨之落空。見面後，我們行禮如儀，照規矩彼此詢問消息，然後幫他們把帶回來的唯一一頭駱駝上的貨卸下來。卡必納臉露疲倦說道：「我們什麼都沒買到。利瓦什麼東西都沒有。我們只買到兩袋品質很差的椰棗，還有一點小麥。他們不肯收我們的利雅爾，只要盧比，最後，他們才以和盧比等值的價錢收下利雅爾。真主詛咒他們！」他的腳被一根長長的棕櫚葉片刺傷，因此有點跛。我想幫他拔出葉片，奈何天色已黑，看不清楚。

我們開了一袋椰棗當食物。這些棗子品質粗劣，上面沾了一層沙，不過數量很多。稍後我們煮了小麥粥，並在裡面摻雜少許椰棗汁，讓它有點味道。吃完後，奧夫說道：「如果我們只能吃到這些東西，我們的體力恐怕很快就會衰退，連駱駝都騎不動了。」那天傍晚，大夥兒垂頭喪氣，而且火氣甚大。

過去三天過得真是苦不堪言，對其他人更是如此。要不是為了我，他們大可前往鄰近阿拉伯人的營地去覓食。不過當時我們至少仍滿懷希望，等待他們帶食物回來，並不停地想著、談著，甚至夢見這些食物。我們堅信我們的忍耐是有代價的，一定會為我們換來一頓大餐，讓我們吃到美味的肉。然而，現在希望全落空了。到頭來我們只能吃到沾了沙子的皺椰棗和一點麥片粥，連填肚子都不夠。未來，我們還得走許多路偷偷摸摸地返回薩拉拉，然而目前所剩下的食物即使省吃儉用，也頂多夠撐十天而已。今晚我雖然吃過東西了，肚子仍然很餓，我不知道自己還能撐多久。我們非得再弄點食物不可。奧夫說：「我們必須弄一頭駱駝來吃。」我馬上想到，接下來的一個月，我們大概僅能以曬乾的駱駝肉裹腹了。哈馬德建議我們應該待在艾恩河道（Wadi el Ain）的伊布里附近，再派幾個人去伊布里買食物。他說：「那是阿曼的一個大鎮，要什麼有什麼。」我很想反駁當初他也是這麼說利瓦的，不過終究按捺住了。

這時，穆薩林插嘴說我們不可能進得了都魯人的地區，因為去年他們已經聽說我到穆辛的事，甚且警告貝卡西人不得帶任何基督徒到他們的地盤去。奧夫聽後不耐煩地問他，既然如此，那我們該怎麼走。隨後兩人開始口角上的爭執。我加入了他們的爭論，我提醒穆薩林，打從一開始我們就計畫在回程時行經都魯人的地區，結果他激動地轉向我，並以駱駝杖子重重敲擊地面，對我大聲嚷道：「經過他們的地區？是呀！如果必要的話，我們當然可以偷偷摸摸盡速趕路，但要走也得走沙漠附近的無人地帶。我們從來沒有講好要在都魯人的地盤逗留，也沒有講好要去伊布里附近。這簡直是不要命了！你難道不知道那裡有一個伊瑪目手下的總督嗎？他是拉凱西人（Raqaishi）。你難道沒聽說過拉凱西人嗎？如果他聽到他的轄區裡有一個基督徒，你想他會怎麼做？他痛恨所有不信真主的人。我到過那裡。恩巴拉克，我告訴你，我了解他。如果讓他逮到你，那只有真主能夠保佑你了。你不要以為阿曼和這一帶的沙漠一樣，那裡可是有人住的，有村落，有城鎮，伊瑪目也派了總督管理該地，其中最可怕的就是那個拉凱西人。沒錯，都魯人和我們一樣也是貝都人，可卻是我們的敵人。我們雖然可以偷偷帶著你儘快通過他們的地盤，卻不能在那裡逗留。還有，不要命的人才會去伊布里附近。你聽到了嗎？那裡的人一看到你，馬上就會跑去告訴那個拉凱西人。」

奧夫平靜地問他：「那你想怎麼做呢？」穆薩林怒吼著說：「真主曉得，我哪知道。我只知道我不想靠近伊布里。」我問他是否希望循來時的路返回薩拉拉，「如果是的話，那就太好玩了，不但我們的駱駝疲累，我們也沒有東西可吃。」他狂吼地回答我，那也不比去伊布里差。他那不可理喻的樣子惹惱了奧夫，他轉身走開，口中喃喃唸道：「除了真主之外，別無他神。」我則繼續和穆薩林爭論，直到馬布豪特和哈馬德過來調停才停止。

最後，我們達成共識，我們必須在伊布里買些食物，並向在拉巴德的拉希德人買一頭駱駝，以便在需要時可以殺一頭駱駝應急。哈馬德說：「你們絕不能讓別人知道恩巴拉克是個基督徒。」馬布豪特建議，既然人家絕不會認為我是貝都人，我不如假扮成從哈德拉貿來的阿拉伯人。我極不服氣地說道：「這樣不好。如果扮成城裡的阿拉伯人，我勢必得和別人談論宗教，而且得禱告，我可不會禱告呀。人家可能還會指望我帶頭禱告，到時候就有好戲看了。」大夥聞言大笑，一致同意這個辦法行不通。我說：「既然我們還在這一區的沙漠，我不如扮成一個從亞丁來的阿拉伯人，原先和部落裡的人住在一起，現在正要到阿布達比去。一到阿曼，我可以說我是個敘利亞人，剛到過利雅德，現在正要往薩拉拉走。」卡必納冒出一句：「敘利亞人是什麼？」我說：「如果你不知道敘利亞人是什麼，都魯人大概也不會知道。我看我還是別這麼說吧。」

接著我問他利瓦是什麼樣的地方。他說：「那裡有棕櫚樹，好的那種唷！大部分長在鹽原的沙丘上。那裡的房子都是用草蓆和棕櫚樹葉搭建而成。我沒見到一棟泥屋。那裡的人不是馬納西人就是巴尼亞人，都不太友善。有一個奴隸一注意到我的鞍袋下面的墊子是椰子纖維做成，而不是棕櫚樹的纖維，馬上大喊：『這個少年是從南部來的，他和另外兩個不是一夥的。他可能和搶匪同黨，他們藏在某個地方，然後派他來弄點吃的。如果他們是正派人的話，早就一起來了。』我告訴他們，我和另外兩名拉希德人一起來要為法拉打仗，可是其中一人得了熱病，另外一個只好留下來照顧他。」

馬布豪特十分激動地說：「這些奴隸全是魔鬼呀，什麼事都逃不過他們的眼睛。」

卡必納接著說：「真主哪！當時我真想偷他們幾頭駱駝。不過說實在的，那些駱駝也沒什麼好偷的。村裡的人都很壞，不像薩拉拉那裡的人。他們的女人甚至不肯為我們磨玉米。我希望這些人會遭到報應。結果我只借了個磨子，在天黑後自己磨。」

對他們來說，磨玉米是女人的工作，要是被人看到男人自己動手，那是很沒面子的事。我問他，他們給他吃什麼，他大笑說道：「麵包、椰棗和燉蜥蜴。」我知道他一向極討厭吃蜥蜴肉。大夥兒又開始七嘴八舌地討論哪些食物「合法」，哪些食物「不合法」。阿拉伯人並不把東西分成「可吃」或「不可吃」，而是按回教律法，把食物分成「合法」與「不合法」兩種。依照規定，回教徒不得吃豬肉、血，或任何死前未經割喉放血的動物。他們大都不吃不是由回教徒屠宰的肉，也不吃由未割包皮的男孩所屠宰的肉（不過敘利亞的回教徒，並不排斥由基督徒或德魯士〔Druze〕[1]所宰殺的肉）。除此之外，所謂「合法食物」的定義，人言殊異，各地不同，而且沒啥道理。我問狐狸肉算不算合法食物，哈馬德便向我解釋沙漠的狐狸是合法的，山狐則否。他們一致認為老鷹是合法的，至於烏鴉，除非是為了治胃痛，否則不能吃。穆薩林說都魯人吃他們那一區所產的野驢子，其他人紛紛表示這種行為簡直令人不可置信，教人噁心。我說我寧可吃驢肉也不要吃野貓（奧夫剛才說過野貓肉是合法的食物）。大家談談笑笑，已經渾然忘卻剛才的不愉快。

他們這些人在爭執時往往很容易動肝火，但吵得快，忘得也快。有時雙方吼得臉紅脖子粗，一副準備打架的樣子，不一會兒工夫，兩人又高高興興地坐下來一起喝咖啡。貝都人不會記恨，不過如果他們認為自己的名譽受損，就會立刻報一箭之仇。你要是出手打一個貝都人，那他一定會殺你，只是遲早而已。陌生人很容易在不知情的情況下冒犯他們。有一次，我把手放在卡必納的脖子後面，他立刻轉身氣憤地問我是否把他當成奴隸。當時我根本不知道自己犯了大忌。

捱餓招待客人

第二天上午，營地籠罩著一片濃霧。從我躺著的地方望過去，二十碼以內的阿巴樹依稀可辨，更遠處則只見一團迷茫縹緲的白靄，濕冷有如海上的霧。突然間，我聽見某處傳來駱駝低吼的聲音，顯然有人正朝牠們走近。我摸索著自己的步槍，四下掃視，看看是否有人不在，只見卡必納正對著一堆冒煙的樹枝吹氣，穆薩林正將一些椰棗堆在盤子上，哈馬德和賈地則在禱告。我猜想一定是馬布豪特和奧夫在照料駱駝。我站起身，發現昨晚我用來蓋睡袋的斗篷已經濕透了。過去一個星期以來，晚上的露水濕重，這是由於北風帶來波斯灣的濕氣所致。我以前就發現，在大漠南部，來自阿拉伯海的南風總會夾帶露水和晨霧；大漠裡的露水倒是不多。我推論在比較靠近海岸的地方，露水對草木的滋長必定有所助益，因此每次聽奧夫堅稱露水會讓草木焦枯，我總是非常驚訝。

哈馬德自願陪我們走到伊布里，我們欣然接受，因為他熟悉這個沙漠區，知曉目前各部落分布的情形。他提議我們最好沿著利瓦的南端走，目前那一帶並沒有人居住。通常利瓦南邊的鹽原上可以看到許多馬納西人的駱駝群，最近他們因為遭到一批來自狄拜的人馬搶劫，損失不輕，所以大多數已經集體遷往西邊。哈馬德向我解釋，馬納西人讓駱駝吃鹹水灌木，因此他們的駱駝很容易口渴，一天總要喝三、四次的水，導致他們只能待在水井附近的地區。一般說來，鹹水灌木不太受乾旱的影響，利瓦四周的平原上有很多這類灌木，而且一年四季都可見到。問題是我們的駱駝不吃這種灌木。卡必納問我們這一路是否能找到給駱駝吃的草木，他說：「那些駱駝很可憐，實在不應該再讓牠們挨餓了。看到牠們受苦，我心裡真的很難受。」哈馬德向他保證，未來幾天內我們將可找到足夠的草木，同時一旦到了拉巴德，那裡也會有許多牧草地。於是我們同意他的提議。

我們吃了一些椰棗，然後賈地打道回府，我們則朝東邊出發。此時霧氣濃重，我滿心希望我們不致因此誤入某個部落的營地。又過了兩個小時，霧氣才逐漸散盡。

一路上，我們遇見的沙丘一致由西向東分布，因此我們走得極為輕鬆。這些沙丘全是由塊狀的大山丘所組成，頗像我在迦寧看到的「凱德」。不同的是，它們峰峰相連，呈平行排列，高度大約三百呎，中間的山谷長滿了碧綠的鹹水灌木。我們經過好幾座棕櫚林，以及數個小村落，村裡的茅舍盡如卡必納所描述的，是由草蓆和棕櫚樹葉搭成，不過已經破破爛爛，無人居住了。

中午，當我們正吃著那些令人不敢恭維的椰棗時，兩個帶著一條獵犬的阿拉伯人突然出現在遠方的一座沙丘上。他們站在沙丘上遙望我們，奧夫朝他們走過去。只聽他們向奧夫大喊大叫，要他不可再靠近。當奧夫回喊問他們要一點「消息」時，他們回說他們沒有任何消息，也不想聽我們的消息，並揚言如果他敢再靠近，他們就會開槍。他們看了我們一會兒，隨即揚長而去。

我們行進得十分緩慢，以便讓駱駝能夠休息。離開巴拉水井五天後，我們到達拉巴德沙漠，沿路偶爾會看到一些駱駝。無論牠們在多遠的地方，我的夥伴們總可以一眼看出牠們是否正在泌乳。他們總是說：「瞧！那兒有駱駝呢！」說著便指著一哩外（有時甚至更遠）某座沙丘上的一些小黑點。再細看，他們可以一致認定哪幾頭正在泌乳，然後我們馬上走過去擠奶。依照慣例，沙漠裡的旅人遇到駱駝可以逕行擠奶。這些駱駝吃的是鹹水灌木，一坨又一坨綠色稠體狀的糞便不停地從牠們的後腳處滑落。奧夫告訴我，凡是以鹹水灌木為食的駱駝通常會這樣拉稀，不過只要牠們大量喝水就沒有關係。事實上，牠們大多數看起來非常健康。

有一次我們碰到十幾頭駱駝，由一位帶著兩個小孩的婦人照料。奧夫說：「我們去要點駱駝奶來喝吧！」於是我們騎了過去。奧夫跳下駱駝，和那個穿著舊得泛綠的黑色衣裳、面容乾癟的老婦人打了招呼，便拿著她遞給他的碗朝駱駝走過去。老婦人向她兒子高聲叫道：「快點！快點！去牽那匹紅色的來。去牽那匹兩歲的。你死人哪！快點呀！去牽那匹紅色的，那匹兩歲大的。歡迎！歡迎！歡迎我們的客人呀！」奧夫把碗遞給我們，我們依次蹲下來喝（沒有一個阿拉伯人會站著喝奶）。老婦人問我們要往何方去，我們答道要去為阿布法拉人作戰，她聽完說道：「願真主保佑你們得勝！」

還有一次，我們經過馬納西人的一座小營地。哈馬德堅持，既然已經被他們看見了，我們就必須前往探訪他們，否則會引起他們的疑心。當時我們正徒步行走，於是我建議他們讓駱駝留下來吃草，由我看守，一邊等他們回來。在經過一番爭論後，他們才同意。我知道他們渴望去那裡喝駱駝奶，我原本也想同行，繼而又想，若因此被人識破，未免太不值得了，所以還是決定留守原地。從他們回來後，卡必納每次看到我就衝著我咧嘴一笑，我問他有什麼事情這麼好笑，他回答：「那些馬納西人給了我們一些駱駝奶，堅持要我們帶你過去。他們說：『你們為什麼讓你們的夥伴獨自留在那兒，喝不到駱駝奶呢？』奧夫告訴他們你是我們的奴隸，但他們仍然堅持要我們帶你過去。」我知道貝都人出門在外一向把奴隸當成同伴，並不會有差別待遇。卡必納接著說：「最後奧夫只好說：『喔，他有點癡呆，就別讓他過來了！』這會兒馬納西人才不再堅持。」馬布豪特說：「對呀，他們聽了這話之後就不再說什麼了。可是，他們看我們的眼神變得有點怪的。」

第二天早上，我們正領著駱駝走下一座沙丘的陡坡，突然我聽到一陣陣低沉而帶著震動的「嗡嗡」聲，這聲音愈來愈大，後來變得像一架低空掠過的飛機，嚇得駱駝拔腿想逃，然後扯緊韁繩，掉頭看著我們上方的斜坡。當我們走到坡底時，這個聲音嘎然而止。原來是「沙地之歌」（the singing of the sands）。阿拉伯人形容這種聲音是怒吼，可能較為傳神。我在阿拉伯沙漠的五年當中，只聽過六次。據我看，這是一層沙滑落到另外一層沙上面時所發出的聲音。有一次，我站在一座沙丘的尖頂，把腳踩在陡坡上，沙丘立時開始吟唱，後來我把腳拿開，聲音即刻停止。於是我發現，其實我可以隨意製造或停止這類歌聲。

就在快到拉巴德的路上，穆薩林突然躍下駱駝，迅速把手臂伸進一個淺淺的洞穴裡，猛地拉出一隻野兔來。我問他怎麼知道那隻兔子躲在那兒，他說他看到兔子的腳印進了洞，卻沒有出洞。那天下午我們緩緩行進，終於抵達拉巴德。那裡有一大片相連的小沙丘，還有駱駝可吃的豐富牧草，於是我們停留在沙丘地的邊緣。我們決定把剩下的麵粉吃完。穆薩林從他的鞍袋裡找出三顆洋蔥和一些香料。我們圍坐在一起，饑腸轆轆地看著卡必納烹煮那隻野兔，還不時七嘴八舌地給點意見。大夥摩拳擦掌，準備大快朵頤一番，因為除了奧夫在烏魯阿沙巴附近所殺的那隻野兔外，我們已經有一個多月不知肉味了。我們嚐了幾口湯，決定讓肉再燉久些。這時卻見卡必納抬頭一看，慘叫一聲：「天哪！有客人來了！」

原來有三個阿拉伯人正朝我們走來。哈馬德說：「他們是米亞的兒子巴克西特、恩巴拉克和撒林。」並轉向我說：「他們都是拉希德人。」我們跟他們打了招呼，詢問消息，並為他們烹煮咖啡。然後穆薩林和卡必納把兔肉和麵包放在盤子裡，擺在客人面前，並說些「你們是我們的客人，今天真主把你們帶來這裡是我們的福氣」等等的話，看起來很有誠意。那三位拉希德人邀我們一起享用，不過我們拒絕了，一再表示他們是客。我心裡其實恨不得殺了他們（希望他們沒看出來），但也只能和其他人同聲表示真主把他們帶來，真是個好兆頭。等到他們用餐完畢，卡必納把一團黏不拉嘰的椰棗倒在盤子上，叫我們過去吃。

我滿肚子火地躺下來睡覺，可是根本無法成眠。奧夫他們倒是很高興遇到同族的人，大夥在離我幾碼外的地方興高采烈地聊個不停。我氣憤地想：為什麼貝都人說話總是那麼大聲？後來我用我的老方法讓自己慢慢平靜下來。我問自己：「你已經後悔來到這裡了嗎？」想到自己的答案是否定的，就覺得好過些了。然後我又想著沙漠民族待客的熱情，並拿來和我們西方人作比較。我依稀記得那些我曾經拜訪過的營地，在敘利亞沙漠時所睡過的小帳棚。無論到哪裡，總會有衣衫襤褸的瘦弱男子和面帶菜色的孩童過來和我打招呼，用沙漠裡的迎賓詞歡迎我，然後在我面前擺上一個大盤子，上面擺了煮好的新鮮羊肉，四周堆滿了米飯。接著，主人又會在飯上澆灑大量金黃色的液體奶油，直到奶油溢出來，流到沙地上為止。當我說：「夠了！夠了！」的時候，他們一定說他們對我的歡迎百倍於此。如此慷慨的熱情往往讓我不自在，因為我知道，我吃下這一頓後，他們自己可要餓上好幾天。甚至當我離去時，他們猶是口口聲聲說我來到這裡真是他們的福氣！

想著想著，我的思緒陡地被大夥扯高的嗓門所打斷。原來他們彼此起了爭執。我看到卡必納正以手指天，激動地說些什麼。我豎耳傾聽，果然不出我所料，他們正在爭論錢的事，所涉及的錢只有幾先令，而且與他們任何一個人都沒有關係，只是一樁古老的金錢糾紛。我心想，世上還有哪個民族像阿拉伯人這樣貪婪，視錢如命？接著，我想到那次卡必納在迦法把他僅有的一條纏腰布送人的事，不禁慨嘆，除了貝都人還有誰會做這種事？貝都人就是這樣，個性很極端，他們要不就是超乎常情的慷慨，要不就是吝嗇得令人難以置信；有時耐性十足，有時又像瘋子一樣衝動；有時勇敢得不可思議，有時又會莫名其妙地驚恐慌張。他們生性儉樸刻苦，雖粗茶淡飯也怡然自得，平常人視為不可或缺之物，對他們而言卻如同糞土。雖然他們一有機會（這種機會少之又少）就大吃大喝，我卻從未遇見過一個貪吃的貝都人。他們時常一連幾個月沒有性生活，但即使是最刻苦的貝都人也不認為禁慾是一種美德；他們希望多子多孫，並且認為上帝造女人，就是為了滿足男人的需要，刻意不近女色不僅違反自然，簡直荒謬可笑。貝都人對於別人的嘲弄也相當敏感。貝都人對女性的觀念固然如此，然而他們對婦女卻頗為尊重，他們可能會以自己姊妹的名字來作為作戰時的口號。格拉布曾經說過，中世紀時歐洲所流行的那種對女性體貼殷勤的騎士精神，其實是在十字軍東征時從阿拉伯人那兒學來的。貝都人極端重視人性的尊嚴，他們多數具有「士可殺，不可辱」的精神。在陌生人面前他們很拘謹，遇到正式場合，他們可以安安靜靜坐上好幾個小時，而且不動如山，但私底下，他們聒噪叨絮又無拘無束。不過，在宗教狂熱分子的鼓吹下，他們每每可以變得極端嚴肅，禁絕娛樂，不苟言笑，甚至認為歌曲和音樂是罪惡之源。世上也許找不到任何一個民族或個人像貝都人這般，集各種極端矛盾於一身。

那夜，一直到天將破曉，我朦朦朧朧地還可聽見他們的聲音。

尋找護航人

早上，巴克西特頻頻邀請我們去拜訪他的帳棚，他說：「我會給你們油和肉。」這是貝都人的傳統說法，意思是他會殺一頭駱駝來招待我們。我們非常心動，因為大家都餓得慌了。但哈馬德認為我們最好不要前往，原因是，巴克西特紮營的那片沙漠住著許多阿拉伯人。我們告訴巴克西特，我們想買一頭駱駝，他立刻表示他會去牽一頭過來，並約定次日在東邊的一口廢井旁與我們會合。第二天，他果然在日落前來到，帶了一頭生長在沙漠裡的強壯的黑色駱駝，只不過那駱駝已經相當老邁，老得連腳板上的皮都垂了下來。奧夫認為這樣的駱駝到都魯人的礫石平原上一定走不了多遠，而馬布豪特則說我們可以帶著牠，等到牠走不動了再把牠宰了。我們討價還價一番後決定把牠買下來。

隔天早上，我們在路上看見幾頂帳棚。哈馬德說：「我不知道這些人是哪裡來的。」於是我們改道朝右邊走，以便離他們遠一點。霍地一名男子朝著我們飛奔而來，嘴裡一邊喊：「停！停！」當他靠近時，哈馬德說：「沒事了。他是老穆哈瑪德的兒子撒林。」我們和他打過招呼。他說：「你們為什麼經過我的帳棚不停留呢？來吧！我會給你們肉和油。」我立即反射性地回絕，他卻堵了我一句：「你們要是不來，我就把我的妻子給休了。」這是所謂的「休妻誓」，如果我們拒絕，他真會休了他的老婆，於是我只好住口。他挽了我的駱駝的韁繩，把牠牽到他的帳棚那兒。這時有一個老人過來招呼我們，他有一把長長的白鬍子，眼神和善，聲音也輕柔，走路模樣就像所有的貝都人——腰桿挺直。哈馬德介紹：「這是老穆哈瑪德。」他們的兩頂帳棚非常小，不到三碼長、四呎高，裡面有一半空間堆滿了鞍袋和其他用具。我們為駱駝卸貨時，有一名老婦人、一名較年輕的婦人和三個小孩在一旁觀看。其中一個小孩年紀還很小，光著身子，拖著一把鼻涕，嘴裡吮著拇指。婦人們身穿深藍色袍子，沒有蒙面；較年輕的那位頗具姿色。撒林把奧夫叫過去，隨後兩人一起走到沙丘的另一邊，回來時帶了一頭小駱駝。他們到帳棚後面將牠宰殺了。

在這同時，老人煮好咖啡，並拿出棗子招待我們。哈馬德告訴他：「他就是那個基督徒。」老人問道：「就是去年和卡曼及其他拉希德人一同到哈德拉貿的那個基督徒嗎？」從哈馬德那兒獲得確認後，他便轉向我說：「一千個歡迎。」顯然，我去年到哈德拉貿的消息，沒有多久就傳到這麼遙遠的地方（位於波斯灣附近）來。我對此倒不意外，因為我知道貝都人對於小道「消息」興趣高昂。他們向來渴望知道有關他們的族人、搶匪、各部落的遷徙、以及牧草地的位置等最新消息。我的經驗是，為了打探消息，他們無論如何都不嫌麻煩。我已經發現，過去幾天來，當我們故意避開沿途的帳棚時，我的夥伴們最不能忍受的並非沒有駱駝奶喝，而是沒有消息可以打聽。對他們來說，經過有人住的地方卻無法掌握周遭動態，是件很不痛快的事。

「有什麼消息呀？」這是沙漠裡的人見面必問的問題，即使是陌生人也不例外。只要抓到機會，貝都人可以一聊好幾個小時，就像卡必納他們昨晚那樣，而且鉅細靡遺，不嫌繁瑣。沙漠民族不知道「口德」為何物，也無所謂的「私生活」。當一個人表現出色，他必然會聲名遠播，反之，他做出了丟臉的事，也一定會家喻戶曉。正因為對「輿論」的畏懼，這些沙漠民族才會乖乖恪守各種嚴格的習俗與規約；他們明白，無論在哪裡，總會有一些眼睛盯著他們看，也因此他們的舉止常有過分誇張或演戲之嫌。格拉布曾經告訴過我一個貝都族酋長的故事，此人號稱「狼的東道主」，這稱號來自每次他只要聽到帳棚附近有狼嗥的聲音，就會命令他的兒子牽一頭山羊到沙漠裡，據他說，是因為他不能坐視向他討晚飯的人空手而返。

快到傍晚時，撒林在我們面前鋪了一條毯子，上面放置一個裝滿米飯的大托盤。他把一塊塊的肉從鍋子裡拿出來放在托盤上，並舀了一些湯澆在飯上，再在上面倒了一盤奶油。接著，他拿水淋在我們伸出的雙手上。老穆哈瑪德請我們開始進食，雖然我們一再邀請，他還是不肯與我們共食。他站在一旁看著我們，嘴裡直說：「吃吧！吃吧！你們餓了，累了，又走了這麼遠的路。吃吧！」他大聲叫撒林拿來更多奶油，根本不管我們說奶油已經夠了。他從撒林手中接過盤子，又澆了更多的奶油在飯上。我們終於吃飽了，大夥兒吮著手指一起站起身來，口裡喃喃唸道：「真主會回報你們呀！」然後我們用水洗手。由於附近有井水，所以我們無需拿沙子擦手。接著撒林把咖啡端給我們。在吃過油膩的米飯和一團團冷冷的肥肉之後，這些味道苦澀的咖啡喝起來特別清新爽口。撒林和他父親一直央求我們再多待一天，如此人和駱駝都可以得到充分休息，我們也欣然答應。黃昏時他們端來了駱駝奶，我們全喝得盡興。每當我們把自己喝過的碗遞還給他，他便說一聲：「真主保佑這畜生呀！」這話自然是為那頭泌乳的駱駝祈福。第二天早上，巴克西特和恩巴拉克也來了，並說他們早料到我們會在這裡。巴克西特很想跟我們一起前往伊布里，他希望拿賣黑駱駝的錢到那裡買些稻米和咖啡，但因拉希德人向來與都魯人不睦，所以他不敢獨自前往。

分布於哈德拉貿與阿曼間的部落群，截然分成兩大敵對陣營，即今日的迦法里人（Ghafari）與哈那威人（Hanawi）。這兩個名字雖然源自十八世紀初期阿曼內戰時，事實上他們的敵對狀態由來已久，最早可能起源於阿德南和卡坦兩部落後裔之間的對立。都魯人屬於迦法里派，拉希德人則是卡坦的後裔，因此屬於哈那威派。若要安全通過都魯人的地盤，我們需要一個可以護送我們過關的「護航人」（rabia），此人必須來自都魯族或其他的部落，而根據部落間的約定，他有權護送別人經過都魯人的地盤。護航人必須發誓：「你們是我的同伴。你們的生命財產安全是我的責任，否則我會無法在此立足。」根據阿拉伯人的習俗，結伴同行的人一定要負責彼此的安全，為了保衛自己的同伴，必要時得挺身而戰，即便因此必須與親族反目也在所不惜；同夥中若有人遇害，大家都有義務為他報仇雪恨。沒有部落會對擁有它強大同盟的族人所護送的旅隊展開攻擊，即使是來自弱勢小部落的「護航人」，仍能提供應有的保護。而各族實施保護的方式與範圍則頗為複雜。我的夥伴們一路上經常會以假設性的例子舉行辯論，藉以自娛，有時看他們爭辯時的投入，不禁使我想起那些在法庭上辯論的律師。眼前我們的困難是必須在沒有護航人的情況下進入都魯人的地盤，並且設法在當地找到一個護航人。雖然拉希德人與都魯人目前並未交戰，可是關係相當緊張。

三天後，我們在大漠東部邊境的荊棘樹叢間紮營。次日，我們騎駱駝走了七個小時，橫越一片布滿石灰岩碎片的礫石平原，只見遠處一抹黃色的煙靄，有如污穢的窗簾布懸浮在地平線上。那天傍晚，我們在一條長著幾叢牧豆樹的沙質河道上紮營，看見一棵牧豆樹的枝椏上掛著一大袋椰棗；它的主人把它放在那兒，似乎十分肯定不會有人打它。日落時分，我們看見遠處有幾頭山羊，牠們遠遠避開我們。夜裡，營地附近有一隻野狼嗥叫，那是我這輩子所聽過最令人毛骨悚然的聲音之一。

黎明，我看見東邊有一座大山，哈馬德告訴我，那就是伊布里附近的考耳山（Jabal Kaur）。不久，晨靄漸濃，把山遮住了。當我們走到艾恩河道近處，哈馬德提議由他和奧夫走在前面開道，以便萬一靠水井處有人時，可以事先通知對方，以免他們向我們開槍。他們兩人朝著橫亙前方的帶狀樹林走去，沒多久，我們在接近水井的地方，看到一群阿拉伯人正與哈馬德在爭論。奧夫過來要我們停在原地，因為前面出了一點狀況。他連忙解釋他和哈馬德抵達水井後，就和兩個正在汲水給駱駝喝的都魯人攀談，那兩人倒還算友善，但不久，另有一夥從伊布里用駱駝載著棗子來的都魯人也到了，他們不准拉希德人使用他們的水井。奧夫說完又回到水井旁去找那群人，我們焦急地等待著，不知情況究竟如何。過了半小時，他和哈馬德帶了一位青年回來，那位青年和我們打了招呼，要我們為駱駝卸貨，並叫我們不要拘束。他說等他打完水就帶我們去他的營地。接著，那支來自伊布里的駱駝隊開始打水給他們的駱駝喝，其中一位突然出其不意地給了哈馬德一小袋棗子，那些棗子又大又甜，問題是我現在對棗子反感透頂了，連看都不想看一眼。駱駝隊後來沿著河道離開，我們隨後走到水井旁汲水。那裡的水乾淨清澈，大約有二十呎深。

到了下午，那個叫阿里的年輕人帶我們到兩哩外他的營地去。這裡的艾恩河道（是從阿曼山區向西流到沙漠的三條大河道中最大的一條）並不單是一條乾涸的河道，而是由好幾條較小的河川所組成，各個河床由礫石和沙子所堆成的土堤間隔著。此地的樹林和灌木雖然因乾旱而凋萎，不過比起剛才經過的荒涼礫石平原，仍然十分賞心悅目。

阿里的營地上沒有帳棚，也沒有茅屋；他和家人住在兩棵高大的刺槐樹下，家用器皿全掛在樹上。顯然，他們已經住在這裡很久了，這從他們用來在夜裡關住羊群的兩個由樹枝堆成的羊圈，堆滿了厚厚一層羊糞可見出端倪。我們看到兩個蒙面紗的婦人、一個十四歲的癡呆少年及三個幼童。我們在距營地不遠處的牧豆樹林裡卸下馬鞍，這裡的樹木大部分的樹枝全被砍下來作為山羊和駱駝的飼料。阿里宰了一頭羊，並在傍晚時為我們端來一頓有肉、有麵包，還有椰棗的豐盛晚餐，他同時帶了一個奴隸前來過夜。他答應陪同我們的人一起前往伊布里，不過同來的奴隸卻說，幾天前那兒的人和一群拉希德人發生爭執，這消息令我們感到不安。阿里問我是否要一起前往伊布里，我說我最近得了熱病，想留在這裡休息。之前，奧夫已經告訴他我來自敘利亞，最近曾到過利雅德，現在要去薩拉拉。我們取得協議，由卡必納和穆薩林留下來陪我，其他人則前往伊布里。阿里承諾等他從伊布里回來，即陪同我們前往阿邁里河道，並在那裡另找一個護航人帶我們通過剩下的都魯人地盤。

要前往伊布里的人員第二天早上便動身出發，阿里說他們五天後回來。下午，阿里的父親（名叫司太雲）領著他的姪子穆哈瑪德過來。司太雲是個和善、純樸的老人，臉上滿布皺紋，眼裡有一種詼諧的神采。看樣子，他大概不會問一些讓我不安的問題，但是對穆哈瑪德我就沒把握了；後者身穿一件潔淨白袍，戴著昂貴的羊毛頭巾，配上一把銀柄匕首，整體看起來十分體面。他最近才到過穆斯卡特，為人顯然比他叔叔要老成世故得多，不過還算友善。司太雲建議，最好還是由穆哈瑪德陪同我們到阿邁里河道，但是我寧可選擇他那位較易相信的兒子阿里一同前往。我擔心如果我必須和穆哈瑪德共處多天，必定很難不暴露自己的身分，因為他很快就會發現我根本不作禱告，因此，當聽到他說必須返回自己的營地時，我簡直鬆了一大口氣。不過他又說，只要司太雲派人請他，他一定會回來。另一方面，司太雲證實，幾天前確實有拉希德人在伊布里惹麻煩，然而他們已經出錢賠償，所以現在沒事了。

那幾天我們過得既快樂又逍遙。司太雲請我們吃麵包、棗子和駱奶，與我們共度了大部分時間。我跟這老人相處愈久，就愈喜歡他。我問他有關烏阿薩明流沙的事，他告訴我，艾恩、阿斯瓦（al Aswad）和阿邁里三條河道的盡頭都在那裡。這片流沙大約位於我們西邊五十哩的地方，我從前曾聽說有好幾群盜匪在那裡被流沙所吞沒，司太雲也證實了這項傳聞，並說他自己就親眼目睹那裡的沙地突然裂開，將一群山羊盡數吞噬；那些山羊掙扎了一會兒，沉沒沙間。我當下即決定，有朝一日要重返此地造訪烏阿薩明，並設法闖伊瑪目轄下的山區。我雖有意從老司太雲處打聽此行所需的資料（如當地部落分布情形和各族結盟的情況、各族酋長之間的關係、伊瑪目政府所在的位置及其運作方式，還有每座水井的位置和它們之間的距離等），但眼前我只求能夠盡快平安抵達白城。事實上，我開始有點擔心，因為我的夥伴們已經離開六天了，至今杳無音訊。

想到最近在伊布里所發生的事，司太雲也極憂心兒子的安危，因此力促我前往那裡一探究竟。他說如果他們真的遇到困難，我可以向當地總督黎凱西求情，或甚至代他們求見納茲瓦（Nazwa）的伊瑪目。到了第七天，我毅然決定在次日上午和司太雲一起前往伊布里。我明白，到了伊布里，我可能會暴露自己的基督徒身分，一旦如此，以我對黎凱西和伊瑪目的了解，我的處境絕對不會好過。我也知道，即使我挺身為遇到麻煩的夥伴們求情，對他們也不會有所幫助，但是除此之外，我別無選擇。主意已定，正待出發之際，他們竟在日落時分返回營地。看到他們我如釋重負，心想問題都解決了。他們告訴我，這趟路程比他們想像中的更遙遠，我明知他們其實是有意在伊布里多逗留幾天，享受玩樂一番，但也不忍加以苛責。

隔天，哈馬德和巴克西特各自回家。等司太雲把穆哈瑪德帶來，我們一行人便在河道的另一頭紮營。我們花了八個小時走到阿斯瓦河道，又走了整整兩天才抵達阿邁里。一路上，我想蒐集一些繪製地圖所需的資料，怎知並不容易，加上穆哈瑪德和我們同行，我也不能拍照。他詢問其他人為何我不作禱告，他們向他解釋，說敘利亞人信教顯然信得並不虔誠。

在白城與夥伴會合

阿邁里河道和其他幾條一樣，非常寬闊，上面灌木和樹木長得非常茂盛。穆哈瑪德帶我們到一個名叫賴伊的人所住的營地，他屬於小部落阿法族（Afar），並安排他帶領我們通過瓦西巴人的地盤。瓦西巴族屬於哈那威派，與都魯人為敵，因此沒有一個都魯人可以護送我們安全經過該區，但是都魯族與瓦西巴族雙方一致同意接受由阿法族人擔任護航人。第二天，穆哈瑪德打道回府，我們則在原地待了四天，因為未來我們尚有漫長的路要走，而且賴伊說一旦離開阿邁里，就很難找到給駱駝吃的草木了。此地最近下過雨，樹上都長了葉子，河道上有許多都魯人帶來一群群的駱駝、綿羊和山羊，以及無數的驢子在放牧。那天晚上，我向賴伊透露了我的真實身分，穆薩林覺得我沒有必要隱瞞他。他知道後看著我說：「如果都魯人知道你是誰，你肯定到不了這裡。」他並警告我千萬不能讓別人知道此事。從我們所住的營地可以看到穆斯卡特背後那座「綠山」阿克哈達山綿延的山脈，此山足足有一萬呎高，仍是未經探測的處女地。除了「綠山」之外，另有幾座較靠近我們的山峰，但沒有一座標示在我的地圖上。我手中的地圖有許多地方純係繪圖者的臆測，並無實據，例如圖上所繪的艾恩河道居然流到阿布達比附近的海域，也因此讓我更加堅決要重返此地，好好探勘一下這個地區。

我提議將那頭老黑駱駝宰殺掉，因為牠腳底的皮已經愈磨愈薄，開始有點跛了。但他們認為這裡人數太多，要是現在就宰殺牠，必須把肉悉數分給別人。

我們再度啟程。接下來的每天都是黎明即出發，走到日落方歇，旅途漫長而無聊。每天上路之前，大夥兒會吃些棗子，只有我實在無法再忍受那種黏黏甜甜的口感，於是索性餓到晚餐才吃。日復一日，我們騎乘駱駝緩緩前行，感覺似乎有走不完的上坡路，而橫在前方的永遠是那無垠無涯的地平線。空曠的礫石平原上反射著耀眼陽光，天空呈現一片單調的藍，在這樣的大地上，我的視線沒有可以停駐的焦點。有時我會看到遠遠的幾個小黑點，猜想大概是遠方的駱駝，等往前走幾步，竟發現那不過是我們腳下的石頭罷了。我很訝異他們居然在茫茫大地中仍能分辨方向，尤其是在日正當中時。況且駱駝絕不會直直地走。以我的駱駝為例，牠總會稍微偏向右邊

（牠家鄉的方向），使得我不時得拿著杖子敲敲牠的背，次數多了難免覺得厭煩。賴伊等人邊走邊談，根本不在意方向，可當我偶爾拿起羅盤查看時，每每發現我們行走的路線從來不曾偏離，頂多只差個幾度。離開阿邁里六天後，我們到達臨近南部海岸的郝須（Haushi）水井。這兩天，那頭老駱駝走起路來瘸得很厲害，似乎頗為痛苦，令人看了心生不忍。走到這裡，駱駝能吃長在河道上光禿禿的荊棘叢所長出的新芽，偏偏老駱駝無福消受，因為牠已經習慣了大漠裡的草木，牠那柔軟的牙齦咬不動荊棘這樣堅韌的東西。牠愈來愈消瘦，奧夫看了看牠說：「等到我們宰殺牠的時候，牠大概也沒有多少肉可以吃了。」在抵達郝須水井的那個傍晚，我們把牠殺了。然後我們把肉切成長條掛在灌木叢上曬乾，再把骨頭放進牠的胃袋，用一條切割下來的皮綁住，把胃袋埋在沙裡，並在上面升起一堆火。第二天我們把胃袋挖出來，發現袋裡的骨頭已經空空如也，但旁邊卻浮著一團帶血跡的東西。馬布豪特把這東西倒進一只空的羊皮袋內。貝都人成天巴望能吃些有油水的東西，我滿心想的卻是水果，包括那一串串的葡萄和有白核的櫻桃。我們藏身在沙丘之間，終舊被兩個瓦西巴老人發現，所幸他們平易好相處，對我們頗為客氣，也很歡迎我們。他們來此的目的並非為了吃肉，而是要打聽消息並找點樂子。他們帶了駱駝奶給我們，並和我們一起過夜。我們在黃昏時用餐，大夥盡情大嚼大啖。駱駝肉聞起來有些腥膻，咬起來韌勁十足，湯太油膩又有一種怪味，但在餓了幾個星期後，這已經算是一場珍饌盛宴了。吃飽後，我躺在沙地上，那兩個牙齒已經掉光的老人則在一旁嘰嘰咕咕，聊些陳年舊事。附近不時傳來駱駝打嗝和反芻的聲音。

第二天我們留在原地，便於讓駱駝肉乾透。然後，便往西朝白城的方向前進。我們又經過一片曠野，此處不僅空曠，甚且了無生氣。石灰岩的地表上有一些淺淺的窪洞，裡面滿是黏膩的黑泥，泥上散布著鹽和沙的碎片，看起來彷彿是陽光下腐爛的動物屍體上面的斑點。我們一天走八九個小時，中途不曾停歇，一路上單調而無聊。一個小時又一個小時過去，談話聲漸漸止息，煩悶的感覺愈發強烈地啃噬著我。我們把臉蒙起來抵擋熱風，並瞇著眼以對抗那教人暈眩的強光。我們在郝須宰殺駱駝時所招惹的蒼蠅一路跟著我們，成群地盤旋在我們的頭頂與背上，只要稍微移動，它們便密密麻麻地聚攏在我們的臉旁，發出嗡嗡的聲音。我一路騎著，身體隨著駱駝的步伐前後搖晃，幸好長久以來已經習慣這樣的姿勢，所以不再覺得背疼。我看著太陽緩緩在上空移動，渴望夜晚早些降臨。當夕陽隱落在煙靄後面，立即變成一個既無熱度也無光亮的橘色圓盤，我透過小型望遠鏡看過去，看到它表面上像黑洞一般的太陽黑子。它在離地平線還有一指之距的時候慢慢消失，隱沒於不見半片雲彩的金黃色天空中。

我們在離開郝須五天後抵達白城。一看到遠處的駱駝，馬布豪特說：「那頭是屠其亞的駱駝，那頭是阿瑙夫的駱駝。」我們朝向一道山脊走去，突然前面出現了一個小小的人影，是阿瑙夫。「他們來了！他們來了！」他聲嘶吶喊，從斜坡上直飛奔下來。老譚泰也出現在眼前，蹒跚地朝我們走來。我渾身僵硬地跳下駱駝，和他們打招呼。老譚泰伸出雙臂將我抱住，眼淚撲簌簌流了下來，激動得語無倫次。想當初那些貝卡西人從迦法回來時，他簡直氣得七竅生煙，指責他們棄我而去，致使全族蒙羞。我們把駱駝牽到他們的營地，按照規矩互打招呼、交換消息。那天是一月三十一日，我和他們在穆辛分手是十一月二十四日的事，不過是隔兩個多月，感覺卻恍若已經過了兩年。

目前留在白城的只有老譚泰、屠其亞和他兒子，其他人都到沿岸去了，因為那裡的牧草較豐沛。屠其亞說他明天會把消息帶給他們。那天晚上我們睡得很少，大夥不停聊著，喝了一杯又一杯的咖啡，訴說著我們一路上的遭遇。對貝都人而言，光是講述大概是不夠的，他們希望我們鉅細靡遺地描述我們所見所做的每一件事情、我們所遇到的人，以及那些人說了什麼、我們又說了什麼、我們吃了什麼、什麼時候吃、在哪裡吃等等。無論是多麼瑣碎的細節，我的夥伴們全記得一清二楚。午夜過後許久，我才躺下來睡覺，但我的同伴們還在聊個不停。第二天，其他人也來了，還帶了許多哈拉西人。他們都想來看看我這個基督徒長什麼樣子，其中有幾個婦女，她們戴著一種用硬挺的黑布做成有如面胄般的面罩，當中一個還穿著白袍，看來很不尋常（見圖6）。眾人來來去去，絮絮不休，唯有蘇爾坦獨坐一旁，若有所思。如今我所有的憂慮和困難都已經結束，但在抵達薩拉拉之前，我們仍然有很長的一段路要走。

我們沿著哈拉西（Jaddat al Harasis）平原前進，每天通常走上八到十小時。我們這一群人好像一隊小小兵團，其中有許多哈拉西人和馬哈拉人與我們一道，他們要到薩拉拉拜訪新近剛抵達此地的穆斯卡特的蘇丹。我很高興能跟這些友善的朋友們相聚，回想當初在穆辛期間，我還巴不得離他們遠一點呢。我愉快地沉浸在眼前駱駝隊那一波波雄壯的節奏中：駱駝趴躂趴躂的腳步聲、人們扯著嗓子講話的聲音，以及那使得人與牲口都血脈賁張、紛紛加快腳步的歌唱聲。特別是，這裡的大地欣欣向榮。平頂的刺槐樹叢裡有瞪羚在吃草，有一次遙遙望見一群大羚羊，牠們的身影在這片晦暗色調的礫石平原上顯得分外雪白。此外還有蜥蜴，身長約十八吋，在地上疾走，由於牠們的尾巴呈圓盤狀，因此阿拉伯人稱牠們為「銅板之父」（The Father of the Dollar）。我問他們是否吃過這種蜥蜴，他們卻說蜥蜴肉是不合法的食物。不過，他們會吃其他沒有圓盤狀尾巴的蜥蜴。話說回來，我們已經不需要再吃蜥蜴肉果腹了。我們每一天都可以吃到瞪羚肉，穆薩林甚至有兩次獵到了大羚羊。

我們在考耳水井汲水。我很納悶，對阿拉伯人而言，水究竟要難喝到什麼程度才算不能喝？六天後，我們又在伊斯布（Yisbub）汲水。此處水質清新，還有一種名叫「孔雀草」的羊齒植物長在高過水池濕漉漉的岩石間。我們繼續前行，到達前年曾經來過的安德賀，並在一座棕櫚林附近紮營。我們登上卡拉山脈，在那裡俯眺海洋。當時距我們離開白城已經十九天了。直到下午我們才下山，在達巴（Darbat）水池旁幾棵高大的無花果樹下紮營。水池上有野鴨、長尾鳧、赤頸鳧和大鷸。當晚就著月光，三隻身上有斑紋的土狼繞著我們的營地打轉，一邊發出咕嚕咕嚕的聲音。穆薩林打死了其中一隻。

我們派人送信到薩拉拉。第二天早上，總督帶領一大群鎮民和貝都人騎著駱駝出城迎接我們；他身邊有許多拉希德人，其中幾位是我的舊識，其餘我一概不曾見過。當中有一個名叫卡路特（Bin Kalut），當年曾經跟隨湯瑪士旅行；站在他旁邊的是那幾位和我們在穆辛分手的拉希德人。據他們說，馬辛已經復原了，現在人在薩拉拉。

總督在海邊的一頂帳棚中設宴招待我們。當天下午，我們前往英國皇家空軍基地。我的夥伴們堅持我們應該擺出一副凱旋而歸的模樣，於是我們一邊鳴槍，一邊騎著駱駝進入營地，而在我們前面的幾個貝卡西人則揮舞著匕首又唱又跳。

【注釋】

1　譯注：居住在敘利亞，信仰帶基督教色彩的回教徒。

第九章　從薩拉拉到穆卡拉

我在薩拉拉停留了一週，忙著寫筆記，整理蒐集的東西，安排與拉希德人前往穆卡拉旅行的事。

我到達佛省的目的是橫越「空白之地」，如今已經大功告成。對我而言，這次行動並不需要理由辯解，但我發現，從「中東防蝗單位」的觀點來看，我回程時取道阿曼所走的路線，要比我的大漠之旅重要得多。對於他們，我這次橫渡「空白之地」唯一的意義是能夠因此進入阿曼。如果我當時是從南邊前往阿曼，都魯人必然會認出我就是前一年曾與貝卡西人同行的那個基督徒，並且把我抓起來。幸虧我是從北邊進入。當時我扮成敘利亞人實在不太像，之所以沒有被人識破，是因為根本沒有人想到會有歐洲人從北邊過來。

根據我自己的觀察，與在橫越「空白之地」期間所做的調查，我相信整個「空白之地」應該是年年有雨，只是每次下雨的區域不同，雨量都很稀少，常是這裡一點，那裡一點罷了。然而在沙漠裡，只需一點點雨水便足以使草木滋長，所以有下雨的地方，蝗蟲便可繁殖。我在此行的路上曾經見過一些蝗蟲，有些是黃色的，顯示牠們即將生育。我記下牠們的顏色、數量和飛行的方向。卡必納等人經常拿著頭巾追趕拍打，抓一些蝗蟲給我做標本。此外，我也蒐集各種沙漠植物的標本，以及有關這些植物的分布情形和最近雨量的資料，這些資料很管用，它們證實了我第一次去穆辛時所了解或揣測的一些情況。但我不知道委員會的人是否會認為，這些資料不值得他們耗費巨資資助我從事這次旅行，不過，至少我已經從阿曼帶回他們所需要的資料。當初尤瓦若夫博士認為，從一萬呎高的阿克哈達山西坡流淌而下的河水，可能會為沙漠帶來充足的水量，促使常綠草木可以在那裡生長，並據此推論，那幾條大河道的河口可能就是沙漠蝗蟲的爆發中心。但是，我發現那幾條河道的下游河段鮮少有河水流經，即使有也都分散到烏阿薩明的鹽質平原上，而那裡根本草木不生。

我在薩拉拉的日子過得很快活，可以用英文和別人溝通，不必一天到晚費勁地說著阿拉伯話，還可以洗熱水澡、吃料理完善的食物，甚至舒舒服服地坐在椅子上，把腿伸直，不需要跪坐在地上。而在我享受舒適生活的同時，還有一件事情讓我更加快樂，那就是知道自己終將重返沙漠。畢竟，在薩拉拉的日子只是我旅程中的一段插曲，不是終點。

準備前往穆卡拉

在薩拉拉，我第一次見到提穆（Saiyid Said bin Timur）蘇丹。他對我很好，並且鼎力襄助我準備下一階段的旅程。他說該地對於英國皇家空軍基地人員的禁令並不適用於我，因此我在薩拉拉期間可以隨心所欲前往任何地方，與任何人交談。這讓我安排旅程的工作變得順暢多了。

這趟旅程中，我計畫前往位於東亞丁保護區（Eastern Aden Protectorate）的穆卡拉

（Mukalla），順便勘查介於北流河道（流至沙漠）與南流河道（流至海洋）之間的流域，以便繪製地圖，有了這張地圖，加上去年我到哈德拉貿時所繪的另一張地圖，將可幫助人們認識達佛以西那片不為人知的地區。

我和卡路特說好，請他帶拉希德人陪我前往穆卡拉。和去年一樣，我支付十五個人的費用，但實際隨行的人數則由拉希德人自行協調。由於兩個月前，有一大票達姆人突襲拉希德人和馬納西人，搶走了許多駱駝，因此我的夥伴們擔心我們可能會在哈德拉貿附近遇到搶匪。於是我們決定由卡路特負責前往各部落尋找護航人，由這些護航人分別護送我們經過他們所屬部落的地盤。同時，我付錢打發掉那些貝卡西人，只請馬布豪特、屠其亞和他的兒子阿瑙夫留下。穆薩林因為曾經殺過一個馬哈拉人，與該族結下血仇，而我們此行又必需經過馬哈拉人的地盤，他勢所必然無法隨行。如此一來，這次伴我旅行的除了三個貝卡西人之外，就剩奧夫、卡必納及卡路特所召集的那批人了。

三月三日，卡路特帶著大約六十名拉希德人出現在皇家空軍基地，飛行員一看到他們便趕緊拿出相機猛拍照，並站在一旁觀看他們為駱駝上貨的情景。這些飛行員是我的同胞，我以和他們同樣身為英國人為榮。我了解他們的道德規範與幽默感，以及固執、自立的性格，我知道必要時他們也可以適應沙漠、熱帶叢林、或高山、海上生活，更明白每個種族間自有其不同的特質。然而他們感興趣的事物卻使我厭煩；他們是屬於機器時代的人，對汽車和飛機萬分著迷，休閒時喜歡看看電影、聽聽收音機。我和他們不是同一類人，跟他們在一起我永遠不會感到滿足，相反地，在貝都人裡，我能找到我要的東西，儘管我永遠無法成為他們的一員。

當晚，一大群貝卡西人、一些來自其他部落的人和我們一起在艾恩泉紮營，穆薩林也趕來為我們送行。我憂心忡忡地問卡路特，這些人當中有多少要和我們一起前往穆卡拉。他叫我別擔心，屆時真正同行的除了我挑選的那幾個人外，只有三十個拉希德人和來自貝卡瓦、馬哈拉、馬納西等部落的護航人。隨後，我們開始分配我所準備的麵粉、稻米、糖、茶葉和咖啡等物資，還有蘇丹送給我的阿曼椰棗（多到要三頭駱駝才能載得完）。我希望即使我們慢慢走，花兩個月時間才到穆卡拉，一路上都能有足夠的糧食。因為，說實在話，我已經怕透了饑餓的滋味。

卡路特是個非常特別的人，他的個子矮壯、力氣驚人，畢竟年紀大了，身體較不靈活，走起路來有些吃力，要站起身更得費好大的勁，一邊嘴裡還咕咕噥噥唸些「真主」、「阿拉」之類的字眼；他說話、做任何動作都很遲緩，一副不慌不忙的樣子。他的臉型寬大，臉上皮膚坑坑洞洞的，鼻梁高挺，眼神沉著，嘴巴很大，嘴上花白的鬍鬚雖然濃密，頭頂上卻是童山濯濯。他沉默寡言，但是一旦開了口，絕沒有人敢和他爭辯。和他在一起的還有他的兒子穆哈瑪德。穆哈瑪德是撒林的同母異父兄弟，年紀很輕，長得和他父親一樣壯碩，脾氣溫和，卻是辦事不牢靠。此次同行的尚有多位去年曾經跟過我的拉希德人，其中一位就是卡曼。他已近中年，個子瘦削，反應敏捷，有一股勇猛敢衝的精神，也因此在這些拉希德人當中，屬他的旅行閱歷最廣，腦筋最好。從前我就對他頗具好感，並且相處愉快；他一旦發現我有可能感興趣的事物，就會馬上告訴我。他很能克制自己的脾氣，我不曾聽過他粗聲罵人。可惜他這次不能和我一道走，因為一年前他和達姆人締結了兩年的停戰協定，豈料最近達姆人再度出擊，違反協定，現在他打算要求他們把搶來的駱駝還給拉希德人。

從前，住在哈德拉貿北邊高地的薩爾人，一直是拉希德人、貝卡西人和馬納西人的主要宿敵，近年來，從葉門來的達姆人和阿比達人（Abida）卻竄起取而代之，成為阿拉伯半島南部沙

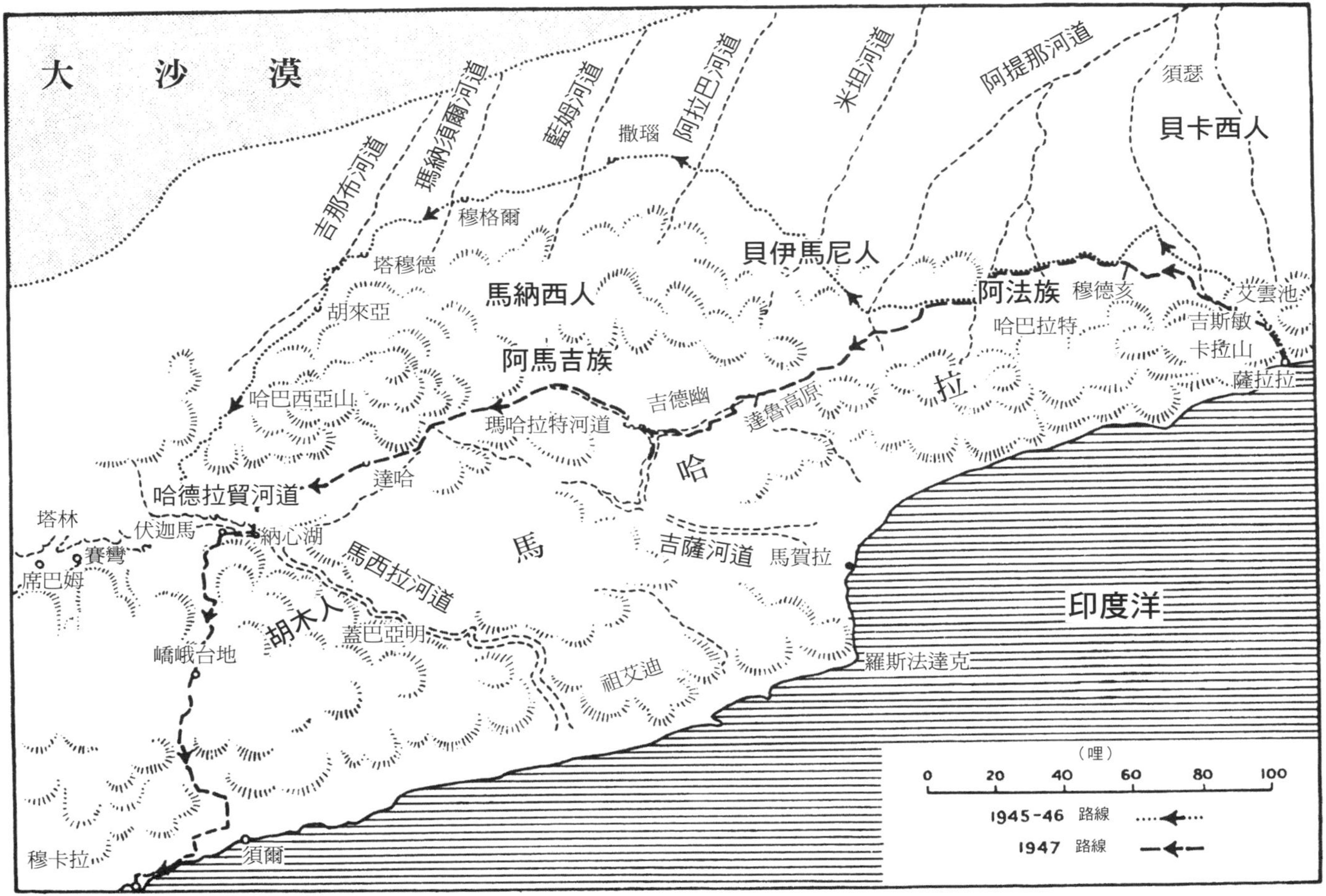
大沙漠
吉那布河道
瑪納須爾河道
藍姆河道
撒瑙
阿拉巴河道
米坦河道
阿提那河道
須瑟
貝卡西人
穆格爾
塔穆德
貝伊馬尼人
馬納西人
阿法族
穆德亥
艾雲池
胡來亞
哈巴拉特
吉斯敏
卡拉山
阿馬吉族
拉
薩拉拉
哈巴西亞山
吉德幽
達魯高原
瑪哈拉特河道
哈
達哈
哈德拉貿河道
塔林
伏迦馬
納心湖
賽彎
席巴姆
馬
吉薩河道
馬賀拉
馬西拉河道
印度洋
胡木人
蓋巴亞明
嶠峨台地
祖艾迪
羅斯法達克
（哩）
0
20
40
60
80
100
1945-46 路線
1947 路線
穆卡拉
須爾
馬哈拉區

漠最令人聞之色變的搶匪。這兩個部族都不是貝都人，他們住在葉門丘陵地的村莊裡，過去經常是貝都人搶劫屯墾的部落，現在情況為之逆轉。卡曼等拉希德人告訴我，達姆搶匪之所以能夠戰勝沙漠裡的部落，是因為位於焦夫（Jauf）[1]的葉門政府供應他們武器和彈藥。而葉門政府這麼做，無非是想藉此在哈德拉貿以北的沙漠地帶製造混亂，使亞丁政府難堪。

一九四五年，馬納西族的大隊人馬在人稱「山貓」的杜阿藍領導下，出兵攻擊達姆人，失策的是，他們在尚未到達達姆人的村落之前，竟轉而先攻擊雅姆人的營地，殺了好幾個雅姆人，搶掠了為數眾多的駱駝。雅姆人是貝都人的一支，效忠伊本．沙特國王，其祖先居住於納吉蘭（Najran）附近。雅姆人遇到襲擊時，正在葉門邊界的沙漠上放牧駱駝。這並不是雅姆人第一次遭遇到來自「東亞丁保護區」部落的侵襲。這些部落原本都以達姆人為攻擊目標，但往往在半路上看到比較容易下手的對象，就忍不住先搶為快。一九四五年夏天我在吉達時，英國大使曾經詢問我有關部落間搶劫的情形，並告知伊本．沙特國王，要是這種情況繼續下去，他將不再約束他旗下位於哈德拉貿的各個部落。

卡曼建議由他獨自前往達姆人的地盤，要求他們歸還拉希德人的駱駝，不過這個提議受到那些主戰派的拉希德人反對。晚飯後，和我坐在一起的阿拉伯人開始就此事展開一場辯論，就像大多數貝都人的討論場面，這場論辯很快就變得非常火爆，爭執的聲浪立時引來更多人。那天晚上，在我們四周紮營的有一百多個拉希德人、貝卡西人、馬哈拉人和馬納西人，都是曾經遭到達姆人打劫的部落，他們馬上就聚攏在我們的營火旁參與討論。那是個接近滿月的傍晚，因此我可以很清楚地看見他們手拿步槍聚坐一起的模樣。在月光下，他們身後的峭壁雪白一片，峭壁以上是綠樹成林的卡拉山，而我們四周則只有那些躺臥在地上的駱駝及點點營火將滅的微光。卡必納和阿瑙夫穿梭不停依次為在座的每個人倒咖啡。我嗅到空氣中瀰漫著一種躍躍欲試的味道——每當貝都人商討出征大計時都會出現這種氛圍。顯然，他們當中有許多人已開始在腦海中做起因搶得駱駝而致富的美夢了。

卡曼在辯論中指出，達姆人是部落民族，他們理當按照規矩歸還在停戰時期搶來的駱駝。他說話時語調徐緩，不時以駱駝杖子擊地，一旁有人喃喃附和：「是呀！」「沒錯！沒錯！」其間有人打斷他的話，指責達姆人背信忘義，比薩爾人還壞。另外一個人也試圖發言，並以提高嗓門來博取群眾的注意，卻還是淹沒在周遭漸高的聲浪裡。突然，一個不知名的拉希德人激動地跳起來，把頭巾扔到地上，大喊：「巴拉須[2]！如果有二十個人願意跟著我，我就去把達姆人從我這兒搶走的兩頭駱駝搶回來，外帶一百頭他們的駱駝。」他轉向卡曼氣憤地問：「你跟他們談判有什麼用？你上次代表拉希德人跟他們談和，結果他們一轉身就破壞了協定。你談和唯一的結果，是讓我們毫無防備地被人家搶了。你說，拉希德人損失了多少駱駝？達姆人根本不講信用。真主詛咒他們！他們搶我們，我們就拿步槍來回應他們。讓我們的步槍來替我們說話吧！你們這些人聽好，我們應該聚集起來去搶劫他們。真主哪！難道拉希德的婦女就該從此受到達姆人的蹂躪嗎？到了這個節骨眼還要談判，簡直太丟臉了。」

每一個人都扯開嗓門吶喊，我很難聽清楚他們在說些什麼。年邁獨眼的阿布都拉正和一群馬哈拉人激烈爭辯，並不時以杖搗地。馬特勞克大聲主戰，旁邊有一個穿著藍色纏腰布的英俊少年在幫腔。卡必納也停止倒咖啡的動作，拿著咖啡壺比手劃腳。偶爾會有一兩個人的話語引起大家的注意，眾人便安靜下來注意聆聽。當那人慷慨激昂說了一會兒之後，總會有人從中插話，然後雙方再度扯著喉嚨叫陣，彼此指責，直到群眾又開始喧譁，將兩人的話聲都淹沒為止。我注意到一個坐在我對面的小個子，他堅持各部落應該團結起來，一舉擊潰達姆人。他身上的衣服破舊骯髒，腰間卻配著一把鑲有紅玉髓的銀柄匕首，以及一條裝滿子彈的彈藥帶，兩膝間夾著一把黃銅鑲邊的馬提尼步槍。他的眼睛炯炯有神，動作急躁，看似一隻神氣活現的麻雀。我發現，當他說話時，其他人無不凝神聆聽。我問卡必納他是何許人，他說：「你難道不認識他嗎？他就是『山貓』杜阿藍呀！」這下可引起了我的興趣。我再次仔細端詳這個人。這位杜阿藍先生是阿拉伯半島南部最出名的搶匪，八個月後，他在葉門邊界的一場戰鬥中殺死許多人，最後連自己也送了命；這是他生前最激烈的一場戰役，而這場戰事也爆發了沙漠部落的大戰。此時卡曼講了一個我聽不懂的笑話，只是他旁邊的每一個人都裂嘴笑了。原本一直靜坐聆聽，面無表情的卡路特以他低沉的聲調說道：「先讓卡曼去找達姆人，要求他們歸還拉希德人的駱駝。如果他們照辦，我們就仍然遵守停戰的協定。要是他們拒絕，等我們帶恩巴拉克抵達穆卡拉之後，就召集一批人馬去攻打他們。」就拉希德人而言，似乎只要卡路特講一句話，事情順理成章便成定局。

漠視人命的貝都人

隔天我們翻越了吉斯敏山隘，再度於艾雲池畔紮營。卡必納身邊跟隨著前一晚我注意到的那位少年；他們倆人年紀相仿。少年身上僅披著一條藍色布巾，披巾的一端圍住腰間，有穗子的另一端從右肩斜掛下來，漆黑的髮絲像馬鬃一般披散在肩膀上。他的臉蛋俊秀，散發古典美感，安靜下來時顯得憂鬱，笑起來卻又像陽光下的水池一般燦爛。我想哈德良（Hardian）初次在佛里幾亞（Phrygian）林中所看到的安提諾烏斯（Antinous）肯定就是這模樣吧。這個少年舉止輕巧優雅，走起路來好像從小就慣於在頭頂上扛著器皿的婦女。不知情的人瞧見他那身光滑柔嫩的肌膚，也許會認為他一定無法承受沙漠生活的艱辛，但我知道，這位看起來秀氣如少女的男孩其實耐力無限。他告訴我他叫賈拜沙（Ghabaisha）（見圖8），他請求我帶他一道走。卡必納也極力說服我讓他加入，說他是族裡最好的槍手，狩獵技巧並不比穆薩林遜色，如能帶他同行，我們天天都會有肉吃，因為我們即將行走的地區有很多大角野山羊和瞪羚。他繼續說：「他是我的朋友，看在我的份上，就讓他和我們一道走吧。無論你到哪裡，我們兩個都會跟著你。我們永遠聽你的。」於是我告訴賈拜沙他可以和我們一道走。後來當我們紮營時，我給他一支備用步槍，讓他在前往穆卡拉的路上使用。第二天早上天剛破曉，他就跑去狩獵大角山羊，等傍晚回來，見他肩上扛著一隻大公羊。我所遇見的貝都人中鮮少有打獵好手（他們熱衷打獵的並不多），但賈拜沙是個例外，另外一位則是穆薩林。

吃過晚飯，坐在我身旁的卡必納站起來，說要牽駱駝，突然有人大叫：「卡必納跌倒了！」我四下一看，見他已經躺在沙地上了。我趕過去時，他已經不省人事，他的脈搏微弱，身體發冷，呼吸急促。我把他抬到營火旁，為他蓋上好幾條毯子保暖，然後我試著灌他喝一點白蘭地酒，但他無法吞嚥。慢慢地，他的呼吸變得較平緩，身子也暖和了些，但還是處於昏迷狀態。我坐在他身旁，一個小時又一個小時過去，我黯然神傷，擔心他就此告別人世。我回想起往事點滴：初次在米坦河道（Wadi Mitan）與他相遇的情景，他來到須瑟與我會合，在貝卡西人棄我而去，他二話不說就跟我走的事。我也記得當我把步槍送給他時，他那高興的模樣。我知道，每當我回顧過往時一定會想起他，因為他和我共同分擔了一切，甚至包括我的疑慮與困難。我很後悔從前在我面對難以負荷的壓力時，偶爾會拿他當出氣筒，而他總是好脾氣地忍耐下來。我正想著，其他人全圍攏過來，紛紛討論他存活的機率，聽得我幾乎無法忍受了。有人問我明天要去哪裡，我說如果卡必納死了，就沒有明天了。幾個小時後，我在他的身邊躺下，發現他的身體已經放鬆，我立即明白他是在睡覺，而不是昏迷。黎明時他醒了過來，初始只能聽不能講，只好用手示意他胸口痛。中午，他已經可以講話，到了晚上即完全康復。那些拉希德人圍著他唸咒鳴槍，並在小溪的河床上撒麵粉、咖啡和糖，用意是安撫那些已經被他們驅走的邪靈。他們後來宰殺了一隻山羊，用羊血灑在卡必納身上，表示他已經完全治癒了。我到現在還直納悶當時他是怎麼回事，但仍然沒有答案。也許是某種病症一時發作吧。

第二天，我們緩緩走到穆德亥（Mudhail）。一座低崖下有一道細細的泉水汩汩流出，從矗立在那裡的五十餘棵棕櫚樹的枯幹判斷，這道泉水從前的規模可能不僅止於此。我們在低崖下紮營，崖頂上有一塊凸出的岩石可供我們遮蔭。在這裡我撿到一根打磨過很光滑、屬於新石器時代的小斧頭，模樣和一個貝卡西人給我的那一把酷似，那個貝卡西人說他是在賈比布平原撿到的。這兩把斧頭都是玉石所做，但事實上，阿拉伯半島一帶並不產玉。

此地的山谷裡有兩座回教徒的墳墓，每座占地十五平方呎，高七呎，其圓頂是用灰泥砌成。我的夥伴們對於這兩座墳墓一無所知，只曉得裡面葬的是某個叫薩德（Saad）的酋長，而墓上的阿拉伯銘文的確證實了這一點。墳墓裡有三座墓穴，銘文即刻在其中一座的石板上，刻工精細，只可惜其中薩德的父親的姓名已經模糊難辨。我知道，信奉回教非常虔誠的貝雪克族（Bait al Sheikh），有一個分支稱為貝雪克薩德族（Bait Sheikh Saad）。在這兩座墳墓附近另有一座小小墓地，如今已經停止開放；貝都人相信古人的亡靈不會容忍他人入侵。除此之外，山谷裡還有許多三石碑，而鄰近的山丘上也有古墓林立。

在此之前，我的同伴告訴過我穆德亥有一些建築和「文字」。我原本期望能夠發現另一個佩特拉（Petra）[3]，或至少比這些回教墳墓歷史更悠久、更值得探索的東西。儘管阿拉伯半島南部的文明崛起於西邊，但一千五百年來，它的繁盛主要仰賴在達佛山區所採集的乳香。當時最上等的乳香即產在我們眼前這座山嶺的北坡，至於南坡生產的乳香脂，品質則極低劣。我在艾雲近處曾看過一叢枝幹十分容易折斷的灌木，葉子既小又皺，我的阿拉伯夥伴們告訴我，那就是會分泌乳香的樹。不過這種樹少之又少，截至目前，我只看過那一叢。

此區既然有很長一段時間對阿拉伯半島南部的歷代文明有過重大貢獻，何以北山坡的古代遺址卻是如此貧乏，委實令人不解。我原以為在此可以找到當年建來防禦沙漠部落掠奪乳香的碉堡或木堡的廢墟，可是，除了建在許多水井上面那些年代漫漶、且搖搖欲墜的原始砌矮牆外，我只有在安德賀看過一座構造完善的建築遺址。這座建築位於某個山脊上的棕櫚樹叢間，看起來不像碉堡，倒像是倉庫，四壁用灰泥嵌以石板，如今已大半掩埋於瓦礫堆中。那座低矮的外牆上緣有幾道石頭溝槽，四邊塗有灰泥，長約五呎，寬、高各約兩呎，和我在薩拉拉附近的廢墟裡所看到的相差不遠。到此地之前，我已經耳聞穆德亥的建築與安德賀的廢墟，除此之外，就再也沒有聽說過這一帶還有別的遺址了。

在我離開那兩座墳墓返回營地的路上，看到一個年輕人坐在我們營地附近的懸崖下面，他雙手的手腕被一條沉重的短鍊箍在一起，我向他打招呼，他沒有回應，只是轉頭靜靜看著我。他有一張英俊的臉，但眼神呆滯，頭髮長而糾結，而且衣不蔽體。不一會兒，他站了起來，手臂高舉過頭，打了呵欠，然後咕咕噥噥著走開了。我問卡必納這人是誰，他告訴我那是賈拜沙的兄弟，三年前發了瘋，以前他是族裡待人最和氣的男孩之一。我問卡必納為他何手上有鐐銬，卡必納說因為兩年前他殺了一個男孩。那男孩曾經是他的好友，而他竟趁他睡覺時拿石頭把他的腦袋砸爛。男孩的家人後來同意接受金錢賠償。

隨後，賈拜沙回來了，肩上扛了一隻他獵到的公羊。卡必納告訴他他的兄弟出現了，賈拜沙一聽趕緊跑去找他，走時還帶了一盤棗子。過了一會兒，他回來了，看起來悶悶不樂。他把我拉到一旁說：「恩巴拉克，你有沒有藥可以治療我兄弟？有的話，求你給我。我和我兄弟很親，我們以前是焦不離孟，孟不離焦，凡事一起行動，我就像他的影子一樣，可是現在他幾乎不認得我了。他像隻動物一樣到處走來走去，看到我的反應還不如一頭駱駝呢。求你拿藥治治他吧，恩巴拉克！我什麼都可以給你。」我難過地告訴他：「我沒有藥可以幫你兄弟。我不想騙你，只有上帝可以治好他。」他聽後無奈地說：「讚美真主。」

我們走得很慢，我一點都不急著趕抵穆卡拉。經過前幾個月的艱苦跋涉後，能夠如此悠哉遊哉地走，真是一件樂事。每天，我們一上路就開始找地方停歇，有時在懸崖蔭涼處，有時在沙地上樹影交錯的地方，選定一個角落休息，然後在那裡待上一天，或在傍晚時分啟程，完全視我們的心情而定。我們有充足的糧食與水，一路上又有刺槐可供駱駝裹腹。賈拜沙幾乎每天都會獵到大角山羊或瞪羚，再交由卡必納料理，這樣的食物正是不久前我們跋涉沙漠挨餓所夢寐以求的東西。

前次旅程隨行的人少，所以彼此之間感情較為親密，但此時營地裡人頭鑽動，要像那樣相處是不可能了。我尤其遺憾沒能多了解杜阿藍這個人（那個有名的「山貓」）；我們因為不同組吃飯，我不常有機會和他說話，有時他會過來找我們，手上拿著一只癟癟的黃銅咖啡壺，小心翼翼地打開一條骯髒手巾，拿出一個已有缺口、上有暗色漬痕的小杯子，倒咖啡給我們喝，並眨著眼睛告訴我，他是營地裡唯一真正懂得煮咖啡的人。然後他會蹲下來和我們聊天，談論的話題遲早會引到步槍上，而且話語之間帶點暗示意味，目的是想看看能否從我這裡弄到一把點三〇三的軍用步槍。他總埋怨，用一把單發的老馬提尼步槍，怎麼能有效地進行打劫呢？我會說至少他就做得很好呀，如此把他擋了回去。

我們在哈巴拉特待了三天。在一叢彼此糾纏的棕櫚樹旁有座淺水井，有幾家馬哈拉人正忙著汲水給駱駝喝。第一天的黎明，我聽到一個拉希德人在行禱告前的淨手儀式時問另一個人：「他死了嗎？」那人答道：「還沒，不過快了。」我聞言大驚，趕緊坐起問道：「誰要死了？」其中一個答道：「是那個和我們一起來的老人阿法，他起床禱告時突然跌倒。現在人就在那兒。」我知道阿法這個人。他來自東邊阿邁里河道附近的某個地方，兩天前來找我們，要求和我們一起走，因為我們能供他吃喝，並且保護他。前一天晚上，卡必納告訴我這個人病了，還帶我去看他，他躺在一塊岩石後面，骨瘦如柴，用羊皮裹著頭和肩膀，全身瑟縮地發抖。我給了他一些藥片，他緊緊握住我的手，喃喃祝福我，許是置身這炎涼世態受到一點關注而滿懷感激吧。現在他躺在今晨跌倒的地方，無人理會。我摸不到他的脈搏，便叫來卡必納，一起把他抬到一張毯子上，拿毯子蓋住他。其他人全然無動於衷，不是忙著禱告，就是根本視而不見。我們在他身旁生起一堆火，我還灌他喝了一點白蘭地。他喉嚨裡發出一些聲音，隨即醒轉過來。我再讓他喝一點白蘭地，見他已經有點醺醺然了（回教徒是禁止喝酒的）。三天後，他和我們分道揚鑣，身體已經復原得差不多了。

這次事件使我感受到貝都人對生命的冷漠。在他們看來，一個人生了病，如果真主要他死，他就會死，更何況他是一個陌生人，又來自一個與他們沒有關係的部落；沒有人會因為他和他們同樣是人而在意他將死的事實，更何況即使他死了，對他們也沒有任何影響。然而，如果他是在和他們同行時受到別人攻擊，根據他們的道德規範，無論他是怎樣不受歡迎的客人，他們一樣會挺身而出，為他搏命一戰。

我們待在哈巴拉特期間，營地的訪客絡繹不絕。有一次，一個女人來找我們，我認出她就是去年我遇見的努拉。她帶著三個小孩，其中只有大約九歲的老大穿著衣服。她告訴我，他們的營地就在四哩外，還說孩子們一聽到我在這裡，堅持一定要來看我。我拿出棗子和糖給孩子們吃，和努拉聊天敘家常，她沒戴面紗，穿著和這個地區大多數阿拉伯的婦女一樣，一身深藍色的衣服。她有一張方正的臉，堅強而歷盡風霜，右邊的鼻孔上戴著一個銀環。以她這把年紀，還有三個這麼小的孩子，實在令人驚訝。她用粗嘎的聲音告訴我，她要去海岸邊的馬賀拉（Ghaidat al Mahra）拿一批沙丁魚。那天，賈拜沙獵到一隻大角山羊，所以我們的午飯有肉也有湯。孩子們和我們一塊吃，而努拉卻端著人家遞給她的盤子，獨自坐在另一邊進食。按照習信，阿拉伯男人向來不和女人坐在一塊吃飯。不過，一會兒她又走過來，坐在我們圍坐的圈子稍後之處，和我們一起喝咖啡、喝茶。

英國人大都以為阿拉伯婦女是深居簡出，大門不出，二門不邁，殊不知，住在阿拉伯城鎮的多數婦女，固然過著這種生活，但部落裡的婦女卻絕非如此。原因是，部落居民經常住在樹下或帳棚裡（帳棚總有一面是敞開的），實在不可能把他們的女人關起來，再說，他們也需要女人幫忙幹活、汲水、取柴和牧羊。當一個女人自覺受到丈夫的忽視或虐待，她隨時可以投靠她的父兄。若是如此，她的丈夫得到娘家去設法說服她回家，這時，她的娘家必然會與她同出一氣，指責他虐待妻子，最後這個丈夫可能要送她一份禮物才能哄她回去。依照阿拉伯人的風俗，做妻子的不能主動和丈夫離婚，要是她實在不願意和他續夫妻緣，只要女方肯退還他當初作為聘金的那兩三頭駱駝，做丈夫的也許會同意離婚。反之，換成是他主動休妻的話，他就無法拿回那些駱駝。

那天晚上，有人提到努拉。我問他們她丈夫是否已經死了，奧夫說道：「她沒有丈夫。她那些孩子都是私生子。」我感到驚訝，他接著說，此番和我們一起來的阿里亞也是一個「不合法的兒子」。我問他們私生子是否會受到大家歧視，卡必納說道：「不會。那又不是小孩的錯。」他並且開玩笑說：「恩巴拉克，下次你看到一個你喜歡的女孩子時，你就利用晚上坐在她旁邊，把你的駱駝杖子推到她的臀部下面，然後把它轉過來，讓杖柄碰觸她。如果她馬上站起來，瞪你一眼就走開，那表示你在浪費時間。如果她留在原地不動，隔天你就可以在她牧羊的地方和她會面。」我回答：「如果這種事這麼容易，那一定有很多私生子囉！」有人答道：「拉希德人沒有。但穆卡拉附近的胡木族倒有一整個部落都是私生子呢。」

據我的了解，在阿拉伯其他地方，一個女孩子要是行為不檢，或甚至有一點點這類傳聞，她就會被親族殺死以維護家族名譽。有一次，一個英國人曾經告訴我一樁發生在幼發拉底河谷南部的悲劇：第一次世界大戰之後，他在那裡擔任政務官。他的房子外面搭建一頂帳棚，裡面住著一對父母雙亡的阿拉伯姊弟。後來他和他們成了好朋友。有一天，他的僕人飛奔過來告訴他，那個男孩刺傷了他姊姊，而且女孩希望英國人能過去一下。當他趕到他們的帳棚，那女孩身受重傷，已經奄奄一息了。她說：「我快死了，我有一個最後的要求。」他問她是什麼要求。她說：「你先答應我才說。」他起先有點猶豫，但看到那個女孩難過的樣子，只好答應了。她說：「請你告訴我弟弟我是無辜的，我從來沒有做過任何使他蒙羞的事。這是我臨終所發的誓言。你已經答應了我的要求，你不能懲罰他。我知道別人都對我議論紛紛。按照我們的規矩，他是應該把我殺掉的。」後來，那個英國人把這件事告訴部落的長老們，他們竟不約而同地說：「那男孩當然應該殺她呀。誰叫她受人議論，讓她的家人抬不起頭來。」我告訴我的夥伴們這個故事，他們全都搖頭不已，老卡路特認為就算一個女孩子真的行為不檢，也不該把她殺死，這樣太野蠻了。他們是絕不會做這種事的。

拒絕貝卡瓦人的勒索

我們從哈巴拉特登上達魯高原（Daru plateau）。那是一座單調無特色的礫石平原，境內的河川全部流入海洋。沿途散列著粗糙的住屋，牆壁以石塊砌成，屋頂則是用泥土覆在樹枝上面做成，整棟屋子以石頭堆起來的柱子支撐。不過每一棟房子盡是空蕩無人居，因為連續七年的乾旱，已使得原來住在這裡的貝卡瓦人遷移到吉德幽深谷，這座山谷自此處開展，形成一道峽谷，四周是陡峻的山壁。我偕同幾名夥伴一起爬到谷底，讓其餘的人騎駱駝繞道較好走的路。在前往谷底的途中，可見一條涓細的山泉從絕壁上落下的石灰岩塊中間潺潺流出。一群馬哈拉人正在汲水給駱駝喝，並裝滿羊皮水袋。其中有一個婦女把自己的臉塗成綠色，另一個則在自己的鼻子下方、下巴和兩頰上塗畫藍色和綠色的條紋，看起來不僅古怪，而且令人厭惡。當我準備向卡必納說這兩個女人還是蒙起面紗比較好看時，突然有一個年約十歲的小男孩衝到我們面前。他就是卡必納的弟弟賽德。他有一雙炯炯有神的大眼睛，牙齒白晰，還有一張清新如乍開花蕾般的臉龐。他雖努力刻意保持風度，卻無法掩飾他的興奮。他一開口就說他要和我們一道走，並指著去年我送給卡必納的那頭駱駝說：「我的座騎在那裡。」我問他他的步槍在哪裡，他揮舞著他的駱駝杖子說，除非我能給他一支步槍，否則那就是他的武器了。驀地，我們聽到崖頂傳來眾人叫喊的聲音，原來有一群貝卡瓦人知道我是基督徒，攔路不讓駱駝通過。過了一會兒有人扭打了起來，戰端似乎一觸即發，所幸，我們的貝卡瓦族護航人把他的族人驅退，然後，我們的駱駝步履踉蹌地沿著陡峭的小徑走下來，與我們在谷底會合。賽德一臉不屑地說：「只不過是些貝卡瓦人罷了！」接著告訴我，他一聽說我們會經過這裡，便騎了兩天的駱駝前來和我們會合。我問他，如果他和我一起前往穆卡拉，那麼誰來照顧他的媽媽和姊妹呢？他答說他們目前住在他叔叔那兒，少他一個人沒有關係。當聽到我決定讓他隨行，他高興地飛奔去告訴卡必納這個大好消息。

後來，有一大票喧譁的貝卡瓦人帶著一些老舊不堪的武器，浩浩蕩蕩地過來，要求我付過路費，否則不准我通過他們的山谷，我拒絕了。我說我帶了一個護航人，按規定我有權通行。但他們仍舊嚷嚷著說，我必須付錢才可以進入他們的地盤。我知道，一旦我花錢擺平他們，以後肯定會招來無盡的麻煩。我過去從未對這類勒索讓步，現在也不打算破例。從前在「西亞丁保護區」，歐洲旅客之所以時常遭到打劫，是因為當地部落已經認定他們可以向西方人勒索到錢財。正在爭論不休之際，我們那個已經老眼昏花、滿臉白鬍子的護航人怒不可抑地表示，如果我首肯，他不惜與全族對抗，也要帶我通過山谷，因為他們根本無權阻止我們。後來雙方雖然沒有達成協議，那票貝卡瓦人還是逐漸散去。其中有好幾位幾分鐘前還和我們叫嚷對立，現在卻跑到營地來嗑牙聊天，並告訴我們一些消息。

那天晚上大家商議對策，眾人一致認為貝卡瓦人只不過虛張聲勢，因為他們這種行為根本違反部落的傳統，而且毫無依據，純粹是貪心作祟。卡路特、奧夫和杜阿藍等人問我，如果我們沿著崖頂的路走會怎樣。事實上，那條路原是我們最初打算要走的路線，但因為拉希德人認為谷底草木較多，為了讓駱駝吃飽些，才改變主意往谷底走。卡路特指出，貝卡瓦人中只要有一個笨蛋貿然對我們開槍，而且打到任何一個人的話，就會在這些原本有結盟關係的部族間引發一場大戰。我聽後立即同意改走崖頂的路線，而這個改變可說正中我下懷，如能走在崖頂，我就可以俯瞰山谷及兩側的地勢，以便蒐集資料繪製地圖。再說，我也絕對不願意在這些部落之間引起任何紛爭。我明白，我若想在沙漠裡來去無阻，就必須讓大家了解：我不是會引發是非的禍源。

我們再度往下走到連接馬哈拉區，形成吉薩河（Jiza）流域的山谷。這裡的山谷中散布棕櫚樹叢、小規模村莊，一些墾植的農地。吉薩河繞了一個大彎，匯集了馬哈拉大半地區的水流，最後流經馬哈拉區第一大村蓋達（Ghaidat）附近出海。整座蓋達村在地圖上完全沒有標示出來，而今我總算能夠描出它的大致輪廓。我的夥伴們建議往正西的方向走，到達馬西拉（Masila，就是哈德拉貿河道的下游），不過，那裡的恭賽馬哈拉人（Gumsait Mahra）拒絕讓我們通行。傍晚，他們群集在我們的營地，宣稱只要我雇用他們的駱駝，並且將隨行的拉希德人遣返，他們就可以帶我經過他們的地盤。這些馬哈拉人屬於迦法里派，通常和拉希德人、貝卡西人保持彼此防範，但互不侵犯的中立關係，再說，我們此行沒有與他們同族的護航人隨行，因此，他們這種態度並不算是無理取鬧。不過，我也無意遣回我的拉希德同伴們。之後，那位來自阿馬吉族（Amarjid）的馬哈拉區護航人蘇來姆（Sulaim）（見圖9）表示，他可以帶我們沿著馬哈拉區流域北部，經過馬哈拉各部落。這條路線在我看來比較理想，這樣我可以趁機了解馬西拉流域一帶的情況。

在馬哈拉區，我們又被人攔截，而這次攔路的是阿馬吉人。他們可能已經聽說我們遭到恭賽馬哈拉人拒絕入境的事情，因此也要求我遣走隊裡的拉希德人，由他們接手護送，最後我不得不同意請五個阿馬吉人陪我們走兩天。誰知過了不久，有一名阿馬吉人轉回來告訴我們，他們這裡沒有牲口可供宰殺來招待我們，因此他們願意放棄那五個隨行人員的薪資。於是我拿給他們一筆與薪資相當的錢作為禮物，皆大歡喜。

十五年前，當我觀賞衣索匹亞塞拉西皇帝的加冕典禮時，曾被他們是古代所羅門王及喜巴皇后（Solomon and Sheba）的後裔（無論其間的關係是如何遙遠）所深深震懾住。然而，如今在馬哈拉區看著這些臉上塗著靛青的半裸人物，坐在吉薩河道半枯的棕櫚樹下，用著和古代的密尼安人、賽伯伊人及希米亞里特人等民族相同的語言，與我們討論未來幾天的行程時，我恍然意識到，他們與這些古代民族的關係其實更加深遠和真實。學者們相信，馬哈拉人即是遠在西元前一千年曾在衣索匹亞殖民的哈巴沙人（Habasha，也是阿比西尼亞人名稱的由來）的後裔。而我去年也在現今營地以西五十哩的地方，發現一座名為哈巴西亞（Jabal Habashiya）的山。

三天後，我們經過北流河道與南流河道之間的流域。那是一處平坦的岩石高地，寬約四分之一哩。流域以南的地區崎嶇不平，有多座深邃的峽谷；流域以北的區域，則有若干寬闊的山谷，谷底為礫石遍布的硬沙地，四周山壁頗為陡峭。我在此地看到一隻老鷹追逐一頭瞪羚，一會兒又看見兩隻大角山羊；這些動物在這裡和馬哈拉特周遭的懸崖上十分常見。

又走了三天，我們到達達哈（Dahal）井。這裡的水奔流於石灰岩之間，直達一條隧道的盡頭，很不容易汲取，而且帶有一股硫磺味。當我們拿水給駱駝喝時，杜阿藍告訴我們，幾個月前，有一匹狼在這裡咬死兩個小男孩。杜阿藍娓娓道來事情的經過：當時，兩兄弟的父親把他們和一堆他從沿岸帶來的沙丁魚留在水井旁，然後自行離去，並表示他將在次日返回。當天晚上，有一匹狼竄出來把兄弟倆嚇退，吃了一些沙丁魚離去。第二天早上，有幾個馬納西人來到井邊，兄弟倆便將昨晚發生的事情告訴他們，這些馬納西人因為要到沿岸去，同時，他們以為兩兄弟的父親很快就會回來，因此並沒有把他們帶走。沒想到男孩的父親直到第三天才回來，他發現兩個兒子都死了，屍體被狼吃掉了一半。

那天下午，一小群馬納西人帶著幾隻山羊過來。他們警告我們，有兩百五十名達姆人正在我們即將經過的地區打劫，並且已經在一個地方殺死了七個馬納西人，又在另外一處殺死了七八個阿瓦密人，他們打算前去投靠馬哈拉人。離開達哈之後，我們沿途所經之處大唱空城計，所有的人逃之夭夭，有的越過分水嶺，有的逃到馬西拉人的山谷裡，而我們還要走三天路程才能到達那裡。這一帶的地形屬於隆起的石灰岩高地，被幾座縱谷切割成好幾大塊，地勢異常險峻。為了遷就駱駝，我們只能沿著深谷底部行走，同時一路派遣斥候在前方偵測，歇息時則布設崗哨守望；我們非常清楚，一旦在這四周盡是巉岩峭壁的谷底被達姆人困住，我們的下場將會不堪想像。

我們到達馬西拉山谷的納比胡（Nabi Hud）聖廟，發現為數眾多的馬納西人帶著駱駝、綿羊和山羊群聚該處。據他們說，有一幫約有七十人之眾的搶匪，在附近的胡恩河道（Wadi Hun）突襲一處住有六個馬納西人的營地，有一個馬納西人僥倖逃脫，其他則生死不明。他們接著表示，另有一幫聲勢更為浩大的搶匪正肆虐北方的平原，馬納西族已經派遣八十個人沿胡恩河道北上追剿。

安全抵達穆卡拉

我們決定依著馬西拉山谷北上，前往伏迦馬（Fughama）村。一抵達該地，得知當地的馬納西族酋長塔那思（Tanas）正在招兵買馬，準備征討搶匪，於是我派遣杜阿藍先行前往，向他通報我們即將抵達，並告訴他，如果他能查出達姆族搶匪的下落，我們願意和他攜手追剿。原先我對同行的拉希德人是否願意參與追捕之事並無把握，畢竟在名義上，他們仍與達姆人處於停火狀態，但他們立刻表示，如果是奉我之命參戰，那他們就算是傭兵，可以不受部落成規的約制。

我們一行進入伏迦馬村，只看到一群婦孺和一名老人。據老人說，塔那思酋長已到了山谷上方，杜阿藍也已經前往。我們在村落附近紮營，營地四周的赤楊樹疏疏落落，依傍一條約十五呎寬的小溪，沿著淤泥堆積成的高凸堤岸蜿蜒而流。日落後不久來了一名男子，他帶來消息，搶匪已經進入納比胡上方的馬西拉山谷。不一會兒，我們聽到山谷中接連傳來三發急促的槍響，卡路特立刻命令拉希德人趕緊將營火熄滅。我們倚著駱駝坐在黑暗中（幸好當時我們已經為駱駝上鞍，並布設了崗哨）。卡必納、賽德和賈拜沙三人緊隨我身旁，賈拜沙正忙著從我的鞍袋中拿出備用彈藥，裝填在他的彈藥帶裡。我低聲叮囑，要他們在萬一遇襲時緊跟著我，不要走散。此時夜色漆黑，萬籟俱寂，僅聽見駱駝反芻的打嗝聲及咀嚼時牙齒互磨的聲音。有一隻大鳥（可能是貓頭鷹）在我們頭頂上空盤旋飛過。過了一段時間，奧夫（他先前帶了五個拉希德人到下面的谷地去偵查）回來了，他說他們在谷裡並未聽到任何動靜，並認為達姆人應不至於在天黑後行經陌生地區，不過他表示我們仍不可為駱駝卸鞍，同時繼續派駐崗哨，在黎明時尤其要提高警覺。看著我爬進睡袋，卡必納說：「萬一他們來襲，你鐵定完蛋。在你還沒來得及爬出睡袋前，他們已經捅你幾刀了。」可是我和他打賭，我會在他們還沒來得及拔出匕首前就爬出睡袋。

黎明時，氣溫甚低，天色陰鬱。由於前一晚我們沒有吃飯，我便要卡必納和阿瑙夫煮些咖啡和茶。之前，奧夫已經趁著天尚未明亮之際前往谷裡查看，他回來後表示沒看到搶匪的蹤影。不久，塔那思和杜阿藍帶著大約三十名馬納西人來到。他們判斷達姆人顯然已經轉往北方。隨後抵達的馬納西人追剿大隊也證實了此事。追剿隊之所以掉頭折返，主要是因為他們人手太少，不足以對付有兩百多人聲勢的達姆族搶匪。杜阿藍極力主張我們應該加入馬納西人的行列，與他們協力剿匪，即使因此而遠征葉門也在所不惜。然而拉希德人不表贊同，理由是，這一路行來，他們的駱駝已經疲乏勞頓。我很慶幸他們沒有答應，否則我將會陷入兩難，除了很難開口拒絕之外，我也擔心，如果我跟著一群打家劫舍的匪徒進入葉門，當地政府不知會如何向亞丁政府抗議呢！

第二天，我們仍然留在伏迦馬的營地，以防達姆族搶匪有新的動靜。四月十四日，我們動身前往此行的終點穆卡拉。由於我不想太早抵達，所以一路上悠閒地行進，穿越幾座落石壘壘、迂迴盤旋的狹谷，來到棕櫚樹叢遍布的大村落蓋巴亞明（Ghail ba Yamin），接著行經阿拉伯人稱為「嶠峨」（al Jaul）的黑岩台地，到達須爾（Shihr）附近的海岸，終於在五月一日抵達穆卡拉。

英國駐穆卡拉公使薛帕德（Sheppard）安排我的阿拉伯夥伴們住在鎮郊貝都軍團（Beduin Legion）的營地。我在那兒和他們道別後，便逕自前往公使官邸沐浴更衣，並換上我從薩拉拉寄來的衣服。洗完澡、刮淨鬍子，換上歐式裝扮後，我回到營地去找我的同伴們。他們住在一棟大房子裡。當我走近他們時，阿瑙夫叫道：「嘿，來了一個基督徒。」我看他不認得我，於是我走到門邊，站在那兒，裝出猶疑躊躇的樣子。屠其亞走過來和我搭訕，我故意用英語回答。此時房裡有人說：「帶他進來。」另一人則吩咐同伴煮咖啡待客。我聽到有一個人問道：「基督徒也喝咖啡嗎？」然後他們為我鋪設地毯，示意我坐下。卡必納、賈拜沙、奧夫、馬布豪特和老卡路特全盯著我瞧。突然，卡必納說：「真主哪，是恩巴拉克！」說完半開玩笑地用力扳住我的肩膀。真沒想到這身打扮會讓我看起來如此不同。我說：「要不要我穿這樣跟你們一起旅行？」他們回答：「你這個樣子誰會和你一道走。你看起來就像個基督徒呀！」

分手在即，離情依依，最後四天的相聚或許稍微紓解了我們的愁緒。在那些時日，有幾個拉希德人幾乎跟我形影不離。他們都不願意待在代表處，成天在我的房間裡，或閒坐或睡覺，無論我到那裡，他們總是熱心地跟著我，因為，他們當中沒有一個人到過穆卡拉（這裡也是他們多數人所見過最大的城鎮）。他們手牽著手一起走在街道上。對阿拉伯人而言，男人手牽手是很稀鬆平常的事，可是卻讓我有些尷尬，可能是穿上西褲後，從前那些禁忌又回來了。無論如何，我意識到我們之間那種熟稔親密的感覺，如今已被破壞淡化，尤其在我拜訪他們的營地，他們拿我當客人看的當下，這種感覺特別強烈。顯然，我刮鬍子、更換裝扮、搬進一棟房子，並使用一些現代器具，讓他們對我產生了疏離感。我悵然思量，如果他們當中有人到倫敦，模仿英國人的樣子與我同住，然後又突然穿回阿拉伯服裝，並堅持要用手吃飯時，我一定也會有同樣的感覺吧。

離開穆卡拉前夕，卡必納把他買的東西展示給我看：一袋穀子、兩磅咖啡豆、兩只鍋子、三個羊皮袋、一條繩子、一團線、兩根打包針、十二盒火柴、四碼送給他母親的藍布、一條為自己買的纏腰布和一把小刀。這幾天，我看他在市場的大街小巷閒逛，走過一個又一個攤子，細看那一綑綑的布匹、外套、上衣、地毯和毛毯。既然他現在有錢又有機會購買，我原想他會為自己添購一些禦寒衣物，沒想到他只買了這些東西。我想到他在寒冬的夜裡衣不蔽體地躺在沙地上，就覺得很不忍心，更何況，我知道他可能要過好幾年才有機會再到城裡來，於是建議他何不買幾條毛毯，卻聽到他說：「我想把錢存起來買駱駝。駱駝是最要緊的。你給我的錢足夠我再買三頭駱駝。我已經有了卡邁肯和那頭在薩拉拉買的駱駝，加上去年你給我的那頭，這樣我就一共有六頭駱駝，算是有錢人啦。我過慣了苦日子，就算冷一點也難不倒我。我可是貝都人呀。」

【注釋】

1 譯注：沙烏地阿拉伯城市。

2 譯注：此人的作戰口號。

3 譯注：約旦西南部的古都，以境內的希臘式古石墓著稱。

第十章 準備第二次橫越「空白之地」

我從穆卡拉出發到漢志，在那裡旅行了三個月，最遠曾經走到「空白之地」西北邊緣雅姆區的納吉蘭，然後返回倫敦。

無論置身多麼荒旱不毛的沙漠，我從未想念過家鄉春日的綠野和森林，可是一回到英國，我反而迫切渴望重返阿拉伯半島。「蝗災管制中心」提供我一份新的工作，讓我負責監督漢志地區的滅蝗工作，薪水優渥，所有開銷都可以報帳，還有希望成為正式雇員。然而，我依然若有所失；我魂牽夢縈的仍是那片浩瀚廣袤的沙漠，衷心嚮往那些未知國度，更懷念那段和拉希德人共度的日子。

橫越大漠西部是一項挑戰，我把它列為下趟旅行的目標，更何況走過大漠西部，將可以完成我探索整座「空白之地」的心願。兩年前我就想進行這趟旅行，卻因為我們的大使向伊本．沙特國王申請許可時，遭他斷然拒絕而作罷，而且當初我從達佛走到哈德拉貿的時間，早已過了探訪該區的季節。這回我決心無論如何要完成它，當然這違反了國王的旨意。我暗暗期待在抵達「空白之地」的另一頭後，能找到水井汲水，然後看看能否神不知鬼不覺地溜掉。我確信有幾個拉希德人一定會願意跟隨我，有他們同行，我將可以在沙漠中通行無阻。於是我打電報給派駐穆卡拉的薛帕德，請他派人送信到哈巴拉特給卡必納，要卡必納和卡曼、賈拜沙在十一月初抵達哈德拉貿省和我會合。我想如果少帶一些人的話，用自己的積蓄應該就足夠支付這趟旅行的開銷。至於將來的事，且待以後再說吧。

探訪薩爾區

十一月三日，我抵達穆卡拉。我在薛帕德的宅邸叨擾了幾天，並拿回去年寄放在他那兒的步槍和彈藥。隨後我即前往賽彎（Saiwun），住在政務官瓦茲家裡。當時，瓦茲和馬納西人之間有一點齟齬，原因是，不久前，幾個馬納西人在我的老友「山貓」杜阿藍的率領下，突襲哈德拉貿的兩個英國政府哨站，搶走了大量的步槍和彈藥，並殺死一名貝都族士兵。由於杜阿藍拒絕歸還步槍，瓦茲遂下令禁止馬納西人進城。

卡必納等人一直沒有消息，我於是決定先以兩個星期的時間探訪薩爾區，以便將我去年從哈法因（Halfain）走到哈德拉貿那段路，與費爾畢在一九三六年沿葉門邊界走的那一段路銜接起來，整條路線橫貫阿拉伯半島南部。薩爾族人口眾多，勢力強大，素有「沙漠之狼」之稱，而且絕非浪得虛名。阿拉伯南部沙漠各族對他們是既恨又怕，因為他們經常毫不留情地掠奪其他各族，足跡遠及東邊的穆辛和哈拉西族，北至雅姆人、達瓦西人與穆拉人的地盤。一九三一年，博斯科恩（Edward Boscawen）曾在此區獵過大羚羊，一九三四年，英格拉姆（Ingrams）在薩爾區的邊界短暫停留過，除此之外，截至目前為止，還沒有其他的英國人涉足該地。

瓦茲在席巴姆（Shibam）找到兩名願意帶我進入該區的薩爾人；他們帶著兩頭公駱駝。薩爾人和胡木人一樣蓄養為數眾多的公駱駝，用來出租供人運貨前往哈德拉貿省各城鎮。這兩人其中一個叫撒林，個子矮小，身穿藍色的纏腰布，個性活潑。另一個名叫阿瑪德，身材高大，穿著一件過短的白色長衫，面容冷峻，但生性和善。他們兩人全都配帶馬提尼步槍。

我們進入薩爾區的萊達特（Raidat al Saar）淺谷，此谷貫穿一片荒涼的石灰岩高地，寬度約有兩百碼，山谷四周的低崖上，散列石砌的建築和瞭望塔，大多數沒有人居住。據阿瑪德表示，這些空屋的主人都是在一九四三年的大饑荒中餓死。但放眼望去，谷裡的梯田上長著七月時引山洪灌溉，所播種的高粱和豆子等農作物，顯得綠意盎然。此外，還有一叢叢的棗椰和許多的棗樹。萊達特雖說是薩爾區的心臟地帶，卻沒有固定的水源，這裡的居民最近曾試圖挖掘一口井，不過掘了六十呎深仍未見到水，最後只得放棄。薩爾區一共只有兩座永久井，一座在曼瓦克，大約有一百八十呎深，另一座在扎馬克（Zamakh），據說有兩百四十呎深。

當我們抵達萊達特，適逢許多薩爾人在當地收割農作物，他們幾乎都聽說過，我這些年在阿拉伯半島遊歷的故事，因此對我非常友善。他們其實是一個親切而極富活力的民族，不像貝卡西人那樣貪心，而其他族群批評他們為人狡詐，可能只是偏見。不過，他們指責薩爾人信仰不夠虔誠倒非空穴來風，因為他們既不齋戒也不禱告。對於這點，薩爾人所持的理由是，先知穆罕默德曾經特准他們這一族的祖先免除禱告齋戒的儀式。薩爾人和南方的貝都人一樣，大多個子瘦小，且多半不綁頭巾，只穿著纏腰布，同時，許多人都把他們的纏腰布以靛青染成藍色。所有的男人和大多數男孩均佩帶匕首，而且幾乎人人有步槍。

我們在離開萊達特後，途中經過一座人稱芮凱雅（Walia Riqaiya）的女聖徒的墳墓，墳墓外圍一百碼以內的地方全屬聖地，以漆成白色的圓錐形石頭圍起來。撒林和阿瑪德兩人繞著墳墓走，以右手撫摸墳上的三座石碑，然後親吻那隻摸過石碑的手，並拿泥土摩擦額頭。我們走時留下一些咖啡豆在墓旁的石亭下，因為依照當地風俗，凡是路過聖徒祠堂（薩爾區境內有許多類似聖祠）的人，都應該在能力範圍內留下咖啡豆作為供品，以便後面的路人在疲累時可以享用。至於燒煮咖啡的器具則放在祠堂內部。薩爾人喝咖啡通常喜歡加大量的薑，而當他們為人倒咖啡時，都是拿當地陶土製成的大杯子倒上滿滿的一杯。不過按照規矩，被招待的人接過咖啡啜個兩三口後就得遞回，然後主人會再把杯子裝滿，遞給下一個人。

我們造訪了位於艾瓦特（Aiwat al Saar）的曼瓦克水井。此地的河流全往沙漠裡流，萊達特河即是其中一條支流。我很高興有機會親睹這口水井的真面目，我知道，我的「空白之地」之旅不是從這裡開始，就是由扎馬克水井展開。我們看到幾個薩爾人正在汲水給駱駝和山羊喝。這裡的水清澈純淨。我發現，他們都會先在水裡加一點岩鹽再拿給駱駝喝，而且他們是靠人力汲水。井口上方有一座木製的台架，上面裝有滑輪，汲水時，他們用由棕櫚葉纖維所編製的長條繩索穿過滑輪，垂到井裡打水。在內志，由於水井較深，當地人通常利用駱駝拉動井繩，南部的貝都人則不然。至於哈德拉貿省的村民倒是用駱駝和公牛把水井裡的吊桶拉上來，然後拿井水灌溉農地。這時，這些薩爾人已經打完了水，並準備把井繩、滑輪和皮製的水槽一起帶走。井旁有一個非常可愛的女孩也與其他人一起忙著。她的額前蓄著瀏海，頭髮編成了一根根細小的髮辮，像簾子一樣垂在她的頸項上；她身上戴著各色銀飾和好幾條項鍊，這些項鍊或是由大塊的紅玉髓做成，或是以白色的小珠子串成；她的腰間繫了半打的銀鍊子，身上則穿一件無袖的藍衫，領口敞開隱約露出她那小巧卻堅挺的胸部，堪稱絕色美女。當她看到我拿相機對準她時，便伸出舌頭對我扮了個鬼臉。其實在此之前，撒林為了要幫忙我，已經先向她解釋我的用意，並叫她不要移動。接下來那幾天，每當看到我沉默不語，撒林和阿瑪德就會揶揄我肯定又在想曼瓦克那個女孩。說真實的，十有九次他們還真的說中我的心事呢。

薩爾人告訴我有些拉希德人正在附近紮營。第二天我們便前往一探究竟，結果竟發現獨眼的阿布都拉、穆哈瑪德（卡路特的兒子）和幾個阿瓦密族及馬哈拉族的長老都在那裡。當我朝他們走近的當兒，他們對著我的頭頂上方鳴了幾槍，這是他們用來迎接長老或貴賓的禮節。當時有四十名薩爾人也在場，和他們商議再次與拉希德人談和的事宜。穆哈瑪德告訴我，卡必納在哈巴拉特已經收到了我的信函，目前正騎著駱駝前往沿岸的蓋達特去找人翻譯。從哈巴拉特到蓋達特至少有一百哩路程，卡必納要多走這一趟，難怪他遲遲未抵達，不過至少知道他已經上路，我就放心了。穆哈瑪德並且提到，卡曼目前仍在葉門與達姆人交涉歸還駱駝的事，而賈拜沙則人在達佛。說完了，他把我拉到一邊偷偷問我要去哪裡。我把我的計畫告訴他，不過請他務必保密，以免讓那些部落事先得知我的行程，否則我將身處險境。他自願要追隨我，我答應了，因為照目前情況看來，我不太有希望能找到卡曼或賈拜沙。我們協議下個月初在萊達特會合。他之所以沒法馬上跟我走，是因為他們和薩爾人之間的會議還要進行好幾天，他告訴我，根據剛傳來的消息，馬納西人又打劫了雅姆人。他們陣容強大，共有一百四十個人，這次打劫殺死了十個雅姆人，並搶走了一百五十頭駱駝，而他們自己也有九人喪生，其中包括帶頭的杜阿藍，後來，我從殺他的那個人口中聽到他戰死的經過。

這個消息對我相當不利，它意味著，雅姆人未來勢必會展開大規模的報復行動，而最近才遭薩爾人劫掠，死了好幾個人的達瓦西人，也有可能對薩爾人還以顏色。我們想橫越「空白之地」，就必須在達瓦西區的蘇來伊爾（Sulaiyil）附近補充飲水，但根據幾個月前，我在納吉蘭打聽到的消息，雅姆人每逢冬天都會在蘇來伊爾以南的沙漠上放牧。顯然我們這次勢必無法在雅姆人和達瓦西人這兩族中找到護航人，況且，眼前他們正和拉希德人處於交戰狀態。

我們在此地所聽到的消息，全部與已經發生或即將發生的打劫事件有關。由於聽聞兩個星期前，有一大夥來自葉門的阿比達人沿著大漠邊緣朝東邊挺進，穆哈瑪德和阿布都拉皆憂心忡忡。他們聽說這一夥有一百五十人之多，尤其搶匪頭目是一個名叫莫祖克的人。此人雖屬薩爾族，卻變節投效阿比達人，其行事作風素以凶猛慓悍聞名，而且對薩爾人以東的各個部落（統稱為米須卡人）懷恨極深。根據目前種種跡象看來，這片大沙漠今後恐怕將會更加擾攘不寧。

穆哈瑪德力邀我留下來過夜，但我既然得知卡必納已接到我的訊息，便急欲趕回哈德拉貿。兩天後，我們到了屬於阿瓦密人的塔米思（Tamis）水井近處，此地由於靠近邊界，因此情勢更為險惡。在前往水井的路上，我派阿瑪德先行探路。過了一會兒他回來了，並且遠遠地示意我們留在原地不要出聲。之後，他說他看到一大票馬納西人正要上山，我跟著他前往一探虛實。他叮囑我千萬不能讓他們看到，因為馬納西人原本就痛恨薩爾人，而且他們不久前才剛洗劫哈德拉貿的政府哨站，很可能也會把基督徒當成敵人，更何況他們在打劫時折損了人馬，心情不好，因此勢必容易發飆。我透過岩縫好奇地張望，看到四分之一哩外出現大約二十個人，他們趕著幾頭駱駝一路默默前進，每人手裡拿著步槍，身上只穿一條深藍色的纏腰布。他們在繞過一個轉角後就消失不見了。只要他們晚到十分鐘，就會在水井旁撞見我們。我們留在原地，不敢貿然前進，直到快近黃昏之際，阿瑪德四下查探，確定周遭無人後，我們才前往水井把水袋裝滿。此時水井四周到處是剛留下的腳印。阿里查看後推斷，這支隊伍大約有四十人，騎著駱駝，另外又牽著大約三十頭搶來的駱駝。他解釋，搶劫隊伍通常在得手後會兵分幾路，藉以混淆追兵。

這裡的水井位於一個岩洞內，約莫十五呎深，水質絕佳，水井正上方的峭壁上，有一堵挖鑿孔眼的砌矮牆。當時天色雖然逐漸昏暗，我們仍決定將水袋裝滿後繼續趕路，因為在情勢不甚平靖的地區，夜裡在水井附近紮營是很危險的事。走著走著，天空陡地烏雲密布，一副山雨欲來之勢。我們在路旁發現了一個淺淺的山洞，索性停在那裡過夜。晚飯後，我們正燒水煮茶，一邊輕聲聊天，突然聽見有人說：「祝您平安！」我們趕緊抓起身旁的步槍準備應變，但是當時由於我們靠近營火的緣故，在黑暗中看不清來人是誰。我回應了那人一聲，隨即看見阿麥耳跳下駱駝，過來和我們打招呼。他說他和卡必納一道從哈巴拉特前來，可是卡必納的駱駝在半路上跌跛了腳，只好和穆哈瑪德一起留在原地等我回去。據他說，卡必納到了蓋達特，明白我信中所寫的內容後，便回家將此事報知母親和弟弟賽德。他當時所走的路少說也有九百哩遠，難怪他的駱駝會不支倒地。

我問阿麥耳是否知道賈拜沙的下落，他說賈拜沙目前正和他父親一起在穆德亥。我告訴他，我打算安排賈拜沙從薩拉拉搭飛機到穆卡拉，並問他賈拜沙是否會願意前往。他說：「不，他還是個孩子。如果你和他一起，也許他還肯上飛機，只有他一個人的話，他是絕不肯和一大堆基督徒一起坐飛機的。」

在返回賽彎的路上，我們穿過位於喀夫（Quff）的棕櫚樹叢。喀夫原是阿瓦密人的老家，不過，現在阿瓦密人多數像他們的盟族拉希德人一樣住在大漠裡。離開席巴姆十三天後，我們又在哈德拉貿邊緣的高地紮營。那時，我們已經走了兩百二十五哩的路程。前三天，天空一直是烏雲籠罩，這天晚上北邊閃電頻仍，阿麥耳專注地看著，不時大叫：「感謝真主，我們明年可不愁了。」

第二天早上，我們爬下高峻的岩壁，進入哈德拉貿省。俯瞰山下，但見位於賽彎的蘇丹宮殿在一片綠黝黝的棕櫚樹叢間巍然聳立，益顯巍峨而雪白。環伺宮殿的綠野和果園中，亦矗立著一棟棟有垛口、尖塔，以及耀眼圓頂的建築。

哈德拉貿讓我有被禁錮的不自在感，十年前，英格拉姆尚未建立法治政府之前，我應該會對這個地方感興趣；它是一個非常古老的城市，透過它，可以一窺在這個偏遠的山谷裡曾繁盛一時的文化。然而今天，文明的怪手已經伸了進來。在塔林和賽彎，已有一些比較富有又喜歡招搖的阿拉伯人，開始花巨資請人搭蓋外表既難看又突兀的房屋，甚至屋裡擺置所謂的「現代設備」。去年在塔林時，我有過一次難堪的經驗，那就是在上了主人家的廁所後，才發現，那些衛生設備純粹僅供展示用，根本沒有連接任何東西。我預料將來勢必有許多人群起仿效，而這種新式建築很快就會取代當地傳統的建築。事實上，傳統建築不僅與周遭的環境較為協調，也比較美觀，而今卻因歷經數百年不變而被人看成不合時宜的老古董。曾經有人告訴我，已故的伊朗國王把他轄下所有的事物畫分成「現代」和「過時」兩種，並下令將各種老舊事物淘汰換新；想必同樣的事情也會在這裡發生。當我踽踽走在哈德拉貿第一大鎮賽彎的街道上，心中不禁想到，這個人口約兩萬的小鎮，不久大概也會出現電影院落成的開幕式、街角的音響刺耳喧譁等「現代景象」吧！

選購必需品準備上路

回到賽彎，得悉瓦兹到亞丁休假去了，便住在他的助理強森那兒。儘管阿麥耳並不樂觀，我還是發了一封電報給位於亞丁的英國空軍官兵指揮部，詢問他們能否請駐薩拉拉的指揮官透過當地總督找尋賈拜沙，並設法讓賈拜沙搭機前往芮岩（Riyan），然後用車子送他到賽彎來。一個星期後，我接到他們的覆電：「賈拜沙已聯絡上，明日搭機前往芮岩。」

過了兩天，強森在他的寓所宴請賽彎和塔林的足球隊員喝下午茶。先前，我一直懷著看好戲的心情，觀賞球員們在球場上沒命地追著球跑，以及場邊觀眾在他們踢進球門的剎那狂呼嘶喊「踢得好！」「傳球！傳球！」。當我忙著把一塊塊蛋糕遞給塔林隊的中鋒時，突然聽見一個再熟悉不過的聲音：「祝您平安！」接著便看到賈拜沙走了進來。他佩著一柄匕首，帶著一根駱駝杖子，除此之外，身無長物。他在我旁邊坐下，我迫不及待地問他這一向的行蹤。

「我們原先在穆德亥附近，就是你前往穆卡拉的途中，曾經停留過的那條河道那兒。」他說：「我和弟弟正在放牧駱駝，總督派遣一個奴隸前來。你應該記得他吧，就是阿布都拉呀，那個和你一起去卡拉山脈的年輕人。他告訴我你人已經到了，而且總督也在找我。於是，我叫弟弟在傍晚時分把駱駝趕回去，告訴父親我已經動身前往薩拉拉。我一到薩拉拉，便去王宮覲見總督。他告訴我：『恩巴拉克現在已經在哈德拉貿了，而且一直在找你。明天有一班飛機要去那裡，你願不願意坐飛機過去？』」

這時我插嘴問他如何回答。

他說：「我回答他：『我沒有道理不願意呀。』總督便叫我到基督徒的營地去。那些基督徒拿了一些東西給我吃——真是難吃的玩意兒，我不喜歡。那天晚上我留宿在那裡，第二天下午飛機就來了。」

我問：「你從前有沒有見過飛機呢？」他答道：「見過，是去年在我從穆卡拉回家的路上看到的。那架飛機飛得很高，可是聲音比這次我坐的還響。我登上飛機，那些基督徒想用一根繩子把我綁起來，可是我不肯。」

我問他喜不喜歡坐飛機。

他說：「在距離地面不遠的時候，感覺還好。我可以看到河道和山坡——我還認得那些地方。有一陣子，我看到人和駱駝都變得像螞蟻那麼小，真是的！飛過海洋那刻，我有點害怕。天黑時，我以為那些基督徒迷路了，因為他們開始聊天，並且揮舞著手臂。我們抵達芮岩時，有一個阿拉伯的翻譯人員告訴我，隔天上午我就會到達亞丁。那傢伙是個傻子，於是我過去找那幾個開飛機的基督徒。我對其中一個人說你在哈德拉貿。最初他們沒有一個人聽得懂我的話，後來他們才說：『是！是！恩巴拉克——哈德拉貿。』然後用力拍了一下我的背，又給了我一點麵包和茶。可是他們在茶裡面放奶水，我才不要喝。今天早上，他們讓我坐在一輛卡車上面，然後我就到這裡了。」

他問我這次打算要去哪裡。我告訴他我計畫橫越「空白之地」前往達瓦西河道，再從那裡去特魯西爾。他聽後只說：「可是我沒有步槍。」我隨即帶他到我的房間，要他在裡面的五把步槍中挑選一把。等他選好了，我告訴他那是我送給他的禮物。

我們在席巴姆停留兩天。那是哈德拉貿區最有趣的一個小鎮，建在山谷正中央一個矮丘上的乾河道旁，人口約七千，外圍有一道牆垣環繞。那城牆雖高，但和鎮裡櫛比鱗次、高達七八層樓的房子一比，顯然又矮了。每當我走在兩側屋牆壁立的寂靜巷弄中，總感覺彷彿置身井底。阿麥耳和賈拜沙建議，在這裡找薩爾人弄幾頭駱駝帶我們去萊達特，順便添購還欠缺的東西。在此之前，我已經在穆卡拉買了麵粉、米、糖、茶葉和咖啡，現在要買的是鯊魚肉乾、奶油、香料、鞍袋、繩索和水袋。由於阿麥耳和賈拜沙要到別處辦事，我只好親自前往選購水袋，結果買回去後才發現其中有好幾個會滲水。要是阿麥耳或賈拜沙在場的話，肯定不會發生這種事。

我們在十二月十七日告別席巴姆，前往萊達特。一路上，和我們同行名叫蘇來曼的夥伴（他是薩爾人，屬於哈提姆族〔Hatim〕的支系）幫了我們很大的忙。當時，那一帶處處風聲鶴唳，草木皆兵。據說，努拉族的邁卡爾（bin Maiqal）近日已經和屬於薩爾族的馬拉夫（Maaruf）人到達曼瓦克。馬拉夫人雖然也屬於薩爾族中的哈提姆一支，可是已經不住在薩爾高地，而是住在北邊的沙漠和平原上，且在過去十餘年中一直奉伊本．沙特國王為王，並透過納吉蘭的阿密耳人納貢。他們原本在納吉蘭南方的沙漠上放牧，沒想到卻有消息傳來，說雅姆人和達瓦西人正奉伊本．沙特國王之命集結人馬，意欲攻打薩爾人和哈德拉貿區的各個部落，以報復最近他們遭受的打劫。他們獲知消息後只好向南逃奔，紛紛去投靠親友。

聽說雅姆人的先遣部隊已經進入我們西邊的卡拉布區（Karab country），搶走了好幾百頭駱駝，並且見到阿拉伯人就殺。據見過他們的薩爾族婦女描述他們所穿的服裝，這些人穿著「像女人一樣」的褲子。從這點即足以證明他們來自北方。目前薩爾人已撤退到阿布爾（Al Abr）與扎馬克之間的區域，照眼前的情勢看來，他們極有可能會棄守曼瓦克，撤退到馬克西亞（Makhia）中央的崎嶇地帶。我們若想找到這次「空白之地」之旅所需的嚮導和駱駝，就非得在他們棄守之前到達曼瓦克水井不可。

於是我們立刻動身離開萊達特，在十二月二十八日傍晚抵達曼瓦克。當時，靠水井地方不見任何人。那一天我們已經跋涉極遠的路程，大夥便決定就近找地方紮營。日落時分，有六個馬拉夫人經過，他們都很年輕，座下騎著精良的駱駝。他們因為在山谷上方發現到一些難以辨認的駱駝腳印，頗為憂慮，極擔心那是雅姆人的探子所留下的腳印。因為貝都人習慣先派遣探子到遠處偵測敵人的營地，一旦找到下手對象，就會連夜趕路，展開拂曉攻擊。他們說，邁卡爾的人馬離我們僅有兩小時腳程，他們勸我們不要在此紮營。然而我們並不希望在天黑時抵達薩爾人的營地，當下便決定遷移到一個側面山谷過夜，同時我派阿麥耳去通知穆哈瑪德和卡必納我們已經抵達。紮營完畢，四周低矮的岩壁和空曠的平原，在漸暗的暮色中顯得危機四伏，使我們覺得分外孤立，有點後悔當初該繼續趕路。我們草草炊煮完畢，便將營火熄滅。阿里警告我們不要出聲。夜裡，一頭駱駝突然站了起來，我由於睡得淺，立刻被驚醒，其他人也蹲在我旁邊，摸黑把槍口朝外。阿里說：「沒事，只是這頭駱駝不安分。」說完用力拉扯韁繩，直到那頭駱駝低吼著再度臥下為止。於是，我們又躺下來，只是經過這場虛驚，每一個人都變得神經緊張。

頂著冬日清晨刺骨的寒意，我們騎駱駝趕往薩爾人的營地，沿途看到一群群甫由牧童趕到草地放牧的肥胖乳駱駝（擠奶用的駱駝），山谷裡並不時可見一座座小小的黑色羊毛帳棚，以及小孩在帳棚邊光著身子奔跑嘻戲，婦女們身穿黑衣坐在地上攪拌奶油、撿拾柴薪，或放牧山羊的景象。我也注意到有好幾戶人家已經拆卸好營帳，並把東西搬上駱駝，讓小孩坐在駱駝轎上（見圖7）（這是我第一次在阿拉伯南部看到這種轎子，在北方倒是頗為常見），不禁有些心焦。希望這不代表薩爾人要撤守曼瓦克。

那些馬拉夫人一見到我們走近，立即排成一列迎接我們，並對著我們頭頂上空鳴槍致意，然後蜂擁地跑向我們，又喊又叫，一邊揮舞著匕首。我們跳下駱駝和他們的長老及在場的卡拉巴、馬納西、馬哈拉等族的人打招呼。離這些人不遠處，有四、五個所謂「城裡的阿拉伯人」（saiyid），他們從哈德拉貿來到此地，無疑是想藉「穆罕默德的子孫」的名號，向這些盲信的薩爾人招搖撞騙。他們的臉龐因為很少待在戶外而顯得蒼白，身上穿著當時哈德拉貿各鎮時興的印尼式服裝，站在這群歷盡風霜的土著當中，呈現非常突兀的畫面。

我在那些飛奔過來迎接我們的人群中看到了卡必納，他跑在人群的最前頭。見到他，我很高興。他看來氣色良好，只是衣衫襤褸，還好，我的鞍袋裡裝著一套要送他的新衣服。

我們喝了咖啡、交換過消息後，便選了附近的一處地方紮營。那裡有幾叢低矮的灌木和一道沙堤，可以為我們抵擋寒冷的北風。正當我們卸貨之際，突然看見十幾個薩爾人騎著駱駝奔馳過低矮沙丘，正朝著我們的方向前來，他們嫻熟地駕馭著騎下奔跑時速約有十八哩的駱駝，口中還不時發出叱喳聲催趕牠們。駱駝們在起伏不平的沙地上闊步飛奔，腳蹄過處發出「咚」、「咚」的聲響，長長的脖子低垂著，姿態優雅宛如馳騁中的駿馬，模樣相當俐落。騎在牠們背上的是薩爾族裡最出色的青年，個個身手矯健，敏捷機警。他們是薩爾族派出的探子，天一破曉即動身前往沙漠中偵查，尋找是否有陌生的腳印，不久前因聽到槍響，以為營地遭劫，急忙趕回來救援。

乍看之下，薩爾族中的馬拉夫人，和其他的薩爾人大大不相同（見圖10）。他們穿著袖口收緊的白色及地長衫，頭上綁著北方款式的頭巾與頭繩。此外，他們還蓄養一群專供繁殖和擠奶用的母駱駝。由於他們放牧的地點位於納吉蘭附近豐美的草原上，難怪他們的駱駝隻隻肥壯。

我們總共需要九頭駱駝。第二天，我手下的拉希德人便在薩爾人的各個營地走動探詢。一來由於我們時間緊迫，二來除了此地之外，也沒有別的地方可以買到駱駝，所以我們早做好了必須以高價收購的心理準備。我們每一個人都需要一頭可供騎乘的駱駝；穆哈瑪德、卡必納和阿麥耳的駱駝都已瘦弱不堪，他們便決定將牠們交由來此做客的馬納西人照管。此外，我決定再買四頭載貨用的駱駝，因為，在到達特魯西爾之前，我們尚有很長的一段路要走。賈拜沙是選購駱駝的行家，他很快就以相當於十五英磅的價錢，為自己買了一隻黑色的哈茲米亞駱駝，由於一般人都不騎這種黑色駱駝，因此惹來大夥兒一陣取笑。他辯稱這頭母駱駝很強壯（事實上也的確是），更何況他買駱駝是用來幹活，而不是拿來展示的。每當有人靠近牠，這頭母駱駝就會上下搖動尾巴，看起來滑稽有趣。這個動作顯示牠最近曾經交配成功。

卡必納買了一頭年輕的灰駱駝，牠的腳修長，邁出的步伐很大，雖然已經懷有六個月身孕，不過駱駝的妊娠期長達一年，因此不礙事。我們逐漸買齊了此行所需的駱駝。我買的那一頭從阿曼來的小型名種駱駝相當馴服，只是步伐過小，令人好生不耐。

除了駱駝，我們還需要鞍具和韁繩，羊毛製的韁繩在此地很難買到。有一個城裡來的阿拉伯人有一條舊的，他以相當於十先令的價錢將它賣給了賈拜沙，其實那玩意兒還不值一個先令。這位阿拉伯人還賣了其他許多東西給我手下的拉希德人，樣樣貴得離譜。碰巧兩天後他得了結膜炎，眼睛幾乎看不見，到我這兒來求醫。當時我正和一群阿拉伯人坐在一起。他走過來，開口便問我拿藥。我告訴他我很樂意治他，可是他得付錢，每隻眼睛五先令。他轉身向在場的人說：「這個基督徒難道不知道我是城裡的阿拉伯人，是穆罕默德的後代嗎？」我答說我知道，但他還是得付醫藥費。他氣憤地走開，嘴裡還嘀嘀咕咕地埋怨。後來因為眼睛疼痛難耐，他又回來找我。我拿了他的錢，治好他的眼睛。這是我唯一一次治病收錢。

等待嚮導

除了駱駝與各項物品，我們還需要一個嚮導。阿里告訴我，馬拉夫族裡，有一個名叫戴桑的中年男子對「空白之地」西部的地形十分熟稔。於是，我們花了好幾個晚上耗在戴桑的帳棚裡，極力說服他與我們同行。我說我會付他薪水，並且送他一枝步槍。利字當前，他雖然心動，終究因為人到中年而行事較為謹慎。每天晚上當我們離開，他總是滿口應承，到第二天早上，他又會托人帶口信來回說他家人反對。

在這裡遇見的每一個人無不認為，我們此行一旦在「空白之地」彼端遇上雅姆人或達瓦西人，一定準死無疑。根據他們的說法，有三大幫雅姆人正在阿布爾一帶打劫，而且幾天前才殺死兩個薩爾人。他們語帶不屑地說，我手下的拉希德人少不更事，不了解事態的嚴重性，不知死活。沒錯，那幾個拉希德人確實年輕，穆哈瑪德大約二十五歲，阿麥耳二十歲，卡必納和賈拜沙都才十七歲，可是他們並未因此被嚇倒，或者棄我而去。有一天傍晚，穆哈瑪德建議我們改由達卡卡橫越「空白之地」，走到更靠近東邊的地方，千萬不要穿越達瓦西河道。但我告訴他，湯瑪士和費爾畢已經走過那裡，再說我想探索的是「空白之地」西部。他聽後說道：「別擔心，不管你到哪裡，我們都會跟著你，不管那些薩爾人怎麼說。」不過，我們一致認為有必要找個薩爾人和我們一起走，以便藉此得到薩爾族的保護，原因是，當時有許多痛恨拉希德人的薩爾人已經開始放話，揚言他們將一路跟蹤，等到了「空白之地」裡再把我們殺掉。他們之所以如此，部分原因是薩爾人和拉希德人之間的恩恩怨怨，一部分也是因為他們知道我帶著一大筆錢，還有不少步槍、彈藥和駱駝。那些馬納西族的朋友們警告我們，千萬不能在沒有薩爾族護航人的情況下上路。問題是，我們要到哪裡去找這樣一個人？雖然有兩個卡拉巴族的青年自願同行，但他們既不熟悉這裡的地形，也不能讓我們免於薩爾族的攻擊。

於是阿里和我只有再回頭去找戴桑。在我表示願意付他更多的薪水之後，他終於同意跟我們上路。我們說好在第二天讓駱駝喝水，順便把水袋裝滿，然後在第三天出發。次日上午，就在我們正準備出發，有位馬哈拉人從附近馬克西亞的沙嘎姆（Shagham）水井過來，捎來了有關莫祖克和阿比達兩族搶匪的消息。他說這些搶匪打劫了拉希德人及馬納西人，搶走許多駱駝，並殺了兩名正在放牧的拉希德人。連阿比達人趁夜在塔穆德（Thamud）水井汲水的當口，也遭到突襲，有五人被殺，最後，他們終於成功地把那一小支追剿隊伍擊退。兩天前，他在沙嘎姆見過這些阿比達人，還和他們聊過天。他說，他們當中有兩人身受重傷，迫使整支隊伍只能緩慢前進，回返家鄉，言談中，他對於這次的損失頗為怏怏不快。這位馬哈拉人勸我們晚幾天再啟程，我依言照辦。由於戴桑好不容易答應隨行，所以我原本不想延期出發以免節外生枝，但目前實在別無選擇。這裡的每一個人都很肯定地說，莫祖克族的搶匪，或尾隨他們而至的阿比達人，一旦發現我們的行蹤，必定會跟蹤我們，把我們全殺光，絕不會手下留情。

那位馬哈拉人又說，那支突襲阿比達人的追剿隊伍，以「莫祖克人死吧！」為作戰口號，從這個口號顯見，他們是基於這次任務臨時編整的隊伍。卻不知怎地，我的拉希德夥伴竟據此斷定，那支隊伍來自拉希德族，而非馬納西族或馬哈拉族，因此，他們急切地向那個馬哈拉人詢問那次突襲的所有細節，尤其是關於在塔穆德被殺的那名追兵的消息。馬哈拉人根據他從阿比達人處聽來的消息，反覆向他們描述此人的相貌等種種細節，甚至包括那人所持的步槍樣子（他曾見過那支槍）。穆哈瑪德等人聽完便說：「那是馬特勞克。一定是馬特勞克沒錯。」不過那支步槍倒讓他們有點迷惑，因為他們族裡沒人擁有那樣的槍。在接下來的幾個星期，他們一直談論這件事情，並衷心期待被殺的人不是馬特勞克。一直要到一年後，我們才在特魯西爾海岸聽到那次事件的始末。

原來，當時約有二十五名拉希德人，連同幾名馬哈拉人一路追蹤那些阿比達搶匪，他們發現後者在塔穆德汲水給駱駝喝，他們知道阿比達人當時的水已經不足，何況他們人數多達一百五十人左右，因此必然需要花一整個晚上的時間汲水。於是他們趁夜朝水井匍匐前進。當天晚上烏雲密布，在他們快要抵達時才被人發現。他們齊聲開槍，並以匕首猛攻阿比達人，終因寡不敵眾，很快就被擊退了。當他們再度於留置駱駝的地方集合時，發現馬特勞克不見了。一個馬哈拉人說他已經在水井附近遇害，並拿出他的那支步槍來。據這個馬哈拉人說，他發現馬特勞克遇害後，立刻把後者的槍揀起來，然後把自己那把很不管用的步槍留在原地。馬特勞克的兄弟劭德聞言，馬上表示要回去找他，其他人則尾隨在後。當他們走到井邊，卻發現那裡空無一人，馬特勞克也不知去向了。黎明時，他們發現到他爬行留下的腳印，隨後在一哩外的地方找到他，當時他的胸膛和脖子都中了彈，已經昏迷不醒。他甦醒過來，方娓娓敘述事情的經過。他說他中彈之後，聽到一個身受重傷的阿比達人大喊：「難道他們沒有一個人死嗎？我要看到他的長相才能死而瞑目！」於是，有人抓著他的雙腿把他拖到那人的面前。在眾人的包圍下，那人對他下詛咒，然後又有人開槍打他。當他醒過來時，那裡空蕩無人跡，於是他拖曳著身體爬到暗處，想爬回拉希德人留放駱駝的地方，半途卻昏了過去。過了幾個月，他的傷勢終於痊癒。

兩天後，我們前往曼瓦克水井。前一晚，戴桑再次向我們保證他會隨行，我們請他在第二天動身，他說他會在水井那兒和我們會合。當時和我們一起前往曼瓦克的，還有一戶在我們附近紮營的人，他們願意讓我們使用他們的汲水工具。那家的男人騎了一頭駱駝，上面載了好幾大綑的繩子、幾個滑輪、井桶、捲起來的水袋，以及一個以若干木環為架、上裹皮革製成的大型汲水槽。他兒子騎的是七匹駱駝當中的一頭，沒有用鞍具；婦人和兩個小孩則趕著一群山羊。除了這戶人家，我們也遇到一些同樣要去汲水的人。水井位於六哩外，我們走了兩個小時才到。當我們抵達時，井口已經圍了一群人，男男女女一起拉著井繩，邊拉邊唱。每有一桶水從黝暗的深處冒了上來，把水濺到閃閃發光的井牆上時，接著又有一只空桶下去。而每一個濕濕冷冷、淌著水的水桶升到台架頂，就會馬上被提起來，迅速倒在水槽裡。口渴的駱駝則圍攏水槽低吼著互相推撞，爭著搶著喝水。井旁的沙地上躺著一排排鼓脹的黑色水袋，由嘈雜喧鬧的孩童們看守，以免被來來往往的人群與駱駝踩到。每頭駱駝喝飽了水，就被趕到一旁躺下，直到整群被帶走。接著，其他駱駝輪番上陣。牠們踱著輕快的步子來到，腿腳仍不靈活的小駱駝在母駱駝身邊歡欣雀躍。男人們粗聲厲氣地對著奔忙於駱駝間維持秩序的牧童大喊。山羊嘶吼，駱駝低鳴，井口的歌聲此起彼落，太陽越爬越高，地上那片深色的水漬也愈漫愈大。

隨後努拉和多位長老也到了。他們表示，絕不允許戴桑或任何馬拉夫族的人與我們同行，並力勸我們放棄橫越「空白之地」的計畫，否則雅姆人一定會把我們殺掉。其實我心裡多少有預感，覺得戴桑可能會棄我們而去。我們應諾幾聲，便走到一旁商議。阿里提到有兩個屬於他那一支（哈提姆族）的薩爾族年輕人，也許願意和我們一道走，只要我給他們每人一支步槍和五十發子彈。他們雖然從未越過「空白之地」，但曾經在蘇來伊爾附近的哈西水井汲過水，因此他們有信心在我們抵達「空白之地」彼端能夠找到水井。他說如果這兩個人和我們一起走，我們應該不致受到薩爾人的攻擊。我詢問其他幾個拉希德人的意見。穆哈瑪德答道：「我們是你的手下，你到哪裡，我們就到哪裡。你自己決定吧！」我說我要考慮一下，並吩咐卡必納煮咖啡，然後跟隨眾人走到我們為駱駝卸貨的懸崖下面坐下。在沒有嚮導的情況下，想要越過「空白之地」，似乎是癡人說夢，因為這趟路足足有四百哩長，至少要十六天才能走完，況且沿途沒水，加上戴桑曾經告訴過我那裡的沙丘又高又難走。我清楚記得去年那趟路走得有多辛苦，又驚險萬分，而這還是在有奧夫當嚮導的情況。我問隊中的拉希德人是不是可以不用嚮導而能穿越「空白之地」。穆哈瑪德說：「我們從小住在『空白之地』裡，沒有嚮導我們也能帶你過去。問題在於，我們走到另一頭後可能會遭受雅姆人的攻擊。」於是我告訴阿里，我們決定要走這一趟，並請他把那兩個薩爾人帶過來。他答應傍晚就帶他們過來。

我不像我的夥伴們，我倒不擔心橫越「空白之地」後會受到其他阿拉伯人的攻擊，反而比較憂慮一路上可能遇到的困難，尤其是在沒有嚮導的情況下。我並不認為那些部落會把我們當成劫匪，因為我們所帶的四頭駱駝背上都有載貨。雖然我們所穿的衣服和所用的鞍具，會顯示我們來自南方，而且屬於他們所痛恨的米須卡人，但我希望，在他們開火前能有機會與他們溝通。如果他們是伊本・沙特國王的人馬，我想他們在發現我是歐洲人以後，想必不敢殺我，因為他們不想激怒國王。而我心知肚明，萬一遇到的是來自葉門的部落，我們就完了。如今回想起來，我才明白自己當初是如何低估途中所可能遇到的風險，而我們生還的機會其實又是多麼地渺茫。

時值中午，水井已經乾涸了，然而井旁仍聚集一大群人，因此我們決定留下來，等到晚上再裝水，同時趁黎明阿拉伯人尚未到來之前，讓駱駝喝水。今晚我們可以在小溪谷找一個隱蔽的地方紮營。曼瓦克是薩爾區（面積比英國的約克郡大）僅有的兩座永久井之一，然而這座井在供數百頭駱駝喝水後，已經乾竭，即使六個月前，這裡曾經下過一場不小的雨。我不禁納悶：在夏天和乾旱的年頭，薩爾人是如何找到水源的。

傍晚，阿里來到我們的營地，帶著那兩名答應和我們一起前往哈西的男子。他們的名字分別是薩里和薩德，年紀與穆哈瑪德相當。薩里的右側眉毛上有一顆很大的疣，他把頭髮綁成辮子，穿著長袖窄口的白衫。個子較矮小的薩德則蓄著短髮，身穿一件破舊長衫，上面縫滿了五顏六色的補釘，看起來宛如苦行僧的僧袍。他們表示，去年他們曾經從納吉蘭走到哈西，因此他們確信一旦我們走到阿拉德（Aradh）斜壁（從蘇來伊爾延伸到「空白之地」的一塊石灰岩斜壁）之後，他們一定可以找到這口井。當晚他們各自返回營地，走時表示他們會在黎明再度前來。

晚上吃過飯，手下們拿著水袋到水井邊裝水，準備隔天早上動身。通常我會幫忙他們，可是現在我已經筋疲力盡，便索性躺在貨物堆旁寒冷柔軟的沙地上，抬頭凝視天空的星星。不久，卡必納過來坐在我旁邊。他雖然一語不發，我還是很高興有他陪伴。

薩德曾告訴我們，伊本・沙特國王在哈西有一個哨站，果真如此，我們若在那裡汲水的話，似乎不太可能神不知鬼不覺地溜走。我心想，要是國王聽說我擅自穿越「空白之地」，不知會有何反應，他會不會聯想到，我就是兩年前那個申請通行許可被拒的英國人？我只希望，如果我們成功了，他會或多或少因為佩服我們的成就而怒氣稍減。

第十一章　再度橫越「空白之地」

是個蕭瑟的早晨，東北方吹來寒風，太陽掛在灰濛濛的天空上，毫無暖意。卡必納端出昨晚剩下的椰棗和麵包塊，喊我們過去吃。我實在一點胃口也沒有，便回絕了他，繼續蹲伏在一塊岩石後面，躲避陣陣刺骨的寒風和團團飛揚的塵沙。我昨晚睡得很少，躺在那兒，腦海中不斷揣想橫在前面路途上可能遇見的風險和困難，在半睡半醒之際，我不斷做著惡夢，夢見自己陷入及膝的流沙中，並且不停地掙扎。此刻，在這個寒冷的清晨，我捫心自問是否有權把這些對我衷心信任的人帶上薩爾人所謂的死路。現在，他們已經著手忙著準備出發，除非我阻止，否則他們不會停手。這件事情是我起的頭，如今我卻提不起勁來，心中隱隱希望薩里和薩德兩人爽約不來，這樣我們就可以不必上路了。

此時，水井旁早來了一些薩爾人，不久，這裡就會擠滿急著給駱駝喝水的阿拉伯人。我們把駱駝趕到井邊，把水槽裝滿，但牠們只嗅了嗅那冰冷的水，就是不肯喝。然而牠們非喝不可，因為在未來的十六天裡，牠們必須馱負重物跋涉在無水的沙漠裡。我和卡必納回營地整理什物，其他人則留在井邊餵駱駝喝水。他們一頭頭地餵，先讓駱駝臥下，再把牠的兩個膝蓋綁起來，免得牠站起來，然後設法按住牠那不停扭動的脖子，灌牠喝水。在營地這邊，卡必納把米和多餘的麵粉放在一旁，準備留給阿里。我們帶了兩百磅麵粉（這已是我們運載量的極限了）、一袋四十磅重的椰棗、十磅鯊魚肉乾和奶油、糖、茶葉、咖啡、鹽、洋蔥乾及若干香料。此外，我還帶了兩千個沉甸甸的瑪莉亞銀幣、三百發備用彈藥、小醫藥箱，以及大約五十加侖的水，用十四個小水袋裝著。我事前就知道這些水袋中有好幾個漏得厲害，卻沒法從薩爾人那裡買到替代品，不過我算過，即使這些水在路上由於蒸發和滲漏的緣故流失一半，只要我們限定每人每天只喝一夸脫的水，用一夸脫的水煮飯和燒咖啡，剩下的量應該夠用了。這些水水質清甜，和我們去年所帶的髒水有天壤之別。當我們正忙著把各項物品分裝成重量適當的包裹時，薩里和薩德來了。我很高興看到他們兩人帶來的駱駝都很健壯。昨晚我們已決定讓那些備用駱駝多載一些行李，以便讓我們的座騎節省一點體力，不過這樣做也有風險：那些備用駱駝可能支撐不到哈西。到哈西後，萬一我們都無法公開活動，我希望至少可以派那兩個薩爾人去汲水，然後悄悄離開，也因此，他們的駱駝必須盡量少載貨物，以便節省體力。我依約給了他們每人一支步槍和五十發子彈。那些陪同他們前來的朋友們很仔細地檢查這些武器，挑不出絲毫的毛病來。至於穆哈瑪德和阿麥耳，我先前已經拿給他們每人一把步槍和一百發子彈。賈拜沙有我在賽彎時給他的那把槍，卡必納的槍則是我去年送他的。我自己用的是點三〇三的獵槍，因此我們的武器裝備算是非常充裕了。

這時，其他人從井邊回來了。我們開始為駱駝上貨。這會兒太陽已經比清晨暖和了一些，我的心情也快活了起來，尤其在看到夥伴們一邊工作，一邊說笑，精神愉快時，心中更加篤定了。出發前，我們爬上水井附近的岩山，薩德的叔叔——一個穿著纏腰布的乾瘦老頭——用手比劃著，再度提醒我們該走的方向。他的頭髮散亂、臉頰削瘦，再加上那雙揮舞的手臂，看起來真像

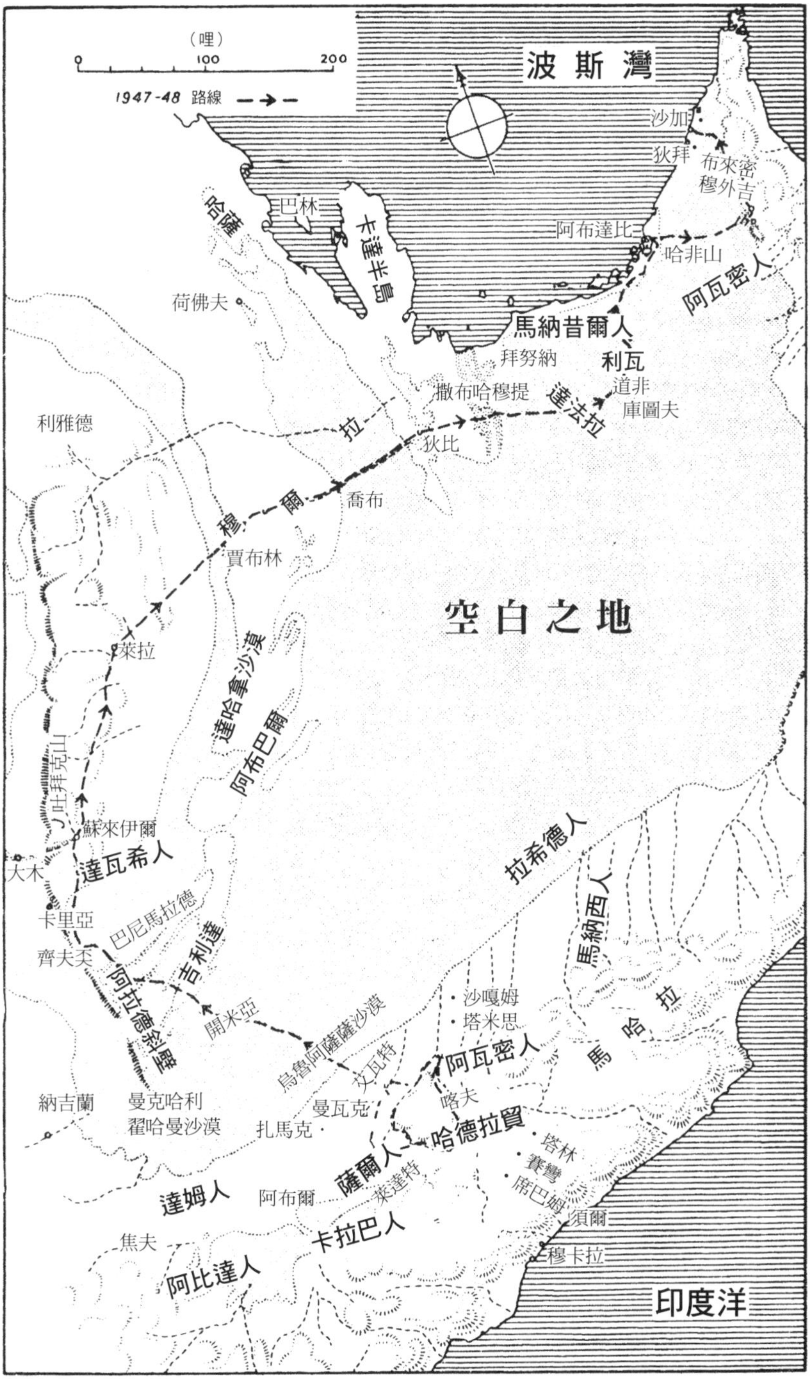
(哩)
0
100
200
1947-48 路線
波斯灣
沙加
狄拜
布來密
穆外吉
巴林
卡達半島
阿布達比
哈非山
阿瓦密人
荷佛夫
馬納昔爾人
拜努納
利瓦
撒布哈穆提
道非
庫圖夫
達法拉
利雅德
拉
狄比
爾
穆
喬布
賈布林
空白之地
萊拉
達哈拿沙漠
阿布巴爾
吐拜克山
蘇來伊爾
大木
達瓦希人
卡里亞
巴尼馬拉德
吉利達
阿拉德斜壁
開米亞
烏魯阿薩薩沙漠
艾瓦特
拉希德人
馬納西人
沙嘎姆
塔米思
阿瓦密人
馬哈拉
喀夫
納吉蘭
曼克哈利
翟哈曼沙漠
曼瓦克
扎馬克
哈德拉貿
薩爾人
塔林
賽彎
席巴姆
須爾
達姆人
阿布爾
萊達特
卡拉巴人
焦夫
穆卡拉
阿比達人
印度洋

第二次穿越「空白之地」

是個預言災禍的先知。當他用平淡的語氣說我們絕不可能走錯路時，我相當意外。他說當我們走到吉利達（Jilida）一地，阿拉德斜壁會在我們的左邊。我站在他後面用羅盤測了測方向。下山時，阿里告訴我，兩天前，雅姆人又和卡拉巴人在阿布爾近處打了起來，而馬拉夫人已經決定棄守曼瓦克，明天會將陣地轉移到馬克西亞。這也是為何有這麼多阿拉伯人到井邊來裝水的原因。

沙地上的足跡

我們總算及時出發。我們一握住轡繩，駱駝們立刻傾斜著身子站起身來，等到每個拉希德人都把一頭備用駱駝綁在自己的座騎後面之後，我們隨即徒步出發。正在井邊打水的薩爾人，紛紛停下手邊的工作目送我們離開，我看到他們彼此間嘀嘀咕咕地不知道在說些什麼。阿里陪我們走了一小段路，然後與我們一一擁抱道別，走向回家的路。出發前，我們一起伸出手臂，齊聲說道：「我將此身獻給真主。」

走了兩個小時，薩德發現地上有五頭駱駝昨天走過留下的足跡，並指給我們看。最初我們懷疑是雅姆人，在經過一番討論後，薩德和薩里確定他們是卡拉巴人，因此不至於對我們造成不利。穆哈瑪德要我評斷哪一頭駱駝最好，我隨意指著其中一對腳印，他們爆出一陣笑聲，說我挑中的很明顯是最差勁的一頭，接著他們開始爭論起究竟哪一頭最好。他們雖然沒見過這些駱駝，卻能清晰地描繪牠們的模樣。阿麥耳、賈拜沙和薩德認為其中一頭是冠軍，穆哈瑪德、卡必納和薩里則看上另外一匹。我不清楚薩德和薩里在這方面的本事如何，倒是很肯定阿麥耳和賈拜沙是對的，因為他們兩人看駱駝的眼光比穆哈瑪德和卡必納準確。要知道，並非所有的貝都人都可以帶路或追蹤，偏偏穆哈瑪德在這兩項都出人意外地蹩腳，只因為他是卡路特的兒子，所以滿受尊敬，他也自認很在行，事實上，他是我的拉希德夥伴中能力最差的一個。他們當中能力最強的就屬賈拜沙，其他人往往唯他是從，我也不例外。他無疑是我們這一行人裡最擅長打獵和駕馭駱駝的，而且無論做什麼，舉止都很優雅。他活潑愛笑，脾氣溫和，不過我開始隱約感覺到他性格中任性和無情的那一面。因此對於他在後來不到兩年就變成特魯西爾海岸最猖狂的匪徒之一，而且大約半打血債記在他頭上，我並不意外。阿麥耳也是狠角色，不過沒有賈拜沙的魅力。他的嘴唇極薄，有一雙嚴肅沒有笑意的眼神，工於心計，性格令人難以親近。我並不喜歡他，但我知道他能力強，辦事靠得住。我隻身和這些貝都人同行，他們若是要拿我怎樣，我完全沒有辦法，他們隨時可以殺了我，把我的屍體丟在沙堆裡，然後瓜分我的財產揚長而去，然而，我對他們有絕對的信心，從不曾懷疑他們可能會背叛我。

我們一路走著，越過兩座石灰岩形成的矮丘，直到將近日落時分，才在矮丘的北坡找著一塊隙地紮營。隊中的拉希德人擔心，曼瓦克的薩爾人會循跡追蹤前來，於是派阿麥耳沿著來時路守望，直到天黑為止。賈拜沙則趴在臨近懸崖上的隱密處，注意北邊平原上的動靜，因為那裡向來是搶劫隊往東、西兩個方向必經之路。在度過一個風聲鶴唳的夜晚後，翌日天方破曉，我們就動身。日出後不久，我們看到了許多行跡雜沓的腳印，顯然是兩天前，莫祖克人和阿比達人經過時所留下來的。

卡必納和阿麥耳兩人走在後面，試圖從沙地上混亂的腳印判斷他們搶了些什麼。我們走了數哩路他們才追趕上來，兩個人比賽誰走得快，看起來心情很好的樣子。當卡必納告訴我，他認出地上的腳印中有一些屬於他那兩頭駱駝（他一共擁有六頭駱駝）時，我頗為吃驚。他把那兩頭駱駝留在草原上，托他叔叔照管。所幸去年他越過「空白之地」時所騎的那頭精良駱駝卡邁肯，和另外三頭都留在哈巴拉特由他弟弟照顧。他告訴我們他們認出了哪幾頭駱駝，並表示由於被搶的駱駝太多，他們只能根據走在最外圍的幾行腳印辨識。我一邊聽著他們說話，一邊又想到貝都人的生活是如何的朝不保夕，這樣的生活自然造成他們成為宿命論者，畢竟有太多事情超乎他們的掌控。他們生命中的一切均取決於是否下雨，端賴他們會不會遭逢盜匪或疾病等等因素而定；他們隨時可能因為某個偶然的意外而變得一文不名，甚或送掉性命。他們唯有盡其在我，是世界上最自食其力的民族，即便是事情出了差錯，他們也會極有尊嚴且毫無怨尤地接受命運的安排；在他們心中，一切都是真主的意旨。

我們騎著駱駝走過與烏魯阿薩薩沙漠（Uruq al Zaza）銜連的礫石平原。到了中午，寒冷刺骨的東北風一陣陣吹來，颳得我們寸步難行，但我們無怨無尤，剛好這風可以吹散我們的腳印，使別人無法追蹤。我們一直趕路，入夜後才停歇，原本想找一些草木讓駱駝吃，卻遍尋不獲。在黑暗裡，我們四處摸索想撿一些薪柴生火；以我們目前所在位置，在夜裡生火相當危險，但我們實在又冷又餓，也就管不了那麼許多。我們找到一個小小的洞穴，生了火，並圍坐在火旁，心裡慶幸著總算有火可以取暖。隔天清晨，我們吃了些棗子，喝了幾口咖啡，等太陽一出來即拔隊前進。

又是寒冷陰霾的一天，不過至少風不吹了。我們先是徒步走了一兩個小時，再逐一騎上駱駝。騎時先把轡繩一拉，讓駱駝頭部低垂，然後一隻腳踩在牠的脖子上，身子一提，輕輕鬆鬆便可坐上馬鞍。通常第一個跨上駱駝的總是穆哈瑪德，我則最後，因為這樣我可以少騎一點路。其他人在騎乘途中通常會不斷變換姿勢，有時跨坐，有時跪坐，而我只會跨坐，所以在騎了幾個小時後，我的大腿往往被馬鞍的邊緣磨得發疼。

接下來兩天，我們走過一片堅硬平坦的暗黃色沙地，一路上看不到牧草，因此只好馬不停蹄地趕路，直到夜幕籠罩。第二天我們剛剛卸完貨，即見一頭公羚羊筆直朝我們走來。由於我們背對夕陽，牠也許是錯把我們當成牠的同類了。我心想，英國人當中迄今大約僅有三個人曾經獵獲過阿拉伯羚羊，像今天這樣的機會絕不可錯過，因此我向賈拜沙低語，請他讓我開槍。那羚羊慢慢走過來，已經走到四分之一哩外，接著三百碼外，仍然繼續逼進。牠的體型和一隻小驢子一般大，我可以看見牠那兩根至少有兩呎長又直又長的羚角，還有牠純白色的身上、腳上和臉上的深色花斑。就在走到不及兩百碼的地方，牠停了下來，看起來是起了疑心了。卡必納低聲叫我開槍，於是我慢慢扣下扳機，羚羊聞聲瞬即掉過頭飛奔遠去。穆哈瑪德見狀很不以為然地犯嘀咕：「根本沒射中。」卡必納則大聲說道：「如果你讓賈拜沙來射，我們晚餐就有肉吃了。」我也只能自言自語：「該死！」

我當時豈能料到，正因為我沒有射中那隻羚羊，我們一行人的性命方得以保住。一年後，卡曼在特魯西爾海岸和我們會合後告訴我們，他在焦夫省的曼恩（Main）聽人家說，有位基督徒和幾個拉希德人正在曼瓦克準備越過「空白之地」。為此焦夫省的總督胡桑（Saif al Islam al Hussain）（亞亞伊瑪目的兒子）派了兩隊達姆人要追殺我們，人數較多（二十個）的那支隊伍，駐守「空白之地」邊緣的幾口水井處，他們認定我們一定會前往該地；另一支十五人的隊伍，則進入「空白之地」一路追蹤我們的足跡。據卡曼說，達姆人把他和一個同伴關起來，預防他們向我們通風報信。他當時以為那些達姆人一定會找到我們，並且把我們給殺了，於是後來當他看到他們騎著駱駝進城時，便更加確定我們是死定了，但他繼而發現那些達姆人行進時並未高唱凱旋戰歌，這表示他們並沒有找到我們。後來根據那支隊伍的陳述，他們發現到兩天前我們留下的腳印，足足追了我們兩天，可是由於我們行進快速，他們擔心在還沒趕上我們之前，他們的水源恐怕會先告罄，只好放棄折返。他們在我們的營地上，看到曾有幾袋黃金放在沙地上的痕跡。要是我那時射中那隻羚羊，我們一定會在那裡多待一天以便把肉曬乾，如此一來，那些達姆人很可能就趕上我們了。當時，我們以為已經深入「空白之地」，應該沒有危險了，因此疏於留神守望。想想追蹤我們的若是雅姆人，我們肯定在劫難逃。幸好是達姆人，因為達姆人對「空白之地」心存畏懼。

接下來的三天，我們經過的沙漠仍然是一片荒蕪，偶爾只看到稀稀疏疏的一些阿巴灌木，和四年前下雨後所長出來的幾叢艾薺或卡蒽，但都已經乾枯了。此刻，我們現在所在的位置是開米亞（Qaimiyat），這是由幾列從東北延伸向西南的平行沙丘所構成的沙漠。這些沙丘大約只有一百五十呎高，但陡坡都朝向著我們。我們的駱駝則由於不斷地、辛苦地爬坡，全累得慘兮兮了，更何況牠們這六天來滴食未進。在我們離開曼瓦克時，牠們一頭頭都又肥又壯，因此才能撐到現在，但也因為牠們很肥壯，走在這片沙地上就更加辛苦。牠們都剛離開草原不久，背脊還很柔軟，不習慣被套上鞍具，但如今卻必須馱著重負長途跋涉。在這種情況下，牠們的背必然會被鞍具磨得腫起來，很容易潰爛。如果我們找得到牧草地，而水源又充足的話，我們十分樂意停下來讓牠們休息一天。當初我看走眼所買下的那些綿羊皮水袋，如今已經滲漏得非常嚴重，幸好我們已經用完了袋裡的水。其實就連那些山羊皮的水袋，也無法持久達到滴水不漏的效果。眼看著它們漏個不停，我們實在是心驚膽跳，只得想辦法把漏洞堵住，奈何效果不彰。一路上，我們不時可見羚羊及「空白之地」特產的白色大瞪羚留下的腳印，雖然明知只要跟著這些腳印走，我們就可以找到新鮮的牧草，但礙於時間急迫，已不容許我們在路上多加耽擱。

走到第六天的下午，那幾列沙丘終於變成了坡度平緩的矮坡，在這之前，我們已經跋涉過了十六座沙丘。期間，有一隻載貨的駱駝不支頹然倒地，我們將牠背上的貨物卸下後，牠才好不容易再度邁步。卡必納的駱駝前腳跛了，其他幾隻也都疲態畢露。我們還要再走十天才能到達哈西，我不禁懷疑我們是否能支撐到那裡。

獵羚羊的爭執

隔天上午，沙地上一隻塘鵝所留下的一排腳印印入眼簾。我努力回想《聖經》中，那段有關荒野中的塘鵝的句子。阿麥耳告訴我，這腳印酷似五年前他在穆辛附近所看到那幾頭大白鳥。當他描述這些鳥的模樣之際，我們已經走到了矮丘頂端，前方起伏不平的沙地上長滿高約一呎、枝幹上有許多穗鬚的碧綠的卡薏。於是我們為駱駝卸貨，放牠們自由覓食。我知道，這下子我們到達哈西的可能性已大為提高，因為吃了這些草後，駱駝們不僅不會再挨餓，還可以稍微解渴。

我們選在一座小沙丘後面的硬沙床紮營，那裡生長兩叢扭曲糾結的阿巴樹，其中一叢有一截樹枝已經折斷，垂到地上。此外，還有三叢卡薏，我把我的鞍袋放在旁邊。地上有一堆駱駝糞，並橫著一道散布蜥蜴行跡的矮沙堤。這些東西，再加上營地上到處散置的物品，儼然構成了我們的家。其實附近像這樣的地方多的是，只因為賈拜沙剛好說了聲：「我們在這裡休息吧！」同時指著這個地方叫我們過去，這個角落倏忽對我們便產生了特別的意義。雖說這個營地因為有草木可吃，所以特別值得懷念，事實上，我認為每個營地都各有其特殊之處。有時是因為營火旁幾根樹枝所形成的奇妙形狀；有時是因為賈拜沙把麵粉灑了，而在金黃色的沙地上形成的一抹白痕；

有時是因為放在地上的一條駱駝繩子。這些微小細節似乎讓每個營地顯得與眾不同，但實際上這些差異太微不足道了，因此很快便在我們的記憶中混淆。除了少數特例外，大部分營地後來似乎都變得模糊不清，與其他營地沒有兩樣。

卡必納和賈拜沙忙著烹煮食物，我們幾個人則閒適地躺在地上做日光浴。不久，他們兩人對著我們大聲宣布他們將要煮粥，粥裡還要放糖和奶油。煮粥很耗水，但此刻看著駱駝在這片豐茂的牧草地上大口大口地嚼著甜美多汁的枝葉，已覺心滿意足，也就不在意了。吃完飯後，賈拜沙和和薩德外出去打獵，夕陽西下，他們空手而返，雖然他們看到二十隻羚羊和許多白色的大瞪羚，卻苦苦無法靠近。入夜後，我們決定讓駱駝繼續在外面吃草，這個地區還算安全，在這裡應該不致受到攻擊。到了第二天早上，我們發現旅隊中最好的那頭載貨駱駝「阿紅」走丟了，阿麥耳花了兩個小時才找到牠。就駱駝的習性而言，無論一個地方的草木有多豐美，牠們決不會安於在原地不動。即使兩個膝蓋被綁在一起，牠們還是有辦法走到別處去尋找更好的食物。「阿紅」經常走丟，偏偏隊中的幾頭駱駝習慣跟著牠。卡必納和阿麥耳兩人的駱駝向來形影不離，我的坐騎則鍾情於一頭醜陋的灰色駱駝；後者是我們在萊達特買的，就看上牠當時正處於泌乳期。而今，雖然牠生的小駱駝已經斷奶了，我們擠奶時牠仍然不肯泌乳，後來阿麥耳把牠的肛門縫了起來，並說如果牠不肯泌乳，他就不拆掉縫線。最後。牠終於開始泌乳，一天大約一夸脫。

母駱駝生產之後，貝都人會先讓牠授乳六個星期，然後用一個袋子將牠的乳房包住，只在早晚擠奶前才讓小駱駝吃奶。等過了九個月，他們便讓小駱駝完全斷奶。生產後的母駱駝，只要不和公駱駝交配，產奶期可以長達四年；一隻母駱駝平均最多可以生一打的小駱駝，工作期長達二十年左右。貝都人通常都會從某匹尚未斷奶就夭折，或被宰的小駱駝身上割下一塊皮，每當他們要擠奶時，就拿來讓母駱駝聞一聞，否則母駱駝是不會產奶的。

這一天，上午天氣清爽宜人，微風徐徐，又見天邊飄著幾朵白色的積雲，襯得天空益發湛藍如洗，不復前幾天的昏黃光景。阿麥耳和賈拜沙把駱駝趕了過來，穆哈瑪德在一旁仔細察看，並說：「現在牠們的氣色比較好了，如果順利的話，應該可以走到哈西。這一路上我們也許還可以找到更多牧草地。看來今年『空白之地』裡草木很多，只是很分散罷了。」我們只花了十分鐘就上完貨。正當出發那刻，我不禁心想：沒有物質上的負擔是一件多麼愉快的事呀。

我們徒步走過幾座紅色的矮丘，半小時後來到牧草地盡頭。薩爾說我們昨晚露營的地方在這塊牧草地的東端，寬僅達四、五哩。我們差一點就錯過了這個地方。過了一會兒，我們在地上看到幾個已經破掉的鴕鳥蛋，只見卡必納和阿麥耳兩人又開始爭論鴕鳥蛋究竟算不算合法的食物。其實他們純粹是為了討論而討論，因為阿拉伯南部的鴕鳥，早在五十多年前就已經絕跡了。北部的席哈姆河道（Wadi Sirham）雖然偶爾可以看到鴕鳥的蹤影，最近也已滅絕。我在敘利亞期間，有個貝都人告訴我，大戰前，魯阿拉（Rualla）在那兒打死過一隻鴕鳥，很有可能就是當地的最後一隻鴕鳥了。這時我的同伴們停住腳步，在地上畫出鴕鳥的腳印給我看，一邊說他們的祖父輩曾經見過這些鳥。我在蘇丹見過很多非洲鴕鳥（比阿拉伯種要巨大）的腳印，因此我知道阿麥耳在沙地上所畫的腳印正是鴕鳥無疑。我想到，除了鴕鳥之外，一旦汽車入侵，此地的阿拉伯羚羊和白瞪羚，也將難逃滅絕的命運。不幸的是，這些羚羊們又偏好堅硬平坦的沙地和礫石平原，不喜歡難走的沙丘。由於牠們的長相和非洲所產的四種羚羊物種不同，所以一旦牠們滅絕了，就表示世上從此又少了一種動物。過去這幾年，不時有成群的獵人坐著汽車馳騁在沙烏地阿拉伯原野上，到處搜尋獵殺瞪羚，而且往往滿載而歸，使得目前此地連瞪羚都日益稀少。

每走約一哩路，我就用羅盤測量一下方向。測量時，我必須同時拿著羅盤、筆記本、鉛筆、駱駝杖子等物，還得抓緊韁繩，所以作業起來極不容易，尤其是當駱駝晃動個不停的時候。就在我的駱駝杖子第二次掉在地上的時候，卡必納便跳下駱駝，幫我撿了起來，遞還給我，口裡還喃喃說道：「說真的，恩巴拉克，這真的是太過分了。如果我是你的話，一回去就把她給休了。」原來貝都人有一個說法：當一個男人的駱駝杖子掉下來，即表示他的妻子正紅杏出牆。

我們馬不停蹄地前進，直走到暮色低垂猶不見牧草地。在我們紮營之處，可以看見六哩外黝暗的吉利達平原。戴桑曾經告訴我，吉利達平原與阿布巴爾（Abu Bahr）平原相連，而後者又逐漸併入那片從哈薩延伸到賈布林的平原。一旦我們到了吉利達平原，就等於走了一半的路程，再走一半就可以到達哈西，不過沿路會經過幾座廣袤難行的沙漠。他又說，我們走在這幾座沙漠上時，從哈西往南延伸的阿拉德斜壁，將會出現在我們西側約五十哩之處。

第二天，我們穿越吉利達平原。行經的地面盡是粗沙和細碎的礫石，有些地方覆滿被風吹蝕得十分光滑、形狀很不甚規則的小石塊，這些石塊質地互異，有斑岩、花崗岩、火山岩、瑪瑙和石灰岩。沿路並且經過多座山脊，其中幾座高達二十呎，是由平原基部的石英礫岩隆起所構成，不過，我們毫不費力地就繞了過去。我們行進速度極快，到了中午時看到一些牧草，便停隊休息了兩個小時。歇息期間我走到遠處的一座山脊，坐看這一片寂寥的赭色平原上變幻不停的光影。斯時大地無言，四野緘默，流露一種西方文明世界裡所缺的寂靜。我坐在那裡良久，直到聽見卡必納的呼喚才返回營地。此時咖啡已經煮好了。穆哈瑪德說：「我們以為你去追那些大羚羊了。」當我問：「哪裡有大羚羊？」時，他用一種難以置信的眼光看著我。我順著他所指的方向望過去，即刻看到遠處深色的平原上有十八個小白點。卡必納說：「如果那些是阿拉伯人的話，你大概也看不見他們，就這樣坐著，直到他們過來把你的喉嚨割斷。」貝都人目光犀利，即使在忙著辯論的當頭，他們那雙黑色的眼珠子也總是轉來轉去，把一切都看在眼裡，記在心裡。他們從不做白日夢。

這次休息之後，我們再也沒看到牧草地，過了吉利達平原，我們找了一片空曠平坦的沙地歇腳。白天，我們沿路看到不少羚羊的腳印，共有二十八隻羚羊。下午，有三隻羚羊出現在我和賈拜沙面前，我們躡手躡腳跟過去，正當我們逐漸靠近時，突然聽到有人叫喊。我回過頭，瞧見薩里正急急忙忙朝我們走來。我心想：「他們大概是看見有阿拉伯人來了，不希望我開槍。」他走過來時說：「小心點，要不然牠們會聞到你的氣味。」我壓低嗓門忿然說道：「我在你還沒出生之前就開始打獵了。你這樣大叫大嚷的，才會把牠們嚇跑呢。」沒想到他卻說羚羊並不在意人的聲音，讓我更是氣得火冒三丈。我納悶為何有些貝都人會有這種想法，也許這正是他們很少獵得到羚羊的緣故。被薩里這麼一鬧，我只好從遠處開槍，雖然打中了一隻，其他的卻跑了。我們趕忙上前察看，發現地上有血跡。我們先把駱駝牽回，然後跟蹤逃逸的羚羊，但由於牠們是朝東南走，一會兒，其他人就不願意在跟蹤了。他們認為這個方向不對，繼續走下去將會耽擱太久，對我們不利。不用說，他們是對的，我只好同意。

提心吊膽橫渡「空白之地」

兩天後，我們到了巴尼馬拉德（Bani Maradh）。望著綿亙在前方的一座座沙山，我恍然大悟：真正的困難才剛開始。所幸這裡的風向和吉利達以南的沙漠不同，因此，此地沙山緩坡一致朝向南邊。儘管如此，我們的駱駝還是爬得很吃力；牠們已經困了倦了，何況自我們離開曼瓦克以來的十一天當中，牠們只飽餐過一頓。如果這些山坡和去年跋涉烏魯阿沙巴的沙山同樣陡的話，我們別想爬得上去。這裡的沙山至少都有三、四百呎高，尤其最高的那幾座山峰下有著極深的新月形洞穴，翻越一座山嶺，至少要花一個小時。沙山的北坡均為陡峭平滑的沙壁，與鄰近的沙山接連成一座山谷。這一系列的山谷寬度每每在兩哩以上，從阿拉德斜壁一直向東延伸，直到二十哩外視線不及處嘎然停止。迄今我們所走過的沙漠清一色是單調而無趣，唯獨這裡的沙丘卻是金紅色調，非常好看。雖然我又累又餓又渴，然而觀賞眼前沙山的形狀卻讓我樂趣無窮。

過了巴尼馬拉德，我們來到一片山茱萸叢生的草原南端。貝都人的駱駝向來以這種灌木為食，而我們的駱駝因為太過口渴了，根本嚥不下這種植物。中午，我們發現到一些阿拉伯人和駱駝的腳印，顯然留下的時間不到一星期。之後，我們維持派兩個人走在前面把風。我們擔心，其他的阿拉伯人看到我們的足跡，一定會發現我們是從南方來的。此時，陣陣強風從北方吹來，吹得我們滿眼滿耳的沙子，讓人更不舒服，而回頭一望，身後這片散布著光滑石灰岩塊的山谷底部仍留著我們清晰的足印，並未被風滅跡。

大約下午四點，我們決定停下來，提早煮飯，並趕在天黑前將營火熄滅。薩里走在後面守望，我們則沿著下一座沙丘頂端向東走，並不翻越沙丘。走了半個小時，我們在幾座矮丘間的一個谷地上卸貨，因為我們的駱駝在這裡吃草不會曝光。穆哈瑪德負責放牧駱駝，薩德和賈拜沙負責站崗，其他人則忙著撿柴和烘麵包。天空上烏雲密布，依稀可見西邊正下著大雨。

天色漸暗時，我們讓駱駝躺下，等著薩德回來。一小時後，他回到了營地，報告說沒有人跟蹤我們。然後我們開始用餐。可是在等候了這麼久時間，所有的食物都涼了，包括咖啡、麵包，和那鍋以鯊魚肉乾煮成的稀肉汁。風仍舊呼嘯地吹著，雨也開始唏哩嘩啦地了，我們不敢生火，只能坐在黑暗中小聲講話。當我正要鑽進睡袋時，賈拜沙突然示意不要出聲，並用手指著駱駝。只見駱駝都停止了咀嚼，並看著同一個方向。我們把步槍拿在手裡（這些日子以來，我們一直是槍不離手），悄悄趴下，爬到我們紮營的谷地邊緣。由於天色太黑，我們看不到什麼，可是駱駝仍舊一直盯著某個東西，現在牠們的視線更往我們的右邊移動了。我趴在那裡，一動也不敢動，想看清楚駱駝到底見到了什麼，卻只看見一些陰影在晃動，什麼也無法確定。卡必納趴在我旁邊，我滿腹疑問地碰了碰他，他用手示意說他也沒看到什麼。冷冷的雨水濕透了我的袍子，沿著我的腰窩流下來，「啪噠！啪噠！」落在我光著的腿上。駱駝們又開始反芻，不過已收回望向遠方的目光。我不安地想：「這些人八成繞到我們後面去了。」阿麥耳和賈拜沙顯然也有同樣的想法。他們轉身注視我們的後方。過了幾個小時，我才爬到我的鞍具那兒去拿一條毛毯，和卡必納一起蓋著。後半夜過得非常漫長，毫無動靜。

第二天早上，賈拜沙發現到一匹狼繞著營地打轉的腳印。穆哈瑪德嫌惡地說：「天哪！我們一整個晚上坐在地上淋雨，眼珠子看得都快掉出來了，居然只是為了一條狼。」賈拜沙則答道：「又冷又濕總比在睡夢中被人家在肋骨捅一刀要好。」

我們拖著又冷又濕又疲憊的身子，早早便啟程趕路。是個沒有太陽的陰霾早晨，太陽一露臉，氣溫陡升，我也愈來愈渴。我們看到了更多阿拉伯人馬在兩個星期前留下的足印。薩德和賈拜沙走在最前面，每逢上坡和谷地便先行謹慎察看，確定安全無虞後才招手叫我們前進。我們拉著渾身顫抖的駱駝上坡，並且得在牠們走下沙瀑直瀉的斜坡時將牠們穩住；這是挺累人的工作，而且，從頭到尾我老覺得有人在監視我們。這裡的沙丘約有五百呎高，直走到山谷的西側，我們終於看到阿拉德斜壁那堵黑色的山牆。由於駱駝已經走不動了，我們趁機休息了足足九個小時，在太陽下山前草草炊煮，等負責把風的薩德回來後便坐在黑暗中吃飯。那天晚上露水很重，這是我們此行第一次碰到這種現象。我們斷斷續續地睡著，一聽到駱駝的動靜便馬上醒過來。我們在第二天黎明動身，天色晴朗澄明，兩個小時後，有一頭載貨的駱駝躺在地下不肯走動，我們依照阿麥耳的建議，往牠的鼻孔裡倒了一點水，牠才又起身走動。下午一點鐘，我們抵達了阿拉德斜壁，又走了兩個小時，才在石灰岩高地上找一塊很淺的河床露營。走到這兒，我們已經越過「空白之地」。

當我醒來時，山谷霧氣瀰漫，霧裡依稀可見向東綿延的大小沙丘，彷彿詭譎的山脈向著初升的旭日。天空泛著蛋白石般柔和的光芒，大地沉默無語，帶著一種似乎隨時會被打破的寂靜。此刻，我終於佇立在「空白之地」彼端的門檻，眺望來時路時，頗有依依不捨之感。

我們一直向北走，經過一片散布著石灰岩塊的礫石平原。三天後，我們終於抵達哈西。從這裡望去，左邊是阿拉德斜壁陡峭的西坡，坡下就是齊夫爾（Zifr）那三口淺井。淺井以北三十哩處，就是水質帶著鹹味的卡里亞（Qariya）深井，坐落在希巴古城的廢墟中。

貝都人相信曼克哈立（Mankhali）的井墩，就是古城巴尼阿德（Bani Ad）水井的所在位置；此城是《可蘭經》中所提到的兩座古城之一，因居民傲慢不敬而遭真主摧毀。據薩德說，曼克哈立井墩位於阿拉德斜壁的南端，至於那座已經消失的古城，則被埋在翟哈曼（Jaihman）沙漠底下，從井墩處要往南再走一天才能到達。不過，穆哈瑪德認為這座古城的位置，應是在哈巴拉特以北的沙漠中。他說，有人發現在那片沙漠上交雜著許多清晰的腳印，而他認為那些腳印就是古時前往該城的人所留下來的。薩德指著西方遠處過了巴尼拉姆（Bani Ramh）沙漠那幾座清晰可見的山峰說，那些山峰就在哈亞茲的山麓。我告訴他們，兩年前我走訪該區的經過。當我說那時我騎的是一匹驢子時，他們哄然嘲笑我，我們就這樣高高興興地一路走著，邊走邊鬥嘴。

離開「空白之地」後的第二天，我們在流到卡里亞深井的哈努（Hanu）河道的河床上紮營。隔天早上，當我們騎駱駝沿著河道向哈西前進的路上，突然瞥到八個騎著駱駝的雅姆人，他們的步槍全掛在鞍具下面，而我們的槍則是拿在手上。雙方之間只有幾碼之遙。我看到賈拜沙把他槍上的保險機栓向前推。正對著我的是一個老人，儘管他的臉被頭巾擋住，我仍然可以看到他眼裡的恨意。大家都不發一語，也不敢輕舉妄動，那樣的沉默幾乎讓人窒息。最後，我終於說：「祝您平安。」而那人也答了腔。我聽見一個男孩向他耳語：「他們是米須卡人嗎？」老人咆哮了回去，但視線自始至終沒有離開過我們：「你難道看不出他們是哪一族的嗎？你難道連敵人也認不出來嗎？」穆哈瑪德向他們表示我們並無敵意，並說我們是來自「空白之地」東端的拉希德人，正要去晉見伊本．沙特國王；他甚至警告他們，我們後面有大批人馬跟著，勸他們在遇見這批人時務必小心。然後我們繼續前進。我忐忑不安，想到如果我們是在「空白之地」裡遇上他們，不知道會對他們怎樣。也許我們在拿了他們的步槍和駱駝之後，會放他們一馬。走了二十分鐘，我們抵達哈西，這時我們離開曼瓦克已經有十六天了。

我們給駱駝喝了水，也把水袋裝滿。我們從幾名婦人那裡得知，伊本．沙特國王派駐此井的管理人不久前才和他的兒子一起離開，為了尋找一匹走失的駱駝。薩德和薩里想趁著他還沒回來之前開溜，於是我們把行李裝上他們那兩頭狀況仍然不錯的駱駝，並盡可能讓他們多帶一些食物與水。據那些婦人說，雅姆人在一個星期前全往西邊走了，因此南邊的沙漠空無一人，這下子，我們相信他倆一路上應該會平安無事才對。為了避免婦人們起疑心，我們對她們說薩德和薩里兩人要去把我們兩天前倒地的一頭駱駝牽回來。在我們低聲道別並互相擁抱後，他們即動身上路。後來我在特魯西爾海岸遇到卡曼，才知道他們已經安全返回曼瓦克。

現在，我們除了前往蘇來伊爾見機行事外，已經別無選擇。我們的駱駝需要休息，食物已所剩無幾，又沒有嚮導，即使偷溜成功，他們一定也會派人前來追捕我們。水井的管理人是雅姆人，他第二天回來看到我們，臉上明顯寫滿了嫌惡。尤其當他知道我是一個基督徒後，就不願意喝我們倒給他的咖啡，並說我是一個不信神的人，而我的同夥們身為回教徒，居然為了貪圖金錢而賣身給一個不信神的人為奴，簡直更加不堪。於是在形同被捕的情況下，我們隨他前往蘇來伊爾，並在兩天後抵達該地。

成為階下囚

蘇來伊爾綠洲位於達瓦西河道上，向外延伸近兩哩左右，其上分布有五個小小的村落。在前往當地「阿密爾」（Amir）[1]所住村落的路上，我們經過小麥和苜蓿園，農民們利用牲口走下坡道來拉井桶以汲取井水灌溉。在村子的西側遍植棕櫚樹叢。那位水井管理人領著我們走過狹窄彎曲的巷道，路上行人高聲問我們是何許人，他不屑地答道：「是一個不信神的人和他的僕從。」我們在阿密爾的家門前停住，眼前的房子和村裡其他的建物一樣，是平頂的泥屋。

出乎意料的是，阿密爾（年輕時是個奴隸）居然很親切地招待我們。他把我們帶到村子外圍一棟有庭院的空屋裡，要我們和他一起吃飯，並說我們必須留在蘇來伊爾，直到伊本．沙特國王派人送口信來。他和他的侍從（一個認識拉希德人的穆拉人），以及兩個年輕的無線電報操作員是唯一對我們友善的人，其他人無不表現偏激、令人反感。看到我們經過，村裡的長老在地上吐口水，孩童們則一路跟著我，並以譏嘲的語調唱著他們為基督徒取的名字：「Al Nasrani, al Nasrani」。傍晚，我們買了苜蓿，可是只有穆哈瑪德的駱駝肯吃。晚飯後，我們告訴阿密爾我們此行的經過，他說：「你們不知道，能走到這裡是你們運氣好。我原本料想你們一定走不到。你們途經的那些沙漠本來到處是阿拉伯人，直到一個星期前，大多數人才越過阿拉德斜壁往西走，去尋找比較豐實的牧草地。一旦有一個阿拉伯人看到你們，立刻就會知道你們是從南方來的，那麼，所有的人將會傾巢而出去捉拿你們。你們難道不曉得伊本．沙特國王已經允許他轄下的各個部落攻擊米須卡人，並且見到就殺，以為最近受到打劫的雅姆人和達瓦西人報仇。這些年來，這裡的人都奉命要維持和平，如今得到國王的許可去打劫，個個都興奮得不得了。許多打劫隊伍已經出動了，有些正準備上路。如果其中任何一支隊伍遇見你們，都會毫不猶豫地把你們殺掉。尤其他們若知道你們當中有一個人是基督徒，那就誰也救不了你們了。這些部落是最後一批阿克萬人。即使是在這個已經接受管理的村落，你一樣可以目睹那些人是多麼痛恨像你這樣不信神的人。」他看著我，搖一搖頭，又說：「天哪，你真是幸運！」

我知道他說的沒錯。我此刻才恍然大悟，當初自己是如何低估旅途中的風險。因此，讓我更加覺得必須對那些夥伴負責，他們雖然清楚實際的危險，卻還是跟了我。

兩天後，阿密爾來到我們的房間，告訴我，他已經收到伊本．沙特國王透過電報所下達要拘留我的命令，並指示把我的夥伴們關起來。他沒收了我們的步槍和匕首，要我留在原地，並派兩個穆拉人留下來看守，然後叫穆哈瑪德和阿麥耳跟他一起走。他並且表示，正在放牧駱駝的卡必納和賈拜沙可以等到今天傍晚再說。當我抗議他強把我的同伴帶走，並要求他對我們一視同仁時，他說他必須遵從國王的旨意，但他允許我發一封電報給伊本．沙特國王。

在數度易稿之後，我終於寫好一封電報，稟報國王我們已經走完「空白之地」，如今前來哈西取水，請求他寬恕我們，並說如果他要懲罰，就懲罰我一個人，不要罪及我的同夥，因為他們根本不知道有這個地區存在，而是應我的要求一起前來，一切都是我做的主。

當天傍晚，我看到卡必納和賈拜沙牽著駱駝走回村子，兩人一路說說笑笑，很開心的樣子。那個穆拉人允許我跟他們倆見面，並告訴他們事情的經過。此時村裡的孩童看到我，齊聲高喊：「國王會把這個基督徒和他的同伴砍頭。」我聽了幾乎沮喪地說不出話來。我憂心如焚，想到卡必納他們是如此地信任我，不知他們是否要為此付出代價。我對卡必納與賈拜沙的內疚又比對其他人更深一些，因為他們是如此年輕。我們談著話，後來他們問了我一些問題，然後卡必納把手放在我的肩膀上說：「別擔心，恩巴拉克，有真主的保佑，一切都會沒事的。」

黃昏時，阿密爾在他的房子裡設宴款待我們，極力要讓我們開心，但那天晚上，我們全都悶悶不樂。幾個小時後，正當我在房裡快要睡著之際，突然房門被撞開，一個高大的黑奴走了進來，手裡揮動著一副腳鐐，命我立刻起床跟他走，因為當地的酋長已經到了。我便跟著他走過好幾條寂靜的街道，來到了蘇來伊爾首長的官邸。

一進去，看見屋內擠滿了人。一個穿著棕色繡金斗篷、蓄著鬍子的老人對我回禮，然後叫我坐在他對面。他的書記是一個看起來詭詐、很會裝腔作勢的奴隸，我一見到他頓時產生反感；他正在欺凌阿麥耳——每次阿麥耳一答完話，他就大喊：「不要撒謊。」並說：「你只會撒謊而已。」最後首長問我我們從何而來，又為何而來。我告訴他，我來自哈德拉貿，最近在「空白之地」裡探險並狩獵羚羊，因為水用完了才來到哈西。我說那些和我在一起的拉希德人既不知道這個地區，也不曉得我們要到哪裡。他問我，既然如此，我們如何找到哈西。我說費爾畢已經在地圖上標明了哈西的位置，加上那兩個和我們同行的薩爾人也曾經從納吉蘭到過哈西，因此知道這個地方，不過，他們在我們抵達這座水井後就回去了。我堅稱來到這裡完全是我的主意，我願意負起所有的責任。

在上過咖啡和茶之後，首長說我必須和他一起前往大木（Dam），並答應我可以找一個同伴陪我。我於是指定卡必納隨行。我們兩人爬進首長的卡車後座，而那個把我從我房間帶走的奴隸也跟著上車，手上仍拿著那副腳鐐。在首長、書記和司機坐上前座後，我們的車子便開往西邊。那天天氣很冷，車子顛簸得十分厲害，顛得卡必納鬧暈車。先前在等候上車時，他告訴我，他們四個原先都被套上了手枷，後來突然有個信差過來問他們哪一個是卡必納。我說首長准許我找一個人陪，因此我就挑了他。他聽後答道：「你應該挑穆哈瑪德的，他年紀最大。」

我們抵達了另一座村莊，車停在一座大城堡前面。那名奴隸告訴我們已經到了大木。首長領我們進去後，隨後命人伺候咖啡和茶水，並叫人升起火爐，讓我們暖暖身子。他告訴我他已經看到我發給國王的電報，並說：「別擔心。我確信不會有事的。」他說完向我們道晚安，並離開房間。

後來那名奴隸再度進來，拿了幾條棉被給我們，並問我們還要不要咖啡。當我們婉謝後，他便自己喝了咖啡，然後走出去。到了晚上，爐火漸漸熄滅，房間裡變得黑黑暗暗。風整夜不停地吹著，把一扇鬆了的窗板吹得砰砰響。

【注釋】

1 譯注：回教國家官員的敬稱。

第十二章　從蘇來伊爾到阿布達比

我們被關在城堡頂一個四壁蕭條的小房間，黎明時有人端來麵包和茶，之後就再也沒有人走近。現在快接近十一點了，一直沉默不語、鬱鬱寡歡的卡必納再度把毛毯蓋在身上，不知是否已經睡著了。我不時聽見滑輪在井口嘎嘎作響的聲音，從窗口望出去，卻只看到一片單調的平原，一陣陣的風吹過平原上光禿禿的灌木，颳起漫天塵埃。遠處依稀可見阿拉德斜壁那道黑色的山牆。

那晚我一直沒有闔眼，只覺得時間似乎過得特別漫長。我腦海中不斷浮現幾個月前，在提哈瑪村外所看到的三個男孩的面容，他們坐在那裡，每個人膝上都有一綑血漬斑斑的繃帶，裡面包裹的是他們已經化膿的右手殘肢。他們的手之所以被砍，僅僅是因為他們接受了國王所禁止的割禮。我忘不了其中一個長相文雅纖弱的男孩，臉上痙攣的表情和痛苦的眼神。有人告訴我，當地首長的奴隸在執行這項野蠻的刑罰時頗為猶豫，最後是男孩伸出他的手說：「砍吧！我不怕。」我躺在黑暗中，深怕他們也會以類似刑罰來對付卡必納等人，以收殺雞儆猴之效，使其他人再也不敢擅自把外國人帶進沙烏地阿拉伯。我也擔心他們會把我帶到吉達，如此我將無從得知我的夥伴們下場如何。

這種種憂慮在房門打開、首長走進來後隨即煙消雲散。他滿面笑容地說：「我告訴過你不會有事吧！費爾畢替你向國王說情，因此國王已經下令釋放你，讓你自由上路。」費爾畢是一個回教徒，在利雅德住了許多年，是宮廷裡的常客。前陣子我才在倫敦遇見他，並向他透露我此行的計畫。我獲釋幾天後，他到萊拉來見我，同時告訴我事情的始末。

動身前往萊拉

首長問我打算前往何方，以便他可以向國王報告。我告訴他我計畫去萊拉，再從該處前往特魯西爾海岸。他說車子已經候在外面了，他們會把我送回蘇來伊爾。

我們的車子沿著達瓦西河道行駛，穿越過那條分隔阿拉德斜壁與北方的吐拜克山（Tubaiq）主脈的窄徑。此處，阿拉德斜壁的峭壁高達八百呎左右。我們終於抵達了蘇來伊爾首長的官邸，其他幾位同伴早在那兒等我們了。前天晚上，他們被套上手枷，度過了一個寒冷的夜晚。賈拜沙說：「天哪！早知道他們會這樣對付我，當初我是絕不會被他們抓到的，那時候我手上有槍，又騎著駱駝。」幸好除了被套上手枷，他們並未受到其他的虐待，使得原本提心弔膽的他們鬆了一口氣，我聽後也如釋重負。我們講好第二天前往萊拉。我們的食物所剩無幾，不過大家一致認為還是等到萊拉再行採買，以免駱駝太過勞累。

當天晚上，我們與首長一起吃飯，在座尚有兩個雅姆人，飯後，其中一人描述他殺死杜阿藍的經過。這時室內的油燈昏黃微弱，還冒著煙，以致房間裡陰影晃動，詭譎陰森；咖啡爐上餘燼未熄，刺鼻的煙霧一縷縷襲來。屋外朔風漸大，不斷敲擊著那扇沒有裝好的門扉。我看著眼前正在訴說往事的男子，他語調徐緩，其間不時停頓，說話時身子前傾，並偶爾用他細小的手摸摸嘴上那絡黑色的山羊鬍子。他的臉裹在白色頭巾的褶子中，頭巾頂上綁有簡單的黑色頭繩，看起來莊嚴無比，是個不折不扣生活在沙漠裡的阿拉伯人，刻苦卻熱情。

「那是快接近中午的時候，」他說：「有三個親戚在我的營帳外卸下馬鞍，我們喝著咖啡，我兒子則忙著將宰來待客的山羊剝皮。突然間，我們聽到南邊傳來槍響，砰砰砰連著響了好幾聲。我們發出警報後便跑去牽駱駝，正當要跨上駱駝之際，一個小牧童急急忙忙跑過來，喊說有許多米須卡人正在攻擊我叔叔的營地，叫我趕快過去，並說他們已經殺了撒林和我的侄子賈布，並且正要帶走所有的駱駝。於是，住在附近帳棚的我們即刻出動了十二個人前往救援。當我們走到我叔叔的帳棚時，看到五個米須卡人——真主詛咒所有的米須卡人——跳上他們的駱駝跑了。他們身上只穿著黑色的纏腰布，一路打劫各處帳棚，其中一個還帶著一條毯子。只見一群婦人圍著我侄子的屍首哭得呼天搶地，唉，真是天可憐見！當我們騎著駱駝快步經過，她們喊說米須卡人的主要人馬已經帶著所有的駱駝走了，央求我們替她們報仇。我們一路緊緊追趕幾個在我們視線內的米須卡人，在到達一些長滿灌木的矮丘時，已經慢慢逼近他們了。這時他們索性停下來，朝我們開火。當時所在的平原就像眼前這個房間的地板光禿平坦，我們只能從北邊有沙丘的地方逐漸摸近。後來，他們打死了我們當中一個人，可是我們卻看不見他們。你們明白嗎？我們躍身跳下駱駝，穿過沙丘朝他們衝過去，雙方一陣亂槍掃射，我們殺了他們三名，他們也打死了我們另外一個、並打傷兩位。然後我們又殺死一個，並且知道對方僅剩下一人。他躲在幾座大沙丘當中的某個地方，每當我們一有動靜，他就馬上開火，而且從未失手。他已經殺了我們四名，但我們仍然看不見他，即使知道他隱身何處。後來我發現他離我們很近，中間只隔著一座沙丘。我和我的堂弟慢慢地爬上沙丘，向他摸近，就在快到沙丘頂上時，我堂弟伸出頭張望，霍地倒地不起，他的前額已被子彈給射穿了。我看到對方的槍管晃動了一下。天哪，距我當時趴著的地方還不到八步呢！我知道他的步槍出了問題，於是馬上拔出匕首，在他還來不及站起來前撲身過去，將匕首插進他的脖子，把他殺了。那人個子十分矮小，佩著一把英國步槍。」

他頓了一頓，然後從角落裡取來步槍說：「這就是那把步槍。那個人脖子上還掛了一副望遠鏡。後來有人認出他來，才告訴我們他就是『山貓』。」

我告訴他，去年，山貓曾和我一起旅行，那副望遠鏡就是我送給他的。那個雅姆人說：「是啊，我們聽說有一個基督徒和米須卡人一道，那就是你嘍。我們當時猜想那把步槍大概也是你給他的。」但我回答：「不，那是他最近從哈德拉貿的政府哨站那兒搶來的。」

停了一會兒，他說：「天哪，他真是條漢子！驍勇善戰。我還以為他會把我們全部殺光呢。」他指出，米須卡人在這次突擊行動中殺死十四個雅姆人，並搶走了一百三十頭駱駝，他們自己也死了九個。他接著說：「現在，既然國王已經下令允許我們予以反擊，我們將會把那些駱駝搶回來，外帶許多他們的駱駝，同時還要把我們所遇見的每個米須卡人都殺掉。天知道，你的運氣實在真好，到這兒之前，居然沒有被我們的人發現！」

第二天，也就是一月二十九日上午，我們離開了蘇來伊爾。此地離萊拉有一百六十哩路程，而從萊拉再到位於特魯西爾海岸的阿布達比，至少還要走六百哩路，相當於從這裡到我們的啟程地曼瓦克的兩倍距離。我們一共花了八天的時間才到達萊拉，把駱駝累壞了；穆哈瑪德的駱駝和另外三頭載貨駱駝全長了很大的馬鞍腫。出發前，蘇來伊爾的首長提醒我們，從蘇來伊爾直到萊拉附近，沿途只有刺槐可餵食駱駝，而萊拉還是因為去年秋天下了一點雨才有別的植物。

第一天的下午，我們遇到兩個雅姆人和一個達姆人，他們正趕著兩三百隻白綿羊和黑山羊要去萊拉販賣。我們和他們一起紮營，向他們買了一頭山羊當作晚餐，同時招待他們吃山羊肉。他們頗為友善，對我們的「空白之地」之旅甚感好奇。那個達姆人因與本族的人有血仇，因此跑去和雅姆人同住。他告訴我，去年夏天他在納吉蘭，碰巧有一個基督徒從阿布哈（Abha）到達那裡，在當地首長馬德西家裡住了兩天。當我表明我就是那個基督徒時，他不禁為之莞爾。他說當時他是在市場上看到我，隔了一段很長的距離，而且，當時我穿的衣服和現在迥然不同。他說得沒錯，當時我穿的是沙烏地阿拉伯人的衣服。我們分手之際，他們並且指點我們如何找到下一座水井。事實上，前往萊拉的路線非常明確，費爾畢也曾經走過，而且清清楚楚地標明在我手邊的地圖上了。

第二天下午，我看到西方的天空烏雲漸濃，於是隨口問穆哈瑪德是否會下雨，他立刻回答：「這只有真主才知道了。」其實我早該明白他會這樣回答的，原因是，沒有一個貝都人會對天氣方面的事情發表意見，否則無異宣告他知道只有真主才會知道的事情。我告訴他，在英國有專家知道如何預測天氣，在他聽來，這幾乎是褻瀆真主的言論，因此他急忙喊道：「願真主保護我不受魔鬼的誘惑。」

在萊拉受到敵視

我們抵達萊拉城的前兩天，天氣異常寒冷，強勁的東北風蕭颯地颳著。我們騎駱駝越過一座緩緩向東傾斜的岩石高原，沿途草木稀少，直到萊拉城近郊，才猛然發現地上長滿了一種名叫

「拉哈絲」（rahath）的白色小花。那天我們決定提早歇息，第二天早上稍晚再上路，以便讓駱駝好好飽餐一頓。日落時，我環顧四周，看到駱駝一隻隻吃得飽飽地躺在地上，不再像以前那樣餓著肚子四處覓食卻怎麼也吃不飽，心裡著實安慰。這是我們離開曼瓦克以來，牠們第二次有機會飽餐一頓。我沒料到後來我們居然走了四十天才到阿布達比，其間我們的駱駝只吃過像樣的一頓飯。黑幕籠罩後，我們看到遠處車燈閃爍，又聽到引擎轟隆轟隆的聲音，才明白原來有一輛車子陷在沙堆裡。我向來討厭汽車，尤其是在阿拉伯半島時，因此眼見這輛車子出了狀況，我心裡倒有幾分的幸災樂禍。

隔天下午，我們進入萊拉城。那是一座黃褐色的小鎮，觸目所及盡是平頂的泥屋，人口大約四千。我們停在當地阿密爾的屋外，在一名奴隸的指示下，我們為駱駝卸了貨後，即被領進一個陰暗的長形房間，房內除了沿著四面牆壁擺放幾條覆蓋毯子的陶製長凳之外，別無長物。我們和阿密爾打聲招呼。他是一個神情乖戾的老者，名叫法哈德，身上裹著一件繡金線的斗篷。他喚人伺候咖啡和茶水，然後言簡意賅地告訴我，費爾畢昨天已經從利雅德乘車抵達這裡，由於沒看到我，所以出去找我了。

接下來的兩個小時，我們對坐無語，儘管如此，我還是可以明顯感受到阿密爾對我並不表歡迎。黃昏時分他離開房間，我也跑到外面的院子去舒活一下筋骨。當我正注視著幾隻戴著頭罩、蹲在木架上的大獵鷹時，突然聽到喚人禱告的聲音，只見每個人匆匆忙忙趕到清真寺，留下幾個小男孩圍著我，罵我不信神、不禱告。有一個小鬼甚至不厭其煩地告訴我，我是多麼的齷齪。當時我已疲累不堪，對他們這種無禮的態度極端厭煩，只希望他們趕快走開。

大約過了一個小時，費爾畢來到。他是我的老朋友，能見到他我格外高興。他說他在找我們的時候，車子陷在沙堆裡。原來我昨天晚上見到的車燈是他的。他說：「我晉見國王的時候，剛好有電報傳來，報告你和你的手下已經到了蘇來伊爾。國王看到後簡直氣炸了，問我認不認識你，然後說他會拿你來開刀，藉以殺雞儆猴，讓歐洲人以後不敢擅闖他的國土。我想幫你說幾句好話，可是他根本不讓我開口。我很替你擔心，後來想到我還是寫一封信給他好了。第二天早上，我把信交給他，讓他明白身為你的朋友，我有義務替你求情。當時，他看起來已和前一天晚上判若兩人。他聽了我的話後，立刻表示他會派人傳令將你釋放。」

阿密爾在他的屋外為費爾畢搭了一座帳棚，我們用畢晚飯即移到那兒聊天，直談到將近破曉時分。我向費爾畢抱怨，那天下午阿密爾接待我時那副無禮的模樣，費爾畢很能體會我的感受，不過他也表示，我應該了解這些信仰無比虔誠的瓦哈比人本就極度痛恨基督徒。他指出，畢竟在這個快速變遷的世界裡，正由於他們嚴格遵守教規的做法，才使得部分偏遠地區的人至今仍保留那些屬於阿拉伯人的可敬特質。為了說明這些阿拉伯人有時是如何的一絲不苟，他告訴我一則故事；有一次，他和伊本·沙特國王坐在利雅德皇宮的屋頂上時，驀地聽到遠方傳來一陣歌聲，國王大驚失色，連忙喊道：「願真主保佑我呀！是誰在那兒唱歌？」並馬上派遣侍從去把那個肇事者抓來，結果侍從帶回一個正趕著駱駝前往鎮上的貝都男孩。國王非常嚴厲地責問，男孩是否知道唱歌等於屈服於魔鬼的誘惑，後來並下令鞭笞他。

由於費爾畢亟欲造訪卡里亞水井，研究該地一些歐洲人未曾見過的古蹟，於是他在第二天先行告辭。我們則在萊拉城多待了一天。期間，當地的阿密爾未再供應我們任何食物，我也沒有再見到他。我待在隱蔽的帳棚裡看書，偶爾會有孩童跑來偷窺，並口出惡言，然後一溜煙跑掉。我的拉希德夥伴想買一些旅途的必需品，卻因為帶了我這個不信真主的人來到鎮上，因而遭當地人的詛咒和唾罵，甚至有些店家表示他們絕不會收我們的錢，除非我們當眾把錢洗乾淨。話雖如此，我們最後還是透過阿密爾的兒子買到一點麵粉、米、椰棗和奶油，只是價錢貴得離譜。穆哈瑪德請阿密爾幫我們找一個嚮導，帶我們到賈布林去，但他回答：「我絕不會鼓勵任何人跟一個不信真主的人同行。」村裡的人也都聲明他們絕對沒有人會跟我們走，甚且巴不得我們在沙漠裡渴死。因為萊拉和賈布林之間的村落久旱不雨，而且我們絕對找不到任何貝都人為我們指引方向，所以勢必會渴死。有些人甚至問我的夥伴，為何不在沙漠裡把我砍了，再帶著我的財產走路，聽得他們張口結舌。卡必納直咕噥：「這些人簡直就是畜生，狗娘養的。他們說你是不信真主的人，其實，你比這種回教徒要好一百倍。」

萊拉城向來是阿克萬教派的重鎮。此一教派是由一些激進的死硬派回教徒組成，志在淨化統一回教；他們一直希望化解各部落之間的藩籬，讓所有的貝都人定居在水井旁或綠洲上，在他們看來，游牧生活並不符合回教的規範，要統一回教就必須嚴格遵守齋戒、禱告和淨身等儀式。伊本·沙特國王當初就是靠這個教派起家，後來，由於他禁止阿克萬人攻打鄰近國家，而引起他們的反叛，指他縱容不義之人。一九二八年，伊本·沙特國王在薩比拉（Sabila）一役中擊潰他們，他們的勢力頓時瓦解。然而在萊拉城和達瓦西河道，這個狂熱的老教派仍然陰魂不散。

他們那種敵視的嘴臉，如同各種形式的仇恨一般，令人覺得醜陋無比，加上我已經習慣生活在一個可以容忍宗教異端的社會，更覺得他們的態度簡直不可理喻。不過我又想到，西方的文明社會不也有許多人，因著膚色、國籍或階級的不同而相互仇視嗎？這種仇恨在中東某些情況較複雜的地區並不存在。相較於這類仇恨，萊拉城的居民排斥異教徒的行為，不見得更要不得，事實上，在早期回教尚未遭受外來的挑戰時，阿拉伯人對於其他宗教是具有相當容忍度的。但是對萊拉城的民眾而言，我是一個來自陌生文明的入侵者，而在他們眼中，這個陌生文明就是基督教文明。他們了解基督徒的勢力征服了大部分的回教地區，舉凡與基督教文明接觸過的區域，他們所珍視的信仰、制度和文化，無一不受到摧毀或產生重大的改變。他們當然不會明白，實際上，我是多麼排斥我自身所代表的那些新式制度與發明，同時，我又是多麼喜愛他們努力想要保存的生活方式。

自願帶路到賈布林

傍晚，我們商議接下來的行程。賈布林綠洲距離此地約莫一百五十哩，我有把握可以沿著費爾畢行走的路線（這條路線就畫在一張地圖上）到達那裡。但是，我也明白萬一到不了綠洲，我們將會迷失在哈薩以南那座毫無水源的空曠沙漠裡。我告訴他們我可以帶路，他們懷疑我是否有能力找到一個我從未到過的地方，尤其是要走八天才能到的地方。

我說：「我們不需要嚮導，我可以帶路。」賈拜沙問：「你要怎麼帶路？你從來沒到過這一帶呀！」我解釋說：「費爾畢已在地圖上標明了賈布林的位置。我可以用羅盤找到。」

穆哈瑪德對此表示懷疑：「這一帶沒有地標，況且去賈布林的路上，我們得經過像哈拉西平原那樣空曠的地方，可不像我們來時的那條路。那時我們不需要嚮導，因為我們知道阿拉德斜壁就在左邊，只要走到斜壁就可以走到哈西。再說，那兩個薩爾人也知道水井的確切位置。現在我們不能沒有嚮導。」我說也許我們在路上可以遇到貝都人，但阿麥耳很懷疑：「他們說這一帶根本沒有人煙，因為很久沒有下雨了。」

我繼續說服他們：「相信我，我可以找到賈布林的。天哪，我也不想渴死在沙漠裡呀！」

卡必納問：「要走幾天呢？」

我回答：「八天。」他說：「這裡的人就是這麼說的。」最後，他們終於同意讓我帶路。賈拜沙說：「在這裡我們顯然是找不到人帶路了，但我們也絕不能再待在萊拉城，只好把命運交付在恩巴拉克手上了。」

我問他們能否在賈布林找到阿拉伯人，穆哈瑪德說：「我們在那裡一定可以找到穆拉人，那裡總會有幾個穆拉人的。這個你不用操心。恩巴拉克，你只要帶我們走到賈布林就行了，這樣我們就感激萬分了。」

我衷心期待在抵達賈布林後可以找到一些阿拉伯人，屆時我們除了需要更多的糧食之外，更需要一個嚮導，以便能在前往阿布達比的路上找到水井。這趟路程長達四百哩，若沒有人帶路，我們將會連同那些精疲力竭的駱駝，被困在位於「空白之地」北部荒原上的賈布林。這可不是一件好玩的事。

那天晚上，穆哈瑪德拿了一些錢給我。他說：「這些錢是費爾畢臨走前給我們的。這是其中的五分之一，該你得的。我們既然是同伴，什麼東西都應該大家平分。」

二月七日我們離開萊拉城，帶了六袋水、九十磅麵粉、十五磅米、三十磅椰棗和一些奶油、糖、茶葉及咖啡。雖然只有這麼一丁點東西，阿密爾的兒子卻說他是費盡九牛二虎之力才買到的，我認為他是在矇我們。由於到賈布林後，我們除了椰棗外，很可能什麼東西也買不到，而從賈布林到阿布達比，又至少要走一個月，路上我們一定會吃不飽，因此，我們商議好每頓晚飯每五個人只能用三磅麵粉的量，至於米，必須等找到水井後，水源充足了才能下鍋；早餐，大夥吃椰棗。不過，大概也只有他們會吃，我現在是連看到椰棗都會反胃。看到我們領著駱駝出城，有些當地人向我們狂吼，說要是我們找不到路就別回來了。

我在日記上寫著：我們到賈布林共走了八天，每一天花在行進時間其實並不長，其中只有兩天走足八小時。如今回想起來，當時一路所見盡是籠罩一層薄霧的眩目荒原，綿延不絕，彷彿沒有起點，也不見盡頭。駱駝走得疲累不堪，我也騎得精疲力竭，那種感覺令人難以忍受，尤其是在駱駝腳底磨破了皮，走在滿山遍野的硬石上顛躓不已的時候。偶爾我們會遇到平坦的小徑，駱駝走起來可以稍微舒坦一些，但萬一這條路偏離了我用羅盤所測得的方向，就不敢繼續走下去，因為茫茫沙漠裡沒有路標可供判斷我們走的路是否正確。我知道，一旦我們偏了八至十哩路，就會錯過賈布林，更何況我們已經走了一百五十哩路，偏差的機率就更大了。再說，地圖上所標示的賈布林的位置也未必準確。雖說齊斯曼和費爾畢繪圖向來一絲不苟，力求精確，但他們倆人都是在完成一段漫長的旅程之後，才著手繪製賈布林路線圖。我現在已記不清他們使用的方法，如果他們當初是以「羅盤橫寬法」（compass-traverse）繪製，那麼發生十哩的誤差是有可能的。

每到傍晚，我們通常會找一個有幾棵灌木可當柴火的地方紮營，然後放掉駱駝，讓牠們隨意去覓食。眼看著牠們經過一天的跋涉，出自本能地向老家所在的南邊蹣跚而行，愈走愈遠，我就會有氣無力地想：「糟了，現在又得有人去把牠們牽回來了。」只要瞧見我起身要去牽駱駝，他們往往會立刻跳起來說：「讓我們來吧，恩巴拉克。」不過，有時我會堅持自己去做，然後在他們其中一人的陪伴下，滿腔不耐地去追趕那些駱駝。為了節省駱駝的體力，我們帶的水很少，因此那些日子裡，我每每口渴到連卡必納所做的粗糙難吃的麵包都食不下嚥，因此除了口渴，肚子也餓。此外，天氣又非常寒冷，大多數的夜晚天空都會出現閃電，偶爾夾雜幾聲雷響。我只希望不要下雨，因為，我們連可以避雨的地方也沒有。

在前面的幾次旅程，我總要費點力氣才能聽懂我的夥伴們說什麼，但現在，我的阿拉伯語雖然還是不流利（我沒有什麼語言天份），聽力倒是大有長進，因此碰到我的同伴們吵架，我已經沒有辦法把耳朵關起來不予理會。有一次，卡必納和穆哈瑪德花了一整天爭論，兩年前我在塔林給他們的一筆錢。之前，卡必納向穆哈瑪德借了一匹駱駝騎，因此後者便將我要給卡必納的錢扣留了三分之二。因為卡必納當時可謂一貧如洗，所以我認為穆哈瑪德此舉實在不夠厚道，並且表達出我的想法，結果他們兩人一路爭執個沒完，吵吵罵罵，罵罵吵吵，反反覆覆，一說再說，直到我們停下來紮營時才罷休。沒多久，又見他們兩個心滿意足地坐在一起烤麵包。還有一天，卡必納和阿麥耳又針對他們的祖父的功績鬥嘴不休，最後，只聽到卡必納惡毒地說：「不管怎麼說，至少我的祖父沒有當眾放過屁。」聽到他死去二十年的祖父被人這樣無禮地嘲諷，阿麥耳氣得面紅耳赤。隔天，他們又開始爭論他們的祖父的功績時，我於是開口抗議，他們兩人一聽都吃驚地看著我說：「可是這樣可以打發時間呀！」我想，這倒也是真話。

抵達賈布林的前兩天，我們經過達哈拿沙漠（Dahana sands）。那一帶的沙漠寬度大約有十五哩，由一連串新月形的沙丘所組成，銜接「空白之地」與阿拉伯北部的納夫德（Nafud）大沙漠。

兩個月前，這裡下過一場雨，雨水滲進地下三呎處，因此，可見許多剛冒出來的嫩芽。在度過了那麼多單調無聊的日子之後，乍見這番春意盎然的景象，自是令人欣喜萬分。第八天的早晨，我們終於要開始攀爬抵達賈布林前的最後一座山脊。之前，我已經想到如果我們到得了賈布林的話，此刻也應該看到這座山脊了，果然它就躺在我們正前方，一叢叢的棕櫚樹為這片土黃色的平原增添了幾抹綠意。倦極了的我坐在一座古墓上休息，其他人又開始興奮地講個不停。我們走下山脊，來到一處平原上，不期然地在一叢刺槐樹附近發現到一座水井。

我們給駱駝們喝了水，並將牠們鬆綁。雖然歷經長年的乾旱，連刺槐樹的葉子也掉光了，但牠們還是可以找到一些吃的。過去這八天以來，只有兩次看到一些我認為牠們可以吃的植物，不過我想牠們每次在遠處漫遊覓食時一定找到了更多食物。卡必納必然已經看出我眼神裡的憐憫，他安慰我：「牠們的耐力十足。還有哪一種動物比駱駝更有耐力呢？我們阿拉伯人之所以這麼喜歡牠們，主要也是因為這一點。」

眼前這口水井很淺，水質甜美。夥伴們個個脫掉長衫，拿桶子互相在對方身上灑水。我只要想到在這寒風中冷水澆身的滋味，就對此裹足不前，並決定不理會他們的揶揄和慫恿。「來吧，恩巴拉克！」賈拜沙喊著。我明明聽到每次阿麥耳倒水到他身上時他都倒抽一大口氣，可他還是口口聲聲說水不冷；他仍然穿著纏腰布，布巾被水弄得濕淋淋的，裹在身上宛如雕像上的帷幔。阿拉伯人不喜歡當眾裸露，不過，現在看來他們不見得都是如此拘謹。我遊歷幼發拉底河地區時曾與貝都人共浴過，他們一個個裸露身子，沿著河堤互相追逐，根本不在意別人的眼光。

安頓好了，穆哈瑪德和阿麥耳馬上出去找穆拉人。穆哈瑪德有信心能在這片綠洲找到一些穆拉人。自從越過達哈拿沙漠，我們即置身於穆拉族的地盤，他們是內志的大族之一，人數約在五千到一萬之譜，所盤據的地區相當於法國的面積。當初，費爾畢橫越「空白之地」，就是由穆拉人當嚮導，然而他們所熟悉的區域僅限「空白之地」的中部和西部，同時，他們所分布的地區也不像拉希德人那樣廣闊。無論是從葉門邊界到阿曼、從達佛到利雅德或哈薩、特魯西爾海岸等地，都有拉希德人的蹤影。

在沙烏地阿拉伯各部落中，穆拉人以擅於追蹤聞名，常被政府雇用來緝捕罪犯，他門能根據罪犯的腳印查明他們的身分。在蘇來伊爾，那位對我們頗為友善的穆拉人所做的正是這類工作。

穆哈瑪德和阿麥耳離開營地後，我們洗米下鍋，準備煮一頓大餐等他們回來吃。煮好後，我們悠哉地躺在營火旁休息，卡必納和賈拜沙教我玩一種類似西洋棋的遊戲，他們以駱駝糞為棋子，在沙地上玩。也許是因為他們講得太深奧了，或者遊戲本身原就複雜，總之，我一直沒學會。

夕陽西下，穆哈瑪德和阿麥耳回到營地，他們表示，這一趟他們既沒找到阿拉伯人，也沒發現任何新的腳印。他們問我還能夠帶多久的路；根據地圖顯示，從此處前往阿布達比的路上，只有一座名為狄比（Dhiby）的水井，它是湯瑪士在快要走到沙漠盡頭時所發現，位於一百五十哩外卡達半島（Qatar peninsula）[1]南邊的一處低地。該水井以東六十哩處，就是從海岸向南延伸至沙漠的撒布哈穆提（Sabkhat Mutti）鹽質平原，奧夫告訴過我，這座平原往往在雨後變得泥濘不堪，駱駝走在上面就會陷在泥淖不得脫身，不過，倒不至於像在烏阿薩明流沙區那樣完全被吞沒。

我告訴他們，我最遠可以帶他們到撒布哈穆提鹽質平原，不過沒把握能夠找到狄比水井，也不知道水井的水能不能喝。我依稀記得，去年在達法拉時，哈馬德曾經告訴我，撒布哈穆提平原附近的水質都是鹹水。穆哈瑪德表示，如果我能帶大家走到撒布哈穆提，他就可以從那裡帶我們走到阿布達比。我雖然半信半疑，大家總得往下走，否則留在這裡遲早會餓死，何況其他人也都相信，我們走到撒布哈穆提之前，一定可以碰到穆拉人。

我們決定把帶來的十個水袋全部裝滿，這也表示，我們的載貨駱駝又要馱負沉重的行李走路了。然而，為了保全我們自己和座騎，只好犧牲牠們了。目前，有三匹載貨駱駝和穆哈瑪德的座騎情況不樂觀，牠們的駝峰和肩骨間隆起的部位所長的馬鞍腫已經破皮潰爛，傷口很深，且發出陣陣惡臭。阿麥耳將生了壞疽的部位切除，他說這樣對牠們比較好。他為駱駝動手術時，其他人全是一副不甚在意的樣子，我卻希望那些駱駝不會太疼。一般來說，為了保全他們的駱駝，我的夥伴們願意忍受各種不便，甚至不惜吃各種苦頭，但也因為沙漠裡的生活實在太過艱辛了，他們對於痛苦的感覺比較麻木。他們不僅對別人或動物的痛苦視而不見，即便是對於自身所受的苦楚，有時也會不以為意。我還記得有一次是在提貝斯提高原，我租了一頭駱駝，牠的主人說要徒步跟我一道走，但當我們出發時，我發現他的腳有點瘸。我問他怎麼回事，他抬起他那沒有穿鞋的腳給我看：原來他最近去庫法拉時腳底磨破了，皮開肉綻地，但他照樣打著赤腳走路。光想到他走路時的那種痛楚，我已經覺得極難受了，然而由於他需要錢，他還是自願要和我一起穿山越嶺。不過，儘管阿拉伯人對於痛苦比較不在乎，但絕不會蓄意施虐，或殘酷無情。我的夥伴們就想不透，為何會有人以虐待別人為樂，雖然，他們可能會為了報仇而手刃一個赤手空拳的牧童，可是他們絕不會故意加以折磨。許多派駐亞丁的英國皇家空軍飛行員均相信，萬一他們不小心降落在沙漠裡，一定會被阿拉伯人抓去閹割，但我確信沒有一個阿拉伯部落的人會做出這種事，因為這種行為在他們看來令人不齒。有一次，我告訴我的夥伴有關達納吉人的事情，並提到他們在殺了人之後會將死者閹割，他們聽了震驚不已，阿麥耳甚至面帶嫌惡地說：「這些人肯定是畜牲，如果他們是人的話，絕不會這樣幹的。」

真主的恩賜

第二天，我們行經幾座鹽質平原，到達賈布林低地的另一端。在那裡，我們看到幾株因雨水滋潤而欣欣向榮的灌木，當下即決定停歇該處，以便讓駱駝吃一點東西。在這裡，我再度見識到沙漠裡的雨下得多麼稀少而且分散，經常集中在只有幾十英畝的一塊地方。下午，我們走過一片礫石平原，發現上面有許多腳印。將近傍晚時分，從北方飄來一片灰濛濛的煙靄，遮掩了眼前一片遼闊空曠的大地。晚飯後，穆哈瑪德堅持大夥得再吃點東西才行。我玩笑性地建議他去買點麵粉，順便牽一頭羊回來，他卻嘟囔著說再不吃飽一點，他們都走不下去了。我向他解釋，我們的存糧快要不夠了，要是再增加每個人的配額，會是很不明智的做法。我問他如果我們把麵粉吃完了該怎麼辦，他說：「真主自然會為我們準備呀！」可是我沒有像以利亞（Elija）[2]那樣的信心，因此對他的說法深表懷疑。我們忿怒地爭論著，最後我站起來，對他們說他們乾脆就在那天晚上把麵粉吃完，這樣我們就可以知道情況到底將會如何了。說完我拂袖而去，上床睡覺，心裡猶忿忿想著：「我的肚子和他們一樣餓，可是不像他們這樣瞻前不顧後。」第二天，我們的口糧配額仍一如從前，他們也從此不再提起這檔子事。

走了八個半小時，我們才到達喬布（Jaub）低地的西端，我希望我們可以沿著這裡走到狄比水井。那是個天氣異常炎熱的一天。最近十天，每天傍晚雲層集結，遠方雷電交加，後來終於淅淅瀝瀝地下起雨來，而且幾乎沒有停歇地下了三天，後來的四天也是斷斷續續地飄雨，還不時有雷雨，尤其是在夜晚的時候。

那幾天我們過得相當淒慘。我們渾身濕淋淋地騎著駱駝前進，又冷又渴，卻只能眼睜睜看著淅瀝淅瀝的雨水滲進沙地裡，那情景實在叫人抓狂。我們不知道沿路哪裡可以找到水井，因此又開始將每人每天的用水量限定為一品脫；我們只有幾個小鍋子可以拿來盛接雨水，更何況我們也無法在路上逗留。同行的夥伴十分擔心駱駝的情況，有幾頭已經因為皮膚嚴重潰爛而日趨衰弱。他們要我當心，很可能哪天早上醒來會發現有幾頭已經死了，於是，我每天早上一起床，便急急忙忙跑去看牠們是否還活著。

有一天晚上，入夜不久開始風雨大作，一直持續到黎明方才平息。置身空盪盪的平原上，我們根本無處可以遮風避雨，只能瑟縮地躺在地上，看著閃電劃過黑暗的雲層，聽著震耳欲聾的雷聲。先前我已經把毯子和羊皮鋪在我躺著的睡袋上，這樣可以讓我的身體保持乾燥，可是今晚它們卻吸飽了水，沉重得讓我無法將它們搬開；冰冷的雨水在我身上淌著。偶爾雨停了，我便伸出頭去向外張望，只見一道道閃電接連掠過夜空，我的同伴們躺臥之處暗影幢幢，彷彿濕潮的海灘上隆起的幾座墳墓，而那些被雨淋得渾身濕透的動物則背向風雨蹲踞著。雨又叮叮咚咚下起來了。我思忖今晚一定會有幾隻駱駝死掉，第二天早晨起床一看，牠們居然都活得好好的。

黎明時，我們找不到乾燥木柴可以生火。於是在歷經濕冷淒慘的一夜後，我們只好冒著寒風冷雨，渾身滴著水，驅趕著一匹匹不願前進的駱駝上路。一路上偶爾看得到幾叢鹹水灌木，繁茂的綠葉使得這片低地看起來似乎肥沃豐饒，事實上，此地的土質比周遭的沙地還要貧瘠。當天晚上，饑腸轆轆的駱駝在覓食無著後，終於忍不住吃起這些灌木，第二天當然免不了一陣腹瀉，我們只好把牠們的尾巴拉到一邊綁在馬鞍上，以免掃到我們，弄髒衣服。牠們的肚子空空如也，但腹瀉失水的結果讓牠們很容易口渴。幸好我們及時發現一口水井。這井不深，位於硬沙地上，要不是四周積了一層駱駝糞，從遠處簡直看不出來。我們嚐了一下，水質鹹得無法入口，而口渴不堪的駱駝們卻拚了命地喝，怎麼也喝不夠似的。當我們在餵駱駝喝水時，赫然見到一線淡淡的天光照耀在雨後潤澤的平原上，宛如一曲徐緩而淒美的樂章。接著又開始下起雨來。卡必納費盡心思終於把火升燃，並用井水煮了一大鍋米飯，可是那飯實在難吃，有一大半沒有吃完。

第二天天氣晴朗，我們的衣服被太陽曬乾，身子頓時暖和了起來，我們的士氣也為之一振。

走在看來像是剛被一波海潮沖襲過的沙地上，我的夥伴們不停地引吭高歌。也難怪他們心情如此之好；他們是貝都人，天空剛下過雨，且下的不是零星陣雨，而是很有可能涵蓋整座沙漠的傾盆大雨。他們稱之為「真主的恩賜」，並為未來幾年牧草豐美的前景而欣喜若狂。我騎著駱駝走過那綿延無盡、光禿一片的沙地，實在難以想像，再過三個月這裡將會長滿繁盛的灌木。生長在北極的愛斯基摩人，在嚴寒黑暗的冬季裡苦苦煎熬時，至少可以數算著日子等待陽光降臨，但對生活在阿拉伯半島南部沙漠的貝都人而言，春天卻不一定會來臨。這裡鮮少下雨，就算下了，也未必下在春天。通常嚴冬過後便是灼人的夏日，大地乾枯，了無生氣。卡必納告訴我，他這一輩子只記得有三個春天。這些偶爾降臨的春季，便是貝都人僅有的生活美景，而他們所衷心企盼的，充其量不過是可以過上幾年不虞匱乏的日子罷了。在我看來，他們的要求是如此地少，簡直少得可憐，但我也知道，這對他們來說已經足夠了。

走在路上，他們不停談論著那幾個有雨的年頭。卡必納告訴我，他這輩子從來沒有見過這麼大的雨勢。然後他們將話題扯到六十年前達佛的那場洪水。我在艾達姆河道（Wadi Aidam）廣達一千多碼的山谷中，曾經目睹一些棕櫚樹的樹幹被當年那場洪水沖上十八呎高的山崖，就此夾在石縫中的景象。我們並且試著推算，究竟要下幾天的雨才會造成那樣的洪水。當年，洪水降臨在溫暖的夏季。於是我又想，換成是冬天，雨像那樣下個不停的時候，一個人能夠撐多久而不致凍死？到了傍晚，又下起一場雨，在接下來的三天，雨就這樣斷斷續續下個不停。

第八天的下午，我們已經離開賈布林低地，我心想，這會兒應該離狄比水井不遠才對。後來，我爬到我們北邊的一道斜壁上的兩座岩壁頂端測量方位，果真我估計的沒錯。過了一小時，當我再度測量我們所在的位置後，我告訴他們已經到了水井附近。賈拜沙聞言遂前往找尋，並且在四分之一哩外一處沙地上的洞穴中找到那座水井。他回來時說道：「恩巴拉克，沒想到你還真能帶路呢！」

然而我的得意很快就被破壞殆盡，因為後來我們發現那水太鹹，不能飲用，倒是駱駝們喝個不停。靠近水井處有一些新鮮的卡蒠。我希望這意味著我們即將遇到牧草地，然而第二天我們走了二十四哩，卻是一片荒蕪。當天晚上徹夜下雨，我又冷又濕，睡不著覺，又憂心下一步不知該怎麼做。先前大夥已經決定要一直走到撒布哈穆提，同時冀望可以找到幾個阿拉伯人，但到目前為止，一個阿拉伯人的蹤影也沒有發現，因此我看不出我們有什麼理由要到那裡。我的地圖顯示，阿布達比遠在兩百五十哩外，而我們的水已經快要用罄了。

隔早我們一醒過來，發現天空灰濛濛的，雲層厚重而低垂，一副要下雨的態勢。我們用凍得發麻的手為駱駝上貨，然後沮喪地走在牠們旁邊，想要藉步行來暖暖身子。一邊走著，我們身上未乾的長衫在腿邊啪噠啪噠地拍打著。我想那些駱駝八成熬不過今天了。不可思議的是，後來我們居然看到了牧草地，這塊草地面積僅有幾平方哩，卻被我們撞個正著。駱駝一到那兒便頭也不抬地猛吃，幾乎沒有移動過腳步。我們站在旁邊看著牠們吃草，賈拜沙對我說：「這片草地救了我們的命。」

安然脫險

第二天，我們通過撒布哈穆提。我們決定繞道而行，從這一片鹽質平原接近頂端的地方穿過去，以免駱駝陷進泥淖動彈不得，尤其是在新近下過大雨的情況下。一旦牠們陷在泥淖中，泥漿深及膝蓋，牠們就完了。由於駱駝遇到泥濘的路面即變得窒礙難行，於是我們將繩索打了許多結，綁在牠們的腳底下，使牠們不致滑倒。這裡的鹽質平原被若干新月形的荒蕪沙堆分割成三條走廊，地上一層由髒污的鹽粒所積成的硬殼，在太陽照射下發出眩目的光芒，我雖然半閉著眼睛，仍被照得頭昏眼花。駱駝踏破了那層鹽殼，踩著稀爛的黑泥蹣跚前進。我們就這樣一路提心弔膽、辛苦吃力地走了五個小時，才順利穿越這片平原。

我們在平原的彼端找到一塊起伏不平的白沙地紮營。這裡是名副其實的寸草不生，連上面原有的鹹水灌木也都枯死，殘餘的枝幹像針尖般戳刺著我們赤裸的雙足。屈指一算，我們離開賈布林已經十一天了。傍晚，大夥憂心忡忡地討論許久。穆哈瑪德至此不得不承認他對這個地區一無所知，而我的地圖上從這裡到阿布達比又是一片空白。要走到阿布達比，我們還有兩百哩路程，可是我們的水只剩下幾加侖，除非找得到水源，否則休想到得了阿布達比，可是我們沒有一個人知道沿岸地區是否有水井。穆哈瑪德說我們應該可以找到貝都人，問題是從我們離開萊拉，他就一直說著這話，至今我們已走了三百五十哩路，還是沒有遇見一個貝都人。最後在無計可施的情況下，我只有建議大夥試著尋找利瓦綠洲。我估計，利瓦綠洲距此大約百哩路，我雖未到過那裡，不過，卡必納去年曾經從巴拉水井到利瓦的三個村落去為大夥購買食物。卡必納也說，如果我能帶大家到那附近，他將可以根據當地沙丘的形狀，找到利瓦綠洲。不幸的是，我手邊並沒有去年我所繪製的羅盤橫寬法圖，而所帶的地圖上雖然以斗大的字母標示出利瓦位置，卻沒有確實的依據，因為截至目前，除了我以外，沒有歐洲人到過那一帶。我對著地圖苦苦思索。每一次我確定方位之後，總會有別的理由讓我懷疑自己是不是弄錯了。我的夥伴們圍在我身邊，看我在逐漸昏黃的暮色裡工作。大夥都曉得，萬一我弄錯了方向，找不到利瓦，我們就會折回「空白之地」。想到這裡，不由得我心裡發毛，然而我們除了尋找利瓦之外，似乎別無選擇。

第二天早上，我們在平坦的白沙地上走了十二哩路，赫然看到好幾列沙丘。若是由西向東走，這些沙丘列便會輪番出現在你眼前，宛如一條條波浪狀的銀藍色牆垣。每座約三、四呎高，坡面為橘紅色，約有一哩寬，南北兩頭各自延伸向天際，另一端則筆直落下，底部有許多洞穴。成列的沙丘愈來愈大，形狀也愈來愈複雜，最後變成幾座高大但形狀一致的沙山，和幾座隆起的矮丘，上面滿是新月形的凹洞和深坑。多數凹洞較陡直的那一面，留有被最近的大雨沖刷過的痕跡，同時，坡面上因雨水而凝結的一層硬殼，有幾處可看到被冰雹打過後所留下的小洞。我們在此地發現了一些牧草地，也看到野兔、非洲大耳小狐、蜜獾和大蜥蜴的腳印。二月二十八日，我們在一個深洞底部見到一口已經淤塞的井。卡必納爬到一座山頂上張望，然後朝我們喊道：「我看見利瓦的沙漠了。」於是大夥紛紛跟著爬上山去瞧瞧。我看到去年我們到過的那幾座金色的大沙山。至此，我們總算安然脫險了，可是無人對這事發表意見。穆哈瑪德只淡淡地說：「那些沙丘很像迦寧的那幾座。」

第二天，我們找到一口淺井，水質雖然鹹，勉強可以入口。此時距我們離開賈布林已有十五天，而我們的羊皮袋裡只剩下約兩加侖的水。

三月四日，我們抵達巴拉，經過上次旅行我和卡必納曾經紮過營，還在那裡餓了三天的洞穴。那天下午非常寂靜、炎熱。第二天早上，我們在利瓦綠洲的邊緣看見一處屬於馬納西人的小型營地，並說服了一名男子帶我們前往阿布達比。據他說，兩個月前，有一支從狄拜過來、人數約三百的打劫大隊突襲鄰近的一個營地，殺死五十二個馬納西人，自己也折損了五人。然而自此之後，阿布達比和狄拜的長老即達成了和平協議。事實上，我們在萊拉城即耳聞過此事。

我們已經到達利瓦的西端，嚮導說這座綠洲直向東延伸，需要三天才能走完。要不是我們的駱駝已經精疲力竭，而我們自己也都累得人仰馬翻的話，我倒想好好探訪一下這座著名的綠洲。我們的糧食即將告罄，而此地除了椰棗外，其他的東西都很難買到，所以我們必須直接前往阿布達比。至於這裡，唯有寄望以後有機會再來了。我們經過庫圖夫（Qutuf）及道菲（Dhaufir）兩座村落。高峻的沙丘下連接鹽質平地，平地上和沙地的凹穴全種植棕櫚樹，而棕櫚樹叢外緣並有柵欄圍住；此外，每座沙丘頂上也築有一圈柵欄，以防止沙子滑落（有幾個地方的棕櫚樹部分已被沙子埋住了）。棕櫚樹疏密有致，顯然是經過細心栽培。除此之外，這裡沒有別的作物，可能是地表上有一層鹽土的緣故。這裡在地下七到二十呎的地方蘊藏十分充沛的水源，水質幾乎沒有鹹味，只是稍嫌無味。

這裡的阿拉伯人屬於巴尼亞族，他們住在由棕櫚樹葉搭成的長形小屋裡。為了蔭涼起見，小屋通常建在矮丘上的棕櫚樹叢間，一家人住兩三棟，外圍並築有高籬。家家戶戶豢養駱駝、幾隻驢子和山羊。夏天時，有許多人前往阿布達比參與潛水採珠的行列。

三月七日，我們離開利瓦。接著，還要走一百五十哩路才能到達阿布達比，不過，現在有人帶路就不擔心了。我們又累又疲，由於不必再為求生存搏鬥，意志頓時鬆懈下來，因此，每天的路程變得更加艱苦難耐，大夥也很容易為了雞毛蒜皮的小事吵架。那幾天，雨仍間歇下著，有時雨勢滂沱。

我們沿著海岸向東走，穿越一片荒涼的鄉野。沿途可見石灰岩山脊、白沙堆，以及呈帶狀鋪展、其上點綴著簇簇老硬的草木及凋萎植物的礫石地。整片鹽質平原遠遠地延伸到海面，透過黃色的煙靄看過去，根本分不清大海與鹽質平原在何處交會。整個景致呈現單一色調，既沒有層次也沒有對比。我們往下走到鹽質平原，領著駱駝踉蹌走過泥濘的地面，朝向分隔阿布達比與內陸的小溪。我們涉水過溪，並在淺灘的石造碉堡外休息片刻，然後走往鎮上。我們在晌午抵達鎮上。那天是三月十四日，而我們離開曼瓦克是一月六日的事了。

阿布達比是蜿蜒於海岸的一個小鎮，鎮上房子看起來已年久失修，其中最主要的建築是一座大城堡。鎮上稀稀落落地種著幾棵棕櫚樹，樹叢附近有一座水井。我們在井旁餵駱駝喝水，霎時圍攏過來一些阿拉伯人好奇地打量我們，猜測我們的身分。我們走到城堡那裡，坐在城堡外等候長老們午覺醒來。

【注釋】

1　譯注：阿拉伯半島東部。

2　譯注：《聖經》中的先知。

第十三章　特魯西爾海岸

城堡的大門深鎖，四下無人，我們為駱駝卸了貨，就躺在牆垣的陰涼處睡覺。城堡附近有幾座小小的砲台半埋在沙堆中，地面堆滿了垃圾，十分髒亂。先前看著我們打水的幾個阿拉伯人已經不見了。天色昏黃，有幾支風箏在一叢枝枒交錯的棕櫚樹上空盤旋。離牆不遠處，有兩隻狗正在交配。

傍晚，有一個年輕的阿拉伯人從一扇便門中走出來，在沙地上走了幾步便蹲下來小解。等他辦完事，穆哈瑪德叫住他，問他長老們是否正「坐著」（這是阿拉伯語的說法，意為「見客」）？少年答道：「不，還沒。」穆哈瑪德請他向長老們報告，有一個英國人從哈德拉貿前來，正等著要晉見他們。少年問：「那個英國人在哪裡？」穆哈瑪德指著我說：「就是他。」半個小時後，一個鬍子花白的阿拉伯人出來，問了我們幾個問題便轉身返回城堡內。不一會兒，他又出來請我們進去。他帶著我們上台階，走到一個鋪著地毯的小房間。阿布達比的首長沙克布（Shakhbut）和他的兄弟西薩及卡里德坐在裡面。他們穿著沙烏地典型的服裝，白色長衫和繡金的斗篷，頭上所纏的白色頭巾鬆鬆地垂在臉旁，用一條黑色的羊毛頭繩綁著；沙克布配戴的匕首上面鑲飾黃金。見到我們進來，他們紛紛起身，在打過招呼握過手之後，沙克布請我們坐下。他看起來蒼白纖瘦，臉不大，五官端正，蓄著修剪整齊的黑鬍子，有一對烏黑的大眼睛。他對我們彬彬有禮，友善，不過有點冷漠；說起話來聲音溫和，舉止徐緩而謹慎，似乎在努力壓抑他那急躁的脾氣。我想他可能對誰都不信任。他之所以會這樣，可說其來有自，因為在他之前的十四個阿布達比的統治者，只有兩個在任內得到善終，有八人遇害，四人因為親族發動的判變而遭致放逐。和沙克布比起來，西薩是完全不同類型的人，他身材魁梧，生性樂觀，胸毛又黑又濃密，幾乎占了胸膛的一半。至於卡里德則無特出之處，倒是他的門牙有一顆已經鬆動，不時見他伸出舌頭去舔一舔，頗引人注意。沙克布喚人伺候咖啡，由一個穿著橘黃色長衫的侍從端了上來。我們喝了咖啡、吃了一些棗子之後，沙克布詢問我們此行的經過。席間，我提到去年曾經到過利瓦的外圍，西薩說：「我們聽到幾個阿瓦密人傳來的消息，說有一個基督徒到過那裡，但是我們不相信。我們不認為一個歐洲人能夠在這裡來去自如，而不被人發現。你知道，貝都人的消息向來都不太可靠，我們還以為他們講的是在十六年前曾經走過沙漠的湯瑪士。」

接著，沙克布談到巴基斯坦的戰事，並且痛罵猶太人。卡必納顯然頗為迷惑，他低聲問我：「誰是猶太人？他們是阿拉伯人嗎？」

後來長老們護送我們到鄰近市場一棟年久失修的大房子。我們爬上一道搖搖晃晃的樓梯，進入一個空房間，房裡已經鋪上地毯以迎接我們的到來。沙克布指派兩名侍從照顧我們，隨後托辭我們一定累了，他要先行告辭，並表示隔天早上會再來探訪。我問他我們的駱駝應如何處置，他說他會派人把牠們帶到沙漠裡吃草，等我們需要時再牽回來。但他又說，那要過一段時間以後再說，因為他們走了很遠的路，需要在這裡好好休息。他微笑著對我說：「只要你待在這裡，就可以把這房子當成你的家。」

黑幕降臨，幾個僕人端了一個大托盤過來，上面堆滿了米飯和羊肉，一旁還有幾個小碟子，裡面盛著棗子和各式甜品。等我們用畢晚飯，他們不拘形式地坐下來和我們一起聊天。在阿拉伯的家庭，僕人也算是家中的一份子，主僕之間沒有上下之分。

那天晚上，市場裡的商人和從各地進城的貝都人，相繼來我們這裡打聽消息。屋內放著一盞防風燈，縷縷輕煙不斷從破裂的燈罩中裊裊揚升，照得室內一片昏黃，整個氣氛令人覺得安適而親切。想到這會兒我們無需再跋涉，可以想吃就吃，想睡就睡，真是令人心神舒暢。我真想不通為何人們喜歡在室內擺滿家具，在我看來，像這樣空盪盪，什麼都沒有的「布置」才是最高明的布置。

記得兩年前有一天的黃昏，我騎著一頭驢子和兩個阿拉伯旅伴，以及三個打赤膊要去朝聖的葉門人一起進入台夫城。當時我們打葉門邊界過來，翻山越嶺，已跋涉漫漫長路。進城後，我們在一家專供朝聖者住宿的旅店找到一個房間，那是一間空盪無物的小臥室，有好幾扇門，其中一扇通往院子。其他幾個房間都有人住宿。我們把房間打掃乾淨，鋪上自備的地毯，並借了一盞油燈。

其中一個葉門人從市場為我們買了不少食物，有燒肉、米飯、麵餅，還有酸奶、西瓜和很甜的黑葡萄。吃完飯，鄰房的人過來和我們聊天說笑。我心滿意足，因為我想要的一切都有了：在歷經長途的跋涉之後，我有食物可吃，有房子可住，還有幾個可以談天的良伴。第二天早上，我去拜會國王的孫子，也就是台夫城的總督。我原本期望他會以上流阿拉伯人那套待客禮節款待我，誰知他為了討我開心，居然安排我住在一家新式「旅館」，裡面每個房間全擺滿了維多利亞式的家具，牆上還掛著鑲了畫框的蘇格蘭湖泊和瑞士小屋的照片。房間裡有電燈、電扇，並且有罐頭食品。至於與我同行的兩個夥伴，則被安排住在別的地方。旅館裡除了我之外，還住了幾個埃及人，他們是從開羅來的城裡人，我和他們沒有半點共通之處，連他們講的話我也聽不懂。我在那裡過得既寂寞無聊，又不自在。我很訝異，阿拉伯人居然會想要模仿西方人的待客之道。

我們在阿布達比逗留了二十天，這個小城人口只有兩千。每天早上，長老們會從城堡那兒慢慢踱過來探視我們，穿著黑色斗篷、威儀堂堂的沙克布，總是走在他兩個兄弟的前面，身後跟著一大群武裝侍從。我們往往一談就是個把鐘頭，喝喝咖啡，吃吃甜點。等到他們離開，我們就到市場去，在那裡的小店內盤腿坐著，喝著咖啡談天說地。有時，我們也會漫步海灘，看著那些單桅帆船的船主拿瀝青填塞船縫，並以鯊魚脂塗抹船身，預備在採珠季節出海；望著孩童們沐浴在浪花裡，漁夫們從船上卸下漁獲。有一次，他們用漁網捉到一隻小儒艮（或稱海牛），那小儒艮身長約四呎，長相奇醜無比，看起來可憐而無助。他們說儒艮的肉味美好吃，皮還可以拿來做成涼鞋。

我們的訪客絡繹不絕，大家在我們的房間裡無拘無束，自在隨意，而且不時會留下來過夜。睡覺時，他們習慣把斗篷往身上一裹，就和我們一起席地而臥。其中一個名叫達海米的拉希德人，兩年前曾經擔任此地首長的侍從，在阿布達比與狄拜交戰期間以驍勇善戰聞名。我在南部海岸時就聽過他的事蹟。他年約三十歲，體格瘦削，中等身材，有一張蠟黃的臉，兩隻眼睛靠得很近；他身穿一件黃色長衫，綁著棕色頭巾。他和我們相處了三天。我的拉希德夥伴們對他印象非常好，經常引述他說過的話，但是我第一眼看到他就不喜歡他。他聽說我要去布來密，即聲稱要和我們一道走，不過我已和沙克布講好，請他先派此人前往布來密，通知沙克布的兄弟薩伊德我們即將抵達。果不期然，後來達海米為我惹了不少麻煩。

拜訪薩伊德

我迫切想進入阿曼，探訪去年我們在艾恩河道等候其他人從伊布里回來時，史太雲向我描述的那些地方，而要到那裡，最好的辦法就是從布來密過去，同時我希望薩伊德能夠幫得上忙。當時的季節已經嫌晚，不適合貿然到阿曼旅行，更何況我也需要休養生息。生活在阿拉伯人當中太久了，讓我的神經緊繃。不過，至少我可以到布來密去，然後在那裡暗中蒐集有關阿曼的資料。

四月二日，我和四名拉希德同伴，及沙克布所提供的一名嚮導離開阿布達比。前往布來密的路程大約只有一百哩，但我們足足走了四天才到。我們帶了充裕的食物，身子不再疲累，沿路也有豐美的牧草地。西薩借給我一頭很棒的駱駝供我騎乘。像他這樣的阿布法拉族酋長，通常擁有許多來自阿曼的名種駱駝。我們在阿布達比時，當地的阿拉伯人經常批評我們的駱駝，把牠們拿來和他們酋長的駱駝作比較。有一次終於把賈拜沙惹火了，他說：「你們酋長的駱駝確實是很棒，長得也好看極了，我是個貝都人，我豈會不識貨。但我敢說牠們沒有一頭能夠走完我們的駱駝最近走過的路程。」語畢，眾人都無言以對，因為他說的是事實。

阿曼海岸所產的巴提那（Batina）駱駝（見圖12）因為速度快，騎起來舒服而名響阿拉伯半島，然而牠們已經習慣由人餵食，且非椰棗不吃，因此一旦遇到糧食和水源短缺，根本派不上用場。阿曼內地的瓦西巴人擁有一種名為「巴納法哈」（Banat Farha，意為「喜悅之女」）的名種駱駝，和都魯人的「巴納阿罕拉」（Banat al Hamra，意為「阿紅之女」）無分軒輊。這兩種駱駝均比巴提納駱駝更能吃苦，不過據拉希德人的說法，牠們在「空白之地」裡同樣撐不了多久。

我們抵達布來密的前一天晚上，我躺在地上心滿意足地看著卡必納燒烤幾朵他在放牧駱駝時所發現的蕈菇。這些蕈菇吃起來固然很是腴潤可口，但此地的松露味道更美。我看得正專注時，賈拜沙突然過來搔搔我的腳，我出自本能地一腳踢了出去，正中他的肚子，竟把他踢昏了。我彎下腰，焦急地看著躺在地上的賈拜沙，只聽卡必納說：「他沒事，只是昏倒了。」幾秒鐘後，賈拜沙坐了起來，以責備的口吻問我：「你幹嘛把你的哥兒們撂倒呀？」當我不服氣正欲反駁他的話時，卻見他笑了出來說：「別傻了，我當然知道你是不小心的。」我問卡必納：「如果我真的把賈拜沙踢死了，你會怎樣？」他立刻說：「我會把你給殺了。」當我抗議說我不是故意時，他只狠狠地說了一聲：「那也一樣。」他是在開我玩笑，但我知道，無論殺人是有心還是無意，貝都人都會要你一命抵一命的。偶爾在他們冷靜下來後，也許會同意接受金錢的賠償，尤其是在殺人者並非有意時。然而，他們當場的反應一定是以牙還牙。我們在阿布達比期間，曾經遇見一個拉希德少年，他在打劫巴尼吉塔布人（Bani Kitab）時被人射穿了手掌心。當時，穆哈瑪德便對他說：「等到恩巴拉克回他自己的國家後，我們就幫你報仇。我們會從巴尼吉塔布族抓一個年紀和你相仿的男孩，把他的手放在步槍上面炸掉。」

第二天早上，我們來到穆外吉（Muwaiqih），這是布來密綠洲上的八個小村落之一。薩伊德即住在這兒，我們穿越幾座紅色的沙丘，抵達一處礫石平原，他的堡壘清晰可見。那是一座正方形的高大建築，四面土牆約有十呎高，城堡右側有一座已經傾頹且半埋在沙堆裡的圍牆，圍牆後面闢有園子，種植許多扭曲糾結、滿布塵埃的棕櫚樹。從棕櫚樹後面可以看到遠在十哩外、高達五千呎的哈非山（Jabal Hafit）孤立的脊丘。而在城堡上方，依稀可見遠處阿曼山脈淡藍色的輪廓。

城堡前面一棵荊棘樹下坐了約有三十個阿拉伯人。嚮導指著他們對我說：「酋長正在見客。」

我們在三十碼外之處讓駱駝臥下，帶著步槍和駱駝杖子步行上前。我和他們打了招呼，並和薩伊德交換消息。他的年紀在三十左右，體格健壯，蓄著棕色鬍子；他的臉看起來強悍而聰慧，眼神沉著而銳利，不太說話，卻自有一股懾人的氣勢。他的衣著樸素，只穿著一件用阿曼布製成的灰棕色長衫，和一件沒有扣釦子的背心。他綁著一條黑色的頭繩，頭巾則鬆鬆地垂到肩膀上，不像當地人那樣緊纏在頭上，使得他在那夥人當中顯得與眾不同。他佩著一把匕首和一條彈藥帶，步槍則放在他身邊的沙地上。

我一直期盼見到他，他在貝都人中享有佳譽。他們喜歡他那不拘小節的個性，和對人和氣的態度，也尊敬他的果斷、精明和耐力。他們總是充滿仰慕的口氣說：「薩伊德是條貝都漢子。他懂駱駝，騎術高明，能打獵，也會打仗。」

有一個僕人帶來幾條毯子鋪著讓我們坐下，薩伊德本人倒是直接坐在沙地上。接下來，僕人少不得要端上咖啡和椰棗。薩伊德問了我一些有關此行的事，包括路程的遠近、到過的水井、賈布林的情況，以及我們在萊拉及蘇來伊爾遇見的沙烏地人等。他對沙漠頗為了解，當我告訴他我去年曾經走過都魯族的地盤時，他特別感興趣，同時訝異都魯人居然會讓我通過。我告訴他那是因為我喬裝為敘利亞商人，他哈哈大笑說：「要是我的話，馬上就會被識破。」他提到有個叫柏德的英國人此刻正待在布來密的另一個村莊，試圖說服當地部落讓某家公司在那裡探勘石油。我從他的話裡得知，目前那個人的勸說工作並沒有任何進展。

我在三年前曾見過柏德，當時他還是派駐巴林的外交官。他對阿拉伯人興趣濃厚，也同情他們的處境。後來我們變成了朋友。不過我明白，要是讓當地人認為我與石油公司有掛鉤，那麼我進入阿曼的機會將大大降低，因此我決定停留布來密期間盡量避開柏德，待在薩伊德那兒。

那天下午很晚了，有一個僕人過來宣布午飯已經準備妥當，於是我們走進城堡。我們穿過邊門，來到一道門廊，看見幾個武裝男子坐在一條低矮的陶凳上。就在幾個月前，這些人還在打仗呢。一看到我們進來，他們便都站起身。門廊的另一頭有座鋪滿砂石的院子，裡面有一隻已經馴服的瞪羚，和一頭正在發情、可能會攻擊人的公駱駝。薩伊德把我們帶到門廊的左邊，是間空盪盪的大房間，面向院子的那面牆上開有兩扇小小的落地窗，藉以採光。我們的鞍袋也被拿了進來，陶土地板上也鋪了地毯。薩伊德和我們一起用餐。那是豐盛的一餐，有肉、有飯，還有幾碟椰棗、奶酪和幾碗酸奶。

我在薩伊德家住了將近一個月。

每天早上，當我們用畢備有茶和麵包的早餐，就會有一個僕人進來告訴我們，酋長已經開始見客，然後我們趨往拜訪。有時薩伊德會坐在門廊的陶凳上，不過他多半喜歡坐在堡外的一棵樹下。他會叫人端上咖啡，我們就坐在那兒聊天，直到午飯時間才停止。我們的談話經常會被其他訪客打斷，這些訪客包括來自沙漠或沙烏地阿拉伯的貝都人，另有來自阿曼的各族人士，和阿布達比的沙克布所派來的信差。訪客一到，每個人起身迎接，然後薩伊德會請他們坐下，聆聽他們報告消息。每次有人來，我便會試著根據他們的服飾、架馬鞍的方式猜測他們來自何方。若來的是拉希德人或阿瓦密人，他們坐在我的同伴身邊，每每趁此機會詢問他們在南部的族親的消息。和薩伊德侍僕裡占多數的巴尼亞人及馬納西人不同的是，他們的體格更健壯，風度也更文雅。

有時，說著說著，就會有阿拉伯人從圍坐的群眾中站起來，走到薩伊德的正前方坐下，用手中的駱駝杖子重重敲擊地面，以吸引大家的注意，然後打斷正進行的話題，接口說：「喂，薩伊德，我那些被搶走的駱駝該怎麼辦？」薩伊德即使話正講到一半，也會立刻停下來傾聽這名男子的申訴。大多數的案件都牽涉到駱駝，而且申訴人往往宣稱某個惡徒搶走了他的駱駝，而他所說的惡徒說不定當時就在現場。薩伊德的隨從裡面，就有很多這類違法犯紀的人，在他的想法裡，與其讓這些人去投奔他的對手，倒不如由他自己來收容他們。賈拜沙後來沒多久就成了其中一員。他此刻就坐在我身邊，把步槍放在兩個膝蓋中間（他向來槍不離身），興味盎然地聆聽著每一個案子。涉案的雙方粗聲理論著，並且不時打斷對方的發言（這是他們的習慣）。薩伊德顯然不想得罪任何惡徒，但也不想壞了自己主持正義的形象。大體上，他的判決總能讓當事的雙方滿意，而這也充分顯示出他的辨案能力。

記得有一次，有個婦人離家出走，她的兄弟們希望她的丈夫和她離婚。她丈夫說只要她的娘家把聘禮全數歸還，他就答應離婚。但是她娘家的人覺得這樣不公平，因為那名婦人已經和他同住許多年。薩伊德向在場的長者請教一番後，便宣布該婦人的娘家應該歸還半數的聘禮。另有一次，是一個馬納西人開槍打死了自己的妹妹。槍聲響時，我們正坐在房間裡。原來事情起因於女孩受到薩伊德一名手下巴尼亞族侍從的引誘。除了我的拉希德夥伴外，每一個人都認為她的哥哥做得對。卡必納對我說：「可憐的小女孩！她哥哥真野蠻，居然把她殺了。」第二天，薩伊德便將那個引誘她的人判了鞭笞之刑。

有時那些來訪的貝都人在離去前，會跑上前來要求薩伊德送給他們一份禮物。事實上，這顯然也是多數人來此的主要目的。我興味盎然地看著這些人像過去對待我一樣地，死纏著薩伊德要東西。記得在南部海岸時，有些拉希德人不惜騎駱駝走一千四百哩路往返利雅德，為了希望伊本·沙特國王能給他們一點小禮物。一年後，卡必納和賈拜沙冒著溽暑從布來密前往穆斯卡特，當時他們的駱駝已是筋疲力竭，我原本希望他們在等我回來這段期間，讓駱駝們好好休息，誰知他們還是跑了一趟。到了穆斯卡特，他們每人向當地蘇丹要了十個先令。當然，他們原也是指望能在返回布來密途中搶幾頭駱駝，怎奈那時他們的名氣太過響亮了，大家都已得到風聲，事先作了防備，所以他們並未得逞。儘管如此，他們仍然認為那趟長達五百哩長的路沒有白走。

薩伊德身為沙克布的代表，統轄布來密綠洲上的六個村落。另外兩個村落和北邊從伊布里到穆桑丹（Musandam）半島一帶山區的各個部落一樣，奉穆斯卡特的蘇丹為名義上的君主，儘管北方實際上已是獨立的部落區。至於伊布里本地和布來密以南的阿曼內陸，則屬於伊瑪目的治下。他的號令行於山區和所有城鎮，但對於住在「空白之地」邊境平原上的都魯人和瓦西巴人等大族（他們都是貝都人），卻鞭長莫及。而伊本．沙特國王對於過了撒布哈穆提那一帶的穆拉人，有絕對的管轄權，他手下的官員有時還對居住達法拉的貝都人課稅。不過這些官員最近已經被奉沙克布為領主的巴尼亞人逐出了利瓦綠洲。八年前，伊本．沙特國王的部隊（當時稱為「瓦哈必」部隊）曾經占領過布來密，迄今此地唯一忠於伊本．沙特的，僅剩幾個以從事奴隸買賣業為主的商人。在不受薩伊德管轄的兩個村落中，奴隸買賣至今依然盛行。

在特魯西爾海岸區，雖然每個酋長身邊都帶著一群招募自各個部落的武裝侍從，但這些部落本身卻只聽命於沙克布，他之所以能夠服眾，靠的不是武力，而是外交權謀。事實上，無論在特魯西爾海岸或是布來密，都沒有可供酋長們用來鞏固權勢的正規部隊。當時，特魯西爾海岸阿曼偵察隊（The Trucial Oman Scouts）尚未成軍，而英國皇家空軍雖說在夏雅有一座機場，它充其量不過是飛往印度途中一個臨時站罷了。

那段日子，薩伊德忙著幫柏德與鄰近地區的部落酋長，進行一場又一場、似乎永無止盡的會談。柏德經常坐車（薩伊德也有一輛，這兩輛車是從狄拜到沿岸地區僅有的汽車）到穆外吉，他對我很友善，但似乎也疑心我是否正為另一家石油公司做事，要和他打對台。每當有部落裡的人來訪，我就盡量避開他。其實，我對所有的石油公司一律不抱好感，因為他們的出現勢必會導致本地社會的變遷和解體，而這正是我極不願意見到的現象。

「伊拉克石油公司」（Iraq Petroleum Company）已經與穆斯卡特的蘇丹、特魯西爾海岸的酋長們簽署了協議，協議中涵蓋的範圍包括布來密一帶。柏德目前的工作主要是說服各部落接受這些協議。這個工作並不容易，因為布來密以南的地區並不在薩伊德的管轄範圍內，加上蘇丹對此區的統轄純粹是名義上的，並無實權，而且他在該區也沒有有效的代表。這裡的每一位酋長在貪婪的趨使下，無不嚷嚷著要獨立，而各部落的人也都以為，只要他們持不合作態度，就可以為自己爭取到一些特別的好處。這些因素對我打算進入阿曼的計畫，可說相當不利，依我看，我的機會非常渺茫。

打算一探阿曼內陸

阿曼內陸是東方最鮮為人知的有人地帶之一，其知名度毫不遜於西藏。

一八三五年，魏爾斯德（Wellsted）率先探訪此地。兩年後，法國植物學家艾洛依（Aucher Eloy）接踵而至。一八七六年與一八八五兩年，英國駐穆斯卡特領事麥爾思上校（Colonel Miles）兩度進入此地遊歷很長一段時日。一九〇一年，寇克斯爵士（Sir Percy Cox）曾經從布來密南行至納茲瓦（Nazwa），再繼續前往穆斯卡特。

阿曼的居民大致上以伊巴德西人（Ibadhis）為主，屬於卡瑞吉提人（Kharjites）的一支。該族在第四代哈里發（Caliph）[1]阿里當朝時，與其餘的回教徒決裂，從此不斷譴責其他回教徒。伊巴德西人一向主張，回教君主或宗教領袖應該透過選舉而產生，但自一七四四年就統治阿曼至今的阿布賽德王朝（Al bu Said dynasty，當今穆斯卡特的蘇丹即隸屬此王朝）卻成功建立起一套君主世襲制度，基於此，伊巴德西人對於朝廷如此罔顧選賢與能的原則，頗多怨言。由於一七八四年到一八五六年這段期間，阿曼擴張海權，屢次征服海外地區（其中以贊齊巴〔Zanzibar〕一役最重要），再加上朝廷又把首都由盧斯塔克（Rustaq）遷到沿岸的穆斯卡特，致使阿布賽德王朝對於內陸的統治漸趨無力。同時，對外條約的簽訂與來自外國的干涉，也使得各部落人民對朝廷更加不滿。一九一三年，迦法里族（Ghafari）和哈那威族（Hanawi）揭竿起義，另推選卡盧西（Salim bin Rashid al Kharusi）為伊瑪目，影響所及，穆斯卡特的蘇丹頓時喪失了對內陸地區的控制權。一九一五年，伊瑪目兵臨穆斯卡特城下，而他麾下的部隊卻在馬特拉城外攻擊一支英國部隊時遭遇重挫。一九二〇年，卡盧西遇刺，卡里立（Muhammad bin Abdullah al Khalili）獲選繼位。同年，蘇丹與阿曼各部落酋長簽訂席布條約（the treaty of Sib），蘇丹在條約中同意不干預阿曼內陸的政事。

阿曼現任伊瑪目阿布都拉（Muhammad bin Abdullah）已是個耄耋老翁，但仍是一個狂熱的保守派份子，視蘇丹及所有的歐洲人為寇讎，因此，在一九四八年，歐洲人想要進入阿曼內陸，其困難度更甚於一百年前魏爾斯德前往的時期。魏爾斯德和他之後的三個探險家，都曾經受到穆斯卡特歷任蘇丹的保護，當時阿曼內陸各部落仍舊聽命於蘇丹。

我將我的計畫告知薩伊德。他答應在我秋天返回後助我一臂之力，不過，他也警告我不可將此計畫告訴他人。基於此，我甚至對我的拉希德同伴也三緘其口，因為我非常清楚，要散播一則消息，最快速的方法，莫過於先告訴一兩個阿拉伯人，再要求他們保密。薩伊德提議用他的車子送我到沿岸，可是我想騎駱駝，如此可以稍微延緩與同伴們道別的日子。他聽後隨即表示願意將「瞪羚」借給我，我聞言欣喜莫名，因為「瞪羚」是阿曼最有名的一頭駱駝，而且極有可能是全阿拉伯駱駝之冠。穆哈瑪德對我說：「你只要讓貝都人騎一下『瞪羚』，你要求他多花一點錢，他都會願意。」

五月一日，我們離開穆外吉。由於我們將會經過巴尼吉塔布族的地盤，目前該族正與拉希德人交戰，所以薩伊德派遣四名侍從隨行。我們沿著與山脈平行的「空白之地」邊緣向北行進。一路上風光明媚，有許多河道自山麓的小丘迤邐而下，延伸至「空白之地」。河道上長滿了牧豆樹和刺槐樹，不僅可供駱駝享用，也為我們遮擋了烈日。這時天氣炎熱難當，我們慢吞吞地走著；我不想太早抵達夏雅。我和賈拜沙一起去獵野驢，結果獵到了兩隻；這些野驢子和我在達納吉區所見的優雅活潑的驢子很不一樣，後來經大英博物館鑑定，才知道牠們原來是野生驢子。我們的小刀子很鈍，費了好大的勁才把驢子的皮剝掉。日正當中，驕陽灼灼，在這片岩石嶙峋、野驢出沒的平地上，沒有可以遮蔭的地方，更慘的是，我們也沒有帶水。

我在穆外吉一站，曾經在哈非山獵過塔爾羊（tahr），當時我、卡必納和賈拜沙，以及薩伊德手下的兩個阿拉伯人在山腳下紮營，待了一星期。之前，未曾有歐洲人見過阿拉伯塔爾羊；牠們的名字，乃是根據一八九二年賈亞卡博士（Dr Jayakar）從穆斯卡特帶回的兩張獸皮所命名。牠們長得很像山羊，頭上有又粗又短的角。由於哈非山高達四千呎，山坡陡峭難行，且多半為垂直峭壁，草木不生，也沒有水，所以當時為獵捕牠們而耗盡體力。塔爾羊習慣利用夜間到山腳下覓食，可是我們只在山頂附近看過幾隻。那兩個阿拉伯人打死了兩隻母塔爾羊，我們另外撿到一隻公塔爾羊的頭骨。還好我們穿的是用新鮮獸皮自製的涼鞋，否則，我們絕對爬不上那些險峻的石灰岩峭壁。

五月十日，我們抵達夏雅。我們在機場外圍繞了一圈，經過一堆堆的空罐頭、破瓶子、生銹的鐵線圈，和隨風翻飛的紙屑。遠處傳來一架發電機轟轟作響的聲音，一輛吉普車沿著跑道飛馳，車身過處留下陣陣難聞的汽油味。我們走到一個阿拉伯小鎮，此鎮位於一處空曠的海灘上，外表和阿布達比一樣單調破敗，卻更加骯髒，地上到處是垃圾。再走幾步路，我們看到一具駱駝的屍體。比起駱駝屍體，我倒覺得那些被太陽曬得油漆起泡的汽車車殼，猙獰可怕得多。

我住在駐特魯西爾海岸外交官賈克森那兒。他的沉靜平和，讓我暫時忘卻當天早上的不愉快。稍後，他帶我到皇家空軍基地的膳房去，裡面有酒保伺候飲料，房間的一角，放著一架震天價響的收音機。聽著那些軍官談話，我不禁想到，他們必然很難理解貝都人的生活方式，正如卡必納和賈拜沙也很難理解這些人所過的生活一樣。如今我可以毫不費力地穿梭在這兩個世界之中，簡單地就像換穿衣服。我當然也明白，到頭來，我可能會發現，自己不屬於其中任何一個世界。就像現在，當我置身於我的同胞之間，總是隱約有個影子站在我旁邊，用批判而不耐煩的眼光看著他們。

搭船前往巴林

我在夏雅和我的夥伴們揮手道別，期待四個月後再與他們重逢。然後我動身前往狄拜，住在韓德森府邸。我們是戰時在敘利亞的老同事，他目前任職於伊拉克石油公司，為此地預期的發展預作準備。事實上，眼前我們所能看到的發展跡象仍然微乎其微。夏雅是特魯西爾海岸的第一大鎮，人口約兩萬五千，有一條小河從中流過，把整個城鎮分成兩半。韓德森就住在河邊一棟阿拉伯式的大宅邸。河裡可以看到許多當地的船隻，或停泊在小灣內，或船身傾斜地倒在河畔的淤泥上。其中有從科威特來的單桅大帆船，從蘇爾來的阿拉伯帆船，甚至有一艘很大、很氣派的「baghila」。後者船尾高聳，一塊有浮雕花紋的鑲板上漆有ＩＨＳ屬於基督徒的姓名縮寫。它必定是某艘葡萄牙大帆船，這玩意兒不知已經被依樣畫葫蘆抄襲多少遍了。曾經乘帆船從贊齊巴航行到科威特的韋里耶司令認為，目前這種大帆船在全世界僅剩下兩、三艘。在英國人眼中，這些船通通算是阿拉伯單桅帆船。不過，對今日的阿拉伯人來說，「baghila」這名字已經很陌生，當年，這種船在海岸一帶被當成戰艦來用，它最多可以載運四百人和四、五十門槍炮，承載量頗大。麥爾思曾在巴林看見碩果僅存的一艘，「上面漆有兩排砲門的圖案」。

小河的淺灘上有光著身子的孩童在喧鬧嬉戲，幾艘划艇沿著小河梭巡，接運那些從巷口走出來的客人。巷子兩旁矗立著一排排高大的珊瑚色房屋，屋頂上建築方形的風塔（見圖5），外牆上並綴飾美觀的石膏鑄模圖案。濱河區那排樣式不一的房屋後面有幾條設有頂棚的迴廊，裡面光線陰暗，地上放著成堆的貨品，商人們則盤腿坐在貨堆之間的窄道上。迴廊裡人群熙攘，各色各樣的種族，包括住在城裡臉色蒼白的阿拉伯人，攜帶武器、眼神銳利、看起來有點蠻橫的貝都人；還有黑奴、俾路支人（Baluchis）、波斯人和印度人。其中夾雜一批卡許蓋（Kashgai）土著，他們頭上戴著該族特有的氈帽。另外有幾個剛從亞丁乘坐阿拉伯帆船過來的索馬利人。這裡的生活仍保留舊日的風貌，人們仍然過著悠閒的日子，待客殷勤，喜歡聊天。他們並不依靠電影和收音機來間接體驗生活。我很樂意與他們交朋友，只可惜我身上穿的是歐式服裝。當我在鎮上閒逛時，我知道他們把我當成異類，而我也覺得自己並不比那些觀光客好多少。

我原本可以從夏雅乘坐飛機到巴林，但我寧可搭乘單桅帆船，因此這一趟原本只需要四天的行程，最後走了十一天才到達。船長是一個老人，眼睛已呈半盲，大多數時間在船尾的甲板上睡覺。大副是一個精力旺盛的黑人，他的工作在於向船長報告沿途所見，再根據船長的指令調整航向。有一次，半夜裡他把船長叫醒，問他該怎麼走，船長下了指令，大副卻說：「大叔，你胡說八道！」船長咕咕噥噥地逕自回去睡了。第一天晚上，狂風大作，波濤洶湧，因此我暈船暈得很厲害。後來我們只得開到波斯灣海岸去避避風，並在那裡待了三天，雖然風勢後來轉弱，卻是逆著我們吹。在等待風向改變的當兒，有七艘從贊齊巴返航科威特的遠洋單桅大帆船，向我們的方向駛來。船長們划著小艇過來拜訪我們，我們招待他們吃米飯、椰棗，還煮了一條剛剛用魚叉捕獲的大魚。他們一邊喝茶，一邊輪流著抽水煙管，並訴說旅途上的點滴。我發現自己很難聽懂他們的話，因為他們所用的一些術語我一概不知。後來風向轉變，我們便航向巴林。看著一艘艘大帆船和我們在洶湧的大海裡一起乘風破浪前進，令人著實興奮（見圖13）。它們是現今世上僅存的幾艘完全靠風帆遠航的商船，過不了多久，它們終究會消逝無蹤。

當我們快要抵達巴林時，風平息了。接下來的四天，我們的船搖搖晃晃地航行在沾滿油漬的海面上。短暫的春日已經過去，天空萬里無雲，一股潮濕的熱氣有如一條濕毛巾般從四面八方將我裹住。偶爾會有一陣微風吹來，在海面上掀起微瀾，旋即止息。船上那只已經生銹的鐵槽裡所裝的水泛出鹹味，而且像一杯微溫的茶水。我已經吃膩了那些用略帶腐臭味的奶油去調味的米飯和椰棗。船上的船員們就像所有的阿拉伯人一樣，在無事可做時總是睡個不停，真令人羨慕。他們草草為自己搭了個布棚，就可以在下面呼呼大睡起來。我把費雪（H.A.L. Fisher）[2]的《歐洲史》（*History of Europe*）拿出來重讀，這是我手邊僅有的一本書。

我之所以選擇搭乘單桅帆船，是因為我想以海員的身分體驗另一種阿拉伯風貌。阿拉伯人過去是很擅於航海的民族，他們的帆船曾環繞印度洋沿岸到達東印度群島，乃至更遠的地方。我們剛離開不久的特魯西爾海岸，曾經是令人聞之喪膽的「海盜海岸」；十九世紀初期，朱阿西米（Juasimi）海盜即在此一海域與英國的戰艦打成平手。不過，我計畫這個旅程有一個更深層的理由，就是：我想再多逃避一下那些主宰著西方世界的機器文明。雖然這趟旅程只有短短幾天，卻能讓我回味良久。我這輩子一向討厭機器。我還記得在學校時，我是多麼不喜歡看到那些關於某人飛越大西洋，或某人乘車橫越撒哈拉沙漠的文字。即便是在那樣的年紀，我已經知道，那些快速便捷的交通工具，勢必迫使這個世界失去繁複多彩的風貌。

對我來說，探險純粹是我個人的喜好。我去阿拉伯沙漠並非為了蒐集植物標本，或繪製地圖，這些事情不過是附帶的。我心知肚明，無論是以文字描寫，或甚至與人談論我的旅途見聞，都將玷污我的這項成就。我前往那兒的目的，是為了透過沙漠艱辛的旅途，以及與沙漠民族共處的生活中尋求心靈上的平靜。每趟旅程，我都為自己訂定了一個目標，雖然目標的本身並不重要，不過必須值得我去努力和犧牲。史考特前往南極的目的，是為了要在地表上某個幾乎不可企及的地點站上幾分鐘。他和他的夥伴們在回程中罹難，但即使在他們死亡之際，我想他都不曾懷疑那趟旅程是否值得。大家都知道，埃佛勒斯峰的頂端並沒有什麼新奇的事物，即便是在這個物質主義主宰的年代，也很少人會問：「爬埃佛勒斯峰幹嘛？就算他們爬上去了，對大家又有什麼好處呢？」他們能夠了解，即使是在今天，有些經驗是不需要以物質上的利益去衡量的。

是的，重要的並不是目標，而是達成這個目標的過程。路途愈是艱辛，旅程就愈有意義。畢竟，誰能否認親自爬到山頂要比坐纜車上去，更令人有成就感呢？也許這就是我痛恨現代發明的理由之一：它們讓旅程太過輕鬆了。我本能地相信，即使因為沒帶氧氣筒而無法登上埃佛勒斯峰，也總比帶著氧氣筒攻頂成功要更令人喝采。如果要帶著氧氣筒登山，為何不乾脆用飛機空投所有的登山裝備，甚或乾脆搭直升機降落山頂算了？若是我們認為借助機械設備與運動精神毫無牴觸的話，那無異是把探險降格為一般的運動了。就像在肯亞狩獵大型動物一般，依規定，獵人可以坐車追趕到看得見動物的地方，但是在射擊時，他必須走出車外。我當然不希望駕車橫越「空白之地」，幸運的是，我在當時根本也無法這樣做。如果原本可以開著車去，而我卻選擇騎駱駝，看在別人眼裡，這不是探險，根本就是耍噱頭了。

終於有一陣風吹拂過來，攪動了水面，但未立刻平息。大副大聲叫醒那些沉睡中的船員。他們調整風帆，一邊拉曳著，一邊踏步歌唱。這時，風勢更強了。

我們在五月二十八日抵達巴林，那個半瞎的老船長把張滿風帆的船領進擁擠的碇泊所。海灣裡波濤起伏，我們的船破浪前進，最後停在一艘一星期前曾和我們並肩停靠在波斯灣海岸的帆船旁邊，兩者相距不到二十碼。

【注釋】

1 譯注：回教國家政教合一的領袖之稱號。

2 譯注：一八六五—一九四〇，英國歷史學家。

第十四章　布來密的假期

十月底，我從英國返回狄拜。卡曼已經在韓德森的家裡等我了。他在葉門為拉希德人和達姆人協調續訂兩年的停火協議後，即刻從葉門趕來這裡和我會合。他告訴我，當我們橫越「空白之地」到蘇來伊爾途中，葉門伊瑪目的兒子曾經派遣兩隊達姆人馬到沙漠意圖攔截我們。他說：「我在納吉蘭，聽說你們在蘇來伊爾被囚禁。那位你們曾在納吉蘭遇到的首長馬德西說，你們運氣很好，才能到得了那裡，因為如果雅姆人在『空白之地』裡找到你們，一定會把你們給殺了。」我問他有關拉希德人和阿比達人在塔穆德的那場戰事。他說馬特勞克受了傷，後來復原了。他又問我記不記得馬特勞克的弟弟穆哈瑪德，並告訴我穆哈瑪德被一頭公駱駝所傷的事情。那頭公駱駝在傍晚時突然兇性大發，開始攻擊和他一起坐在火堆旁的一個老人和小男孩，而且把他們踢死了，穆哈瑪德打算開槍打死牠，沒想到反被牠咬傷膝蓋骨。他還告訴我，阿瓦德已經死於肺結核。阿瓦德曾經和我一起前往塔林和穆卡拉，個性很討喜，也擅長打獵；他的輝煌紀錄是獵過四十頭以上的大羚羊。我很高興卡曼能夠加入我們，在他隨行前往塔林的旅程中，我了解到他為人風趣，且願意配合別人，不僅聰明絕頂、頭腦冷靜，人也靠得住。他旅行過許多地方，是個十分優秀的嚮導，更是個談判高手，而且對沙漠裡的各部落頗具影響力。

與搶匪的追逐戰

我們在十月二十七日離開狄拜，乘坐大型汽艇到達阿布達比。我本來打算三十一日動身前往布來密，可是前一天夜晚卻遇到傾盆大雨，早上醒來發現島上到處積水。沙克布勸我們在阿布達比至少多待一天，等到我們即將經過的那片鹽質平原乾硬了再走。因此卡曼和我只好延至十一月一日動身。我們騎著借來的駱駝跋涉四天才抵達穆外吉。薩伊德安排我們住在上回住過的那個房間。他說：「卡必納、賈拜沙和阿麥耳昨晚到『空白之地』邊上一處阿瓦密人的營地過夜去了。他們一聽到你來的消息，就會馬上趕回來的。穆哈瑪德去達卡卡了。你不在這裡的時候，他們過得可愜意了，到處搶人家的駱駝。」

他們回來時已是更深夜靜，我和卡曼早躺下來睡了，突然聽見有人咚咚地敲門，隨即看到卡必納和其他兩人進門來。卡必納說：「我們剛剛聽說你已經到了。今天一早，我們就出去打劫巴尼吉塔布人了。」我們重新生火，卡曼煮了咖啡，其他人各自回去拿他們的鞍袋。他們向卡曼探聽他們的家人和朋友的消息，並催他詳述最近半島南部所發生的事，要他一五一十地講給他們聽。後來他們也說到最近他們做了哪些事。這個夏天，他們一直在打劫巴尼吉塔布人以及其他部落，並受雇於此地的幾個酋長，擔任傭兵。他們每個人現在都擁有了半打的駱駝。我聽著他們談話，心裡想著他們最近的遭遇，十足顯示此區長久以來不安定的局面。這個地區的酋長們彼此猜忌，並且相互敵視，由於必須靠貝都人撐腰才能鞏固地位，因此，他們競相以奢華的款待和慷慨的贈與，藉以爭取各部落的支持。他們沒有一個人願意俯首稱臣，也沒有人能夠完全統治貝都人；他們甚至連嘗試都視為畏途，因為擔心得罪貝都人，導致危難時得不到他們的支持與協助。結果，造成不法之徒到處橫行。相對於這些匪徒只擔心仇敵的報復，根本無懼於任何制裁，他們很清楚每個酋長全急於討好他們，絕不會得罪他們，因此他們敢於大剌剌地在自己搶劫過的村落大搖大擺。他們知道自己所屬的部落勢力愈強大、距離愈近，名氣愈是響亮，別人就會對他們愈加禮遇。如果有某個酋長實在氣不過，拘捕了他們，也總會有別的酋長為了討好他們，而即刻出面宣稱，他們是在他的保護之下，並且要求對方將他們釋放。

目前影響該區政局的關鍵因素是，阿布達比的阿布法拉和狄拜的馬克圖姆兩個家族間的宿仇。儘管這兩個家族最近才簽下停戰協議，終止了多年來交戰不休的局面，但還是無法就此沖淡他們之間的敵意。存在他們之間的對立和猜忌，由來已久，可以追溯到源自葉門與尼薩（Nizar）的部族（就是今天的哈那威和迦法里兩派）之間的世仇，這股仇恨已經使得阿曼在過去幾百年來四分五裂，同時造成半島北部無法建立起一個強而有力的政府。

第二天早上，卡必納求我想辦法讓一個城裡來的阿拉伯年輕人獲釋。此人名叫阿瑪德，來自哈德拉貿的卡斯姆（Qasm）鎮，目前和一個同伴被囚禁在哈瑪薩（Hamasa），也就是不屬於薩伊德管轄的布來密兩個村落之一。卡必納說，他們兩人被賣給了一個剛來自哈薩、名叫穆利的著名奴隸販子，阿瑪德由於不肯順從而遭到毆打。我從卡必納的話裡得知，這個城裡人和他同伴是在從新加坡返鄉的途中發生船難，被一艘單桅帆船救了起來，送到特魯西爾海岸，在那裡他們遭人綁架，被強行帶到哈瑪薩。卡必納又說：「先知穆罕默德的後人居然被當成奴隸販賣，這豈不是太淒慘了嗎？你一定得想辦法把他救出來。你還記不記得我們第一次到哈德拉貿的時候，有一回，在卡斯姆鎮，有個來自城裡的阿拉伯人請我們吃午飯？他就是那個年輕人的叔叔。他們明知道他不是奴隸，否則也不會以兩百三十盧比的錢把他和他同伴賣掉。」我知道哈瑪薩當地販賣的奴隸，有很多其實是被綁架來的俾路支人、波斯人或阿拉伯人，而奴隸販子所付的價錢，平均是每個人一千到一千五百盧比，若是年輕的黑奴，價格更高。不過阿拉伯或波斯女奴的身價，則比女黑奴要高，有時甚至可以賣到三千盧比。現在穆利以如此荒謬的低價就把那個阿拉伯人和他同伴買下，顯示他知道他們兩人很難脫手。

幾天後，哈瑪薩的酋長前來拜訪薩伊德。我告訴他，我認識那兩個阿拉伯人在哈德拉貿的家人，其中有一位還是城裡的阿拉伯人；我勸他把那兩人釋放。他嘀咕著說如果放了他們，他會損失一大筆錢。我向他保證，這樣做對他會比較好。後來我聽說那兩個人真的被釋放了，並且送到夏雅，再由那裡的政務官安排送往哈德拉貿。

我迫切希望在我動身前往阿曼之前，能夠走訪利瓦綠洲。薩伊德建議我，帶一個名叫塔西的拉希德老人當嚮導。他說：「你會喜歡他的。這個老頭性情很好。這幾年來，他金盆洗手安頓下來，並且有了些名望。他年輕時可是個惡名昭彰的搶匪，在阿拉伯南部大概沒有一個部落的駱駝沒被他搶走過。他熟悉沙漠的每一個角落、每一座水井。你手下的那些小伙子也認識他，大家都知道他這號人物。」後來我詢問卡必納的意見，他說：「不錯，這個點子很好。我們就帶塔西一塊走吧。這老頭人很好。我們想去哪裡，他都能帶我們去。他的營地就在哈非山的南麓附近。我十天前才住過他那兒。」

塔西有一臉花白的鬍鬚和一頭虯結的華髮，臉型方正，面容堅毅，眼神炯炯有光，但實際年齡比我想像的要輕。他的個子矮胖，看起來非常強壯，雖然已是髮鬚斑白，卻是老當益壯。他毫不猶豫地同意和我們一道走。

我們在十一月十四日離開穆外吉，花了大約一個月時間在利瓦綠洲遊歷，最遠到達去年走過的達法拉。這是一趟非常愉快的旅程。那裡的沙漠就像一座大花園，有一叢叢三呎高、長著暗綠色複葉、開滿艷黃色花朵的蒺藜，有成帶狀分布、貝都人心目中的駱駝美食的向日花，還有卡蒠，以及許許多多駱駝不屑一顧的植物。

我們帶了一隻薩伊德借給我們的獵犬。牠雖然年幼，抓不了成年的野兔，偶爾還是能捉一兩隻小野兔。我的夥伴們嫌牠太遜，認為牠不值得養，因為他們原先全指望牠會大有作為。不過他們會跟牠玩耍，並且大方讓牠躺在他們的毯子上，用我們的盤子喝水。通常，狗在回教徒眼中是不潔的動物，但貝都人並不把獵犬當成狗來看。當時有一個叫薩里的拉希德族中年男子，帶著他的兒子和我們一起前往達法拉，這個小男孩抓野兔的本事，要比那隻獵犬高明。他通常趁放牧駱駝的時候下手，由於野兔習慣藏在淺淺的地洞裡，以躲避在沙漠上空盤旋的成群老鷹的襲擊，因此只要把手伸進地洞，便能手到擒來，回營時經常帶個三、四隻。有一次，我們騎著駱駝前進時，看到一隻黃褐色的老鷹正在撲殺一隻已經長全了的狐狸，我們把老鷹趕跑了，因見狐狸的皮毛仍然完整，我將牠保存下來，後來捐給了倫敦的大英博物館。

我們在拉哈瑪水井發現許多人和駱駝在前一天所留下的足跡。我的同伴們說，那是穆利帶著四十八名奴隸前往哈薩留下來的腳印。美國的石油公司為沙烏地阿拉伯所帶來的龐大財富，顯然使得此地對奴隸的需求量大增，而且身價大漲。他們說穆利不僅販賣奴隸，還在布來密收購駱駝，靠這兩項發了一大筆橫財。

有一天，我們停在一座淺水井旁邊，卡必納對我說：「你不在的時候，我們有一次在這裡和幾個巴尼吉塔布人交過手。之前，我們搶了他們十二頭駱駝。時值仲夏，天氣熱的可怕，我們趕著駱駝走了許多路，由於牠們都已是口乾舌燥，於是我們停下來讓牠們喝水。在這同時，我們看見一群巴尼吉塔布人追趕而來，他們共有八人，我們有六位，另外有兩個阿瓦密人跟我們在一起。你看到那邊那座很高的沙丘嗎？你瞧！當時我們就把駱駝留在水井旁，然後很快地從這一頭跑上那座沙丘，我們知道那群巴尼塔吉布人會從另外一邊爬上來。天哪，當時我的心簡直快跳出來了。當我跑到沙丘頂上時，驚見一個巴尼吉塔布人也快要爬到頂上，就在我下面幾碼的地方。我對他開槍，他應聲而倒，滾到沙丘下面不見了。其他人連忙帶著受傷的那位跑回去找他們的駱駝。我們接連開了好幾槍，但是風太大了，射不準。當時我們很確定他們不會再跟著我們，因為他們有一個傷患要照顧。」

兩天後，我們在一座水井附近紮營。那座井有一個不雅的名字叫「醜老太婆的陰戶」。那天早上，薩里帶著兒子繼續趕路，其他人將駱駝趕到井邊喝水，我獨自坐在散置一地的物品之間寫日記。那時正是清晨，氣溫仍舊很低，從我坐的地方看不見卡必納等人。突然我聽到一聲槍響，接著有人大喊「搶劫！搶劫！」這時，只見薩里帶著兒子遠遠地越過沙丘衝過來，一邊跑一邊喊叫，我聽不清楚他們喊些什麼。過一會兒，其他人也都從井邊趕回來了。他們身上除了纏腰布、彈藥帶和匕首外，什麼也沒有，顯然他們早已將衣服脫下放在井邊，光著膀子正在清除井裡的泥沙。卡必納滑下駱駝，將我的駱駝按住讓牠躺下，說道：「快點，恩巴拉克，趕快跳上駱駝。」我轉身要拿我的鞍袋，但卡必納一直催我：「快點！快點！」我只好信手抓起一條毯子，扔到馬鞍上，然後騎上駱駝。這會兒其他人跑開了。我一頭霧水，不知道我們是要逃命，還是要做什麼。我大聲問卡必納，他卻因為太過激動，講起話來顛三倒四地含糊不清。霍地我的駱駝拔步奔馳起來，晃得我全身每個關節都在震動，我的馬鞍上什麼也沒鋪，而我的駱駝又忽上忽下地繞著一連串新月形的小沙丘迂迴前進，讓我實在很難坐穩。最後我好不容易控制住牠，其他人也跟著慢下腳步，讓他們的駱駝改用快步行走。薩里說：「他們一共有四個人，帶著八頭偷來的駱駝。他們鐵定是近日在達法拉搶劫拉希德人的巴尼吉塔布人。」

五分鐘後，我們終於看到他們的腳印。他們雖然走得很快，但礙於還得驅趕那幾頭搶來的駱駝，速度難免大受影響。卡曼臉色陰沉地說：「他們逃不了的。」賈拜沙粗聲喊叫：「我們把這一票人殺個精光！真主詛咒這些巴尼吉塔布人。」塔西則揮舞著他的駱駝杖子大吼：「要是我有一把步槍，我就讓你們見識見識塔西怎麼打仗。」這老人身上只帶著一把匕首。薩里叫他兒子回去看守我們留在井邊的東西，可是男孩因為急欲參與這場刺激的追逐遊戲，始終不肯依從，薩里卻很堅持：「我叫你回去，你就回去。走吧，現在你就給我回去。」最後男孩終於停住腳步，坐在駱駝上目送著我們，直到我們消失不見為止。卡曼對我說：「這些搶匪一定是要回北方去。你、我和塔西沿著他們的腳印追過去，其他人設法從半途攔截。」語畢，卡必納、賈拜沙、阿麥耳和薩里立刻轉向左邊揚長而去，臨行前，卡必納喊道：「恩巴拉克，這回你可得看準了再開槍。」追了兩個小時，塔西說道：「這些搶匪顯然累了。你有沒有注意到，那頭駱駝的腳印看起來非常不穩。」當時我滿心希望卡必納他們不要離我們太遠，因為我們三個人當中，塔西沒有步槍，而卡曼那把老舊的馬提尼步槍又經常在打了一兩發之後卡住。後來，我們所跟蹤的腳印突然轉向東邊。卡曼推論：「搶匪看到卡必納他們了。真主保佑，希望卡必納他們也有看到。」不久，我們終於看到搶匪的蹤影了。他們離我們大約有一哩遠，一共有四個人，全部騎著駱駝，並趕著前面一批駱駝。當時我們剛越過幾座新月形的小沙丘，走在一片起伏不平、蒺藜簇簇的磚紅沙土平原上。我們催促駱駝加快腳步，眼看就要趕上他們了，卻見他們走下一片低地，過了好一陣子，也沒有在對面的坡上出現。塔西說：「他們停下來了。你們趕緊跳下駱駝，爬到坡頂用槍對準他們。我過去看看他們究竟是什麼人。」

卡曼和我把駱駝牽到一處低地躺下，匆匆綁住牠們的膝蓋之後，就爬上沙丘俯瞰搶匪動靜。我躲在一叢蒺藜後面窺探，看見兩百碼外的地方有三頭駱駝躺在一處低地裡，有兩名男子趴在一座小沙丘後面。還有一個仍舊騎駱駝在約四百碼外的地方，趕著那批搶來的駱駝，至於第四個則不見蹤影，我猜想不知他是否看得見我。此時卡曼在我右手邊，離我只有幾碼距離，他向塔西作了個手勢，便見塔西騎著駱駝向前走，口裡一邊叫喊著，我只聽清楚片斷幾個字：「拉希德……阿瓦密人……朋友……否則就是敵人。」那些搶匪也大聲回應。卡曼聽後說道：「他們不是敵人，是從馬納西那裡過來的。」那個一直躲在我視線外的男子此時終於從一棵灌木後面現身，趨前和塔西交談。接著，塔西騎著駱駝過來。他說：「是朱曼。」我知道朱曼這個人，他是去年被雅姆人殺死的「山貓」杜阿藍的弟弟，是附近惡名昭彰的匪徒。今年春天，我曾在薩伊德的城堡裡看過他，他的身高像他哥哥一樣矮小，眼神也像杜阿藍一樣銳利閃爍。聽了塔西的話，我們隨即走上前去和他們打招呼，並交換消息。他們說，那些駱駝是從馬納昔爾人（Manasir）那裡搶來的。馬納西人是拉希德人的盟友，至於馬納昔爾人則與我們無關。不過卡曼卻向我附耳低語：「你給他們二十五個利雅爾，叫他們歸還駱駝，薩伊德知道你這麼做會很高興的。」但是朱曼斷然回絕了我的要求，因為他知道我們無論如何不致於動手。他們向我們道過再見便跨上駱駝揚塵而去。後來我回到穆外吉，把這件事情告訴薩伊德，他說：「恩巴拉克，當時如果你把朱曼殺掉的話，現在我的駱駝就隨你挑選。他可是這些匪徒裡面最令人頭痛的一個。」

一個小時後，卡必納等人也來了。他們這一路上因為改變方向，所以沒碰上那批搶匪。我們責備他們棄我們而去，而他們卻對搶匪不是巴尼吉塔布人一事頗為失望，因為巴尼吉塔布人和拉希德人之間有血仇大恨。他們原指望能夠把那些人的座騎搶過來，外帶後者搶得的那批駱駝；根據部落成規，任何人只要殺死搶匪，都有權利把匪徒搶來的駱駝據為己有。卡必納帶著一臉的惋惜說道：「我還以為我可以拿到兩頭駱駝呢。」我取笑他：「我看你呀什麼也拿不到。在你們出現之前，我們大概早就把他們殺死，並把那幾頭駱駝瓜分了。」

我們隨後在原地紮營，由阿麥耳、賈拜沙和薩里三人騎駱駝回井邊取回我們的東西，隔天早上才回來。

天氣寒冷徹骨，我們睡不著覺，索性圍坐在營火旁閒嗑牙。我問卡曼，阿拉伯人如何瓜分他們搶來的駱駝。他說：「我們會先把戰利品分成幾個等份，不過一頭好駱駝可能抵得上兩頭甚至三頭較差的駱駝。然後我們抽籤決定，每人根據籤上的序號來挑選自己所要的那份。通常我們是一人一份，大家平分，而帶頭打劫的人、或族裡的大酋長，有時可能會多得一份。然而在阿曼的部落裡，你可以要求保有自己搶得的駱駝，而不參與戰利品的分配。但只有那些確信自己的駱駝跑得很快的人才會這樣做。」

接著，我又問他們如何分配搶來的槍枝，他答道：「被殺的人所擁有的槍枝當然歸那個殺他的人。至於那些投降的人所擁有的武器，就和其他的戰利品一樣，由大家均分。此外，如果對方有人逃脫，那麼抓到他的人，除了可以和大夥平分所有的戰利品外，還可以獨得此人的武器和駱駝。」

帶著獵鷹去打獵

我們沿著利瓦綠洲的邊緣（見圖15）向西行進，沿途不時可見棕櫚樹叢，和幾個類似今年春天我在達佛和庫圖夫兩地所經過的小村莊。我很高興我們行進緩慢，因為，先前我和塔西摔角時弄斷了一根肋骨，至今脅間仍隱隱作痛，尤其騎駱駝時更嚴重。我們一行來到了達法拉邊緣，薩里父子在這裡和我們分道揚鑣，卡必納隨他們同行，他想去達法拉把他留在那兒的幾頭駱駝牽回來，不過，他說他會在穆外吉與我會合。我們其餘的人則繼續騎著駱駝往北前進，一直走到海岸附近，然後掉頭返回穆外吉，預計在十二月十四日抵達。

大夥在抵達薩伊德的城堡前就已經餓得咕嚕咕嚕叫了，心裡無不期盼能在今晚好好吃一頓肉。此行由於路途不遠，為了省卻麻煩，我們並未多帶一頭備用駱駝。而且，為了不想讓我們的座騎太過勞累，也只帶了很少的食物。這兩天，我們僅以駱駝奶裹腹，因為沿途所經過的沙漠到處有駱駝，駱駝奶並不匱乏。那天吃晚飯前，有四個巴尼亞人被帶進房間來和我們一起用餐。當我們坐下來正準備開始吃飯時，他們一個個彎腰向前，各自從我們的盤子裡拿走一隻腿，放在他們前面的毯子上。結果我們只能分吃頭部和剩下來的幾片碎肉。這讓我再度體認到，比起「空白之地」內陸的貝都人，這些住在沙漠邊緣的巴尼亞人和馬納昔爾人是多麼地粗魯和自私。

吃過晚飯，房間裡擠滿了薩伊德的侍從，其中有好幾個手腕上兀立著一隻獵鷹。我聽說過，在英國，一般人要花五十天才能把一隻野鷹訓練成獵鷹，反觀眼前這些阿拉伯人，卻只花兩到三個星期的時間即訓練成功。那些訓練老鷹的人無論走到哪裡，都會帶著他們的老鷹，須臾不離；

吃飯時，老鷹就坐在他的左腕上，睡覺時，老鷹會蹲在他頭部旁的一截樹幹上。他會不時摸摸牠，和牠講話，把牠的眼罩戴上或取下。

滿滿一屋子的人，有的正在爭論駱駝的所有權，有的在講述某次打劫的經過，也有人在朗誦詩篇。燒煮著咖啡的爐床，和幾盞閃爍的油燈，使得屋裡煙霧繚繞，空氣中並瀰漫著土產菸草的辛辣氣息。而我鄰座的人左手腕皮套上屹立的那隻雄鷹，除了因燈光刺激而不停眨眼之外，卻動也不動，穩如泰山。我問那人他養這隻老鷹多久了，他回答：「一星期。牠是隻好鳥。你以後就會知道，在所有的老鷹裡面，薩伊德最喜歡牠。」說完他摸摸獵鷹的頭。在這個房間裡的所有獵鷹都是隼，阿拉伯人稱之為「沙印」（Shahin）。我又問我的鄰座他們是否也用一種名叫「胡爾」（hurr）的南歐產大獵鷹（就是我在萊拉城阿密爾的院子裡看到的那種老鷹）來打獵，他說：「是的，如果我們找得到的話。問題是那種老鷹很罕見，也很昂貴。牠們的價錢是沙印的兩倍，通常一隻沙印值一百盧比。」這個價錢大約相當於八英磅。那人接著又說：「內志的人喜歡用胡爾，牠們的視力比沙印好，而內志那兒幾乎是空曠的礫石平原。我個人寧可用沙印，因為牠們行動比較敏捷，膽子較大，耐力也較強。」說著他便舉起手上那隻老鷹讓我欣賞，口裡還一邊喊著牠的名字：「狄布（Dhib）！狄布！」它是「豺狼」的意思。

我問他在那裡找到這隻獵鷹，他說：「有一次薩伊德派我送信去給沙克布，在前往阿布達比的路上，我在一塊鹽質平原上看到一隻沙印。第二天，我便偕同一位友人回到那裡。當時我們帶著一隻已經馴養的鴿子，我拿出一條繩子，一端綁住鴿子的一隻腳，另一端則綁住一塊石頭，然後坐下來等待。不久果然看見那隻沙印飛過來，我趕緊將鴿子拋上空中，迅即躲開。等到那隻沙印抓住鴿子，我們立刻衝過去把牠趕走，之後，我們動作快速地在死鴿子的下風處挖了一個淺坑，那淺坑和鴿子的距離，相當於對面那堵牆和我們的距離。我躲進坑洞裡，我的朋友用幾棵鹹水灌木將我的身體蓋住後便走開了。當那隻沙印回來找鴿子時，我伺機慢慢把綁在死鴿子身上的繩子朝我這頭拉。你明白嗎？很好。當牠走到我伸手可及的地方時，我抓住牠的腳不放。」

我納悶為何那隻沙印沒有看到他的手。他說：「這很簡單呀，沙印習慣面朝上風處，更何況那時牠正忙著撕咬那隻鴿子呢。」

過了一會兒，薩伊德走了進來，大家起身迎接。當眾人再度坐下，薩伊德也喝過咖啡之後，有一個巴尼亞人接口說：「薩伊德，我今天早上在薩姆爾（Samr）附近看到兩隻『哈巴拉』（hubara）。」另一個人也說：「上星期我也看到三隻。」「哈巴拉」是一種名為「麥奎恩鴇」（MacQueen,s bustard）的鳥，大小同一隻母火雞，每年冬天一開始，會從波斯、伊拉克和敘利亞等地飛來阿拉伯半島，其中多數在第二年的春天就飛走，不過也有一些留在此地繁衍後代。薩伊德告訴過我，他的手下去年曾經發現三個鴇巢。接著薩伊德問起老鷹的事，有人說：「西薩他們上週抓到兩隻，已經派人送過來了，應該明天會到。」每年這個時節，老鷹會過境阿拉伯海岸，阿拉伯人便趁此機會捕捉。薩伊德還需要幾隻獵鷹才能去打獵。他說：「很好。如果順利的話，我們四天後就可以出發了。」說完轉身對我說：「你得跟我一起去才行。」一直夢想著用獵鷹打獵的我自然是二話不說，欣然答應嘍。

第二天早上，薩伊德忙著清點鞍袋、繩索和水袋等物品，命人前往當地市場購買食物，並將牧草地上的駱駝牽來，又仔細檢查每一隻獵鷹。他說，有一隻臉色不好，必須用糖通通便；另一隻太瘦，必須餵牠吃一個加了駱駝奶的蛋。接著，他又觀看手下們訓練獵鷹捕捉獵餌的情景。那隻訓練中的老鷹十天前才被抓到，但大夥一致認為牠這次已經可以隨行打獵了。後來，有三個阿拉伯人帶來了西薩贈送的兩隻老鷹，其中一隻的眼睛還被封了起來。他們封眼睛的方法，是用一塊棉布穿過牠的下眼瞼，然後將兩端在牠的頭頂上綁緊，如此可將牠的眼瞼往上提，使牠看不見東西。當這隻老鷹開始吃東西時，薩伊德便命帶著牠的那三人將矇在牠眼睛上的棉布取下。另外一隻雄鷹有一根飛羽折斷了，薩伊德用兩片瞪羚角作成的夾板加以修補固定。然後，他在兩隻老鷹的喙上烙下代表他的印記。

四天後，薩伊德宣布：「我們今天傍晚就出發。我預料這趟大概要花一個月。我們要在此地西南境的沙漠裡打獵，那裡有的是牧草地，也有很多水井。貝都人都說那裡有鴇。」

當天下午，我們騎著駱駝從城堡出發，經過了棕櫚樹叢。薩伊德事先已經派人將載貨駱駝牽到大漠邊緣，同時要他們在那裡紮好營。現在，我們在薩伊德二十五名貝都隨從的陪伴下，騎著駱駝快步走過礫石平原。有幾個隨從手腕上立著老鷹，他們高聲唱著〈踏格魯進行曲〉（tagrud）（貝都人叫駱駝快步行走時經常唱這首歌），精神抖擻，士氣高昂，因為他們早就期盼獵鳥季節的來臨，就像從前蘇格蘭的人民期盼主顯節（Twelfth）[1]來臨一樣。

夕陽西下，我們抵達了營地。此時沙丘已經暗淡下來，燦爛的天空上飄著朵朵卷雲，宛如火焰上的煙霧。薩伊德的奴隸們用灌木堆成了幾道防風牆，並在牆後升起一堆堆旺盛的營火。由於夜涼如水，大夥很快就圍攏在營火旁取暖。我們喝著咖啡，一旁有人用黃銅臼子研磨咖啡豆，那清脆有節奏的聲音把附近的人都吸引了過來。這時有一個貝都人的家庭已經加入我們，不久即見他們的駱駝也在漸暗的暮色中，慢悠悠地穿過沙地走向我們，跟在牠們後面的，是一群衣衫襤褸的長髮牧童。薩伊德的手下宰殺了兩三隻山羊，並把肉分割完畢，營火上一大鍋一大鍋的米飯正熱騰騰地冒著氣。不一會兒，牧童們來到營火旁，其中一個男孩手裡拿著一碗仍然冒著氣泡的駱駝奶，他將碗遞給薩伊德後，便過來和我們一起圍坐營火旁等候晚餐。他們說，他們在水井旁發現不久前五隻鴇留下的腳印，還在鄰近的大漠裡發現其他幾隻鴇在兩天前所留下的腳印。薩伊德轉向我說：「如果真主幫忙的話，我們明天就有鴇肉可以吃了。」

第二天我們一早就起床，由於天氣仍然極為寒冷，大夥都披著斗篷擠在營火旁取暖，這時有人把駱駝牽過來，讓牠們也在火邊臥下。薩伊德大聲問我要不要騎他那匹「瞪羚」，我忙不迭地說願意。卡曼幫我把繫帶拉緊，調整鞍袋與羊皮的位置，並對我說：「你一定沒騎過這樣的駱駝。」我告訴他，今年春天我前往夏雅時已經騎過了。等太陽升起，我們便拿起步槍和駱駝杖子，準備跨上鞍座。那幾個負責攜帶獵鷹的隨從把八隻全身被露水沾得又濕又皺的隼，從牠們蹲踞著的木頭上舉起來，並喊那三隻獵犬過來。我們則各自站在自己的駱駝後面。薩伊德左顧右盼，看到我已經準備妥當了，便把一隻膝蓋放上馬鞍，他的駱駝立即站起身來，他也就順勢跨上了鞍座。這時，眾人立時邁開步子，沿著沙漠前進，以沙丘間的平原為目標，因為鴇通常都在平原（而非沙丘上）出沒。我們一邊騎著駱駝一邊低頭在地上搜尋鴇的腳印。我原以為大夥一路上會保持安靜，倒是忘了要貝都人不出聲簡直是不可能的事。結果每個人都扯著嗓門大聲講話，連那些原本落在後面的人，一旦催起駱駝快步趕上之際，也一定會唱起歌來。突然，在隊伍左邊的一個阿拉伯人向我們打手勢，表示他看到幾隻鴇剛剛走過的痕跡。就在眾人將駱駝轉往他指的方向時，一隻鴇倏地從大約四百碼外的地方竄飛起來，牠翅膀上的白色條紋襯著紅色的沙地，顯得分外清晰。這時，有一個管獵鷹的人便為他手上的隼取下頭罩，並將牠高舉在空中，只見那隻隼登時展翅飛翔，衝上離地面幾呎之處。鴇兒見狀飛得更高，但那隻隼很快便趕上了牠，牠們愈飛愈高，終於變成空中兩個淡淡的小點。一旦離開視線範圍便很難再看個分明。後來聽到有人喊：

「下來了！」眾人趕緊衝了過去。

我們搖搖晃晃地走下沙坡，走出低地奔馳於平原上，這會兒，我才真正發現，我所騎的這頭駱駝是多麼地出類拔萃。為了要坐穩在馬鞍上，我必須雙手並用，而我旁邊那個管獵鷹的隨從卻一邊騎一邊用手腕高舉獵鷹，鷹腳用足帶綁在他的手腕上。

我們在一個低地裡找到那隻隼。牠正用喙子拔著已死的鴇的羽毛。在這時候，有一個人滑下駱駝，切開死鴇的頭，把牠的腦髓拿給隼吃，接著用沙子把牠的屍體埋起來，再把那隻一頭霧水的隼舉起放回他的手腕上。眾人也都下了駱駝。薩伊德指著地上幾灘宛如油污的痕跡說：「你們看到那堆髒東西了嗎？那是那隻鴇受到攻擊時噴出來的東西，如果噴到沙印的眼睛裡會使牠暫時失明，如果是沾到羽毛就會讓牠渾身髒污，當天就沒辦法再用來打獵了。」我問他一隻隼一天可以抓幾隻鴇，他說：「一隻好隼可以抓個八九隻不成問題。若說牠們在空中可以抓到七隻的話，那麼在地面上大概只能抓到四隻。看到沒有？那裡就是那隻隼和鴇搏鬥的地方！」他指著沙地上一處約二十五碼長羽毛散落的地方。「你可以看出牠們打得有多兇猛。有時，一隻鴇鼓一鼓翅膀，就可以打昏一隻沙印。」

我們繼續前進，沿途經過一處低地，赫然驚起一隻鴇。牠看到我們的隼追了過去，馬上降落地面。那隻隼兩度從空中撲降，對準鴇攻擊，後來索性降落在牠身旁，朝牠撲過去，試圖用牠的爪子抓住鴇。但後者將尾巴張開，猛用雙翼撲擊那隻隼。一旁的獵犬們眼見那隼未占上風，馬上跑到隼的後面，幫忙牠撲殺鴇，事成後，那隻隼竟把獵犬趕走，等我們趕到時，獵犬們已經趴在死鴇的身旁，而隼則正在撕扯牠的屍體。

在薩伊德要大夥停下來吃午飯之前，我們又獵殺到兩隻鴇和幾隻野兔。我記得有人告訴過我，野隼不吃兔子，但阿拉伯人認為，剛訓練好的隼去撲殺野兔，要比讓牠們去殺鴇更容易一些。通常抓到野兔的都是獵犬。但在接下來的三個星期裡，我倒是經常看到獵犬們追逐野兔，然後由隼接手飛過去撲殺的場面。

我們正烘烤著麵包，並將兩隻鴇連皮帶毛埋在火灰裡燜烤時，突見一隻烏鴉飛過來，在我們上空盤旋嘎叫。薩伊德見狀說：「我們來試試那些沙印會不會把那隻烏鴉給殺了。去年，我有一隻沙印就啄死了一隻烏鴉。」沒想到他放出去的隼，竟只是有氣無力地朝烏鴉撲了幾下，那烏鴉繞到牠背後輕易地便擺脫了牠。我們吃完午飯立刻拔隊前進，不一會兒，即看到離我們不及五十碼的地方有一隻鴇振翅飛起，薩伊德把一隻隼的頭罩取下，驅牠前往撲殺，但牠卻不肯飛。薩伊德抬頭望望天空，指著盤空飛翔的四隻老鷹說：「牠怕那些老鷹。」不久，我們發現了另一隻鴇，這回那隻隼瞬即飛起追逐，說時遲那時快，突地殺出一隻老鷹從上方朝牠撲擊過來，一邊發出有如將貝殼拋擲空中時那種響亮的「咻！咻！」聲。隼見狀趕緊飛回薩伊德的胸前，沒命地撞著他的胸膛。我很驚訝那老鷹居然無視於鴇的存在，飛來撲殺這隻隼。薩伊德撫摸著那隻受驚的隼說道：「真是險哪。這傢伙是運氣好才沒被那隻老鷹攫到。嗯，這下我們得走了，有那些老鷹盤旋在天上，我們留在這裡也沒用。」

那天近黃昏時刻，我們看到八隻鴇從沙漠裡的一座山谷間拔飛衝天，等到牠們降落後，我們便將獵犬綁好，然後緩緩地騎著駱駝悄然（那些貝都人這次居然很難得的寂然無聲）走向前去。有一隻獵鷹顯然在被取下頭罩的同時，即發現地面上的鴇，一溜煙地便追了過去，牠低空飛來飛去卻找不著牠們，最後還被主人喚了回去。而在前方幾百碼處又見兩隻鴇雙雙飛起，這次他們放出另外一隻獵鷹，那獵鷹很快就追上其中一隻，並把牠逼到地面上將牠啄死。我們留在原地，等到獵鷹的主人走上前去將牠帶回後再前進。剩下幾隻鴇和我們近在咫尺，一看到我們逼近，立即嚇得竄飛逃逸。等到驚起最後一隻鴇時，我們便將獵犬鬆綁。那隻鴇每次一降落地面，獵犬們就追趕過去，只見那隻鴇卻又迅速飛了起來。後來連獵鷹也被放了出去，豈料那鴇似乎已下定決心要飛得比隼快，於是牠們在天空上繞一個大圈子，獵鷹一撲過去，鴇即閃到一旁。那隻鴇不疾不徐地撲拍著牠那雙大翅膀，看起來飛得很慢，而隼的速度顯然已經達到極限。當牠們飛過我們頭頂上空之際，隼朝鴇撲了過去做最後一搏，但並未成功。隼在振翅高飛一番後，又回到了我們身邊。

夜晚降臨，我們冒著寒風，精疲力竭，一路唱著歌回到營地。我們在營火旁圍坐，津津樂道著白天的獵殺。我躺在閃耀的星空下聆聽駱駝傳來的低吼聲，心裡很開心我能見識到傳統的獵鳥方式，而不像現在的納吉德人是坐車追捕。

得薩伊德之助前往阿曼

一個月後，我們回到了穆外吉。當時卡必納已經從達法拉抵達，正在等我，但賈拜沙和阿麥耳兩人卻不想再為旅途奔波。他們打算留在布來密，繼續打劫巴尼吉塔布人的駱駝。因此我又另外找了兩個阿瓦密人與我同行。這兩個人一位叫馬哈哈（Mahalhal），年紀很輕，一副懶散模樣，面容開朗可喜，臉上有一些長天花後所留下的淡淡疤痕。另外一位名叫賈巴里（Jabari），年紀較長，個子又高又瘦，髮長過肩，滿臉的鬍子使他看起來像是《聖經》上的人物；他有一顆門牙已經掉了。

我不想透露此行的目的地，可是，我們身邊的每一個人都在打聽和揣測這趟要去哪裡，有何目的等等。有很多人甚至存心從中作梗，這些人當中，有的是因為我是基督徒所以討厭我，有些人是因為我拒絕帶他們同行而惱羞成怒，另有一些人是因為和我的夥伴們有血仇。在這夥人中，有一個是狄拜酋長的兒子拉許德（Rashid），此人不僅痛恨所有的阿布法拉人，也非常忌妒薩伊德在當地部落中的聲望，因此想藉機羞辱我，藉以使身為東道主的薩伊德難堪。他懷疑我有意走訪阿曼，於是派人前往阿布沙姆族（Al bu Shams）[2]、都魯族，乃至伊瑪目等處，警告他們我打算經過他們的地盤，並說我存心不良、圖謀不軌。結果阿布沙姆族的酋長派人捎信給薩伊德，表示將禁止我進入所有迦法里人的地盤。此外，我們聽說都魯人也決意不讓我通過他們的地盤。當時有一個名叫達海米的人（同年春天，我曾在阿布達比遇見他）表態想加入我們的行列，但由於我一向不喜歡他，因此加以拒絕，他大發雷霆，揚言他的族人沒有一個會跟我走。眼見我的同伴們不理會他的威脅，而決定與我同行時，他更惡狠狠地表示，他會在大漠裡和我們算這筆帳。我們對他撂下的狠話裝出無動於衷的模樣，並放出風聲我們要從大漠中部走回哈德拉貿。有好幾個人聽到話質問我們：「如果是這樣的話，你怎麼都沒買沙漠駱駝呢？你這一陣子買的都是山區駱駝。很顯然你是要往阿曼走。」薩伊德後來秘密派遣一位名叫哈邁德（Hamaid）的馬哈拉族侍從，前往強大的朱努巴族去見他們的酋長薩林，說服他前往大漠都魯區的邊陲，到卡塞瓦拉（Qasaiwara）水井和我們會合。薩伊德說：「薩林應該可以帶你們通過都魯人的地盤，並護送你們到伊茲（Izz），因為朱努巴族和都魯族都是屬於迦法里人。我也會寫一封信給你帶著，你到伊茲後，就拿給住在當地的雅瑟（Yasir）看。雅瑟是朱努巴族裡面最有力的人士。他去年待在我這裡，我待他不薄，他應該會幫你忙才對。我想，這樣子，你應該可以進入阿曼，至於你要怎麼出來，那就只有真主曉得了。」

【注釋】

1 譯注：或稱十二日節，在一月六日，即耶誕節後的第十二日。

2 譯注：此族居住在布來密南邊。

第十五章　烏阿薩明的流沙

一九四九年一月二十八日，我們一行六人離開穆外吉，除了每人的座騎之外，我們另外帶了兩頭用來載運糧食與水的備用駱駝。前兩天我們先往西走，一來是為了避開住在「空白之地」東端的阿布沙姆人，二來是故布疑陣，讓人相信我們確實是往哈德拉貿走，而非前往阿曼。

二月六日，我們抵達卡塞瓦拉水井，在此發現哈邁德和薩林留下的足跡，原來他們已經在靠近水井處紮營。我是在薩伊德家做客時結識哈邁德的，他個子矮小，膚色黝黑，穿著一襲白衫。薩林則已近中年，中等身材，穿著棕色的長衫。他倆雖然也是貝都人，卻已在沙漠外緣的村莊裡住了許多年，長年安逸的結果使他們顯得較為鬆散。我的直覺告訴我，如果想再次橫渡「空白之地」，絕不能帶他們隨行，然而眼前我的目標是前往阿曼，希望屆時他們能夠派上用場。不過由於他們是迦法里人的緣故，我的夥伴們難免對他們有所猜疑。

回想當初我第一次進入沙漠之時，由於對周遭的環境全然陌生，內心惶恐不安，深恐自己一旦與夥伴分開，便會完全迷失在那一簇簇宛如迷宮般的沙丘間。如今我卻像拉希德人一樣，將沙漠視為逃避敵人追蹤的避風港，不願輕言離開。而眼前我別無選擇，只得告別沙漠轉向東邊都魯人所居住的平原行進，以免偏離了烏阿薩明流沙的方向。

都魯族人起內鬨

第一個提到阿拉伯南部沙漠裡的流沙地帶的歐洲人是馮瑞德。一八四三年，他宣稱在哈德拉貿北部的沙漠中發現到一片人稱「巴賀阿薩非」（Bahr al Safi）的危險流沙區。但湯瑪士提出質疑，他認為「巴賀阿薩非」應該就是他曾經從嚮導口中聽到的烏阿薩明流沙區。而我本身在橫渡「空白之地」時，曾經走過馮瑞德所稱發現巴賀阿薩非流沙區的地帶，不過並未看見任何流沙，因此我斷定它根本不在這一帶。我曾就此事問過許多貝都人，他們雖然都曾聽說過巴賀阿薩非這個地方，但有人認為它就是烏阿薩明流沙，有人說它就是撒布哈穆提，也有人認為它在內志。總之，沒有一個人認為它位居哈德拉貿以北的沙漠。我推論，有關巴賀阿薩非的傳說，極可能來自貝都人對於烏阿薩明的描述。無論如何，我決心利用這趟旅程查明這片流沙的確切位置，而目前我很肯定它就在哈德拉貿以東七百五十哩處。

經過一番討論，我們決定先在艾恩河道離我們最近的一口水井汲水後，再往南沿著烏阿薩明的東端走。原先我因為擔心會與都魯人發生衝突，所以不想靠近這一帶的水井，但薩林說他有把握帶我們通過都魯人的地盤，加上同行的幾個拉希德人，也不希望讓他們的駱駝在沒有水的情況下長途跋涉，我只好服從多數人的意見。

三天後我們到達艾恩河道，在河床上找到一口水質甜美、流量不大的淺井。碰巧有一群都魯人也在附近紮營，幸運的是，他們並未注意到我們。我們原想在裝滿水袋後繼續趕路，然而一來當時正颳著北風，天氣嚴寒；二來我們有好幾頭駱駝已出現血尿的現象，如果冒著寒風不停趕路，這些駱駝恐怕難保，所以決定停留下來，至少這裡有一些灌木可為牠們稍微遮擋風寒。

第二天清早，我們看到一群人浩浩蕩蕩朝我們走來，大有約二十人，每兩人共騎一頭駱駝。他們走到兩百碼外一道可以稍微擋風的矮堤旁紛紛跨下駱駝，顯然正在追緝搶匪的態勢，看來我們要有麻煩了。卡曼轉向薩林問道：「他們是什麼人？」薩林回答：「願真主毀了他們。他們全是都魯族的酋長，其中有一個名叫卡拉思（Sulaiman Bin kharas）。」他看了他們一會兒後說道：「走吧，哈邁德，我們最好過去問問他們想做什麼。」

看到他們走近，都魯人全起身相迎，然後圍成一個圓圈坐下來。不久我們聽到有人大聲爭執，我提議大夥一塊過去瞧瞧，但卡曼說：「不，我們還是留在這裡。這事讓薩林和哈邁德處理就好了。他們都是迦法里人。」這時更多的都魯人出現眼前，其中包括司太雲和他兒子阿里，他們父子倆並肩朝我們的方向走來。卡必納即刻動手燒煮咖啡，另外一個人則端出一盤棗子招待他們，那盤子雖然用我們的行李遮擋住，很快地還是被風吹得沾滿沙子。

司太雲說：「族裡的長老們決定不讓任何基督徒通過我們的地盤，不過，兩年前你曾待在我的營地，和我成了朋友，所以現在你想去任何地方，我們父子倆都會帶你去，不管那些長老怎麼說。」我向他道謝，並問他當我待在他家時，他是否就已識破了我的身分。「不，」他回答：「當時我們經常納悶你究竟是誰，從哪裡來，卻壓根兒沒想到你會是一個基督徒。」喝了咖啡之後，他說：「走吧，我們到長老他們那邊去。」

於是我們拿起步槍跟隨著他。我和那些都魯人打過招呼（他們的人愈聚愈多，目前大約有四十個了）後，便率領我的夥伴們走過他們的行列，逐一與他們握手。在彼此交換完消息，我們在他們的對面坐下，司太雲父子就坐在我的身旁。薩林和卡拉思仍在爭論當中。薩林忿怒地說：「依照慣例，朱努巴人可以在都魯人的地區擔任護航人，你憑什麼阻擋我們？」卡拉思大聲回答：「部落的規矩不適用於基督徒。」他身材壯碩，布滿血絲的眼睛射出忿怒的光芒，看起來專斷而挑釁。老司太雲也加入了他們的論戰：「卡拉思，你為什麼要製造出這些事端？這個人並不會給我們帶來麻煩呀，各族的人都曉得他，對他評價也很高。我了解他，你不了解。他曾經在我那兒住了十天，並沒有給我帶來什麼麻煩，反而幫了我的忙。他現在是我的朋友。」哈邁德也插嘴說道：「恩巴拉克也是薩伊德的朋友。他在部落裡生活了好幾年，不像其他基督徒。他是我們的朋友。」卡拉思仍舊尖聲厲言說道：「那你把他帶回薩伊德那裡去吧，我們不要他來我們這裡。要不請你帶他回卡塞瓦拉，以後不要再帶他過來了，否則我們對他絕不留情。」老司太雲傾身向前，生氣地說：「你沒有權力這麼說。我對著全能的真主發誓，我會帶他經過我們的地盤，不管你和其他長老怎麼說。你們沒法阻擋我。」

我看看那些拉希德人，他們表現出事不關己的模樣，只是靜靜地端坐在那兒，看著每一個說話的人。除了塔西用駱駝杖子在地上戳洞外，其餘的人幾乎文風未動，顯然是鑑於敵人當前，必須小心翼翼地維持自己的尊嚴。這時其他人又開始爭吵，司太雲的五個親戚站起來加入我們的行列。卡拉思示意眾人噤聲，並大聲宣布：「我們不要不信神的人來到我們的土地上。薩林，你把他帶到這裡來，願真主詛咒你。」坐在他附近有好幾個人齊聲附和。雙方就這樣不停地爭論著，後來又有更多的都魯人騎著駱駝過來加入這場辯論。每個人都有話要說，而且發言時鉅細靡遺，同時一再重覆，薩林後來甚至把頭巾扔在地上以示抗議。刺骨的寒風吹著他那毫無遮掩的腦袋，也把一陣陣的沙子吹進了我們的眼睛。最後有兩個坐在附近的男子把卡拉思拉到一旁，當他們重

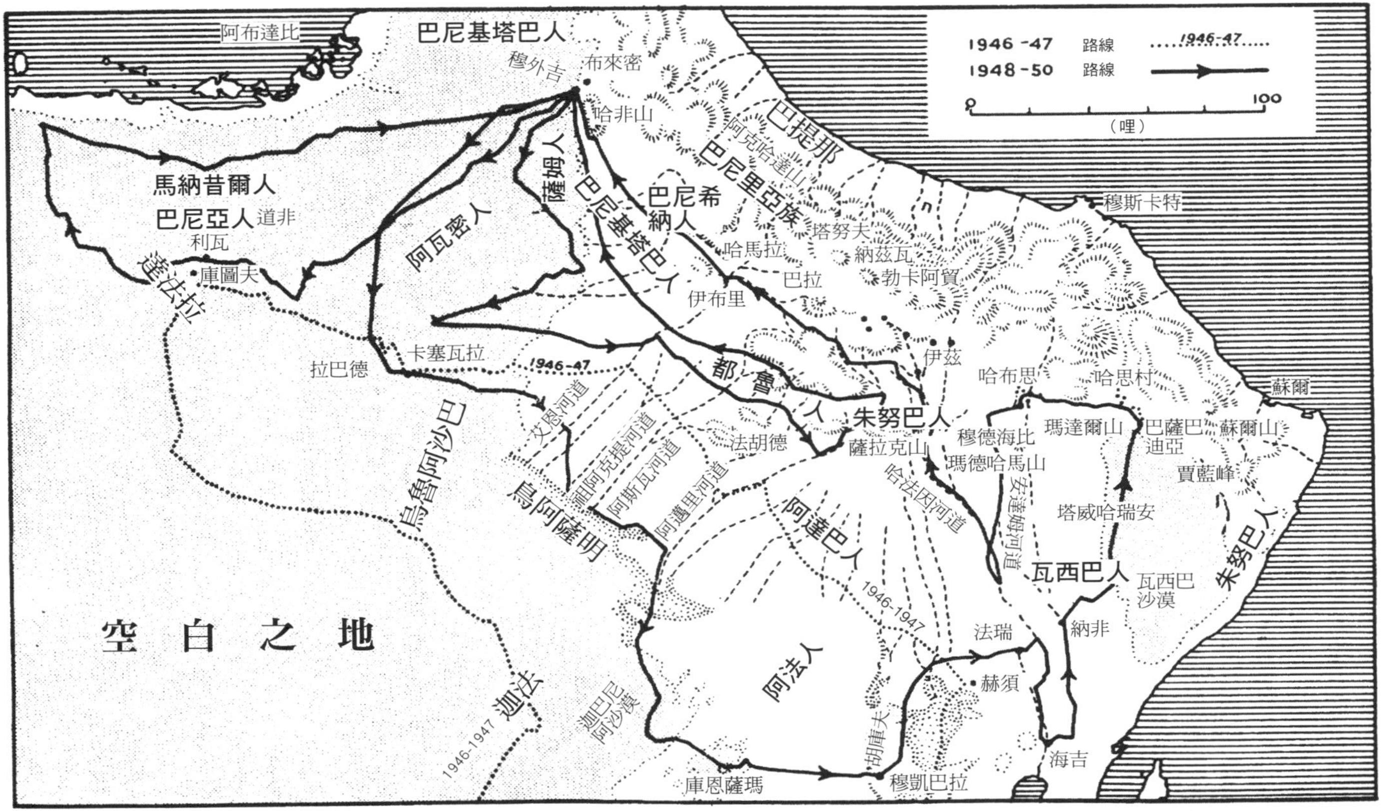

1946-47 路線
1948-50 路線
1946-47
0
100
（哩）
阿布達比
巴尼基塔巴人
穆外吉
布來密
哈非山
巴提那
阿克哈達山
巴尼里亞族
穆斯卡特
馬納昔爾人
巴尼亞人
道非
利瓦
庫圖夫
蓮法拉
阿瓦密人
薩姆人
巴尼基塔巴人
巴尼希納人
塔努夫
納茲瓦
哈馬拉
巴拉
勃卡阿貿
伊布里
伊茲
卡塞瓦拉
拉巴德
都魯人
朱努巴人
哈布思
哈思村
蘇爾
瑪達爾山
巴薩巴迪亞
蘇爾山
穆德海比
瑪德哈馬山
薩拉克山
法胡德
賈藍峰
塔威哈瑞安
安達姆河道
哈法因河道
艾恩河道
祖阿克提河道
阿斯瓦河道
阿邁里河道
烏阿薩明
烏魯阿沙巴
阿達巴人
瓦西巴人
瓦西巴沙漠
朱努巴人
1946-1947
法瑞
納非
空白之地
迦法
1946-1947
迦巴尼阿沙漠
阿法人
赫須
胡庫夫
海吉
庫恩薩瑪
穆凱巴拉

阿曼內陸

返座位後，他一臉不快地嘟囔著：「好吧，你們可以帶這個基督徒沿著烏阿薩明的邊緣往南走，一直走到你們出了我們的地盤為止。還有，你們不可以在這裡的任何一座水井取水。」

語畢，眾人立刻作鳥獸散，因為大家都急於回營躲避風寒，只有司太雲和阿里父子留下來。當我們目送卡拉思等人騎著駱駝離去時，卡曼說道：「你可不能相信這些都魯人。有太多人在和他們同行途中被害死了，他們就像毒蛇一樣。」記得兩年前我第一次進入都魯人的地盤，當時奧夫也說過同樣的話。我心想回程不知該如何才能再通過此地，除非繞道山區，否則我們無路可走。

第二天早晨，風力已經減弱。我們把所有的水袋裝滿，司太雲認為我們若在阿邁里河道取水，可能也會受到當地人的阻攔。既然他自願和我們同行，我便請他當嚮導帶我們沿著烏阿薩明的邊境走，讓我可以一睹流沙的真面目，他說：「好吧，我帶你去，不過那裡其實沒有什麼好看的。」

我們走過一片滿布石灰岩碎片、處處枯木凋草、彷彿永無止盡的礫石平原，終於來到祖阿克提（Zuaqti）的淺河道。河堤兩旁點綴著疏落幾株因連年旱象而乾枯的植物。由此騁目望去，河道彼岸是一座黃褐色平原，與灰濛濛的天空接連成一片；地上連一截樹幹或一塊石頭也沒有，景致異常單調。司太雲轉身對我說：「這就是烏阿薩明啦。」

烏阿薩明流沙

依稀記得兩年前，我和奧夫坐在夜色中討論行走大漠的路線時，他第一次對我提起這片流沙，當時我就對這個地方心馳神往，如今，我終於成了首位能夠一睹其廬山真面目的歐洲人。這裡的地表是由白色的石膏粉末所形成，上面覆蓋一層沾了沙粒的鹽塊。鹽塊上有幾處可以看見若干已經枯死的鹹水灌木，那也是平原上堅實之處，再過去有一片顏色稍暗的地方，那就是流沙所在了。我剛向前走沒幾步，司太雲已拉住我的手臂說：「不要再走了，那裡很危險的。」我問司太雲到底有多危險，他言之鑿鑿地說有好多人在這裡遭流沙吞沒，其中包括阿瓦密人的一支打劫隊伍，接著，他再一次敘述他如何親眼目睹一群山羊被流沙吞沒的情景。

我們在阿邁里河道取水，有幾個都魯人瞧見並沒有加以干涉。為了要把我現在採用羅盤橫寬法算出的地圖，和三年前我在穆辛東邊的薩瑪沙漠製作的那份銜接起來，我渴望採訪烏阿薩明西邊的迦巴尼阿沙漠（Gharbaniat）。有幾個都魯人告訴我們那裡到處是大羚羊，我手下的拉希德人也非常樂意前往，他們覺得那裡應該會有一些駱駝可以吃的草木。然而，哈邁德表示反對，他說他和薩林到卡塞瓦拉的目的不是要在沙漠裡四處遊蕩，而是要把我帶到伊茲去見雅瑟。前幾天，薩林已經開始興風作浪，宣稱除非我再給他一些錢，否則他不肯再和我們同行。那時我們並未予以理會，只一逕地為我們的駱駝上貨，然後動身上路，並不等他。雖然後來他沒有再說什麼，但我懷疑這次的事件又是他從中教唆。我實在不喜歡他，很想攆他走路。可是那些拉希德人警告我，他知曉我們的計畫，如果我將他趕走，他勢必會阻撓我們進入阿曼。他們說得也有道理，我因此不再堅持。隨後卡曼把他和哈邁德帶到一旁，終於說服他們與我們一起上路。

司太雲在這裡與我們分道揚鑣，返回他的營地。臨行前，他找了一個阿法人擔任我們的嚮導，帶我們前往瓦西巴區。此人提議帶我們橫越烏阿薩明南端，大夥原本不想涉足該處，但他再三保證他知道一條安全的路徑，可以讓我們不必繞遠路（這點對我們非常重要，因為下一座水井離我們很遠），大家才點頭同意。那日天方破曉，我們就出發上路。接下來的三個小時，我們行走在烏阿薩明南端滑溜的地面上，邊走邊扶著那幾頭搖搖晃晃、踉蹌而行的駱駝，以免牠們滑倒受傷。因此，我們一次只能前進幾呎。地面上的鹽塊層經常被我們踩破，使得我們的腳陷進黏黏的黑泥當中，腳上的傷口被弄得發疼。一路上駱駝會不時停下來拒絕前進，我們只得半拉半推地強迫牠們前進。我們深恐牠們一旦停住不動，將會陷得更深，終致難以脫身。我忐忑不安地想起戰時在卡塔拉窪地（Qatara depression）的流沙堆裡被吞沒的車輛。其他人顯然也緊張萬分。卡必納甚至說：「希望真主保佑這裡的地不會突然裂開，我可不想被埋在這堆髒東西裡。」一語道出了大家的心聲。那段路途感覺特別漫長，走著走著，我們好不容易到達一座石灰岩山脊，可以看到山外的硬地。從此眺望，可見大漠邊緣那些一望無際、上面散布著簇簇草木的暖色調沙丘。

傍晚，大夥討論要到何處去狩獵大羚羊，眾說紛紜，沒有個定論，我開玩笑地說應該找個人用沙子卜卦。卡必納說：「可是我們沒有一個人會呀。」但塔西說：「你怎麼知道？我就是這方面的專家。我卜算的結果向來很準的。你們現在看看我怎麼做。」說完便將他前面的沙地抹平，然後用兩根手指畫了一排圓點，再張開五指以拇指和小指同時畫線將這些圓點隔開，接下來，只聽到他唧唧咕咕、喃喃自語地計算每兩條線之間的點是奇數還是偶數，偶爾還會摸摸自己的鬍鬚。又見他在沙地上畫了一些符號，將那排圓點抹去，再重新開始，仍舊一邊做一邊喃喃自語。我從前曾經數次看過阿拉伯人用沙子占卜，現在塔西所用的方法似乎和他們一樣。他卜卦時，其他人全都凝神觀看。最後他終於宣布：「南方薩瑪附近有大羚羊。」占卜的結果與他先前的看法一致。原主張往西邊走的卡必納隨即問他：「你是怎麼算出來的？」其他人也都有些存疑。在眾人的逼供下，塔西終於承認他對占卜之道其實不在行。「可是不管怎樣，我還是把你們給唬住啦。」他忍不住笑了起來。接著卡曼問我：「恩巴拉克，依你看，我們該往哪裡走？」我說：「我們往南走吧。誰知道，也許塔西算得沒錯呢。」其他人都同意我的看法。

我們騎著駱駝往南走了五十哩，來到薩瑪沙漠的邊緣，在這裡我們雖然看到一些新印下的羚羊足跡，卻沒看到任何羊蹤。在庫恩薩瑪（Qurn Sahma）近處，我們遇見一個阿法族男孩，他的駱駝被朱曼（就是幾星期前，我們在利瓦附近追蹤的那名搶匪）偷了，於是他騎著一匹半大不小的駱駝尋著他的腳印追蹤，走到這裡水已快用盡了。我們勸他回去召集人馬一同追捕朱曼，他不聽勸告，我們只好給他一些水並祝他好運。我們認為，即使他真的追上朱曼了，他也不是他的對手；他的彈藥帶上只有三發子彈，況且他的步槍已經老舊不堪，到時不見得管用。

法瑞水井

九天後，我們抵達了瓦西巴區邊境的法瑞（Farai）。之前，我們曾在穆凱巴拉（Muqaibara）水井汲水。此井位於胡庫夫（Huquf）的北緣，鮮少有人問津，其水質苦澀，比起我從前喝過的任何井水都要難以入口，不過我們也只好將就，因為我們的水袋在前一晚就已經空空如也了。我們尋找法瑞水井的過程並不順利，一路上，我們的阿法族嚮導被那些三、四呎高的沙丘弄得暈頭轉向。他說十年前他路經此地時，那些沙丘並不在這裡。問題是，我們兩天來所經過的地方盡是一片平地，而這些舌狀沙丘在我看來則是唯一的路標。

在法瑞水井旁，有許多瓦西巴人、朱努巴人和哈拉西人正忙著打水給他們的駱駝、驢子，以及成群的綿羊、山羊喝。有一個瓦西巴少年突發驚人之語，他認出卡必納的座騎正是幾個月前他被人偷走的那一頭。我為此感到不安。卡曼要我放心，他說根據部落的成規，那頭駱駝既然是他花錢買下來的，那名少年並沒有權利將牠要回。然而少年卻表示，那駱駝是他最鍾愛的一頭，他還是很希望能夠物歸原主。於是在一番討價還價之後，卡必納只好把駱駝歸還少年，然後折價購買另一頭他早就看上、而且比原先那頭還要好的駱駝。有片刻的時間，少年去而復返，帶來一隻他在早上剛剛捕獲的大耳小狐要送給我。那隻狐狸身長約九吋，通體幾近雪白，長著一雙大耳朵，模樣挺逗人喜愛。我擔心養不了牠，因此無意接受。但那個名叫賈巴里的阿瓦密人（有兩個阿瓦密人和我們一道走）卻向我保證，他可以抓到足夠的老鼠和蜥蜴來餵牠，我聽後才答應收下。兩天後的一個中午，我們中途停隊歇腳，突然發現那只裝小狐狸的袋子已空無一物。賈巴里堅持要騎駱駝回去我們上次紮營的地方尋找「我們的小同伴」。見他兩手空空地回來，其他人都顯得極為懊惱沮喪，這令我非常意外，畢竟貝都人向來很少表露自己的感情，即使對人也是一樣。

在法瑞水井打水的那個傍晚，有一個老人家前來拜訪我們。他就是兩年前在我們殺了那頭黑色的老駱駝後，來到我們的營地過夜那兩個令人愉悅的瓦西巴老人之一。他邀請我們前往他的營地做客，但因為他住在哈法因河道的上游，而我們又打算沿著下游走到海岸，所以只好婉謝他的邀請。豈料老人竟表示願意和我們同行，因他年老體衰，我們提議由他的堂弟阿瑪德陪伴我們。阿瑪德不僅和卡曼同年，連長相也頗為神似；他最近曾和一大群瓦西巴人一起到利雅德販賣駱駝，途中有多人不幸染患嚴重的熱病，其中有十一人死於回程的路上。他說他的族人為那次葬禮擺了好多天的宴席，宰殺的牲口無數。初見阿瑪德，我就對他心生好感，不僅因為他和我們一路上遇見的瓦西巴人一樣友善熱情，也因為他的個性極具魅力。我的拉希德夥伴們也都喜歡他，卡必納甚至說：「我們應該說服他留下來陪我們，直到我們回到穆外吉為止。」

南部海岸附近的海吉（Haij）再度汲水補充水量。按理我們應該可以從此處看到馬西拉島（Masira Island），同時藉該島來測定我們的方位。不巧的是風勢強勁，吹得塵沙飛揚，視線不明，因此未能見到馬西拉島的形影。前一天傍晚，我們買了一頭駱駝宰殺來吃。那駱駝有一隻腳長了一個很大的瘡，並且已經開始化膿，但卡曼說這不會影響到其他部位的肉，何況我的肚子也餓得很了，也就不再挑剔。我們把生肉切成一條條，掛在幾株灌木上面風乾；在風沙的吹拂下，肉乾上逐漸積累了一層厚厚的沙粒，讓我看了好生懊惱。

第十六章　瓦西巴沙漠

我們從波斯灣沿著「空白之地」的邊緣遊歷，直抵印度洋岸，成功地橫越了阿拉伯南部。這樣的旅程如今我走來已是駕輕就熟，不成問題。然而回程時我們務必得經過阿曼，若想順利通行，我們所需要的就不是體力，而是外交手腕了。

我向阿瑪德表示，我想往北走到巴薩河道（Wadi Batha），然後沿著群山山麓返回穆外吉，這條路線將會經過瓦西巴沙漠，而我一直夢想能看看其間由一百五十餘哩寬的礫石平原和「空白之地」區隔的沙漠。阿瑪德說：「我自己從未到過那座沙漠，因為我是雅哈西族（Yahahif）的人，向來生於平原長於平原。不過我可以找到一個阿西亞族（Al Hiya）的嚮導，那一族是我們的分支，就住在瓦西巴沙漠上。」

他接著又說：「你們在瓦西巴區可以隨意行走，自由來去，因為我們都是你恩巴拉克的朋友，沒有人會阻擋你；但那些住在山腳下的部落就不一樣了。如果他們發現你的身分，一定會像都魯人一樣找麻煩的。何況他們全部受伊瑪目管轄，如果沒有伊瑪目的許可，他們也不敢讓你通行。這裡的情況和沙漠不同；在沙漠裡，我們也許可以偷偷帶你經過敵人的地盤，用像搶匪那樣的走法，一路避開水井就行了，在山區就不可能這樣做。這裡的鄉村面積狹窄，我們勢必非走小徑不可，而這些小徑都經過村莊，要不被人看見是不可能的。這趟我會盡我的能力帶你走遠一點，可是除了你以外，我只能再帶一個人。我們可以挑選最好的駱駝，然後趁風聲傳開來之前趕快離開。如果我們人少，也許不會引人注意。其他人可以留在哈法因河道，等我們走到巴薩河道後再回來與他們會合。至於你要怎樣從這裡回到穆外吉，我就不知道了。不過這事可以等到我們回來後再討論。」

第二天，我們進入離哈法因河道只有幾哩路的安達姆河道（Wadi Andam），並沿著河道往北走。兩天後我們抵達納非（Nafi）。

此地山谷寬廣，林木處處，要不是因為乾旱的緣故，看起來會像座公園。阿瑪德找到一位阿西亞族男子蘇耳檀（Sultani），他願意帶我們走過沙漠前往巴薩河道。這趟路我決定帶卡必納同行，卡曼本來很希望同行，後來被我說服留下來負責照管其他人。我們說好在哈法因河道北邊，據說是草木較茂盛的地方與他們會合。

繞道前進

我向蘇耳檀租了一頭新的駱駝，卡必納則騎他自己的，蘇耳檀和阿瑪德兩人的駱駝原本就精壯，因此也不必更換。這四匹都算是阿拉伯地區一流的駱駝，必要時我們可以走得既快又遠。一開始，我們經過一片礫石平原，上面有著淡紅色的沙子，偶爾還看到幾座隆起的石灰岩台地，台地間隱匿許多見人就驚竄逃開的瞪羚。愈往前走，地上的沙子愈多，最後終於完全覆蓋住石灰岩的岩床。第二天，我們來到塔威哈瑞安（Tawi Harian）水井，井深有八十呎，井邊有好幾個瓦西巴人帶著驢子汲水，卻沒見到駱駝。由於擔心他們盤問不休，我們一打完水就立刻離開。我們一路騎著駱駝往北行進，途經幾座山谷，這些山谷約莫半哩寬，兩旁是一座座高度相當（大約有兩百呎）的沙丘，谷內每隔兩哩就有一座緩緩隆起的硬沙坡，這是此地的特色。山谷底部的沙呈鏽紅色，兩側的沙丘則是蜂蜜般的顏色，愈往北邊，兩種顏色都變得愈淡。那天傍晚，我們爬到兩座沙丘間紮營，俯瞰谷底，但見沙地如波浪般起伏不平，另有幾塊新月形的小窪地，其中長有若干的阿巴樹。

隔天早上，我們走了三個小時，突然聽到卡必納大喊：「你們看，那是誰？」我大吃一驚，回頭一瞧，發現不過是一個小男孩快步朝我們走來，這才大大鬆了一口氣。我們站在原地等他。小男孩身穿白長衫，戴著頭巾，配帶一把匕首，身高只有四呎多一點，年紀大概有十一歲。一和我們交換完消息，他就站在我們的駱駝前面，伸出一隻手臂說道：「你們不可以再走了。」我心想：「該死，難道我們就這樣被一個孩子阻擋嗎？」其他人則一言不發，靜候下文。此時那男孩又說：「你們不可以再走下去了。」他指著五六哩外的幾座沙丘說：「你們一定得來我的營地坐坐。我會殺一隻駱駝給你們當午餐，給你們油和肉。」我們說這可不成，我們還得趁太陽下山之前趕一段遠路。男孩再三相邀，見我們實在不肯，最後才頹然說道：「這樣是不對的，可是你們不來，我又能怎麼辦呢？」就在我們即將動身之際，男孩又問：「你們有沒有看到一頭懷孕的灰色老駱駝？」阿瑪德立即答說：「沒有。」但想了一會兒，又說：「不過，我們前不久才看到一頭年輕的駱駝腳印，在那之前也看到三頭駱駝的腳印，但其中沒有一頭是懷孕的。」接著蘇耳檀問：「牠的腳印是什麼樣子？」男孩答道：「牠的左前腳有點內彎。」卡必納突然叫起來：「對了！你們記不記得我們走過前一座山谷那片淺色的沙地時，曾經看到牠的腳印？牠還爬到我們右側的山坡上去吃幾棵卡蒠。那是在我們走到那棵折斷的阿巴樹之前。」其他人也一致認為那肯定就是那頭駱駝的足跡，接著向男孩描述腳印所在的位置。那地方大約在三哩外。我再度見識到貝都人那種天賦的敏銳觀察力。記憶中，當我們經過腳印所在的地方，他們正忙著爭論最近朱努巴族一樁殺人事件的是是非非，似乎對四周的環境毫不在意，而現在他們居然可以詳述我們所經過的每一個駱駝腳印，真是不可思議。蘇耳檀對男孩說：「願真主保佑你很快找到牠。我們看到的那些腳印都很新，是日出之後才留下來的。」男孩向我們道謝後即轉身沿著山谷走去，他那身白色長衫在紅色的沙地上顯得格外醒目。我們目送他離去的背影，蘇耳檀對阿瑪德說道：「阿瑪德，你還記不記得老薩里？他去年秋天死了。這是他的兒子，他是個好孩子。」

走了兩天，我們在沙丘頂上紮營。巴薩河道就在我們腳下兩百呎的地方。此地山谷大約六哩寬，盡頭有一塊狹長的沙地，過了沙地有幾座黑色的矮丘，矮丘之上便是光禿禿的哈亞山山脊。眼前雖然隔著一層煙靄，山脊東端靠海的那座賈藍峰（Jabal Jaalan）峰頂猶是分明可辨。我用羅盤測量了我們的方位，站在一旁的蘇耳檀將這裡的幾座村莊一一指給我看，大多數村莊盡為棕櫚樹所環繞，明顯地兀立在這片黃色的平原上。我看到幾處貝都人的營地，高聲叫卡必納過來瞧瞧，但他正忙著把馬鞍上的墊子重新綁好，無暇分身，便開玩笑地回我：「我去找那些貝都人幹嘛？他們又不是我的殺父仇人。」過了一會兒，我踱到營火旁坐在他身邊，然後在他的協助下，逐一記錄我們沿途所見的各種植物。阿瑪德和蘇耳檀已經實現了他們的承諾，帶我走過沙漠來到巴薩河道。我暗地裡企望他們可以再帶我往西走，經過山腳下的幾座村莊，而不再堅持馬上取道沙漠返回哈法因河道與我們的同伴們會合。當我表明此意，阿瑪德說：「無論你要到哪裡，我們都會盡力帶你去。不過從現在起，你可不能讓人發現你是個基督徒。」

隔天早上出發前，蘇耳檀提醒我：「路上要是遇見阿拉伯人，你絕對不要吭聲。」我問他：「那你要怎麼介紹我呢？」他答道：「那要看對方是誰。」卡必納指著我的手錶說：「把那玩意兒拿掉吧。」我依言把手錶脫下，扔進我的衣兜裡。我們沿著巴薩巴迪雅（Batha Badiya）的山谷前進，蘇耳檀手指著沙丘腳下一座半埋在沙堆裡的村莊說：「這座山谷遲早會被沙子埋掉。幾年前，那個村子還有人住呢。」後來我們又陸續經過幾個村莊，其中有兩三處已經杳無人煙，其餘則呈半廢棄狀態，據蘇耳檀的說法，是因為用來灌溉農田的地下渠道如今已漸趨乾涸的緣故。地下渠道的構想可能傳自波斯，做法是在每隔十碼的地方掘一個豎坑，之後再挖一條水平的地道貫通這些豎坑。這類渠道動輒長達數哩，當初，建造者能夠在沒有儀器設備的情況下在地道裡摸黑工作，而且還能使整條渠道從頭到尾維持相等的水平，必然具備了某種程度的技能。建造時所挖掘出的泥土全堆在渠道上方以作為記號，根據這個記號，我發現這座平原上有好幾條水道相互交會。

我們徒步前進，途中遇見四個攜帶武器的阿拉伯人，有三名男子，一個男孩，還帶領一隊載貨駱駝，便停下腳步和他們攀談。只見他們那黑不溜丟的大眼睛不停地兜轉著打量我們，不時還瞄我一眼，視線雖然不曾在我的身上停留，但是顯然沒有遺漏任何細節。其中一個臉頰上有道疤痕的中年男子問蘇耳檀：「他是俾路支人嗎？」「是的，他打從蘇爾來，到這裡收購奴隸，此刻正要前往納茲瓦（Nazwa）。」語畢四雙眼睛又再度掃過我的身上。在後來的路上又有幾次類似的情景，每次我都只能鶴立雞群般地站在一群人之中，默默地聽著他們交換消息，那種突兀至極的感覺簡直令人度秒如年。我知道自己的身分隨時都有可能被識破，但對我而言，此行吸引人之處，正是在於這種驚險刺激的感覺，而非此地的風土人情。

隨著前進的步伐，我們終於看到位於山谷彼端的哈思村（Harth）。蘇耳檀堅持要繞道而行。「我們可別碰上艾薩（Salih bin Aisa）。」他說：「他是哈思村的酋長，也是哈納威各族的頭目。他一眼就能看穿你的身分。即使他不拿我們怎樣，你在這裡的消息也會立刻傳遍我們還沒走到的地方，這對我們非常不利。」為了避開哈思村，蘇耳檀帶我們繞道沙漠的北端，走進一片寸草不生、地勢崎嶇的丘陵。丘陵的顏色或紅或黑、或藍灰或暗白，繽紛多樣。我們走了兩天才抵達位於安達姆河道支流上、由好幾座村莊構成的哈布思（Habus）鎮。至此我們的糧食已經所剩無多，幸好此地的穆德海比村（Mudhaibi）有一座市場，於是蘇耳檀和卡必納兩人便相偕前往購糧。我和阿瑪德在村外等候時，有好幾個路過的人大聲向我們打招呼，還好沒有過來和我們寒暄，否則他們很可能會好奇地追問不休，直到蘇耳檀他們回來。我聽阿瑪德說一位伊瑪目手下的官員就住在這個村子，因此如果本地的人對我起了疑心，馬上就會把我抓起來送到納茲瓦，這可就大大不妙了。我們等了一個小時後，蘇耳檀和卡必納回來了，嘀咕著說村裡什麼也沒賣，他們只買到一些昂貴的椰棗和咖啡。我們繼續沿著山谷走，沿途又經過好幾個村莊。在河道兩岸偶爾可以看到稀稀落落的棕櫚樹，以及幾畦由岸邊盛開著夾竹桃的溪流所灌溉的小菜園。

那日天氣晴朗，是幾星期以來第一個晴天。遠處阿克哈達山高達一萬呎的山峰清晰分明，而西北邊七十哩外考耳山熟悉的姿影也映入眼簾。放眼望去，四周尚有許多連綿的山巒。我們騎著駱駝緩緩行進，每隔一段時間，我會停下來描繪四周山脈的輪廓，並測量它們的方位。群山當中，只有阿克哈達山標示在我手邊的地圖上。

請求雅瑟協助

走了一段路後，蘇耳檀表示我們不宜再往下走了，必須掉頭往南與其他人會合。兩天後我們抵達安達姆河道。在快到一口水井時，我突然看到路邊有一隻裝著馬鞍的上等駱駝。到了井邊，發現有兩個男孩和一個女孩正在打水餵一群山羊，一旁站著一名高個兒的男人正在和他們說話。此人身穿褪了色的棕色長衫，頭上鬆鬆地纏著一條繡花羊毛頭巾，腰間的匕首鑲飾著手工精巧的銀質圖案。阿瑪德向我耳語：「他就是雅哈西夫族的酋長阿里。」在我們跟他打過招呼後，他說：「你們已經安全抵達了。歡迎！歡迎！你們的同伴就在我的營地附近，他們很好，都在等你回來。我們明天就到那裡去。今晚我們要和幾位俾路支人在這附近紮營。你們走了老遠的路，一定又累又餓了吧。」接著他轉向阿瑪德問道：「你這一路上有沒有遇到什麼麻煩？」他的眼神堅定而深沉，鼻子大而略鉤，雙頰上有深刻的皺紋，雜亂而花白的鬍子，豐滿的嘴唇上還有一綹經過仔細修剪的短髭，面容和善，看來並不偏激，卻威嚴十足。一般來說，像他這樣的貝都族酋長，麾下並沒有可替他執行政令的專門雇員，在這個獨立和人人平等的社會裡，身為領袖者如果專斷獨裁，立刻會引起公憤。因此酋長的地位並不比一般人高，他的權威端賴個人魅力及與族人周旋的技巧，功能頗類似委員會中主持會議的主席。素聞阿里在貝都族裡頗具一言九鼎的份量，今日一見，果然名不虛傳。

阿瑪德將阿里的駱駝牽過來，然後我們一行五人便騎著駱駝前往近處俾路支人的營地過夜。到達營地才午后四點，但等到我們坐下來享用一大盤堆滿硬肉和椰棗的晚餐時，已是十一點過後的事了。

那晚將近二十名俾路支人聚集在我們的營火旁。他們無論男子或少年全穿著長衫，不像達佛一帶的貝都人全身上下只穿著一件纏腰布。據阿里說，這些俾路支人最初乃是來自波斯，因為定居在瓦西巴區已經很久了，所以現在已被視同瓦西巴族的分支。他們不僅滿口阿拉伯語，在外表上也和其他瓦西巴人無啥分別。

當晚，卡必納習慣性地把步槍放在伸手可及之處，阿里看見後說：「沒關係的，年輕人，你現在不必隨身帶槍了。我們這兒現在已經太平了，不像你們所住的沙漠老是打打殺殺，又搶又劫的。這都是伊瑪目的恩澤，真主保佑他長命百歲呀！」

第二天傍晚，我們在哈法因河道靠近巴里達（Barida）水井與卡曼等人會合。屈指一算，從十天前與他們分手以來，我們已經騎駱駝走了將近兩百五十哩路。當天，阿里原本力邀我們前往他在幾哩外的營地做客，但在我們的勸說下，他答應留下來和我們一起過夜。卡曼買了一隻山羊，過了午夜許久，我們才開始用餐。第二天，我們在阿里的營地逗留了一天。他的帳棚只有十二呎長，用黑色的山羊毛織成，搭在一棵小樹下面，有如一道防風牆。基本上，貝都人的社會沒有太大的貧富差距，大家住的、穿的、吃的都差不了多少，窮人不會覺得在富人面前抬不起頭來。

按照此地的風俗，我們一到阿里的營地，便先和他的兩個太太握手。等我們吃過晚飯，她們也過來和我們坐在一起聊天喝咖啡。當我們要離開時，她們拿出一小碗洋溢琥珀香氣的黃色油膏，據說是取芝麻、番紅花和一種名叫「瓦瑞思」（waris）的東西提煉而成。我們用手指蘸少許塗在臉上和鬍子上。據我所知，只有瓦西巴人和都魯人才有這種風俗，但卡必納告訴我他在行割禮前，也有人為他塗抹類似的油膏。

阿里警告我，北方的迦法里各部落已經風聞我來到瓦西巴區的消息，而且議定不讓我通過他們的地盤。他說：「你不要以為你可以像上次那樣偷渡成功。他們可是做好防備了，就等著你出現。你為何不沿著海岸走到穆斯卡特，然後經由巴提納往下走呢？」這樣做無異是放棄我此行的主要目標（探訪阿曼內陸區），更何況我也不想再看到穆斯卡特的蘇丹。雖然我第一次橫越「空白之地」後在薩拉拉遇見他時，他對我非常友善，但如今我再次未經許可擅自旅行，他知道後必然會大為震怒。我告訴阿里，薩伊德親筆寫了一封信，要我轉交給雅瑟，請求他助我一臂之力。我問他雅瑟是否能夠帶我回到穆外吉，他回答：「是的，我想雅瑟應該可以帶你通過阿曼內陸，不過這樣會得罪伊瑪目。我懷疑他是否會願意。」

此地有好幾座瓦西巴人的營地，有的搭帳棚，有的住在以樹幹和枝葉搭建成的茅舍。接下來的三天，我們順著哈法因河道往上游走，也不時在井邊瞧見更多正在汲水給牲口喝的瓦西巴人。在我看來，他們要比都魯人優秀，就像拉希德人比貝卡西人優秀一樣，至於箇中緣由，我也說不上來。若說拉希德人的生活比貝卡西人艱苦是造成兩族差異的主因，反觀瓦西巴人與都魯人住在同樣的地方，過著類似的生活，卻仍有不同，這點可令人費解了。我不禁懷疑，是否因為歷史上的淵源造就了他們之間的差別。

瑪德哈馬山（Madhamar）與薩拉克山（Salakh）的山縫間夾立一個阿達姆（Adam）小村莊。我們一行快要到達該村之前，我派遣哈邁德先行將薩伊德的信函送交雅瑟，再往瑪德哈馬山北邊的塔威雅瑟（Tawi Yasir）與我們碰面。哈法因河道旁的礫石平原上有兩座隆起的山脈，一為瑪德哈馬山，一為薩拉克山，兩山各自向西綿延三十哩至阿邁里河道，形狀宛如一彎新月。由於我手邊並無測量工具，因此只能以目測法約略估計兩山的高度：薩拉克山約有三千呎高，瑪德哈馬山約莫一千五百呎。兩山皆由石灰岩所形成，在歷經風雨的磨蝕後已經看不出任何顯著的特徵，山上的岩石裸露光禿，草木不生；而兩山山形皆有如圓頂。這種種特徵正與地質學家所謂的石油產區吻合。想到此，我心中不由浮起一絲憾意。但無論如何我萬萬沒有料到，八年後會有一家石油公司在不超過四十哩外的法胡德（Fahud）建立營地，闢建機場，並開採石油。

第二天我們在塔威雅瑟紮營。傍晚，有一個老村民來到我們的營地，他的鬍鬚雜亂無章，顯然是因為伊巴地人（Ibadhi）的習俗從未修剪過。他看到我們，一臉不以為然的神情。我們請他吃椰棗，為他燒煮咖啡，他一喝完咖啡，隨即進行冗長的祈禱，然後坐在原地捻著鬍子一語不發。晚飯後，塔西開了一些玩笑想讓氣氛輕鬆起來，結果適得其反，老人突然站起身來，指責塔西不該取笑他。一時間大家都慌了手腳，紛紛向他保證塔西絕非此意，並說他是我們的客人，我們只希望能讓他開心。為了化解他的不快，卡曼甚至告訴他，塔西幾年前曾經從駱駝上摔下，從此腦筋就不太靈光了。老人仍然怒氣沖沖，並說：「這就是回教徒和不信神的人打交道的後果。」此話一出，惹惱了在座所有的人。塔西立刻回敬他：「我也許在宗教方面懂得不多，不過至少我不會在禱告時一直抓屁股。」當老人騎著駱駝沒入夜色中時，大家無不鬆一口氣：「謝天謝地，他終於走了。」我擔心他將會為我們帶來麻煩。

隔天，我們留在營地等哈邁德回來。我開始擔心萬一雅瑟不願幫忙，我們該如何因應，也有些後悔派遣哈邁德去找他。當初我們也許應該加快腳程設法偷渡，事到如今為時已晚，我們在此地已然逗留過久，不可能不引人注意。不過我也安慰自己，無論情況如何，我們至少還是可以返回瓦西巴區。

卡必納正坐在我附近縫補衣服。他的長衫已經磨得很薄了，昨天看他肩膀處破了一個洞。我有點不悅地問他：「你為什麼不穿新的呢？」他並不回答，只是一逕忙著手裡的活。我又逼問他，這次他頭也不抬地答道：「我沒別的衣服可穿了。」我說：「可是前幾天，我看到你的鞍袋裡有一件用紅線縫的新長衫呀。」

「我送人了。」

「送給誰？」

「蘇耳檀。」

「天哪，你自己只有這件破爛衣服，你幹嘛還把新衣服送人呢？」

「他跟我要呀。」

「這人真該死，我已經給他一份厚禮了呀。你真是傻！」

「他向我要，難道你要我拒絕他嗎？」

「當然啦。我們可以多給他一點錢呀。」

「可是我向你要錢的時候，你都不肯給我。」

這倒是真的。他過去有好幾次開口向我借錢給那些向他要錢的人，但最近兩次，我都拒絕了他，不想讓別人沒完沒了地揩他的油，拿走他應該留著以備將來不時之需的錢。我告訴他等我們回到穆外吉，我就會把他該得的那份錢給他，不過在那之前，我身上必須留一點錢應急。我說他可以告訴對方我不肯給錢，把責任推到我身上。現在看他這樣，我忍不住嘀咕：「你穿得這樣破破爛爛、衣不蔽體的，等我們遇見雅瑟可就太好看了。」

他生氣地回我一句：「我把自己的東西送人，難道還要經過你許可嗎？」

那天下午哈邁德回來了，同行的還有雅瑟及另外三個阿拉伯人。雅瑟穿一件純白色長衫，綁著一條寬長的繡花頭巾，身上佩著匕首和彈藥帶，還有一把點四五〇的馬提尼步槍。他身材高大壯碩，走起路來拖著步伐，臉上的五官突出而不協調，蓄著花白的大鬍子。哈邁德事後透露，我的到來讓雅瑟非常為難，因為伊瑪目在聽說我到阿曼之後，已經下令逮捕我。不過，由於看了薩伊德的信函，他覺得有義務見我一面。他見到我後立刻表示，未經伊瑪目的許可，他無法帶我返回穆外吉。不過明天早上，他願意親自前往納茲瓦去求見伊瑪目，在這段期間，他兒子會帶我們到納茲瓦和伊茲中途的山區。我想到如果我們到了那裡，雅瑟仍無法為我向伊瑪目取得安全通行許可的話，我們勢必面臨逃生無門的困境。我就此事徵詢其他人的意見，卡曼說：「如果你想回到穆外吉，就必須信任雅瑟。」於是我把雅瑟請到一邊，告訴他：「我的好友薩伊德向我保證，你是這一帶最有影響力的酋長，只有你才能帶我安全通過阿曼。我帶著薩伊德的信函前來向你求助，便等於是把自己的性命交付在你手上，從現在起，無論你怎麼說，我都會照辦。」說完我送給他兩百個瑪莉亞銀幣作為見面禮。他答道：「你們和我兒子一道走吧。明天傍晚我會和你們碰面，如果真主保佑的話，我將會為你向伊瑪目取得通行許可。」

第二天，我們在距離納茲瓦不到十哩之處紮營。從我們的營地到阿克哈達山的山腳間，地勢非常崎嶇，其間多座岩石山脊巍然矗立，有一座正好擋住了納茲瓦城。阿克哈達山雖有「綠山」之稱，其坡壁卻像周遭的山丘一樣，童山濯濯，草木不生，實在名不副實。由於這裡的空氣異常清朗，山的形貌清晰可見。阿克哈達山橫亙近五十哩，朝向我們這一面有好幾座大峽谷，遠遠望去，只見整座山呈淡黃與霧藍的色澤，上面幾抹紫痕正是峽谷的位置。山脊綿延不斷，讓人無法看出究竟哪一個隆起或突出的部分才是它真正的頂峰，而其海拔高達一萬呎，更使得它成為從波斯灣到印度洋，迤邐、長達四百哩的山脈中最高的山脊。

阿瑪德指著四周視線所能及的各個城鎮與村莊，一一道出它們的名字。他遙指遠處山腳下的一座城鎮說：「那就是勃卡阿貿鎮（Birkat al Mauz），哈姆雅（Sulaiman bin Hamyar）就住在那兒。他是巴尼里亞族（Bani Riyam）的酋長，也是迦法里人的頭目，阿克哈達山就屬於他。聽說山上終年有泉水，還有許多森林與果樹，只是非常寒冷。有一次，一個住在山上的阿拉伯人告訴我，冬天的時候，那裡的雨水有時會變成一種軟軟白白、像鹽一樣的粉屑。不，不是冰雹，我們這裡山下也經常下冰雹的，所以我知道。」我問他：「你想哈姆雅會不會肯讓我到山上去看看？」他答道：「天曉得。說不定他肯。據說他和穆斯卡特那些基督徒已經成了朋友。不過伊瑪目一定會阻止你去見他的，因為他不信任哈姆雅。」停頓了一會兒，他又說：「如果你能走到勃卡阿貿而中途不被攔截，我想哈姆雅會帶你上山的。除了他，也沒別人可以辦到。」

日落時分，雅瑟帶著好幾個阿拉伯人回來了。他告訴我們，他在往納茲瓦的路上遇見伊瑪目派來逮捕我的一隊騎兵，便設法勸他們折返納茲瓦，後來他與伊瑪目進行了一場激辯，最後終於說服伊瑪目讓我取道阿曼返回穆外吉。不僅如此，伊瑪目並派遣一名手下擔任他的代表隨同雅瑟前來。我原以為此人會是一個板著撲克面孔的偏激分子，等到雅瑟介紹之後，才發現原來他是個和善風趣的老人，不禁鬆了一口氣。雅瑟還說服了一個名叫胡艾西（Huaishil）的都魯族酋長（此人頗有一股雅瑟所缺乏的魅力）陪我們上路。這樣一來，我有伊瑪目的代表陪伴，又有來自朱努巴、都魯和瓦西巴等族的人士護航，此行必是安全無虞了。

以基督徒身分繼續前進

我們又走了八天才回到穆外吉。在這八天當中，我非常忙碌。從前在沙漠裡，我繪製的地圖上除了標明我們行走的路線之外，並無可供記錄的事物，這裡卻大不相同；現有的地圖除了繪出阿克哈達山的輪廓及幾座大城的位置之外，其餘可謂一片空白，有許多的細節尚待填充。我很慶幸自己不再需要隱瞞身分，可以公開進行測量方位及繪製草圖的工作。

返回穆外吉途中，我們經過考爾山旁一塊巨大、圓頂狀的淺色岩石（其作用相當於該山的拱壁）時，遇見三名騎駱駝的男子，其中一人身形矮小，頭上卻戴著一條大而無當的白色頭巾，且怒容滿面。原來他就是那位令人望而生畏的伊布里總督黎凱西。當時我和卡必納、卡曼，連同兩個阿瓦密人騎駱駝走在最後面，離前面的人有一段距離，因此黎凱西先見到他們。他一看到雅瑟立刻警告他那個基督徒已經來到這一帶，並說他正要前往納茲瓦將此事稟報伊瑪目。當他聽到雅瑟等人和我一夥時，簡直驚駭得目瞪口呆，然後二話不說轉身離去。伊瑪目的代表向我描述當時的情景時不禁笑了出來。黎凱西經過我們身旁，卡曼向他致意，並問他是否有事要他效勞。黎凱西忿怒地用杖子敲了一下駱駝說：「如果你真想討我歡心的話，就不會把這個基督徒帶來這裡了。」

那天傍晚，我們在伊布里城外紮營時聽說，賈拜沙和另外一個拉希德人一週前也來過這裡，他們拜訪了黎凱西，後者甚至當眾辱罵賈拜沙。原因可能是，一來因為賈拜沙當時已是知名的土匪，二來是因為大家都知道他是我的同伴。賈拜沙受到辱罵，當場便氣沖沖地站起來拂袖而去。

入夜後，他潛進總督府，擒住黎凱西家負責煮咖啡的僕人（這種人在阿拉伯的家庭中地位頗高），威脅他不得出聲，否則就立刻把他殺掉。他把這位僕人帶到城外，將他綑綁起來，放在一頭駱駝背上，然後喚醒一個正在睡覺的農民，對他說：「我是賈拜沙，請你明天早上去告訴黎凱西，我為了回報他的羞辱，已經帶走了他的僕人，並將把他帶到哈薩賣掉。」

我們見面時，賈拜沙告訴我黎凱西願出五十塊錢將他的僕人贖回，我問他有沒有接受，他說：「不，我叫人告訴他，這個煮咖啡的僕人一點用處也沒有。我去拜訪總督時他不是連咖啡都沒倒給我喝嗎？更何況我在沙烏地阿拉伯把他賣掉，也不只那幾個錢。」最後黎凱西終於付出一大筆錢才贖回他的僕人。

我們騎著駱駝從伊布里沿著山腳往北邊哈非山的方向走，途中經過巴尼吉塔布人和阿布沙姆人的地盤。這兩族的人原本決意攔阻我，因見我有伊瑪目的代表陪同，又有朱努巴、都魯和瓦西巴等族人的護航，他們也只好放行。四月六日，我們終於抵達穆外吉。從我們在一月二十八日離開薩伊德的城堡算起，這趟旅程總共走了一千一百哩路。

第十七章　關閉的門

一九四九年十一月我從英國返回阿拉伯半島，打算完成都魯區地圖的繪製工作，並實現探訪阿克哈達山的心願。我在穆外吉找到卡必納和他同母異父的兄弟穆哈瑪德、賈拜沙、塔西，還有阿瓦密族的賈巴里。不過沒見到卡曼，因為他已經回達佛去了，實在令人惋惜。卡必納等人都願意同行，但他警告我都魯人勢必不肯再次讓我進入他們的地盤。在薩伊德的幫助下，我差人去找去年曾經與我同行的都魯族酋長胡艾西。我的夥伴們說，他是都魯族最有影響力的酋長之一，有他陪伴，都魯人應該不致於為難我們。胡艾西在六個星期後到達，當時我們正在穆外吉以西的大漠放鷹狩獵。經過一番爭議，他終於同意帶領我們經過都魯區，前往勃卡阿貿村拜訪哈姆雅。哈姆雅是唯一能夠帶我探索阿克哈達山的人。

請求大酋長席拉許可通行

離開穆外吉九天後的那個夜晚，我被蠍子螫了兩口。當晚沒有月光，四下裡一片漆黑，在睡夢中我翻了個身，隱約覺得肩膀被蜇了一下，當我本能地伸手去摸時，手掌陡地又被蜇了一下。我趕緊將睡在身旁的塔西喚醒，只見他嘟噥說了一句：「我想那大概是隻老鼠。」然後就又睡著了。第二天早上，當我們用畢早餐，正在為駱駝上鞍之際，去年曾經半路攔截我的那位兇悍討厭的都魯族酋長卡拉思，又帶了一大票都魯人過來，命令我們即刻折返。此時，我身上被蠍子咬到的部位雖然不作疼了，可是整個人覺得暈眩而虛弱，實在沒有耐性聽那些都魯人吵架。他們吵了一整天，直到隔天早上，卡拉思等人仍然不肯放行，胡艾西頓時大發雷霆（我這輩子還很少見人如此氣憤），咆哮道：「真主在上，卡拉思，不管你說什麼、做什麼，我們是往前走定了。」說完便大步往前走去牽他的駱駝。卡必納和賈拜沙把我拉到一旁，賈拜沙說：「恩巴拉克，你聽我說，胡艾西現在是在氣頭上，你如果跟著他走的話，鐵定會惹上麻煩。這些該死的都魯人可是玩真的，若是我們繼續走下去，他們一定會開槍，而且第一個死的人肯定是你。你為什麼要為了經過這裡而枉送性命呢？這對你有什麼好處？要是我們是來打劫的，還說得過去。願真主毀掉這些一無是處的迦法里人。」在此之前，我原本很少參與他們的爭論，不過此刻我只好把胡艾西叫過來，建議他去找都魯族的大酋長席拉，為我申請在都魯區通行的許可。記得胡艾西告訴過我，席拉對我頗有好感。最後胡艾西和其他都魯人終於點頭，但我仍聽見卡拉思喃喃自語：「就算有一百個席拉同意，我也不會讓這個基督徒通過我們這裡。席拉是什麼人？敢對我們下命令！」

胡艾西騎著駱駝動身了，臨行前和我們約好三天後回來。卡拉思那幫人在他走後也跟著離開，前往附近的營地。當天傍晚，有個阿法族酋長在一個瓦西巴人和一個哈拉西人的陪同下，來到我們的營地。他們聽說我們和都魯人起了衝突，因此站在哈那威人的立場，特地過來為我們助陣，並表示願意留下來陪我們直到胡艾西回來。一會兒，天氣驟然轉冷，刺骨的寒風從東北方一陣陣吹來。

三天後，卡拉思再度出現。他說既然胡艾西並未按時返回，我們理當即刻離開；他明知胡艾西絕不可能在這種嚴寒的天候上路。在接下來的兩天，我們就這樣你來我往爭執不休。其實那些都魯人並非不友善，他們也承認去年我路經此地時，並沒有為他們帶來任何不利的影響。但他們又說若允許我在這裡隨意進出，以後就會有更多基督徒坐著車子前來探勘石油，甚至將他們的土地占為己有等等。事實上，眼前情況之所以如此複雜，有部分原因是起於都魯人之間的內鬨。多年來，都魯人和他們的分支馬哈密人（Mahamid）素來不睦，而都魯人各族酋長卻都屬於馬哈密族，卡拉思本身即是其中一位。不過由於他忌妒席拉和胡艾西等人的地位，於是力圖貶抑二者的威望藉以增強自己的聲勢。

為了轉移這些都魯人的注意力，也為了爭取更多時間以待胡艾西回來，我提議拿出十個瑪莉亞銀幣作為獎金，舉辦一次駱駝競走比賽。他們一來很想贏得這筆賞金，二來也有意炫耀一下自己的駱駝的本事，最後在試圖勸說我提高賞金不成下仍同意參加比賽。比賽結果，由卡拉思手下一頭很出色的駱駝輕而易舉奪得了冠軍。雖然賽後都魯人對我的態度幾乎可用「熱絡」兩個字來形容，然而，那位阿法族酋長卻表示都魯人正圖謀殺害我們，勸我們還是離開。他說，他們計畫請胡艾西的三個同伴前往商討，然後趁其不備加以擒拿繳械，之後再對我們下手。他指出，都魯人大多痛恨拉希德人，而且卡拉思已經公開表示，殺死基督徒就像前往麥加朝聖一樣光榮，何況在眼前的情況下，要取我的性命簡直易如反掌。

傍晚，卡拉思又露面了。他告訴大家：「這個基督徒明天早上非走不可，我們大家一致認為他不能再待下去了。」說完他甚至不肯接受我們倒給他的咖啡，即立刻轉身離去。他走後，賈拜沙一邊為我們倒咖啡，一邊用眼睛掃視我們紮營的那塊低地說：「明天早上，如果我們還在這裡的話，就得搏命一戰了。」塔西也在旁附和：「我們非走不可。如果我們留下來，簡直是以卵擊石。不過我發誓，一定會找時間回來，把卡拉思那匹駱駝搶走，因為他這種人根本不配擁有這麼好的駱駝。」我的同伴們一致相信那些都魯人並非虛張聲勢。我即使不以為然，基於日後仍得仰仗他們，也只好聽從他們的勸告了。所以當穆哈瑪德問我：「恩巴拉克，你說呢？」我毫不遲疑說道：「我們還是走吧。」

當我們走到大漠西邊八十哩外的地區時，胡艾西才趕來與我們會合。他說席拉已經同意讓我通行，而他因為颳風的緣故，只得待在席拉的營地，等到風停了才回來。我雖然惱他回來得太晚，由於不想得罪他，也就不作任何表示。他答應在隔天早上帶我們前往阿邁里河道。

第二天，風向突然一轉，從原本的南風改吹起強勁的東北風。此風因來自冰天凍地的中亞高地，凜冽無比，吹得四周的沙丘勢若飛沙走石。我們露天而坐，無物可遮蔽，只見地面約八呎高處盡是漫天狂舞的淡紅色沙粒，朝著我們迎面撲來，不斷刺著我們的肌膚，跑進我們的眼睛、鼻子、耳朵，甚至嘴巴裡，使我們感到氣悶息窒。時間一分一秒地過去，這種不適的感覺逐漸增強，幾乎令人無法忍受，所幸黃昏時風勢漸歇，星星也出現天際，令我們如釋重負。第二天早上，四下的沙丘頂部形狀稍有變化，但整體輪廓依舊維持原貌。事實上，阿拉伯南部的沙風暴比起撒哈拉沙漠，算是相當和緩的了。我在前往提貝斯提途中，曾歷經一次大風暴，其慘狀遠甚於我在「空白之地」所經歷過的任何一場風暴。話雖如此，此地的沙風暴有時仍能致命。塔西曾經告訴過我，有一次，幾個拉希德人追蹤搶匪追到一座陌生的沙漠，不幸遇到風暴，搶匪的腳印被吹得無影無蹤，使得他們茫然不知所措，終致死在沙漠裡。

我們取道大漠回返都魯區，沿路經過幾座類似我從前所見的礫石平原。在阿斯瓦河道上，我們碰見了幾個都魯人，其中一位得了熱病。我判斷他可能是染患瘧疾，拿了一些奎寧丸和阿斯匹靈給他。沒想到第二天，卡必納也染上同樣的疾病。為了讓他可以充分休息，我們決定留在原地。翌日上午，賈拜沙、塔西和胡艾西手下的一個都魯人也都相繼病倒。由於水源開始告急，無法多作停留，我們只好慢慢地走。當天昏黃的幕色已經拉上，在抵達阿邁里河道之前，我自己也發高燒，頭痛欲裂，奈何水源已經用罄，只好繼續前進。第二天，我虛弱得連坐在馬鞍上都很難挺直身子。儘管如此，一路上我還是不時用羅盤測量我們的路徑，記錄每個方向行走的時間和每一條水道的名字，否則我所畫的路線圖就會出現難以彌補的破綻。我們總共花了五個小時才走到阿邁里河道。快到水井時，突然有幾個都魯人朝我們開槍，胡艾西騎著駱駝過去和他們交涉，才曉得原來卡拉思早已告訴他們我們將會行經此地。他們剛開始充滿敵意，經過胡艾西的極力勸說，最後終於同意放行。兩天後，我的高燒已經趨緩了，不過還是懶洋洋地，無論其他人說什麼、做什麼，我一概懶得搭理，只想一個人清靜清靜。我原以為我們可能是得了流行性感冒，後來才聽說，那一陣子阿曼地區流行某種疾病，有好幾個人因此死亡。我遊歷阿拉伯的那幾年期間，這是我唯一一次生病。

功虧一簣

三天後，我們在伊茲西南十哩處幾座岩石嶙峋的小丘上紮營。走到塔努夫（Tanuf）時，胡艾西和賈巴里先行前往拜會哈姆雅，問他是否願意見我。過了三天，他們回來了，轉達哈姆雅已經邀我前往勃卡阿貿，不過在回程途中，他們發現我們到此的消息已經傳揚開來。所以他們原本想在巴拉城吃一頓飯的，卻被當地人饗以閉門羹。於是胡艾西立刻派人趕回哈姆雅處，請他過來為我們助陣，同時兩人快馬加鞭趕回來警告我們。他說伊瑪目所派遣的一組追緝隊即將來到，勸我們越過山谷，改在瑪穆耳（Mamur）村鄰近的山坡上紮營，那裡屬於他的地盤。在那兒，我們巧遇幾個去年曾和我同行的朱努巴人，另外有幾個瓦西巴人特地過來邀請我前往拜訪。

隔天早上，我們接獲牧童的報告，得知有一百名武裝的城裡人已經集合在附近的河道上。稍後，有四個人來到我們的營地，為首的是伊瑪目家的一個奴隸，他飭令我們即刻離開，並說伊瑪目已經下達命令，如果我膽敢違抗，將會立刻將我殺掉。胡艾西對他說，我們希望留在原地等候哈姆雅的消息。他們強烈抗議，過了一會兒，我們聽到他們在爭論該由誰來射殺我以領取賞金。我們警告他們，只要誰敢靠近，我們就會立即開槍。由於當時我們的隊伍裡有都魯、朱努巴和瓦西巴等族的護航人，所以我不認為他們會對我們下手。就在情勢愈趨緊張之際，哈姆雅派遣信差過來傳話，說他已經動身。當天下午他終於抵達，並在瑪穆耳村紮營。村內有一座小小的清真寺，四周有一簇由棕櫚葉搭成的茅舍及兩三間土屋。我和他約在清真寺外見面。我到達時，寺前的院子已擠滿了他和伊瑪目的隨從。他身材魁梧，臉色偏黃，蓄著烏黑的長髯，身披繡金、上等質料的棕色斗篷，再細瞧，他穿著一件一塵不染的白色長衫，頭上包裹一條昂貴的喀什米爾圍巾，腳上穿著涼鞋，腰間所配的匕首鑲飾黃金。我一見他便覺得他氣勢懾人，只是氣味與我並不十分相投。從他的言談舉止和僕從應對的態度上，可以明顯看出，他並非那種「委員會主席」般的部落酋長，而是一個握有實權的頭目。我一喝完咖啡、吃完棗子，他就把我帶進清真寺內，並派人駐守門口，不許閒人走近。對於伊瑪目阻撓我應邀前往勃卡阿貿一事，他非常氣憤，因而不理會伊瑪目的反對，來此與我會合。雖然如此，我仍懷疑他是否甘冒進一步得罪伊瑪目的危險，帶我登上阿克哈達山。過去，我常聽說他並不像阿曼大多數的城裡人那般狹隘偏激，對西方的各種新式發明也一向興趣濃厚，願意嘗試。但他這種非正統的作風及那昭然若揭的野心，卻使得伊瑪目對他頗為猜忌。

不久，我發現伊瑪目對哈姆雅的猜疑其實不無道理。當我們坐在小祈禱毯上談了一會兒之後，他隨即靠近我向我耳語，說他希望英國政府能夠承認他是阿克哈達山的獨立領袖，不受任何人管束，其地位類似特魯西爾海岸的各部落酋長。我告訴他我對此事無能為力，因為我只是一個旅人，沒有官銜，來此不過是為了探索阿克哈達山。他說：「你如果能夠促成我剛才所提的那件事，你就可以再來一趟，屆時你想去哪裡，我一定帶你去。」我告訴他，我的營地已經被伊瑪目的手下包圍，我要脫身可能不容易，他回答：「你明天就走，我會在這裡多待一天，以確保他們不會追殺你為止。」

眼看已經快到我神往已久的阿克哈達山，卻遇此挫折而致功敗垂成，實在令人扼腕。我知道，就算我明年再來一趟也無濟於事。過去我們在沙漠裡遭受阻擋時，總是可以利用部落相爭的情勢設法過關，即使過不了關，也可以換個方向走到目的地。在沙漠中，我的拉希德夥伴們總能如魚得水，即使身處陌生之地或敵人之境，也能夠游刃有餘。然而，他們對阿克哈達山或此地的阿拉伯人卻一無所知。早在我們從穆外吉動身之前，我就知道唯有獲得哈姆雅的許可，我才能如願一探阿克哈達山。如今我見到了他，而他也拒絕了我。事情至此已成定局。

最後的相處

十天後我們回到穆外吉。在回程的最後一段旅途，我們摸黑趕路，以躲避阿布沙姆人的追捕。我在薩伊德家住了幾天便出發前往狄拜，卡必納和賈拜沙也跟著我。我確定我不會再到回穆外吉，因此希望在離開阿拉伯半島之前，能有多點時間和他們相處。在前往狄拜途中，我們在海岸附近某個石油公司的油田裡住了一個晚上。這個油田是我在阿曼旅遊期間才出現的，負責人告訴我，他們已做好開採石油的準備工作了。

幸好，狄拜沒有什麼改變。我們住在韓德森與他的助手柯德萊那棟位於港邊的房子裡。在油田過夜時，由於他們不准卡必納和賈拜沙和我一起住在分配給「歐洲人」的帳棚裡，於是，我便和他們一起睡在分配給「本地人」的帳棚裡。而韓德森和柯德萊卻把卡必納視同他們的客人，讓我們三個人同住一個房間。韓德森還問我該為他們準備何種食物，我告訴他照平常的伙食即可，無需特別料理。在我們走進餐廳準備用午餐前，我對卡必納說：「我和你們待在沙漠時，我吃的、住的都和你們一樣。現在你們是我們的客人，所以凡事也必須和我們一樣。」於是他倆小心翼翼地留意我們如何使用刀叉，而且輕而易舉地就學會以刀叉進食，表現遠比大多數首次嘗試用手抓飯的英國人都來得泰然自若。事後，我向他們透露：「這裡的主人希望你們在做客期間，能有賓至如歸的感覺，因此他們事前曾經問過我，你們喜歡吃英國食物還是阿拉伯食物。」卡必納笑說：「如果讓我們按照自己習慣的方式吃飯，我們當然會比較自在，也會吃得比較多，不過要是這樣會讓他們覺得不好意思，你就別提這個。我們不懂得你們的習俗，所以你必須幫我們，就像我們在沙漠裡幫你一樣。」

不那天晚上，我們坐船到小河對岸去和狄拜的酋長共進晚飯。我雇用的少年船家問我是否要他在岸邊等候，以便送我們回去，我請他在十點來接我們。正當我們用畢晚飯要走回棧橋時，賈拜沙突然說道：「恩巴拉克，我們做了一件很糟糕的事。」我問他怎麼回事，他答道：「我們忘了帶一些食物給我們的旅伴。」我疑惑地問他指的是誰，他說：「就是那個幫我們划船的少年呀。」我告訴他，那少年不會指望我們如此對他，因為城裡的風俗和沙漠不同。但賈拜沙搖搖頭說：「我們是貝都人，而他又是我們的旅伴。他不是帶我們過河了嗎？我們竟然把他給忘了。這是不對的。」

我們住在韓德森家的第一天，卡必納曾經不小心把自己鎖在起居室裡，直到他猛敲牆壁才引起我的注意，但沒多久，他們兩人就表現出賓至如歸的樣子，有時會摸摸屋裡的無線電收音機，或玩玩韓德森的留聲機。韓德森和柯德萊兩人性情都極為隨和，即使卡必納和賈拜沙常常在黎明起床後就惡作劇地衝進他們的房間，用駱駝杖子敲他們的床，叫他們：「起來禱告！起來禱告！」他們也不以為意。

有一天早上快到吃早餐時間，他們從市集回來，神情看起來頗為激動。後來他們一邊綁上彈藥帶，一邊告訴我他們有一個親戚被夏雅的酋長逮捕了，他們必須立刻趕去救援。由於夏雅離狄拜有十二哩的路程，我問他們打算如何前往，賈拜沙說：「我們會租一輛車子。你給我們一點錢吧，你知道租一輛車要多少錢的。」我建議他們再等一等，因為，我知道韓德森稍後會派一輛貨車前往夏雅，他們可以搭個便車。但他們卻迫不及待：「我們不能再等了，必須馬上走。你叫韓德森現在就派那輛貨車過去吧。」我問他們：「那人是誰？是我認識的人嗎？他叫什麼名字？」卡必納說：「我不知道他的名字，只知道他是我們的親戚。這樣難道還不夠嗎？」「他是拉希德人嗎？」我又問。「不，他是夏瑞非人。」根據我對阿拉伯各部落親屬關係的了解，我知道夏瑞非族是一個鮮為人知的小部落，與拉希德人之間的關係也十分遙遠。但賈拜沙說：「這有什麼關係？他是我們的親戚，現在有了困難，我們非得去幫忙不可。他現在又沒有別的人幫他，你難道要我們見死不救嗎？」

後來他們搭乘貨車前往夏雅，在傍晚時便回來了，原來那人在他們還沒到夏雅前就被釋放了。

由於我們是搭乘汽車前來狄拜，他們不用擔心駱駝的事，於是很安心地待了下來，體驗一下此地截然不同的生活，以供他們回到沙漠後作為茶餘飯後的話題。雖然他們也頗能享受這種飽食終日、無所事事、成天在市場閒逛、在店裡和人聊天的生活，但當我問卡必納願不願意定居此地時，他很堅決地回答：「不。這哪是一個男人該過的生活？這裡有什麼事好做呢？」我也注意到他們晚上聊天談的話題都與沙漠有關，而不是他們白天所見的種種事物。

經常有人問我：「貝都人為什麼要住在沙漠裡，忍受你所描述的那種可怕的生活，而不離開沙漠，去別的地方過比較輕鬆的日子？」當我說：「他們選擇住在沙漠裡」時，很少人會相信我的回答。然而，我們只要看看敘利亞境內幾個強大的貝都族部落，就可以理解這點。他們其實隨時可以襲擊那些住在沙漠邊緣的弱勢農民，將他們的土地據為己有，同時在那裡定居，但是他們並未這麼做，寧可在沙漠裡過著游牧生活，因為這是他們喜歡的生活方式。我在大馬士革期間，經常造訪那些在夏天紮營於城外水井處的魯阿拉人，當時，他們經常力邀我參加他們一年一度的大遷徙。每年秋雨過後草木滋長之時，他們會南下放牧，一直走到內志為止。他們告訴我，人只有在沙漠裡才能獲得自由。想當年阿拉伯帝國在占領埃及後，仍繼續穿越尼羅河谷，捨棄綠野、棕櫚、房舍、流水，以及城鎮中種種可供享用的奢侈品，而進入河谷對岸那片一望無垠的沙漠，想必也是因為嚮往這種自由的緣故吧。

告別「空白之地」

由於我確知自己不會再回到阿拉伯，而卡必納和賈拜沙又在該地區與人結下數樁血仇，我擔心他們留在這裡遲早會遭遇不測，因此力勸他們趁天氣轉涼立刻回家。次年，我聽說卡必納已經牽著駱駝回到哈巴拉特，賈拜沙則繼續留在特魯西爾海岸，而且變得聲名狼藉。韓德森寫信告訴我，有一天，他一大清早就被吵醒，發現賈拜沙扶著一個身受重傷的男子站在他家門口，向他尋求庇護。原來他們那陣子一直在城郊搶劫駱駝。韓德森後來將那名傷者送到巴林的醫院，賈拜沙也陪同前往。兩年後，我看到英國駐阿拉伯的代表所寫的一份報告，裡面提到夏雅的酋長終於緝獲「那個曾與塞西格為伍的著名土匪賈拜沙」，並決心要好好處置他，以收殺雞儆猴之效。不久，我又聽說夏雅的酋長在接獲拉希德族和阿瓦密族的最後通牒後，已經釋放了賈拜沙。這時，我才鬆了一口氣。

有一天晚上，那位接任傑克森（Noel Jackson）職務的政務官來韓德森家裡吃晚飯。他把我拉到一旁，對我說：「塞西格，有一件事情我實在很難啟齒，不過職責所在，我也沒辦法了。穆斯卡特的蘇丹已經要求我們取銷你到穆斯卡特的簽證。駐外使節要求我處理這件事。所以，恐怕我得扣押你的護照了。」我答道：「好吧，我這就去拿，不過你要知道，我從來沒拿過什麼穆斯卡特簽證。」

晚飯時，我們雖然開玩笑說以後可能連到納茲瓦也需要簽證，但我知道，不用多久，即便是到「空白之地」旅行也需要辦理簽證了。事實上，他們現在很可能已經不允許我重返「空白之地」了。以後若要再度前往，我就得從沿岸某處出發，不能再降落在阿曼或達佛。即使我只是回到特魯西爾海岸，有可能也會令我們的駐外使節左右為難。還記得在前年，亞丁政府聽到我正計畫從事另一旅行時，還特地拍電報給我，勸我為了自身的安全起見，最好不要進入沙烏地阿拉伯的領土。我在阿拉伯半島旅行純粹是基於個人興趣，不帶任何政治或經濟上的企圖，但很少人相信這點，尤其是那些美國石油公司和沙烏地阿拉伯政府。我明白這一次旅行將是我在「空白之地」最後一次大漠之旅，而我人生的一個階段也已然結束。我已經在沙漠裡找到了我所追求的東西，而這些東西今後也不復可得了。我除了為此感傷之外，也為貝都人的沉淪命運難過。有些人認為脫離沙漠艱辛貧困的生活，享受物質文明的安適，對貝都人而言應該是件好事，可是我不以為然。我將永難忘懷，當我在那些不識字的貝都人面前，自己是如何地經常自嘆弗如，他們的慷慨、勇氣、毅力、耐心，和爽朗樂觀的天性，均遠非我所能企及。這是我跟其他民族相處時所不曾感受到的特質。

最後一個晚上，卡必納和賈拜沙將他們購買的兩三樣東西打包。柯德萊看著他們打包好的兩個小包裹，對我說道：「真可憐，他們所擁有的東西只有這麼一些。」我明白他的意思，因為我從前也經常有這種感覺，而如今我明白他們害怕的並不是過苦日子，而是離開沙漠以後那種無聊和沮喪的生活。可悲的是，在這方面他們根本無法為自己做主；那些他們完全無法掌控的經濟力量遲早會把他們驅入城鎮，在街角閒混，當起所謂的「無技術勞工」。

早餐後，卡車抵達。我們最後一次互相擁抱。我說：「一路平安。」他們齊聲回答：「願真主保佑你，恩巴拉克。」然後他們爬到卡車所載運的一堆油桶上，坐在一個工作服沾滿油污的巴基斯坦難民旁邊。幾分鐘後，他們的車子開過轉角，駛出了我的視線。我很高興柯德萊送我去夏雅的機場。當飛機在小鎮上空爬升，轉彎飛向海上的霎那，我終於體悟到被放逐的滋味。

附錄　不同旅程中，跟隨塞西格旅行的主要人物表

● 1945—1946

從薩拉拉到穆辛

譚泰（Salim Tamtaim）
蘇爾坦（Sultan）
穆薩林（Musallim Bin Tafl）
馬布豪特（Mabkhaut）
——貝卡西人

從薩拉拉到哈德拉貿

蘇爾坦（Sultan）
穆薩林（Musallim Bin Tafl）
——貝卡西人

拉希德人：
卡曼（Musallim bin al Kaman）
卡必納（Salim bin Kabina）

●1946—1947

第一次穿越「空白之地」

貝卡西人：
譚泰（Salim Tamtaim）
蘇爾坦（Sultan）
穆薩林（Musallim bin Tafl）
馬布豪特（Mabkhaut）
屠其亞（Bin Turkia）
阿瑙夫（Bin Turkia，屠其亞之子）
賽德（Said）

拉希德人：
卡必納（Salim bin Kabina）
奧夫（Muhammad al Auf）
阿麥耳（Amair）
馬辛（Mahsin）
馬特勞克（Salim bin Mautlauq）
舒阿司（Bin Shuas）

從薩拉拉到穆卡拉

人物	部族
卡路特（Bin Kalut） 卡曼（Musallim bin al Kaman） 穆哈瑪德（Muhammad，卡路特之子、卡必納同父異母的兄長） 卡必納（Salim bin Kabina） 賈拜沙（Salim bin Ghabaisha） 馬特勞克（Salim bin Mautlauq）	拉希德人
馬布豪特（Mabkhaut） 屠其亞（Bin Turkia） 阿瑙夫（Bin Anauf）	貝卡西人
杜阿藍（Bin Duailan，綽號「山貓」）	馬納西人

● 1947—1948

第二次穿越「空白之地」

人物	部族
卡必納（Salim bin Kabina） 賈拜沙（Salim bin Ghabaisha） 穆哈瑪德（Muhammad） 阿麥耳（Amair）	拉希德人

薩里（Salih）——拉希德人

薩德（Sadr）——薩爾人

●1948—1949

利瓦之旅

卡必納（Salim bin Kabina）
賈拜沙（Salim bin Ghabaisha）
卡曼（Musallim bin al Kaman）
阿麥耳（Amair）
塔西（Bin Tahi）
——拉希德人

穿越阿曼之旅

卡必納（Salim bin Kabina）
卡曼（Musallim bin al Kaman）
塔西（Bin Tahi）
——拉希德人

賈巴里（Al Jabari）
馬哈哈（Mahalhal）
哈邁德（Hamaid）
——阿瓦密人

阿瑪德（Ahmad）	馬哈拉人
蘇爾坦（Sultan）	瓦西巴人
雅瑟（Yasir）	朱努巴人
胡艾西（Huaishil）	都魯人

● 1949—1950

阿曼之旅

卡必納（Salim bin Kabina）	拉希德人
賈拜沙（Salim bin Ghabaisha）	
穆哈瑪德（Muhammad）	
塔西（Bin Tahi）	
賈巴里（Al Jabari）	阿瓦密人
胡艾西（Huaishil）	都魯人

探險與旅行經典文庫 016 ML020

阿拉伯沙地：當代最傳奇探險家威福瑞．塞西格阿拉伯沙漠之旅

Arabian Sands: The Remarkable True Story of One the Last Great Adventures of Modern Times

作者　威福瑞．塞西格 Wilfred Thesiger
譯者　蕭寶森
導讀　詹宏志
封面設計　陳文德
排版　張彩梅
總策劃　詹宏志
總編輯　郭寶秀
編輯協力　廖素珊
行銷　力宏勳

事業群總經理　謝至平
發行人　何飛鵬
出版　馬可孛羅文化
台北市南港區昆陽街16號4樓
電話：886-2-2500-0888　傳真：886-2-2500-1951
發行　英屬蓋曼群島商家庭傳媒股份有限公司城邦分公司
台北市南港區昆陽街16號8樓
客服專線：02-25007718；02-25007719
24小時傳真專線：02-25001990；02-25001991
服務時間：週一至週五上午09:30-12:00；下午13:30-17:0
劃撥帳號：19863813　戶名：書虫股份有限公司
讀者服務信箱：service@readingclub.com.tw
城邦網址：http://www.cite.com.tw
香港發行所　城邦（香港）出版集團有限公司
香港九龍土瓜灣土瓜灣道86號順聯工業大廈6樓A室
電話：852-25086231　傳真：852-25789337
電子信箱：hkcite@biznetvigator.com
馬新發行所　城邦（馬新）出版集團Cite（M）Sdn. Bhd.（458372U）
41, Jalan Radin Anum, Bandar Baru Seri Petaling, 57000 Kuala Lumur, Malaysia.
電話：+6(03)-90563833　傳真：+6(03)-90576622
電子信箱：services@cite.my
製版印刷　中原造像股份有限公司
二版一刷　2025年9月
定價　580元（紙書）
定價　406元（電子書）

ISBN：978-626-7747-16-2（平裝）
ISBN：978-626-7747-17-9（EPUB）

城邦讀書花園
www.cite.com.tw

國家圖書館出版品預行編目（CIP）資料

阿拉伯沙地：當代最傳奇探險家威福瑞．塞西格阿拉伯沙漠之旅／威福瑞．塞西格（Wilfred Thesiger）作；蕭寶森譯. -- 二版. -- 臺北市：馬可孛羅文化出版：英屬蓋曼群島商家庭傳媒股份有限公司城邦分公司發行, 2025.09
面；　公分--（探險與旅行經典文庫；16）
譯自：Arabian sands : the remarkable true story of one the last great adventures of modern times.
ISBN 978-626-7747-16-2（平裝）
1. CST：遊記　2. CST：阿拉伯半島
735.99　　114009994